Jakob J. Petuchowski / Clemens Thoma

Lexikon der jüdisch-christlichen Begegnung

HERDER / SPEKTRUM

Band 4581

Das Buch

Ein bahnbrechendes Gemeinschaftswerk der beiden Religionen: die Ergebnisse intensiver Begegnung zwischen Juden und Christen. In den letzten vierzig Jahren ist das Beziehungsgeflecht zwischen den beiden Religionen vielfältiger geworden. Das Lexikon der jüdisch-christlichen Begegnung korrigiert Fehlhaltungen und falsche Vorstellungen, die es immer noch gibt, durch gesicherte Informationen zweier international ausgewiesener Fachleute. Hier werden die Ergebnisse der internationalen Forschung auf einen Punkt gebracht, hinter den man nicht mehr zurückkann. Das Werk konzentriert sich auf die zentralen Begriffe und Sachverhalte, die für den Dialog zwischen Judentum und Christentum entscheidend sind und an die Wurzel der jeweiligen Religion führen. Geschichtliche und theologische Informationen werden zusammengeführt. Einmalig in der Geschichte der beiden Religionen ist, daß dieses Lexikon von Anfang an als jüdisch-christliches Gemeinschaftswerk konzipiert und dialogisch erarbeitet wurde. Ein differenziertes Verweisregister und ein umfassendes Sach- und Personenregister erhöhen den praktischen Nutzen.
„Die Lektüre – das Buch ist sehr viel mehr als ein bloßes Nachschlagewerk – ist spannend und erweitert den Horizont: Nicht nur füreinander, sondern auch darüber hinaus“ (Süddeutsche Zeitung).

Die Autoren

Jakob J. Petuchowski, 1925–1991, Dr. Dr. h.c. mult., Professor für jüdisch-christliche Studien am Hebrew Union College Cincinnati/Ohio und einer der letzten Vertreter des deutschen gelehrten Judentums. Zahlreiche wissenschaftliche Veröffentlichungen. Bei Herder/Spektrum: Mein Judesein (Band 4092); Es lehrten unsere Meister (Band 4132).

Clemens Thoma, geb. 1932, Professor für Bibelwissenschaften und Judaistik in Luzern, Leiter des Instituts für jüdisch-christliche Forschung. Zahlreiche Fachpublikationen.

Jakob J. Petuchowski
Clemens Thoma

Lexikon der jüdisch-christlichen Begegnung

Hintergründe – Klärungen – Perspektiven

Neu bearbeitet von
Clemens Thoma

Herder
Freiburg · Basel · Wien

Überarbeitete und erweiterte Neuausgabe Verlag Herder 1997
Satz: Fotosetzerei G. Scheydecker, Freiburg i. Br.
Druck und Einband: Freiburger Graphische Betriebe 1997
Umschlaggestaltung: Joseph Pölzelbauer
Umschlagmotiv: Ecclesia auf dem Tetramorph
reitet gegen Synagoge auf dem Esel an. Anfang 14. Jh.
ISBN 3-451-04581-8

INHALT

VORWORT ZUR 3. AUFLAGE

Seit Erscheinen des „Lexikons der jüdisch-christlichen Begegnung“ vor acht Jahren hat sich vieles in Christentum und Judentum, aber auch im Verhältnis der beiden Religionen und Gruppen zueinander verändert. In mehreren Stichwörtern haben wir damals z. B. die Nichtanerkennung des Staates Israel seitens des Vatikans registriert und moniert. Die Anerkennung erfolgte inzwischen (1993/94). Seit 1989 sind auch die unerträglich schweren Fragen nach religiöser, ideologischer, wirtschaftlicher, passiver und aktiver Mitschuld am Holocaust noch deutlicher als früher ins Bewußtsein vieler Menschen gerückt. Die antisemitischen Verdrängungsmechanismen haben sich in dieser Zwischenzeit ebenfalls vielfältiger als früher gezeigt. Die Geschichtsforschung ist, da die Archive nach 50 Jahren geöffnet wurden, zielbewußter als früher den theologisch-religiösen und kirchenpolitischen Schiefheiten auf christlicher Seite nachgegangen. Diese waren während der Nazi-Zeit en vogue und sind in ihrer Verderblichkeit viel zu wenig wahrgenommen worden.

Im Juli des Jahres 1991 ist der jüdische Mitherausgeber des Lexikons, Jakob J. Petuchowski, gestorben. Ich habe in ihm einen wahren Freund und engagierten Partner des jüdisch-christlichen Dialogs verloren. Wir waren wie ein Doppelgespann, das über viele Jahre hindurch am gleichen Karren gezogen hat: zur Aufhellung der meist dunklen jüdisch-christlischen Vergangenheit und zur Erreichung einer interreligiösen Versöhnung. Es ist mir ein Herzensbedürfnis, Frau Dr. Elisabeth Petuchowski, die ihrem Mann bei der Abfassung der ersten Auflage des Lexikons helfend zur Seite gestanden ist, meine besondere Verbundenheit auszudrücken. Ihr Mann bleibt der erste Herausgeber auch dieser dritten Auflage. Die mit Petuchowski (P) gezeichneten Artikel wurden nur in jenen Abschnitten sanft verändert, die durch Zeitereignisse oder wichtige neuere Literatur überholt worden sind.

Zu danken habe ich meinem ehemaligen Schüler und jetzigen Mitarbeiter Dr. Hanspeter Ernst. Er hat in mühevoller Kleinarbeit überholte Aussagen der ersten Auflage aufgespürt und bessere Formulierungen und neue inhaltliche Aussagen vorgeschlagen. Zudem hat er die Ahnengalerie wichtiger Gestalten der jüdisch-christlichen Geschichte um einige Prominente ergänzt. Ich selbst habe die Stichworte „Gleichnisse“ und „Erlösung“ nachgetragen: „Gleichnisse“, weil sie sich aufgrund der wissenschaftlichen Arbeit an rabbinischen Gleichnissen als wichtiges Thema des jüdisch-christlichen Dialogs herausgestellt haben. Das Fehlen der „Erlösung“ war einer der Mängel der ersten Auflage, den die Rezensenten angemahnt haben.

Nach vielen Anfragen und durch Ermutigung durch Dr. Rudolf Walter vom Verlag Herder habe ich mich zu der vorliegenden Neubearbeitung des Lexikons entschlossen, weil die Weiterführung des Gesprächs auf der Basis verläßlicher jüdisch-christlicher Grundlagen wichtig ist. Die hundert Hauptstichworte dieses auf jüdischen und auf christlichen Grundanschauungen beruhenden Lexikons dienen als Anstöße und Anregung für Dialoge von Juden und Christen und für ein entschiedenes jüdisch-christliches Zusammenrücken gegen menschen- und religionsfeindliche Ideologien. Ohne solche Bemühungen kann weder die Zukunft des Christentums noch jene des Judentums, noch auch eine sich versöhnende Zukunft der Menschheit gesichert werden.

Luzern, 15. August 1997

Clemens Thoma

EINFÜHRUNG

Seit dem Ende des Zweiten Weltkrieges sind Judentum und Christentum stark in Bewegung geraten. Das Selbstverständnis der beiden Religionen und ihr Verhältnis zueinander haben nach dem Holocaust und angesichts neuer, alle Völker und Religionen gemeinsam bedrohender Katastrophen starke Akzentverschiebungen erfahren. Zu neuem Denken motivierten besonders die Gründung des Staates Israel (1948), das Aufkommen der Ökumenischen Bewegung, das Zweite Vatikanische Konzil (1962–1965) und der damit verbundene judentumsbezogene Aufbruch der christlichen Kirchen. Zum Glück gibt es heute keinen erheblichen innerchristlichen Dissens in der Wertung des Judentums und bezüglich des Versagens gegenüber Juden und Judentum in der Kirchengeschichte. Im Hintergrund der historisch neuen Dialogsituation stehen aber auch die vielfältigen Auseinandersetzungen des Staates Israel mit seinen arabischen Nachbarn und das Erstarken des Diasporajudentums in allen wichtigen Zentren der Welt.

Das Beziehungsgeflecht zwischen Judentum und Christentum ist angesichts dieser und anderer Ereignisse vielfältiger geworden. Keiner kann sich heute mehr auf die Formel zurückziehen, das Judentum sei eine bloße Oppositionsbewegung gegen das Christentum, da es Christus nicht als Messias anerkennt. Wir werden vielmehr unmißverständlich auf die Tatsache der verfehlten Geschichte (Martin Buber: „Vergegnung") zwischen Judentum und Christentum gestoßen. Es ist dringend nötig, dieser Geschichte, ihren geistigen Hintergründen und den sie verdunkelnden Ideologien nachzugehen. Wir müssen zu Aussagen über Geschichte und Theologie von Judentum und Christentum finden, die den Weg in eine jüdisch-christliche und menschlich-solidarische Zukunft weisen und doch die Unterschiede nicht verwischen oder aufheben. Zu allen Zeiten war es nicht nur die Glaubensfrage, die zwischen Juden und Christen Trennung und Gegnerschaft bewirkt hat. Juden und Christen leben nicht nur in ihrer religiösen Gemeinschaft, sie leben auch in der einen, gemeinsamen Welt. Wer ihr Verhältnis klären will, muß eine Vielfalt von nicht nur theologischen, sondern auch philosophischen und historischen Inhalten transparent machen und aufarbeiten. Die anstehenden Fragen führen an die Wurzeln des Christentums und seiner Geschichte.

Die immense Flut jüdischer Holocaust- und christlicher Begegnungsliteratur der vergangenen 40 Jahre ist teilweise mit Emotionen, Apologetik, gruppenpsychologischen Verkrampfungen, neuen Rechthabereien und bisweilen auch durch Unkenntnis der historischen und theologischen Wurzeln bzw. Hintergründe der heutigen jüdischen, christlichen und jüdisch-christlichen Situation belastet. Die Zukunft des Christentums hängt aber zu einem erheblichen Teil von der richtigen Wertung des Judentums ab. Auch das Judentum ist auf eine ausgewogene Aktualisierung seiner eigenen Traditionen angewiesen. Um einem angemessenen, auf

Kenntnis und Vorurteilslosigkeit basierenden Reden über Judentum und Christentum eine breitere Basis zu verschaffen, haben wir dieses historisch und theologisch orientierte Lexikon verfaßt. Der eine von uns beiden ist Jude und hat einen Lehrstuhl für jüdisch-christliche Forschung am Rabbinerseminar in Cincinnati. Der andere ist Christ und als Professor für Bibelwissenschaft und Judaistik in Luzern und für christlich jüdische Grenzfragen zuständig. Beide sind wir Judaisten, die von der jüdischen bzw. christlichen Tradition herkommen, sich aber auch in der Geschichte und Theologie der je anderen Tradition auskennen. Beide haben wir lange Erfahrungen im „Alltag“ des jüdisch-christlichen Dialogs bzw. im Gespräch über historische und theologische Fragen, das zwischen Juden und Christen geführt wird. Wir wissen also einigermaßen, wo die Gefahr des gegenseitigen Nichtkennens und gegenseitiger Mißverständnisse, auch bei Menschen des guten Gesprächswillens, auftreten kann und wie folgenreich solche „blinde Flecken“ sind. Wir möchten zeigen, wie Fehlhaltungen und falsche Einschätzungen aus einer historischen und theologischen Kenntnis heraus möglichst von Grund auf zu beheben sind. Bei allem möchten wir nicht nur den Status quo beschreiben, sondern vernünftige und verwirklichbare Zukunftsperspektiven aufzeigen.

Hervorzuheben an diesem Werk ist etwas, was im Blick auf die Geschichte keineswegs selbstverständlich und in dieser Form einmalig ist: Dieses Lexikon ist von Anfang an ein jüdisch-christliches Gemeinschaftswerk und ist selbst zum Ergebnis intensiver Begegnung geworden: Jedes Stichwort wurde von uns beiden in gegenseitiger Korrektur ausgearbeitet, auch wenn immer einer der beiden – (P) oder (T) – die Hauptverantwortung trägt.

Dieses Lexikon kann und will selbstverständlich weder ein umfassendes Lexikon des Judentums noch eine erschöpfende Enzyklopädie des Christentums sein. Es besteht kein Mangel an diesbezüglichen Nachschlagewerken. Auch theologische Enzyklopädien, die über jüdische und christliche Mitarbeiter verfügen (etwa die „Theologische Realenzyklopädie“, Berlin 1976ff, auf 35 Bände veranschlagt; oder „Christlicher Glaube in moderner Gesellschaft“, Freiburg 1981ff, 37 Bände) sind für ein wissenschaftliches Verständnis von Judentum und Christentum wichtig. Auch das als Taschenbuch erschienene „Kleine Lexikon des Judentums“ von Johann Maier und Peter Schäfer ist für die Erfassung des Gesamtjudentums sehr nützlich.

Die Aufgabe dieses vorliegenden Lexikons ist eine andere. Seine Nomenklatur umfaßt ausschließlich die Stichwörter, die im heutigen christlich-jüdischen Gespräch wichtig sind und ständig auftauchen und die sowohl einer historischen wie theologisch-wissenschaftlichen Klärung bedürfen. Wenn es z. B. im heutigen aktuellen christlich-jüdischen Gespräch um Themen wie „Pharisäer“, „Erwählung“, „Inkarnation“, „Messias“, „Paulus“ und „Gesetz“ geht, muß man nicht selten immer wieder von vorne beginnen. Dieses Lexikon will das Gespräch durch Zusammenfassung gesicherter Resultate der heutigen Forschung erleichtern und so Perspektiven für eine Weiterführung eröffnen. Nur auf diese Weise kann ein Dialog ohne Polemik und Apologetik Fortschritte erzielen.

Es geht nicht um Verklärungen oder Anschwärzungen der jüdischen oder christlichen Religionsgeschichte. Wir wollen weder einer jüdischen noch einer christlichen Seite „nach dem Mund reden“ und dabei unangenehme Wahrheiten verschleiern. Es geht uns auch nicht um einen flammenden oder pädagogisch gemeinten Aufruf wider die christlichen Judenfeinde. Die Grenzen und das Ungenügen der Religionen sind heute ebenso offenkundig wie ihre Möglichkeit, ein Segen für die Völker zu sein. Die Religionen sind nur dann eines der höchsten Güter der Menschheit, wenn sie im Dienst aller Menschen stehen. Wir konzentrieren uns daher auf diejenigen Fragen und Informationen, die für Juden und Christen fundamental und daher für jede Begegnung von Interesse sind. Die Stichwörter sollen vor diesem Hintergrund Inhalte deutlich machen, deren Dimensionen teilweise verschüttet und nicht selten verdunkelt worden sind. Nur genaue Informationen über jüdisch-christlichen Konsens und Dissens können den Weg in die Zukunft markieren. Jüdisch-christlicher Dialog dient dem besseren Verständnis des anderen, kann aber auch Anstoß dazu sein, die eigene Religion mit neuen Augen zu sehen und den Blick für gemeinsame Aufgaben zu schärfen. Der Gattung des Lexikons entsprechend müssen die Informationen knapp und auf das gewählte Stichwort hin konzentriert sein. Verweisstichwörter und ein knappes Register sollen jedoch helfen, den Zusammenhang im Blick zu behalten und Differenzierungen und Verästelungen nachzugehen. Die Literaturhinweise – auch hier war eine Beschränkung auf ausgewählte wissenschaftliche Literatur erforderlich – sollen dem Interessierten das Weiterstudium ermöglichen.

Eine kurze Vorstellung wichtiger Gestalten der jüdisch-christlichen Geschichte soll im Anhang dieses Lexikons einen ersten (sicher unvollständigen) Eindruck vom historischen Profil der jüdisch-christlichen Begegnung vermitteln.

Beide Autoren danken dem Verlag Herder, der den Dialog der Religionen in der einen Welt seit Jahren fördert und aus diesem Geist auch das vorliegende Werk angeregt hat. Besonderen Dank Dr. Rudolf Walter, der uns vom Verlag her stets helfend und aufmunternd zur Seite stand.

Cincinnati und Luzern, den 1. Mai 1989

Jakob J. Petuchowski
Clemens Thoma

ABKÜRZUNGSVERZEICHNIS

(Ausgenommen sind Abkürzungen biblischer Bücher und andere allgemeine bekannte Abkürzungen. Die Abkürzungen in unserem Lexikon richten sich im allgemeinen nach dem von Siegfried Schwertner besorgten Abkürzungsverzeichnisband der Theologischen Realenzyklopädie, Berlin 1976.)

Abr	De Abrahamo (Philo von Alexandrien)
All	Legum Allegoriae (Philo)
ANRW	Aufstieg und Niedergang der römischen Welt, Berlin 1972 ff
Ant	Antiquitates Judaicae (Josephus Flavius)
Ap	Contra Apionem (Josephus Flavius)
Arist	Aristeasbrief
ARN	Avot deRabbi Natan (rabbinischer Midrasch)
äthHen	äthiopisches Henochbuch
Av	Avôt (Sprüche der Väter)
AZ	Avoda Zara (Talmudtraktat)
b	babylonischer Talmud (den Traktaten vorangestellt)
BB	Bava Batra (Talmudtraktat)
BBB	Bonner Biblische Beiträge, Bonn 1950 ff
Bell	De Bello Judaico (Josephus Flavius)
Ber	Berakhot (Talmudtraktat)
BemR	Bemidbar Rabba (Midraschwerk)
BerR	Bereschit Rabba (Midraschwerk)
Bik	Bikkurim (Talmudtraktat)
BiKi	Bibel und Kirche, Stuttgart 1946 ff
BM	Bava Mezia (Talmudtraktat)
BQ	Bava Qamma (Talmudtraktat)
CD	Qumran: Damaskusdokument
CGG	Christlicher Glaube in moderner Gesellschaft. Enzyklopädische Bibliothek, 38 Bde., Freiburg i. Br. 1981–1984
1 Clem	erster Clemensbrief
CN	Codex Neofiti
CPJ	Corpus papyrorum Judaicorum, 3 Bde., Cambridge/Mass. 1957–1964
CRI	Compendia Rerum Judaicarum ad Novum Testamentum, Assen 1974
DS	Denzinger-Schönmetzer, Enchiridion Symbolorum, Definitionum et Declarationum de rebus fidei et morum. Freiburg ^{36}1976.
EJ	Encyclopaedia Judaica, 16 Bde., Jerusalem 1971
EKK	Evangelisch-katholischer Kommentar zum Neuen Testament, Neukirchen 1969 ff
ErJb	Eranos-Jahrbuch, Zürich 1933 ff
EvTh	Evangelische Theologie, München 1934–1938, 1946 ff
FrRu	Freiburger Rundbrief, Freiburg i. Br. 1953 ff
FS	Festschrift
Git	Gittin (Talmudtraktat)
Hag	Chagiga (Talmudtraktat)

Hor	Horayot (Talmudtraktat)
HUCA	Hebrew Union College Annual, Cincinnati/Ohio 1924 ff
Hul	Chulin (Talmudtraktat)
JudChr	Judaica et Christiana
JL	Jüdisches Lexikon, 4 Bde., Berlin 1927–1930
JLW	Jahrbuch für Liturgiewissenschaft, Münster 1921–1941
JQR	Jewish Quarterly Review, London 1889–1908, NS 1910 ff
JSHRZ	Jüdische Schriften aus hellenistisch-römischer Zeit, 5 Bde., Gütersloh 1973–1984
Jub	Jubiläenbuch
Jud.	Judaica, Zürich 1945 ff
KD	Karl Barth, Kirchliche Dogmatik, 4 Bde. in 13 Teil-Bden., Zürich 1932–1970
Ket	Ketubbot (Talmudtraktat)
LegGai	Legatio ad Gaium (Philo)
LibAnt	Liber Antiquitatum Biblicarum (Ps.-Philo)
LThK	Lexikon für Theologie und Kirche, 10 Bde. u. 3 Erg.-Bde., Freiburg i. Br. ^{2}1957–1968
m	Mischna (den Traktaten vorangestellt)
Meg	Megilla (Talmudtraktat)
MekhY	Mekhilta deRabbi Yischmael
Men	Menachot (Talmudtraktat)
Migr	De Migratione Abrahami (Philo)
MThZ	Münchener Theologische Zeitschrift, München 1950 ff
MySal	Mysterium Salutis, hrsg. von J. Feiner / M. Löhrer, 5 Bde. u. 1 Erg.-Bd., Einsiedeln u. a. 1965–1976, 1981
Op	De opificio Mundi (Philo)
PAAJR	Proceedings of the American Academy for Jewish Research, New York u. a. 1928 ff
Pes	Pesachim (Talmudtraktat)
PesK	Pesiqta deRav Kahana (rabbin. Midrasch)
PesR	Pesiqta Rabbati (rabbin. Midrasch)
PG	Patrologiae cursus completus, Series Graeca, hrsg. von J.-P. Migne, 161 Bde. u. 2 Register-Bde., Paris 1857–1866, 1928, 1936
PL	Patrologiae cursus completus, Series Latina, hrsg. von J.-P. Migne, 221 Bde. u. 5 Supplement-Bde., Paris 1841–1864, 1958–1970
PRE	Pirqe de Rabbi Eliezer
PsSal	Psalmen Salomonis
QD	Quaestiones disputatae, Freiburg i. Br. 1958 ff
Qid	Qidduschin (Talmudtraktat)
4QEn	aramäische Fragmente der Henochschriften in Qumran
4Qflor	Qumran: Florilegium (messianische?) Bibelstellen
1QGenApocr	Qumran: Genesis-Apocryphon
1QH	Qumran: Hymnenrolle
1QM	Qumran: Kriegsrolle
11QMelch	Qumran: Melchizedek-Midrasch
4Qpatr	Qumran: Patriarchensegen
1QpHab	Qumran: Habakuk-Pescher
4QpNah	Qumran: Nachum-Pescher
4QpPs37	Qumran: Pescher zu Ps 37
1QS	Qumran: Sektenregel

1QSa	Qumran: endzeitl. Gemeindeordnung
1QSb	Qumran: Segenssprüche
4QShirShab	Qumran: esoterische Sabbatgesänge
11QTR	Qumran: Tempelrolle
RHSh	Rosch ha-Schana (Talmudtraktat)
San	Sanhedrin (Talmudtraktat)
SBS	Stuttgarter Bibelstudien, Stuttgart 1965 ff
SC	Sources chretiennes, Paris 1941 ff
Shab	Schabbat (Talmudtraktat)
ShemR	Schemot Rabba (Midraschwerk zu Ex)
ShirR	Shir Rabba (Midraschwerk zum Hld)
Sib	Sibyllinen
SifDev	Sifre Devarim (Midraschwerk zu Dtn)
SJ	Studia Judaica, Berlin 1961 ff
SM	Sacramentum Mundi
SpecLeg	De specialibus Legibus (Philo)
SOR	Seder 'Olam Rabba
Sot	Sota (Talmudtraktat)
Suk	Sukka (Talmudtraktat)
syrBar	syrische Baruchapokalypse
t	Tosefta (den Traktaten vorausgestellt)
Taan	Taanit (Talmudtraktat)
Tam	Tamid (Talmudtraktat)
TanB	Tanchuma, ed. Buber (Midraschwerk)
TestAbr	Testamentum Abrahae
TestLev	Testamentum Levi
ThZ	Theologische Zeitschrift, Basel 1945 ff
TJon	Targum Jonatan
TO	Targum Onkelos
TPsJ	Targum Pseudo-Jonatan
TRE	Theologische Realenzyklopädie, hrsg. von G. Krause / G. Müller, Berlin 1976 ff
Tryph	Dialogus cum Tryphone (Justin der Märtyrer)
Vita	Vita Josephi Flavii
VitMos	De Vita Mosis (Philo)
WA	Luther, Martin, Werke (Weimarer Ausgabe)
WaR	Wayiqra Rabba (Midraschwerk)
y	Jerusalemischer (palästinischer) Talmud (den Traktaten vorangestellt)
Yad	Yadayim (Talmudtraktat)
Yalq	Yalqut Schimoni (Rabbinisches Sammelwerk)
Yev	Yevamot (Talmudtraktat)
Yom	Yoma (Talmudtraktat)
ZRGG	Zeitschrift für Religions- und Geistesgeschichte, Köln u. a. 1948 ff
ZThK	Zeitschrift für Theologie und Kirche, Tübingen 1891–1917, 1920–1938, 1950 ff

A

Abendmahl / Seder

Abendgottesdienst in der Synagoge

Im nachbiblischen jüdischen Festkalender fangen alle Sabbate und Feiertage mit dem Sonnenuntergang am Vorabend an. Davon bleibt auch noch im Christentum bei der Feier von Heiligabend und, in einigen Kirchen, bei der Osterfeier eine Spur. Im frührabbinischen Judentum galt aber lange Zeit der Abendgottesdienst in der Synagoge als „freiwilliges Gebet", und die Hauptfeier zum Eingang des Sabbats und der Festtage fand im Familienkreis bzw. im Jünger- oder Bruderschaftskreis bei der Abendmahlzeit statt. Hier wurde die Mahlzeit mit Segenssprüchen über Wein *(qiddusch)* und Brot begonnen und mit einem längeren Tischgebet beendet. So ist es noch heute Brauch in jüdischen Familien.

Sederfeier

Eine weitaus längere Form dieser häuslichen Feier charakterisierte und charakterisiert den Eingang des Pesachfestes. Teilweise auf Vorschriften von Ex 12, teilweise auf Anordnungen im 10. Kapitel des Mischnatraktates *Pesachim* basierend und teilweise durch spätere, mittelalterliche Entwicklungen ergänzt, findet diese Feier nach einer gewissen Ordnung (hebräisch: *seder*, wonach dann auch die ganze Zeremonie benannt wird) statt. Hier werden im Laufe der Mahlzeit vier verschiedene Becher Wein nach vorangehenden Segenssprüchen getrunken. Das Brot, das gebrochen wird, ist ungesäuertes Brot. Bitterkraut wird verzehrt, und andere symbolische Speisen werden gereicht und erklärt. Zur Zeit des Tempels in Jerusalem wurde auch das Pascha-Lamm gegessen. Alles wird von liturgischen Rubriken umrahmt, wie u. a. von dem Singen der Hallel-Psalmen (Ps 113–118); und die Erzählung vom Auszug aus Ägypten (biblische Texte mit rabbinischen Auslegungen) ist das Kernstück der ganzen Feier – wobei die Erinnerung an die Erlösung in der Vergangenheit auch die Hoffnung auf die zukünftige, die messianische Erlösung aufkommen läßt.

Das Abendmahl Jesu

Immer noch umstritten in der neutestamentlichen Wissenschaft ist die Frage, ob es sich bei dem Abendmahl Jesu (Mt 26,17 ff; Mk 14,12 ff; Lk 22,7 ff; Joh 13,1 ff) um eine jüdische Sederfeier gehandelt hat oder nicht. Die Antwort auf diese Frage hängt u. a. davon ab, ob man sich an den von den Synoptikern angegebenen Termin des Abendmahls oder an den vom Johannesevangelium angenommenen hält. Allerdings würde die messianische Neuinterpretation von Brot und Wein ganz in den Rahmen einer jüdischen Sederfeier passen; und daß im neutestamentlichen Bericht der Weinbecher erst nach der Mahlzeit kommt (Mt 26,27 ff par.), ließe sich leicht mit dem *dritten* Becher der jüdischen Sederfeier in Einklang bringen. Aber ein scheinbar unlösbares Problem bleibt dennoch die Tatsache, daß die erste vollständige Beschreibung der nachbiblischen Sederfeier in dem erwähnten Kapitel der Mischna enthalten ist, und obwohl die Mischna auch viel älteres Material aufnimmt, stammt sie doch in ihrer jetzigen Form erst aus dem 3. Jahrhundert n. Chr. – wobei es

nicht immer klar ist, ob das, wovon die Mischna berichtet, bereits im 1. Jahrhundert üblich war.
Aber selbst wenn die Frage, ob das Abendmahl Jesu eine Sederfeier war oder nicht, offenbleibt, besteht doch kein Zweifel darüber, daß schon die frühe Kirche das Abendmahl durch das Prisma von Pesach-/Paschamotiven gesehen hat (vgl. 1 Kor 5,7–8). Diese Sicht hat sich in der Kirche erhalten, wenn auch die jüdische Sederfeier an das alljährliche Pesachfest gebunden bleibt, während die christliche Eucharistie auch unabhängig vom Osterfest gefeiert wird.

↗ Jesus von Nazaret; Liturgie; Pesach/Ostern; Sakramente.

Literatur: *H. Haag*, Vom alten zum neuen Pascha, Stuttgart 1971; *J.J. Petuchowski*, Do This in Remembrance of Me (I Cor 11:24), in: Journal of Biblical Literature LXXVI (1957) 293–298; *ders.*, Feiertage des Herrn, Freiburg i. Br. ²1987, 25–38, *ders.*, Wirkliche und vermeintliche messianische Elemente der Sederfeier, in: Jud. 41/1 (1985) 37–44; *J. Saldarini*, Jesus and Passover, Ramsey (N.J.) 1984. P

Abraham

Abraham, die Juden und die Proselyten

Was die Bibel von Abraham zu erzählen weiß, wird in der rabbinischen Literatur mit vielen legendarischen Einzelheiten ergänzt, in denen dieser Erzvater alle die Tugenden verkörpert, die von seinen Nachkommen nachgeahmt werden sollen; so etwa die Bescheidenheit (PesR 7, hrsg. von Friedmann, 26b) und die Gastfreundschaft (bSot 10b). Nach BerR 14,6 wurden die Welt und alle Menschen im Hinblick auf Abraham und seine Verdienste erschaffen.
Wichtig für das jüdisch-christliche Gespräch sind folgende Züge des rabbinischen Abrahambildes:
1. Abraham gilt als der erste Konvertit zum Judentum (bHag 3a), nachdem er aus eigenen Stücken die Existenz des wahren Gottes entdeckt hatte (BerR 38,13).
2. Vor Abrahams Zeiten galt Gott nur als „Gott des Himmels". Erst durch Abraham wurde er auch als „Gott der Erde" proklamiert (ebd. 59,8). Daher wird auch Abraham als der erste monotheistische Missionar betrachtet (SifDev 32, hrsg. von Finkelstein, 54).
3. Deshalb, genau wie im Neuen Testament (z.B. Gal 3,7), werden auch im rabbinischen Judentum diejenigen Nichtjuden, die zum wahren Glauben gekommen sind, „Söhne Abrahams" genannt; und der zum Judentum übergetretene Konvertit wird bis zum heutigen Tag als „N.N., Sohn unseres Vaters Abraham", zur Toravorlesung gerufen. So ist im Judentum der Begriff „Sohn Abrahams" nicht auf Menschen einer gewissen Abstammung beschränkt, da man auch im geistigen Sinn ein „Sohn Abrahams" sein kann. Als ein zum Judentum übergetretener Kreuzfahrer, Obadja, sich an Mose ben Maimon (1135–1204) mit der Frage wandte, ob er denn, der doch biologisch nicht von Abraham abstammt, Gott als den „Gott unserer Väter Abraham, Isaak und Jakob" im Gebet ansprechen darf, bejahte Mose ben Maimon diese Frage ganz entschieden. Abraham war ja der erste monotheistische Missionar, und alle Proselyten zu seinem Glauben machen seine Familie aus (Mose ben Maimon, Responsa Nr. 293, ebd. J. Blau, II, 548–550).
4. Abraham, der lange vor der sinaitischen Offenbarung der Tora lebte, hielt sich schon an alle Bestimmungen der schriftlichen wie auch der mündlichen Tora (bYom 28b). Drei Motive scheinen bei dieser Aussage mitgewirkt zu haben: a) Spätere, rabbinische Generationen konnten sich nicht vorstellen,

daß Abraham, der „Freund Gottes", weniger „fromm" und „gesetzestreu" war als sie selbst. b) Der Gedanke, daß Abraham sozusagen in seinem Leben das göttliche Gesetz verkörperte, spielt auch in der hellenistisch-jüdischen Logos-Theologie von Philo aus Alexandrien (1. Jahrhundert) eine Rolle (Migr 127–130). c) Eine gewisse polemische Spitze gegen das Christentum ist nicht ausgeschlossen. So erklärt z. B. der Apostel Paulus Gen 15,6 in dem Sinn, daß Abraham allein durch den Glauben, und nicht durch Werke, vor Gott gerechtfertigt wurde und daß das, was für Abraham möglich war, auch für seine christlichen „Nachkommen" möglich sein sollte (Röm 4,13–25; Gal 3,6–14). Dagegen wandten nun die Rabbinen, auf Gen 26,5 gestützt, ein, daß Abraham doch alle Satzungen der Tora noch vor der sinaitischen Offenbarung gehalten hatte.

5. Abraham ist Freund Gottes, der Gott selbst Licht gibt (BerR 30,10). Er besitzt messianische Würde und ist daher mehr als ein davidischer Messias (MTeh 2,10 zu Ps 2,8). Er ist Garant für das Bestehen der Welt (BerR 41,3) und Herrscher des Himmels und der Erde (ShemR 15,8).

Islamisches Abrahambild

Es blieb dem Islam überlassen, darauf hinzuweisen, daß Abraham „weder Jude noch Christ war; vielmehr war er lauteren Glaubens" (Koran, 3. Sure, 60). Damit will der Islam Abraham für sich selbst in Anspruch nehmen, wie es dann auch heißt: „Siehe, Abraham war ein Imam, gehorsam gegen Allah und lauter im Glauben ..." (16. Sure, 121). Der Islam versteht sich selbst nur als Wiederveröffentlichung der ursprünglichen Offenbarung des einzigen Gottes, d. h. der wahren Religion, die schon vor Mohammed in der jüdischen Tora und im christlichen Evangelium ihren Niederschlag gefunden hatte.

Eine Neubesinnung auf „abrahamitische" Ursprünge mag daher nicht nur das jüdisch-christliche Gespräch fördern, sondern auch zu einem „Trialog" der beiden biblischen Religionen mit dem Islam führen. P

Abraham und das Christentum

Im Neuen Testament und in der christlichen Tradition wird Abraham – ähnlich wie im Judentum – als Typus des wahrhaft Glaubenden und sich in Glaubensprüfungen Bewährenden gesehen (Jak 2,20–24), dann aber auch als Garant der christlichen Mit-Erwählung. Dabei schwingen viele Nebentöne mit, die Abraham relativieren und erhöhen. Außerdem werden auch Polemiken gegen die nicht christusgläubigen Juden mit der Abrahamsgestalt verknüpft.

Nach Mt 3,7–10 par hat der Täufer gesagt, es genüge nicht, Kind Abrahams zu sein, um im Gericht bestehen zu können. Nach Mt 8,11 f par liegen Abraham, Isaak und Jakob beim endzeitlichen Mahl im Reich Gottes zu Tisch, und mit ihnen viele aus den Völkern; die Erstberufenen aus Israel sind aber vom Mahl ausgeschlossen. Laut Mt 3,9 par macht Gott gleichsam aus Steinen Kinder Abrahams. Hier wird aufgrund der Erfahrung des Scheiterns der Bekehrung ganz Israels zur Christusbotschaft die missionarische Zuwendung zu den Völkern legitimiert und ihre Teilnahme am Reich Gottes begründet (auch Mt 8,12; Lk 13,25–30). Der Evangelist *Lukas* zeichnet im Neuen Testament das positivste Abrahamsbild. Gottes Verheißungen an Abraham, die Väter und ihre Nachkommen beginnen sich im Blick auf die Geburt Jesu und des Täufers zu erfüllen, und die Hoffnung auf die endzeitliche Befreiung Israels erwacht (Lk

1,46–55.68–79; 13,16). Jesus bringt den Zöllner Zachäus zur Umkehr und Liebe und schenkt ihm und seinem Haus jene Befreiung, die den Söhnen Abrahams verheißen ist (Lk 19,9). Aber die Zugehörigkeit zu Abraham und damit zum Bundesvolk bemißt sich nicht nur an physischen Kriterien, entscheidend ist vielmehr das Leben nach dem Willen Gottes (Lk 3,3–14). Im Gleichnis vom reichen Mann und dem armen Lazarus (Lk 16,19–31) wird Abraham sechsmal genannt und es wird auf die Zugehörigkeit zu Abraham nach dem Tod verwiesen. Auch der Reiche im Gleichnis ist ein physischer Sohn Abrahams, er hat aber die endgültige Gemeinschaft mit Abraham durch sein Leben ohne Wohltätigkeit verwirkt. Die Sicht des Lukas dürfte die Haltung Jesu zu Abraham widerspiegeln.
Bei Paulus (bes. Gal 3 und Röm 4) erfolgt eine Verschiebung der Perspektive. Er bedenkt die Figur Abrahams primär im Blick auf die Völker und ihre Teilhabe am Heil Israels. Deshalb legt er bei Abraham alles Gewicht auf den Gerechtigkeit bewirkenden Glauben. Die Abstammung von Abraham verliert demgegenüber ihre Bedeutung. Wahrer Glaube erweist sich in Taten der Liebe (Gal 5,6) und wird so an seinen Früchten sichtbar (Röm 6,22; 7,4; Gal 5,22; Phil 1,11; ähnlich Joh 8,39f). Nach Gal 3,6–14 ist in der Hebräischen Bibel (Gen 12,3; 18,18) verheißen worden, daß Gott die Völker aufgrund des Glaubens rechtfertigen wird bzw. daß alle Völker in Abraham gesegnet werden. Der Segen Abrahams erreicht die Völker nicht automatisch, sondern er wird ihnen im Glauben durch Jesus Christus erschlossen (Gal 3,6–9.14). Die Völker müssen sich dem Gesetz, d.h. den kommunal geprägten Zulassungsbedingungen des jüdischen Volkes, nicht unterwerfen, da sie Jesus Christus durch sein sühnendes Sterben am Kreuz freigekauft hat (Gal 3,10–13; vgl. auch Gal 4,5). Um die Chance der Völker im Zusammenhang mit Israel hervorzuheben, greift Paulus die sich schon in Sir 44,19 findende wertende Beobachtung auf, daß Abrahams gläubige Vertrautheit mit Gott schon vor seiner Beschneidung vorhanden war. Dementsprechend heißt es in Röm 4,16: „Nur so bleibt die Verheißung für alle Nachkommen gültig, nicht nur für die, welche das Gesetz haben, sondern auch für die, welche wie Abraham den Glauben haben."

Paradigmatik Abrahams

Auch außerhalb der heiligen Schriften wird dem Abraham im Judentum, Christentum und Islam ein hoher Rang zuerkannt. Seine Gastfreundschaft, seine Barmherzigkeit gegenüber Sündern, sein Einstehen für den Monotheismus, sein philosophisches Können, seine Erfindergabe und sein mystischer Umgang mit Gott werden gerühmt (vgl. Jub, 1QGenApocr, TestAbr). Somit ist Abraham als jene religiös-archetypische Figur zu betrachten, die an den Wurzeln von Judentum, Christentum und Islam samt deren ethischen und kulturellen Idealen steht. Alle monotheistischen Religionen sehen in ihm ihren beispielgebenden, über der eigenen Konfession stehenden Ahnherrn. T

↗ Akeda; Beschneidung; Erwählung; Islam; Jesus von Nazaret; Paulus; Proselyten.

Literatur: *K. Berger,* Abraham in den Paulinischen Hauptbriefen, MThZ 17 (1966) 47–89; *O. Betz / M. Hengel / P. Schmidt* (Hg.), Abraham unser Vater, Juden und Christen im Gespräch über die Bibel, FS O. Michel, Leiden 1963; *J. Blau,* R. Moses ben Maimon, Responsa Bd 2, Jerusalem 1960; *P. Dschulnigg,* Rabbinische Gleichnisse und das Neue Testament, JudChr 12, Bern 1988, bes. 384–389; *A.H. Friedländer,* Sind die Juden erwählt? Jud. 43 (1987) 131–141; *R. Martin-Achard,* Actualité d'Abraham, Neuchatel 1969; *G. Mayer,* Aspekte des Abrahambildes in der hellenistisch-jüdischen Literatur, EvTh 32 (1972) 118–127; *W. Strolz,* Heilswege der Weltreligionen, Bd 1: Christliche Begegnung mit Judentum und Islam, Freiburg i. Br. 1984; *U. Wilckens,* Die Rechtfertigung Abrahams nach Röm 4, FS Gerhard v. Rad, Neukirchen 1961, 111–127.

Absolutheitsanspruch

Historische Grundlegung

Einen modernen Vorstellungen vom religiösen Pluralismus entsprechenden Begriff wird man in der Bibel vergeblich suchen. Der Gott, der sich in Ex 20,2 als Herr und Befreier vorstellt, verlangt gleich im nächsten Vers: „Du sollst neben mir keine anderen Götter haben!" Der Jesus, von dem das Johannesevangelium die Worte tradiert: „Im Haus meines Vaters gibt es viele Wohnungen" (14,2), soll der gleichen Quelle nach auch behauptet haben: „Niemand kommt zum Vater außer durch mich" (14,6). Zwar ist die Vorstellung von der einen Menschheit die logische Konsequenz des ethischen Monotheismus, mag dieser nun plötzlich aufgekommen sein oder sich nur langsam entwickelt haben, aber diese eine Menschheit zerfällt dennoch in zwei Teile: Israel, das den wahren Gott anbetet, und „die Völker", die den Götzen dienen – oder, christlich gesprochen, diejenigen, die durch Christus ihr Heil erlangt haben, und diejenigen, die in die Hölle fahren. So mußte sich notwendigerweise die monotheistische Minderheit von der überwiegend heidnischen Welt abgrenzen und die kleine (christliche) „Gemeinde der Glaubenden" sowohl vom Heidentum wie auch vom Judentum. Diese historische Sachlage führte zu Erwählungsgedanken und Absolutheitsansprüchen.

Biblische Ansätze für Universalismus

Hier und da gibt es allerdings in der Hebräischen Bibel Ansätze zu einer großzügigeren Perspektive. So heißt es z.B. in Mi 4,5: „Denn alle Völker gehen ihren Weg, jedes ruft den Namen seines Gottes an; wir aber gehen unseren Weg im Namen des Ewigen, unseres Gottes, für immer und ewig." Moderne Apologeten zitieren diesen Vers gerne als Beweis für den „Universalismus" Michas. Aber in Anbetracht der zweiten Hälfte des Verses bleibt der „Beweis" fraglich. In der traditionellen Exegese sah es jedenfalls anders aus. So übersetzt z. B. der aramäische Targum: „Siehe, alle Völker gehen ihrem Untergang entgegen, weil sie Irrtümern dienen; wir aber vertrauen auf das Wort des Herrn, unseres Gottes, für immer und ewig." Dieser Interpretation schließt sich Raschi im 11. Jahrhundert, und auch Kimchi im 12./13. Jahrhundert an, obwohl Kimchi hinzufügt: „... bis zu dem Zeitpunkt, an dem der messianische König sie auf den guten Weg zurückführt."
Eindeutiger ist da schon Mal 1,11: „Denn vom Aufgang der Sonne bis zu ihrem Untergang steht mein Name groß da bei den Völkern, und an jedem Ort wird meinem Namen ein Rauchopfer dargebracht und eine reine Opfergabe." Hier scheint der Prophet tatsächlich im Kultus selbst der heidnischen Völker eine wahre Gottesverehrung anzuerkennen; und so wird dieser Vers auch von Raschi verstanden, der sagt: „Selbst die Götzendiener wissen, daß es einen Höchsten Gott gibt, und ihm bringen sie ihre Opfer dar." Er zitiert aber auch, obwohl nicht als seine eigene Meinung, eine rabbinische Erklärung, die den Vers auf die unter den Völkern lebenden jüdischen Weisen bezieht, deren Gebete von Gott

als wohlgefällige Opfer aufgenommen werden.

Melchisedek

Bemerkenswert – weil es sich um einen Kanaaniter handelt – ist die in Gen 14,18–20 nur flüchtig gezeichnete Figur des Melchisedek, der als „Priester des Höchsten Gottes" bezeichnet wird und dem Abram den Zehnten von allem gab. In den Schriftrollen aus Qumran, in der rabbinischen Literatur und ganz besonders im Neuen Testament wird dann dem Melchisedek eine wichtige heilsgeschichtliche Funktion zugeschrieben. Moderne ökumenische Bestrebungen ließen sich auch bei dieser Figur anknüpfen.

Rabbinische Positionen

In der rabbinischen Literatur wird der biblische Absolutheitsanspruch allgemein aufrechterhalten. Jedoch gibt es auch hier Ansätze zu einer großzügigeren Vorstellung. Gegen Rabbi Eliesers Meinung, daß es unter den nichtjüdischen Völkern keine Gerechten gibt, die Anteil an der kommenden Welt haben, behauptet Rabbi Josua, daß es in der Tat unter den nichtjüdischen Völkern derartige Gerechte gibt (tSan 13,2, hrsg. von Zuckermandel, 434). Rabbi Josuas Meinung wird in der späteren Literatur – z.B. Mose ben Maimon, Hilkhoth Teschubhah 3,5 – in folgender Formulierung als autoritativ zitiert: „Die Frommen der (nichtjüdischen) Völker haben Anteil an der kommenden Welt." Um als „fromm" zu gelten, braucht ein Nichtjude nur die von den Rabbinen aufgezählten „Sieben Gebote der Söhne Noachs" zu halten, d.h. die Verbote gegen Götzendienst, geschlechtliche Unsittlichkeit, Mord, Gotteslästerung, Diebstahl und Grausamkeit gegen Tiere, und das eine positive Gebot, Gerichtshöfe einzusetzen (tAZ 8,4, hrsg. von Zuckermandel, 473). Spätere Autoritäten fügten hinzu, daß für Nichtjuden kein Verbot besteht, dem einen Gott einen „Beisassen" zuzugesellen (Tosafot ad bSan 63b). So konnten trinitarische Christen den Juden als „Söhne Noachs" gelten und Anteil an der kommenden Welt haben. Schon im talmudischen Zeitalter lehrte Rabbi Jochanan: „Die Nichtjuden außerhalb Palästinas gelten nicht als Götzendiener. Sie halten sich nur an die Gebräuche ihrer Väter" (bHul 13b).

Nun hat der israelische Historiker Jacob Katz behauptet, daß es sich bei den meisten hier angeführten Stellen um aus dem Zusammenhang gerissene Zitate handelt, die ursprünglich gar nicht so gemeint waren und die erst aus rein apologetischen Gründen von späteren Gelehrten in einer Art ausgelegt wurden, die den Verkehr mit Christen erleichtern würde (Halakha and Kabbala [hebr.], Jerusalem 1984, 270–290). Die Behauptung mag berechtigt sein, bedeutet doch aber nur, daß sich die jüdische Lehre in Wechselbeziehungen zur Umwelt weiterentwickelt hat, wie ja auch das ursprüngliche, intolerantere Verhältnis zur nichtjüdischen Welt seine Gründe in einer früheren Periode und Gesellschaft hatte. So kann eben ein Teil der Tradition unverändert von einem Zeitalter in das andere transponiert, ein anderer Teil am Wege liegen gelassen und ein dritter Teil einer Neuinterpretation unterzogen werden.

Gegenwärtige Situation

In der modernen Gesellschaft und dem säkularen Staat lassen sich uneingeschränkte Absolutheitsansprüche, auch wenn sie auf uralter Tradition beruhen, nicht als glaubhaft erhalten. Davon hat man sowohl im Judentum wie auch im Christentum Kenntnis genommen.

Auch die Kirche bemüht sich, den Satz „extra ecclesiam nulla salus" in seiner Gültigkeit einzuschränken. Auf jüdischer Seite hat Franz Rosenzweig (1886–1929), an Mose ben Maimon anknüpfend, im Christentum das Instrument gesehen, durch das die ganze nichtjüdische Menschheit zu Gott geführt werden soll, nicht aber die Juden, die bereits schon „beim Vater" sind. Mose ben Maimon hatte auch den Islam als ein solches Instrument angesehen. Rosenzweig tat es nicht; und die Monopolstellung, die Rosenzweig dem Christentum gegenüber anderen nichtjüdischen Religionen einräumt, wird von vielen heutigen Juden nicht mehr akzeptiert.

Jüdische und christliche Theologinnen kritisieren den Absolutheitsanspruch als Ausdruck eines patriarchalen Weltverständnisses und Herrschaftsanspruches. Multikulturelle Gesellschaften mit ihrem religiösen Pluralismus und den national-ethnischen Konflikten, deren Wurzeln tief im unterschiedlichen kulturellen Bereich liegen, problematisieren den Absolutheitsanspruch. All das stellt die Religionen vor die Frage, wie der Anspruch auf die eine Wahrheit und ihr Ringen um diese Wahrheit unter Berücksichtigung der Leistungen der Aufklärung zu verstehen und durchzusetzen ist.

↗ Autorität; Bibel; Christus/Christologie; Dialog; Erwählung; Melchisedek; Noachidische Gebote; Offenbarung; Partikularismus und Universalismus; Schittuf.

Literatur: *R. H. Bainton,* The travail of religious liberty, Philadelphia 1951; *O. Cullmann / O. Karrer,* Toleranz als ökumenisches Problem, Zürich/Einsiedeln 1964; *Ch. Gestrich,* Der „Absolutheitsanspruch" des Christentums im Zeitalter des Dialogs, in: ZThK77 (1980) 106–128; *M. Guttmann,* Das Judentum und seine Umwelt, Berlin 1927, *J. J. Petuchowski,* Melchisedech – Urgestalt der Ökumene, Freiburg i.Br. 1979; *J. Plaskow,* Und wieder stehen wir am Sinai, Luzern 1992; *K. Rahner,* Das Christentum und die nichtchristlichen Religionen, in: *ders.,* Schriften zur Theologie V, Einsiedeln 1962, 136–158; Toleranz heute = Veröffentlichungen aus dem Institut Kirche und Judentum bei der Kirchlichen Hochschule Berlin 9, Berlin 1979. P

Achtzehngebet

↗ Ketzersegen; Liturgie; Qaddischgebet; Qeduscha/ Sanctus; Vaterunser.

Aggada

↗ Gesetz; Kirchenväter und Rabbinen; Offenbarung.

Akeda

Jüdische Auslegung

Während in christlichen Bibelübersetzungen das 22. Kapitel des Buches Genesis oft mit dem Titel „Die Opferung Isaaks" versehen wird, heißt dieses Kapitel in der jüdischen Tradition „Akeda", was „Das Binden (des Isaaks)" bedeutet, da nach Gen 22,9 Abraham zwar seinen Sohn „gebunden" auf den Altar legte, aber nach Gen 22,13 einen Widder statt seines Sohnes opferte. In der jüdischen Schriftauslegung der letzten zwei Jahrtausende ist dieses Kapitel oft und sehr unterschiedlich interpretiert worden. So wird von einigen Schriftauslegern – ähnlich wie bei Kierkegaard – Abrahams Gehorsam betont, bei anderen dagegen hervorgehoben, daß Isaak sich bei vollem Bewußtsein seiner bevorstehenden Opferung freiwillig dem Opfertod gestellt hat. Es gibt auch moderne Apologeten eines „rationalen" Judentums, die Gen 22 in der Perspektive von Mi 6,6–8 lesen und behaupten, daß die „Akeda" als Protest gegen Menschenopfer verfaßt worden ist.

Tiefer verwurzelt in der jüdischen Tradition ist die Rolle, die dem Isaak bei seinem „freiwilligen Opfergang" zugeschrieben wird. Diese Auffassung der

„Akeda“ war besonders unter den jüdischen Märtyrern des Mittelalters beliebt, die sich, statt der christlichen Zwangstaufe zu unterziehen, „zur Heiligung des göttlichen Namens“ töten ließen und auf diese Weise das Verhalten Isaaks nachahmten. So wurde es auch oft in der mittelalterlichen synagogalen Dichtung dargestellt.

Akeda und Opfertod Jesu

An sich dem Wortlaut der Bibel widersprechend, gibt es auch rabbinische Auffassungen von der „Akeda“, in denen der Sachverhalt so dargestellt wird, als ob das Opfer tatsächlich stattgefunden hätte. Dazu kommt die weitere Vorstellung, daß Gott dieses Opfer wohlgefällig aufgenommen hat und, dadurch veranlaßt, Israels Sünden verzeiht und verschiedene heilsgeschichtliche Taten vollbringt. So kann u. a. auch das Bild von einem etwa dreißigjährigen Isaak gezeichnet werden, der sich freiwillig dem Opfertod ergibt, nachdem er das Holz, das zu diesem Opfer benötigt wird, selbst zum Ort seiner Hinrichtung schleppt. Es ist klar, daß sich diese Darstellung der „Akeda“ in unmittelbarer Nähe zu den christlichen Darstellungen vom Opfertod Jesu befindet. So konnte auch Hans-Joachim Schoeps von der „Akeda-Theologie“ des Apostels Paulus sprechen. Dagegen hatte aber schon im 19. Jahrhundert Abraham Geiger behauptet, daß eine derartige Auffassung von der „Akeda“ nicht ursprünglich jüdisch gewesen sein kann und nur als jüdische Reaktion auf den christlichen Gebrauch von Gen 22 verständlich ist. Die Frage, ob das Motiv der „Selbstopferung Isaaks“ vom Judentum in das Christentum übergegangen ist oder umgekehrt, muß offenbleiben, da, so alt auch einige jüdische mündliche Traditionen sein mögen, der schriftliche Niederschlag dieser Traditionen erst nach dem Abschluß des neutestamentlichen Kanons zu datieren ist. Jedenfalls kann konstatiert werden, daß es im Christentum und in einigen jüdischen Kreisen parallele Ansätze zu einer „Akeda-Theologie“ gegeben hat.

Holocaust und Akeda-Theologie

Aktuell ist das Thema „Akeda“ wieder nach dem „Holocaust“ geworden. Besonders unter christlichen Theologen ist oft von der „Akeda“ (und ihrer vermeintlichen Parallele in der Passion Christi) die Rede, wenn die Vernichtung der europäischen Juden theologisch durchdacht wird. Auf jüdischer Seite steht man oft diesen Gedankengängen mit einer gewissen Reserve gegenüber. Nach Gen 22 fand das Opfer Isaaks *nicht* statt, aber die europäischen Juden wurden tatsächlich ermordet. Selbst wenn man sich der Interpretation anschließt, die in Isaak den freiwillig zur Selbstopferung bereiten Menschen sieht, so standen doch die von den Nazis ermordeten Juden – ungleich den mittelalterlichen Märtyrern – vor keiner freien Wahl, die eine Möglichkeit bot, dem Tode zu entrinnen. Aber das Hauptbedenken auf jüdischer Seite besteht darin, daß durch eine Verlagerung des „Holocaust“ auf die theologische Ebene das Problem der menschlichen Verantwortung für das Verbrechen beiseite geschoben wird.

↗ Abraham; Christus/Christologie; Holocaust; Israel; Jesus von Nazaret; Paulus; Synagoge und Kirche.

Literatur: *H. H. Henrix* (Hrsg.), Unter dem Bogen des Bundes, Aachen 1981, 297–302; *J. J. Petuchowski,* Wie unsere Meister die Schrift erklären, Freiburg i. Br. 1982, 44–53; *R.-P. Schmitz,* Aqedat Jiṣḥaq, Hildesheim 1979; *H.-J. Schoeps,* Paulus, Tübingen 1959, 144–152; *Sh. Spiegel,* The Last Trial, New York 1967; *C. Thoma,* Observations on the Concept and the Early Forms of Akedah Spirituality, in: A. Finkel / L. Frizzel, Standing before God, FS. J. Oesterreicher, New York 1981, 213–222; *G. Vermes,* Scripture and Tradition in Judaism, Leiden 1961, 193–227. P

„Altes Testament“

↗ Apokryphen; Bibel; Dialog; Neues Testament.

Antijudaismus

Begriff

Unter Antijudaismus (Judenfeindschaft, Judenhaß, Antisemitismus) versteht man eine apriori generalisierende, auf öffentliche Agitation und Pogrome zielende Feindschaft gegen Juden, weil sie zum jüdischen Volk und zu dessen Geschichte und Religion gehören. Dabei wird nicht oder nur in verfälschender Weise auf die historische Wahrheit und die Situation einzelner Juden Rücksicht genommen. In seinem Kern ist der Antijudaismus eine von Vorurteilen genährte Entfremdung des nichtjüdischen vom jüdischen Menschen und dessen andere Lebensart, Religion und Tradition (Xenophobie, religiöser Chauvinismus, Wirtschafts- und Gesellschaftsneid u.ä.). Weil er sich als Vorurteils-Ideologie der genauen historischen und situativen Wirklichkeit entzieht, kann sich der Antijudaismus mit Hilfe von politischer, gesellschaftlicher und religiöser Manipulation transformieren und in jeder neuen Epoche in ein neues Gewand schlüpfen. Man sieht das z.B. an dem Slogan aus dem 19. Jahrhundert: „Die Juden sind unser Unglück.“ Er bringt den Vorurteilsmechanismus der Judenfeinde aller Zeiten zum Ausdruck. Es gab jedoch weder im vorchristlichen Alexandrien noch in den traditionellen christlichen Kirchen (z.B. zur Zeit der Kreuzzüge) einen Rassenantisemitismus nazistischer Prägung; Hitler bediente sich jedoch traditioneller judenfeindlicher *patterns*, um seine Rassenideologie zu popularisieren.

Der traditionelle Antijudaismus

Der herkömmliche Antijudaismus, zeigt sich geschichtlich in spätantik-paganer, in kirchlicher und in neuzeitlich-säkularer Form.

Paganer spätantiker Antijudaismus ist vor allem in Alexandrien ab etwa 150/100 v.Chr. festzustellen. Er wurde von agitatorischen ägyptischen Schriftstellern (Manetho, Chäremon, Apion u.a.) angeheizt und hatte religiöse (Verleumdungsgeschichten über den Exodus der Israeliten aus Ägypten), gesellschaftliche (Rivalität zwischen autochthonen Griechen und reichszentralistisch orientierten Juden) und politische (Juden als Instrumente der römischen Kaiser zur Schwächung nationaler Autonomiebestrebungen) Motive. 38 n.Chr. kam es zu einem Judenpogrom in Alexandrien. Im 1. Jahrhundert v. und n.Chr. ist judenfeindlicher Geist auch auf Rhodos, in Rom und in Syrien-Palästina festzustellen (Cicero, Sejanus, Pontius Pilatus, Tacitus u.a.). Das erste Verhängnis der jüdisch-christlichen Geschichte bestand darin, daß sich schon die erste christlich-missionarische Expansionswelle paganer judenfeindlicher Motive bediente (1 Thess 2,15b) und neue Motive erfand, um zum Propagandaerfolg unter den Heiden zu kommen.

Der kirchliche Antijudaismus äußerte sich ab dem 2. Jahrhundert n.Chr. (Barnabasbrief, Meliton von Sardes; später Johannes Chrysostomus, Ambrosius von Mailand) in ziemlich gleichbleibenden Slogans: Die Juden sind Christus- und damit Gottesmörder. Sie weigern sich böswillig, sich Christus und seiner Botschaft zu beugen. Sie bringen durch ihre ärgerniserregende Lebensweise Unruhe und Unsicherheit in die Kirche hinein und sind daher die „Urketzer“. Sie unterminieren die christliche Gesellschaft (Brunnenvergifter, Hostienschänder). Man muß sie daher als gestraftes Volk und als widerwillige Zeugen der Wahrheit des Christentums in eine gedemütigte Lebensweise abdrängen (Augustinus von Hippo) und mit „scharfer Barmherzigkeit“ gegen sie vorgehen (Martin Luther).

Die *neuzeitlich-säkulare Form* des Antijudaismus bediente sich zwar kirchlicher Motive, stellte diese aber in den Dienst gesellschaftlicher Gruppenkämpfe und nationalistischer Auseinandersetzungen. Juden wurden als Störenfriede nationaler Einigungsbestrebungen, als Destrukteure der abendländischen und bürgerlichen Gesellschaftsordnung, als kapitalistische Feindesmacht und als revolutionär-atheistische, machtbesessene Umstürzler (vgl. Protokolle der Weisen von Zion = antisemitische Fälschung) denunziert.

Der Rassenantisemitismus

Der Rassenantisemitismus hatte seine ideologischen Wegbereiter im 18./19. Jahrhundert, erreichte aber unter dem Naziregime (1933–1945) seinen unerträglichen Tiefpunkt. Der Jude galt als Untermensch („Insekt“). Fast 6 Millionen Juden wurden unabhängig von persönlicher Schuld oder religiöser Haltung im sogenannten Holocaust (Schoa, Auschwitz, Endlösung) umgebracht.

Neueste Formen

In jüngster Zeit machen sich in nachchristlichen Subkulturen („Rocker-Antisemitismus“), links- und rechtsextremistischen Zirkeln (Neonazis, radikalen Bürgerrechtsbewegungen in den USA) und in modernen Organisationsformen und Machtzentren neue Formen des Antijudaismus breit. So wurde am 10. November 1975 in der UNO die Resolution 3379 verabschiedet, in der der Zionismus mit Rassismus gleichgesetzt wurde. Dadurch sollte (im Sinne der Drahtzieher) die Legitimität des Staates Israel untergraben, der Antisemitismus zu neuem Leben erweckt und die moralische Autorität der UNO angegriffen werden. Heute wird vermehrt auch der Antijudaismus im Neuen Testament zum Gegenstand der Reflexion gemacht. Überzogene Thesen, wonach der Antisemitismus „die linke Hand der Christologie“ (R. R. Ruther) oder überhaupt nichts im Christentum antijüdisch sei, tragen wenig zur Erhellung dieses dunklen Tatbestandes bei. Die Diskussion führt eindringlich vor Augen, daß ohne eine Ethik des Lesens und Übersetzens und ohne genaue historische Kenntnisse keine genuine Interpretation heiliger Schriften möglich ist. In jüngster Zeit macht sich auch ein betont weltlicher Antijudaismus ohne Bezug auf christliche Antijudaismus-Traditionen breit: die Juden als erpresserische Beherrscher der Weltwirtschaft und der Politik. Die Kirchen haben den Auftrag, schützend und verteidigend einzugreifen.

Wege zur Heilung

In den christlichen Konfessionen des Westens dämmerte seit 1945 die Erkenntnis auf, daß die innerchristliche und christlich-jüdische Gesprächslosigkeit und die traditionellen anti-jüdischen Substitutionstheorien in Predigt und Katechese den christlichen Widerstand gegen die Endlösung durch das Hitlerregime in allzu starkem Maße paralysiert hatten. Die Gewinnung eines antisemitismusfreien Verhältnisses zu Juden und Judentum erwies sich damit als die schwerwiegendste ökumenische Frage (Karl Barth) und als Notwendigkeit, die religiöse und menschenbezogene Glaubwürdigkeit der Kirchen wiederherzustellen. Das wirkungsgeschichtlich bedeutendste kirchliche Dokument christlicher Umkehr ist „Nostra aetate" Nr. 4 des Zweiten Vatikanischen Konzils vom 28. Oktober 1965. Es geht um eine neue, bessere Fundierung der christlich-jüdischen und gesamtmenschheitlichen Solidarität. Der Antijudaismus kann in keiner Form christlich gerechtfertigt werden. Er widerspricht dem Gebot der Nächstenliebe und den Dogmen von der universalen Erlösung durch Christus und von der Gottebenbildlichkeit und Gleichwertigkeit aller Menschen. Diese ideologisch-humanitäre Bereinigung genügt aber noch nicht. Es geht auch um die Überwindung der oft peinlichen Unkenntnis der Geschichte und der Traditionen des jüdischen Volkes und um die Entlarvung sozialpsychologischer judenfeindlicher Mechanismen. Und wenn neue Formen des Antijudaismus aufkommen, ist dagegen vorzugehen.

↗ Dialog, Disputationen; Erwählung; Inquisition; Islam; Israel; Judenmission; Kirchenväter und Rabbinen; Neues Testament; Passionsspiele; Polemik; Synagoge und Kirche; Zionismus.

Literatur: *G. Baumbach / W. P. Eckert / T. C. de Krujf / N. R. M. de Lange / G. Müller / C. Thoma / E. Weinzierl,* Antisemitismus, TRE 3, Berlin 1978, 113–165; *G. Brakelmann / M. Rosowski* (Hrsg.), Antisemitismus. Von religiöser Judenfeindschaft zur Rassenideologie, Göttingen 1989; *N. Cohn,* Die Protokolle der Weisen von Zion, Der Mythos von der jüd. Weltverschwörung, Köln 1969; *W. P. Eckert / E. L. Ehrlich* (Hrsg.), Judenhaß – Schuld der Christen?!, Essen 1964; *R. Erb / M. Schmidt* (Hrsg.), Antisemitismus und jüd. Geschichte, FS H. A. Strauss, Berlin 1987; *L. H. Feldman,* Is the New Testament Anti-Semitic? Humanities, Christianity and Culture 21, Tokyo 1987, 1–14; *E. H. Flannery,* The Anguish of the Jews, Twenty-Three Centuries of Antisemitism, New York 1985; *H. Frohnhofen* (Hrsg.), Christlicher Antijudaismus und jüdischer Antipaganismus, Hamburg 1990; *H. Goldstein,* Gottesverächter und Menschenfeinde? Juden zwischen Jesus und frühchristl. Kirche, Düsseldorf 1979; *H. Greive,* Geschichte des modernen Antisemitismus in Deutschland, Grundzüge Nr. 53, Darmstadt 1983; *J. Katz,* From Prejudice to Destruction, Antisemitism 1700–1933, Cambridge 1980; *C. Klein,* Theologie und Anti-Judaismus, eine Studie zur deutschen theolog. Literatur der Gegenwart, München 1975; *P. Massing,* Vorgeschichte des politischen Antisemitismus, Frankfurt 1988; *G. Passelecq,* Die unterschlagene Enzyklika, Der Vatikan und die Judenverfolgung, München 1997; *L. Poliakov,* Geschichte des Antisemitismus, Frankfurt 1977–1988; *R. R. Ruether,* Nächstenliebe und Brudermord: die theologischen Wurzeln des Antisemitismus, München 1978; *H. Schreckenberg,* Die christlichen adversus Judaeos-Texte und ihr literarisches und historisches Umfeld, 3 Bde., Bern 1982 (2. Aufl. des 1. Bd. 1995), 1988, 1994. T

Anthropomorphismus

↗ Bild/Bilderverbot/Bilderverehrung; Gott; Götzendienst.

Antisemitismus

↗ Antijudaismus.

Apokalyptik

Begriff und Bedeutung

Die Wortbedeutung (Enthüllung, nach Offb 1,1) ist zur Umschreibung des komplexen Phänomens nicht geeignet. Unter Apokalyptik versteht man eine Gottes-, Menschen- und Weltanschauung, in der alles Sichtbare und alles traditionell Geglaubte radikal und erregt dem bald zu erwartenden Umschwung der Zeiten zu Gericht, Verwerfung und Vollendung zu- und untergeordnet wird. Drei Grundüberzeugungen durchziehen alle Formen jüdischer und christlicher Apokalyptik:

a) Vergangenheit und Gegenwart sind von den bald zu erwartenden Endereignissen und vor allem von dem mit seinen Heerscharen zum Gericht kommenden Gott her zu beurteilen (äthHen 1; Dan 7; TestLev 18; Mt 25,31–46;

Offb 20). Der Apokalyptiker schaut gespannt nach den Vorzeichen des nahen Umschwungs zu Gericht, Verwerfung und Rechtfertigung aus und ist von der Dramatik der Vorperiode (mit Krieg, Hunger, kosmischen Erschütterungen, Abfall, Verfolgung) bewegt.

b) Die bedrängte Situation des Apokalyptikers im Diesseits und im Jetzt ist aber nicht seine ganze Wirklichkeit. Er besitzt seine Heimat und sein Bürgerrecht vielmehr schon jetzt droben – vor dem Thron Gottes – und vorne – im nachgeschichtlichen Eschaton (1 QH 3,19–23).

c) Das Bewußtsein besonderer eigener Erwählung und Beauftragung hebt den Apokalyptiker abrupt von der nichtapokalyptischen Menschheit ab. Er sieht sich als Mitglied einer einsamen kleinen endzeitlichen Herde von Gesinnungsgenossen, die allein inmitten einer verblendeten, abgefallenen Menschenmenge den Willen Gottes in den endzeitlichen Anfechtungen auf Tod und Leben durchzuhalten versucht.

Historische Erscheinungsformen

Die Apokalyptik wurde seit dem 4./3. Jahrhundert v. Chr. im Judentum aufgrund außerjüdischer (vehemente Eschatologisierung des Geschichtsbewußtseins im ägyptischen und iranischen Bereich) und jüdischer (zukunftsorientierte Neuaufbruch nach dem babylonischen Exil, Infragestellung der alttestamentlichen Botschaft durch den Hellenismus) Voraussetzungen eine bestimmende religiöse Lebenshaltung. Aufgrund der in Qumran gefundenen aramäischen Abschnitte des äthiopischen Henochbuches (4QEn) ist man heute geneigt, bereits die Endredaktion des Pentateuchs im 4. Jahrhundert v. Chr. als eine entmythisierende, weisheitliche Reaktion gegen apokalyptische Deutungen der Heilsgeschichte anzunehmen.

Als klassische Apokalypse der Hebräischen Bibel gelten (evtl.) das Sacharjabuch (ca. 520 – ca. 300 v. Chr.) und (sicher) das Danielbuch (Endredaktion 168–164 v. Chr. vgl. außerdem Jes 24–27; Ez 38–39). In frühjüdisch-nachbiblischer Zeit häufen sich dann die Apokalypsen: Zehnwochenapokalypse (äthHen), Schafsapokalypse (äthHen), Himmelfahrt Moses, apokalyptische Abschnitte in der asidäischen (TestLev 8) und qumranischen (CD I 1 – VII 21; 1QpHab; 1QM) Literatur. Die klassische Apokalypse des Neuen Testaments ist die Johannes-Apokalypse (Offb). Aber auch 2 Thess 2,1–12; Mk 13 par.; Lk 17,22–37; 19,41–44 sind apokalyptisch geprägt. Ein ergiebiges Zeugnis rabbinischer Apokalyptik findet sich u. a. in bSan 90–113.

Auch im Mittelalter verschafften sich apokalyptische Tendenzen immer wieder Geltung, ohne daß die betreffenden Schriften je kanonischen Status erhielten; viele jüdische Apokalypsen gerieten dann in Vergessenheit und wurden erst im 19./20. Jahrhundert wieder aufgefunden.

Wertungen

Als man (bereits im 2. Jahrhundert, vermehrt im 19. Jahrhundert) die Apokalyptik als entartete Prophetie und als Herd von Unruhe und Ketzerei zu werten begann und sie daher dem Gegner zuschob, entstanden verwirrende Apologetismen in Judentum und Christentum. Eine jüdische Version lautet: Nach 70 n. Chr. löste sich das Judentum von allen Formen frühjüdischer Apokalyptik. Aus mHag 2,1 könne man sogar eine Verurteilung der Apokalyptik herauslesen: „Wer über vier Dinge nachgrübelt – was oben (in der Himmelssphäre), was unten (beim Ort des Teufels und der Dämonen), was vorne (im Eschaton) und was hinten (im Protologon) ist –, für den wäre es besser, nicht geboren worden zu sein." Demgegenüber werteten christliche Theologen die Apokalyptik als typisches „spätjüdisches Erstarrungsphänomen", aus dem Jesus seine Jünger herausgeführt habe. Wenn es im Neuen Testament dennoch apokalyptische Texte gebe, dann seien diese Beweise für die in der Frühzeit der Kirche geschehene Rejudaisierung der Christusbotschaft.

Weiterleben im Judentum und Christentum

Judentum und Christentum bleiben bis heute apokalyptischen Tendenzen verhaftet. Apokalyptische Ungeduld und Träumereien verursachten immer wieder messianisch-revolutionäre Eruptionen (Täuferbewegung, Sabbatianismus). Im Neuen Testament werden zwar militante apokalyptische Tendenzen (Mt 5,44; 26,52; Lk 22,38) und apokalyptische Berechnungen (Mk 13,32 par.) zurückgewiesen; dasselbe geschieht im talmudischen und im späteren jüdischen Schrifttum (bSan 93b; 97b–99a; Mose ben Maimon, 12. Glaubenslehre; hilkôt melakîm 12). Mit ihrer über Zeit und Irdisches hinausweisenden Sicht aber bot sich die Apokalyptik als ideales Vehikel der Verkündigung des verstorbenen und auferstandenen Christus an. Ernst Käsemann nannte sie deshalb „die Mutter aller christlichen Theologie" (Anfänge 180).

Perspektiven für den Dialog

Das christlich-jüdische Gespräch über die Apokalyptik beginnt mit dem beidseitigen Eingeständnis, daß man Apokalyptik weder durch Hinweis auf das Dogma noch durch Hinweis auf die Halakha wegdiskutieren darf. Die Apokalyptik birgt in sich die für Judentum und Christentum unverdrängbare Botschaft, daß das endgültige Heil von Gott her nicht evolutionsmäßig-organisch aus der Geschichte und der menschlichen Bemühung herauswächst, sondern durch Leid und Zerstörung hindurch geschieht. Ferner ist die Apokalyptik ein Ferment, das sich immer wieder gegen christliche oder jüdische religiöse Verfestigungen richtet. Aus diesem Grund ist sie auch eines der wirksamsten Mittel, auf das sich die Unterdrückten und Verdammten dieser Erde berufen. Mit der Apokalyptik sind aber auch nicht geringe Gefahren verbunden: Wer erregt nach dem nahen Ende ausschaut, neigt dazu, Zeit und Gegenwart zu mißachten, sich in sektiererischem Wissen der Liebe zu den Verwirrten und Verlorenen zu verschließen und sich einer Militanz angesichts des angeblich hereinbrechenden Reiches zu verschreiben. (So die Aufständischen des Ersten Jüdischen Kriegs gegen Rom, 60–70/73, und mittelalterliche Kreuzzügler. Auch im modernen Staat Israel sind rechtsextreme Gruppen, wie z.B. Gusch Emunim, in ihrer innen- und außenpolitischen Haltung stark von apokalyptischen Gedanken beeinflußt).

↗ Bibel; Christus/Christologie, Erwählung Eschaton/Eschatologie; Hellenismus; Messias, Neues Testament; Propheten/Prophetie; Reich Gottes.

Literatur: *N. Cohn,* Das Ringen um das tausendjährige Reich, Bern/München 1961; *E. Käsemann,* Die Anfänge christlicher Theologie, in: ZThK 57 (1960) 162-185, K. Koch / J. M. Schmidt (Hrsg.), Apokalyptik, Wege d. Forschung 365, Darmstadt 1986; *K. Müller,* Studien zur frühjüdischen Apokalyptik, Stuttgart 1991; *R. Ruether,* Nächstenliebe und Brudermord, Die theologischen Wurzeln des Antijudaismus, München 1978; *J. Ibn-Schemuel* (Hrsg.), Midresché Ge-ullah (Hebr.), Jerusalem/Tel Aviv [3]1968; *J. M. Schmidt,* Die jüdische Apokalyptik, Die Geschichte ihrer Erforschung von den Anfängen bis zu den Textfunden von Qumran, Neukirchen [2]1976; *A. H. Silver,* A History of Messianic Speculation in Israel, Boston 1959. T

Apokryphen

Wertungen in der christlichen Tradition

Die theologische Wertung der mit dem Begriff (vom griech. apokryphos: verborgen, versteckt) gemeinten Schriften ist in der christlichen Tradition unterschiedlich. Es geht um die Frage nach dem Umfang des Kanons glaubensverbindlicher Schriften. Im christlich-jüdischen Zusammenhang steht nur der Kanon des Alten Testaments zur Debatte. Aufgrund frühjüdisch-frührabbinisch-frühkirchlicher Unsicherheiten und Gegnerschaften und der seit rabbinischer Zeit bis heute im Judentum durchgehaltenen Glaubensüberzeugung von der aus 24 Büchern bestehenden Sammlung der heiligen Schriften *(tôra, nevi'îm, ketûvîm: Tanakh)*, ergab sich im Christentum vor allem seit der Reformationszeit (16. Jh.) der konfessionelle Streit, ob man sich nach dem engeren jüdischen Kanon (so der Protestantismus) oder nach dem weiteren Septuaginta-Kanon (so der Katholizismus und die griechisch-orthodoxe Kirche) zu richten habe. Jene Bücher, die von den protestantischen Religionsgemeinschaften als apokryphe Bücher verstanden werden, werden von der katholischen und griechisch-orthodoxen Kirche als deuterokanonische Bücher bezeichnet, d.h. als heilige Schriften, die gegenüber den protokanonischen (d.h. den von den Juden und Protestanten als heilige Schriften anerkannten Büchern) eine eher zweitrangige glaubensverbindliche Bedeutung haben. Folgende sieben deuterokanonische bzw. apokryphe Bücher, die in protestantischen Bibeln teilweise als nützliche, d.h. religiös-volkserzieherisch brauchbare Bücher beigedruckt sind, stehen zur Frage: Baruch (um 200 v.Chr.), Ben Sira (um 180 v.Chr.), Tobit, Judit (um 150 v.Chr.), erstes und zweites Buch der Makkabäer (um 100 v.Chr.), Weisheit Salomos (um 50 v.Chr.). Dazu kommen noch Septuaginta-Zusätze in (proto-)kanonischen Büchern, besonders Dan 3,24–91 (Gebet Asarjas und Lobgesang der drei jungen Männer), Dan 13 (Susannalegende) und Dan 14 (Daniel und Belspriester). Neben den deuterokanonischen bzw. apokryphen Büchern gibt es noch eine Reihe von „Pseudepigraphen des Alten Testaments", die von keiner großen Religionsgemeinschaft als heilige Schriften anerkannt werden: äthiopisches Henochbuch (dieses genießt in der koptischen Kirche teilweise kanonisches Ansehen), die Testamente der zwölf Patriarchen, die sibyllinischen Orakel, die Himmelfahrt des Moses, das Leben Adams und Evas, das vierte Buch Esra, die syrische Baruchapokalypse u.a.m.

Diskussion im Judentum

Im Judentum wird nicht zwischen apokryphen und pseudepigraphen Büchern unterschieden. Hier gibt es nur die Zweiteilung „Heilige Schriften" und „außenstehende Bücher" *(sefarîm ḥizônîm; sifrê minim)*. Heilige Schriften sind nach jüdischem Glauben die 24 Bücher (andere Zählweise als bei den Protestanten), von denen die jüdische Tradition sagt, sie seien vor dem Tode von Esra und Nehemia (um 400 v.Chr.; Josephus Flavius, Ap I,8: vor dem Tode des persischen Königs Artaxerxes) verfaßt worden. Mit Esra sei auch die Periode der Prophetie zu Ende gegangen. Außenstehende Bücher sind dementsprechend alle jene, von denen die Tradition sagt, sie seien nach Esra (also nach ca. 400 v.Chr.) entstanden. Die historisch-kritisch eruierte Abfassungszeit wird dabei nicht berücksichtigt.

Vor der Tempelzerstörung im Jahre 70 n. Chr. gab es im Judentum zeitweilig Schwankungen in der Auffassung, welche Bücher den heiligen Schriften zugezählt werden können. Gegen die Samariter verteidigten die frühen Juden im 3. Jahrhundert v. Chr. die Zugehörigkeit der Prophetenbücher zu den heiligen Schriften. Die hellenistischen Juden akzeptierten teilweise im 2./1. Jahrhundert v. Chr. den weiteren, nicht genau abgegrenzten, sondern noch im Fluß befindlichen Septuaginta-Kanon (vgl. Aristeasbrief: ca. 130 v. Chr.; Philo von Alexandrien; ca. 30 n. Chr.: Vita Mosis II 26–44). Ben Sira wird im Talmud gelegentlich zitiert (z. B. bSan 100b), einmal sogar als Bestandteil der Hagiographen (bBQ 92b). Im Jahre 1896 gelang es dem jüdischen Forscher Salomon Schechter, unter den in der Kairoer Geniza gefundenen Fragmenten den hebräischen Originaltext von Ben Sira zu identifizieren.

Nach der Tempelzerstörung im Jahre 70 ging es den Rabbinen darum, die gedemütigten und verwirrten jüdischen Gemeinschaften zu neuer innerer Einheitlichkeit zu führen. Um für die Auseinandersetzung mit Christentum, Gnosis und Heidentum geistig religiös gewappnet zu sein, beschlossen sie, den Konsonantenbestand der anerkannten hebräisch-aramäischen heiligen Schriften zu sichern und umstrittene Bücher und Übersetzungen zurückzuweisen. Die Diskussion über die Zugehörigkeit einzelner Bücher (besonders Kohelet, Ester und Ben Sira zu den heiligen Schriften) dauerte bis ins 3. Jh. hinein. Die Zurückweisung der griechischen Septuaginta-Tradition ergab sich für die Rabbinen aus ihrem pragmatischen Grundverständnis und daraus, daß die Christen die Septuaginta als authentische Bibel übernahmen und damit gegen jüdische Glaubensüberzeugungen argumentierten.

Theologische Bedeutung

Die Auseinandersetzung um die Apokryphen ist weniger eine jüdisch-christliche, sondern mehr eine christlich-theologische Frage. Innerchristlich sind heute zwar die Positionen in der Kanonfrage bezogen; es melden sich aber immer wieder besonders protestantische Theologen zu Wort, die die Aufmerksamkeit auf die teilweise noch offene Kanonfrage lenken, etwa mit dem Hinweis, daß auch Bücher, die im Neuen Testament als Autoritäten zitiert sind (äthHen, Sir), einbezogen werden könnten. In die Liturgie des nicht-orthodoxen religiösen Judentums im 19. und 20. Jahrhundert wurden längere Auszüge aus den Makkabäerbüchern für den Chanukkagottesdienst und aus der Weisheit Salomos für Beerdigungs- und Seelenfeiergottesdienste aufgenommen.

Da das jüdisch-christliche Gespräch nur zum geringen Teil eine dogmatische Gegenüberstellung und Auseinandersetzung ist, sondern vielmehr auch eine Bewußtmachung der Entzweiungs- und Feindschaftsgeschichte, fällt dem Studium der Apokryphen eine wichtige Funktion zu. Aus den Apokryphen wird deutlich, welche theologischen, halachischen und heilsgeschichtlichen Sichtweisen unmittelbar vor der Entstehung des Christentums und des rabbinischen Judentums herrschten. Damit werden sie zu unentbehrlichen Zeugnissen für die Deutung der glaubensverbindlichen Schriften des Judentums und des Christentums.

↗ Autorität; Bibel; Dialog; Dogma; Hellenismus; Kirchenväter und Rabbinen, Neues Testament; Propheten/Prophetie.

Literatur: *R. H. Charles,* The Apocrypha and Pseudepigrapha of the Old Testament in English, 2 Bde., Oxford 1913; *G. Delling,* Bibliographie zur jüdisch-hellenistischen und intertestamentarischen Literatur, 1900–1965, Berlin [2]1975; *A. M. Denis*, Introductions aux Pseudépigraphes grecs d'Ancien Testament, Leiden 1970; *W. G. Kümmel* u.a. (Hrsg.), Jüdische Schriften aus hellenistisch-römischer Zeit, Gütersloh 1973 ff; *H. F. D. Sparks* (Hrsg.), The Apocryphal Old Testament, Oxford 1984.

T

Auferstehung

Begriffsinhalte

Gemeint ist der Glaube, daß bewährte Menschen nach ihrem Tod kraft der erwählenden Wundermacht Gottes ein ganzheitliches und unvergänglich-glückliches Leben in der Anschauung Gottes erhalten. Außer im Falle der Märtyrer und vollkommenen Gerechten wird angenommen, daß die postmortale Existenz durch ein Gericht zur Wertung und Scheidung der Gerechten und Frevler eingeleitet wird. Verschiedene hebräische und griechische Begriffe stehen zur Verfügung, um die Auferstehungsvorstellungen zu verdeutlichen: *techiyat ham-metîm / anabiōsis* = (Wieder-)Belebung der Toten; anastasis = Auferstehung. Von Gott wird gesagt, er sei der *mechayye hammetîm* = der Beleber der Toten; er wecke die Toten auf *(le-hachayôt)*. Vom bewährten Menschen wird gesagt, er sei eingeladen zum Leben der kommenden Welt, er stehe auf zum ewigen Leben, er erwache, blühe hervor, werde von der Erde herausgegeben (Jes 26,19; Dan 12,2), seine Seele vereinige sich wieder mit seinem Leib. Als Ort des Lebens der Auferstehung wird bisweilen die erneuerte Erde, meist jedoch die nicht lokalisierbare kommende Welt bzw. das Jenseits genannt.

Quellen

Die wichtigsten, traditionell wirksam gewordenen Belege für die jüdische Auferstehungshoffnung sind Dan 12, 1–3 (ca. 165 v. Chr.); äthHen 22,11–14; 103,2–4) (stammen unterschiedlich aus dem 2./1. Jh. v. Chr.); 2 Makk 7; 14,37–46 (ca. 100 v. Chr.); zweite Berakha des Achtzehngebets (redigiert ca. 100 n. Chr., Ursprünge reichen in die pharisäisch-vorchristliche Zeit zurück); verschiedene Pseudepigraphen: PsSal 3,8–12; äthHen 51,1; 4 Esra 7,32; syrBar 21,23 f; 42,7; 50,2; LibAnt 3,10; Josephus Flavius: Ant 18, 14; die rabbinische Literatur: mSan 10,1; tBer 7,6; bSan 90b; bKet 111b; bTaan 7a; BerR 60b u.a.; die Werke des Mose ben Maimon (Mischne Tora und More nevuḵîm); der dem Mose ben Maimon vielleicht zu Unrecht zugeschriebene Traktat über die Auferstehung.

Das Neue Testament und seine Folgen

Das Neue Testament ist die Grundquelle der christlichen Auferstehungshoffnung; sie trägt das Kolorit der jüdischen von den Apokalyptikern und Pharisäern überkommenen Auferstehungshoffnung in sich (vgl. bes. Mt 22,23–33 par.; Lk 24,13–35; Apg 23,6–10; 1 Kor 15; Kol 3,1–4; Eph 1,20; 1 Petr 1,21). Die Auferstehung Christi ist nach dem Neuen Testament das Grunddatum des Christentums (1 Kor 15) und des christlichen Lebens; die Taufe gilt als Hereinnahme in den auferstandenen Christus. Dieser höchste Stellenwert, den die Auferstehung im Christentum erhielt, wurde im Verlaufe der Geschichte mit dem geringeren Stellenwert der Auferstehung im Judentum verglichen und führte zu einer judenfeindlichen Polemik. Dies zeigt sich etwa in einer novella des Kaisers Justinian I. aus dem Jahre 553 n. Chr.: „Aber wenn jemand von den Juden gottlose und eitle Lehren vorbringt, indem er die Auferstehung der

Toten und das Letzte Gericht leugnet ..., dann soll er vertrieben werden ..., damit wir so das jüdische Volk von seinem Irrtum reinigen."

Glaubensmotivationen

Seine erste Blütezeit erlebte die Auferstehungshoffnung im Judentum in der Verfolgungszeit von der Zeit des Antiochus IV. (175–164 v. Chr.) bis zum Ende der hadrianischen Verfolgung (138 n. Chr.). Die wichtigste theologische Überlegung war dabei folgende: Die heiligen Schriften reden davon, daß Gott mit seinen Getreuen im Bunde steht und daß er ihnen ein glückliches, unter seiner Hut geborgenes Leben versprochen hat. Nun aber – in der Verfolgungszeit – geht es den Getreuen am schlechtesten, während jene Juden, die der griechisch-römischen Lebensweise und Weltanschauung huldigen, sich in Glück und Sicherheit wiegen. Der Glaube an Gott und die Erfüllung seiner Gebote können daher nur im Vollsinn durchgestanden werden, wenn Gott die Verfolgten und Gemordeten nach dem Tode ins unverlierbare Glück hineinholt. Daher wurde die Auferstehungshoffnung besonders bei den Pharisäern zum Kennzeichen wahren Judentums, ja zu einem Dogma (2. Beracha des Achtzehngebets; Apg 23,6–9; mSan 10,1). Die wichtigsten Theologumena zur Stützung dieses Glaubens waren schöpfungstheologischer Natur: Gott erschuf die Welt und den Menschen aus nichts. Für ihn ist es kein Problem, die Menschen nach dem Tod aus „nichts", d. h. aus den Überresten ihres Leibes, neu zu schaffen zu einem Leben der Unverwüstbarkeit (2 Makk 7). Oder: Gott erschafft nichts ins Leere (*le-baṭṭala*: Traktat über die Auferstehung; Paragraph 23). Alles, was erschaffen wurde, hat einen Ewigkeitswert und wird im Heilsplan Gottes über die Vernichtung hindurch zur vollkommenen Ausprägung kommen. Diese Theologumena bezeugen einen starken Glauben an den wunderwirkenden Gott Israels.

Ausformungen

Wie das Leben der Auferstandenen sein wird, blieb im Judentum kontrovers. Die meisten jüdischen Lehrer legten Wert darauf, daß das Leben der Auferstehung ganz anders sein werde als das irdische Leben: „Nicht wie diese Welt ist die kommende Welt. In der kommenden Welt gibt es kein Essen, kein Trinken, keine Vermehrung, keinen Kauf, keinen Verkauf, keinen Neid, Haß, Streit. Vielmehr sitzen die Gerechten da mit Kronen auf ihren Häuptern und genießen vom Glanz der Schekhina" (bBer 17a). Dieses Talmudzitat war gegen allzu plastische jüdische Auferstehungserwartungen gerichtet, wonach die Verstorbenen in ihren Totenkleidern und mit Grabbeigaben wieder auferstehen und wonach sie im Jenseits das Fleisch des Leviatan verzehren u. ä. Die Talmudstelle in bBer 17a wurde aber auch gegen die zunehmende und heute mehrheitliche Zahl der Juden ins Feld geführt, die aus anthropologischen Überlegungen heraus (Dichotomie von Leib und Seele) die Unsterblichkeit der Seele an die Stelle der Auferstehungshoffnung setzen.

Der Glaube an die Auferstehung ist eines der wenigen jüdisch-rabbinischen Dogmen: „Gepriesen seist du, Ewiger, der die Toten belebt" (2. Ber. des Achtzehngebets); „Wer sagt, die Auferstehung der Toten lasse sich nicht aus der Tora beweisen, hat keinen Anteil an der kommenden Welt" (mSan 10,1). Dabei wird aber vieles der persönlichen Überlegung und Vorstellungskraft überlassen. Auch die religiöse jüdische Folklore (viele jüdische Beerdigungsbräuche richten sich danach) behält ihre Eigenständigkeit. In bKet 111b ff finden sich phantastische Vorstellungen darüber, wie die Toten der jüdischen Diaspora ihren Weg ins Heilige Land finden und dort in weißen Kleidern auferstehen werden.

Christlich jüdische Bedeutung

Die Auferstehung der Toten ist für die theologische Begegnung von Christen und Juden von großer Relevanz. Einerseits dürfen die Christen nicht vergessen, daß sie diesen Glauben von den Juden (besonders von den Pharisäern über Paulus und den anderen neutestamentlichen Hagiographen) empfangen haben. Da für die damalige jüdische Auferstehungshoffnung die Verherrlichung des Körpers (als Identitätszeichen des Menschen) unverzichtbar war, ist nicht anzunehmen, daß die Jünger sich die Auferstehung Christi als rein geistigen, körperlosen Vorgang vorstellten. Anderseits müssen die Christen vollen Respekt für Juden aufbringen, die ein berechtigtes Mißtrauen gegen Beschreibungen transzendenter und metahistorischer Ereignisse haben und die auch darauf bedacht sind, ihren angestammten und umstrittenen Glauben nicht mit dem christlichen, mit Christus verbundenen, zu vermengen. Der jüdische Auferstehungsglaube ist ein legitimer Kontrapunkt des christlichen Glaubens.

↗ Apokalyptik; Apokryphen; Christus/Christologie; Dogma; Paulus; Pharisäer; Schöpfer/Schöpfung; Unsterblichkeit.

Literatur: *E. Bloch,* Das Prinzip Hoffnung, Frankfurt a.M. 1967; *H. C. Cavallin,* Leben nach dem Tode im Spätjudentum und im frühen Christentum, in: ANRW II/1/19.1, Berlin 1979, 240–345, *L. N. Goldfeld,* Moses Maimonides' Treatise on Resurrection. An Inquiry into its Authenticity, New York 1986; *G. Greshake,* Tod und Auferstehung, in F. Böckle u.a., CGG 5, Freiburg i.Br. 1980, 63–130; *K. Kellermann,* Auferstanden in den Himmel, 2 Makkabäer 7 und die Auferstehung der Martyrer, Stuttgart 1979; *H. Kessler,* Sucht den Lebenden nicht bei den Toten. Die Auferstehung Jesu Christi in biblischer, fundamentaltheologischer und systematischer Sicht, Düsseldorf 1985; *G. W. E. Nickelsburg,* Resurrection, Immortality and Eternal Life in Intertestamental Judaism, Cambridge 1972; *F. Nötscher,* Altorientalischer und alttestamentlicher Auferstehungsglaube, Würzburg 1926; *J. J. Petuchowski,* „Immortality – Yes; Resurrection – No!“: Nineteenth-Century Judaism Struggles with a Traditional Belief, in: PAAJR, Vol. L (1983), 133–147; *G. Stemberger,* Auferstehung (Judentum), in: TRE 4, Berlin 1979, 443–450; *H. Sysling,* Techiat ham-metim: The Resurection of the Dead in the Palestinian Literature of the Pentateuch and parallel Traditions in classical Rabbinic Literature, Tübingen 1996. T

Auschwitz

↗ Holocaust.

Autorität

1. Jüdisch

Biblisch legitimierte Autoritätsträger

Die Bibel, die sich nicht nur mit Religion, sondern auch mit dem politischen und gesellschaftlichen Leben Israels befaßt, kennt verschiedene Arten der Autorität. Die Monarchie, besonders die davidische Dynastie, wurde als eine von Gott eingesetzte Autorität betrachtet. Das erbliche Priestertum übte auf kultischer Ebene Autorität aus und spielte besonders nach der Rückkehr aus dem babylonischen Exil auch eine politische Rolle. Die „Ältesten in den Toren“, d.h. die örtlichen Richter, besaßen zivilrechtliche Autorität. Es gab aber auch Menschen, die Propheten, die sich als direkt von Gott berufen betrachteten. Sie machten Anspruch auf eine höhere Autorität, die sich nicht selten im Widerspruch zu den anderen Autoritäten befand. Propheten kritisierten Könige und Priester, Richter und Aristokraten im Namen der *göttlichen* Autorität.

Die Hebräische Bibel läßt diese verschiedenen Arten der Autorität zu Worte kommen – wobei nicht vergessen werden darf, daß in dem Kanonisierungsprozeß, wie er etwa im Fall des Pentateuchs in den Kapiteln 8–10 des Buches Nehemia beschrieben wird, auch das Volk, das sich der Autorität freiwillig unterwirft, eine wichtige Rolle spielt. Nach der Kanonisierung des Pentateuchs im 5. Jahrhundert v. Chr. erlangten diejenigen Autorität, deren Aufgabe es war, das Gesetz des Pentateuchs zu interpretieren und auf unvorausgesehene Umstände anzuwenden. Das scheinen zunächst die Priester gewesen zu sein (vgl. Mal 2,7). Wenn wir aber im 2. Jahrhundert v. Chr. zuerst von den Pharisäern hören, scheint es sich damals schon um eine Gruppe von Menschen gehandelt zu haben, die den Priestern das Monopol der Schrifterklärung strittig machte und darauf bestand, daß Gelehrsamkeit und nicht die Geburt in einer Priesterfamilie, den Menschen zur Auslegung des (geoffenbarten) Gesetzes befähige. Die Pharisäer waren die Vorläufer der späteren Rabbinen. Nach der Zerstörung von Tempel und Staat im Jahre 70 n. Chr. wurden dann auch die auf Tempel und Priestertum bezogenen Teile der israelitischen Religion im praktischen Leben größtenteils hinfällig. Da aber unter den Römern – und später sowohl in christlichen wie auch in moslemischen Ländern – den Juden ein erheblicher Grad von Selbstverwaltung gewährt wurde, wurden weiterhin Richter gebraucht, die religions-, ehe- und zivilrechtliche Fälle nach dem im pharisäisch-rabbinischen Sinn fortentwickelten biblischen Gesetz zu entscheiden hatten. Diese Richter waren die Rabbiner, die zwar hier und da auch gelegentlich predigten, deren Mitwirkung beim öffentlichen Gottesdienst aber entbehrlich war, da erstens dieser Gottesdienst ein Wortgottesdienst war und zweitens der Rabbiner, wenn er nicht gerade aus einer priesterlichen Familie stammte, ohnehin nur ein gelehrter Laie war, der in den Augen Gottes vor anderen Laien keinen Vorrang besaß. Die rabbinische Ordination, *semikha* oder *heter horaah*, ist daher auch weder eine Übertragung charismatischer Eigenschaften noch eine Priesterweihe, sondern lediglich ein Zeugnis dafür, daß der Rabbiner ein gewisses Studium erfolgreich absolviert hat und deshalb berechtigt ist, Gesetzesfragen zu entscheiden.

Rabbinische Autorität

Um Autorität zu sein, benötigt der Rabbiner aber mehr als seine Ordination. Er muß auch eine Gemeinde haben, die ihn als Rabbiner wählt und anerkennt. So beruht die rabbinische Autorität nicht zuletzt auch auf dem freien Willen von Gemeinden. Hat ein Rabbiner den Ruhm von großer Gelehrsamkeit und Frömmigkeit erlangt, kann es auch vorkommen, daß Gemeinden in der weiten Ferne ihn als Autorität anerkennen. So wurde z. B. der damals in Ägypten lebende Mose ben Maimon (1135–1204) sowohl von den Juden in der Provence wie auch von den Juden in Jemen um gesetzliche Entscheidungen gebeten, d. h. von Gemeinden, die formell in keiner Weise seiner Autorität unterstanden.

Ein Oberrabbinat, wo ein solches existiert – es ist als Institution nicht überall bekannt –, wurde oft von nichtjüdischen Behörden eingesetzt oder aber von Juden selbst in Nachahmung der christlichen Hierarchie eingeführt. Das Oberrabbinat im israelischen Staat wurde im 19. Jahrhundert von der türkischen Regierung gegründet, von der britischen Mandatsregierung übernommen und seit 1948 vom Staat Israel weitergeführt. Das Oberrabbinat in England verdankt seine Existenz der Tatsache, daß sich im 19. Jahrhundert der orthodoxe Synagogenverband in England die anglikanische Kirche zum Modell nahm und als Gegenstück zum Erzbischof von Canterbury einen „Chief Rabbi" bestellte. Im Judentum selbst ist die Institution des Oberrabbinats nicht verankert, da jeder ordinierte Rabbiner berechtigt ist, gesetzliche Fragen zu entscheiden. (Jesu Worte in Mt 16,19 klingen an die Formel der rabbinischen Ordination an.) Allenfalls mögen sich Rabbiner bei sehr wichtigen Entscheidungen – wie im Mittelalter beim Verbot der (biblisch erlaubten) Polygamie – in Rabbinerkonferenzen zusammenfinden.

Der Rabbiner muß sich aber selbst einer Autorität unterwerfen, und das ist die Autorität des religiösen Schrifttums, das nach jüdischer Auffassung auf göttliche Offenbarung zurückgeht. Hier ist zunächst die Bibel zu nennen und innerhalb der Bibel der Pentateuch, aber eher in seiner talmudischen Auslegung als in seinem rein wörtlichen Sinn. Dazu gesellen sich die religionsgesetzlichen Werke des Mittelalters, die Kodizes, und die immer noch weitergeführte Literatur der Rechtsgutachten, der sog. Responsa. Denn die Dialektik der jüdischen Schriftauslegung hat bis heute noch nicht ihr Ende gefunden, und so wie das Leben nicht stillsteht, entwickelt sich auch die rabbinische Literatur, in der versucht wird, den Willen Gottes im „Hier und Jetzt" ausfindig zu machen.

Mit der bürgerlichen Gleichberechtigung der Juden, die Ende des 18. Jahrhunderts im Westen ihren Anfang nahm, hat sich auch die Rolle des Rabbiners erheblich geändert. Selbst in orthodoxen Kreisen, und um so mehr in religiös-liberalen Kreisen, schrumpfte die Rolle des Rabbiners als Richter immer mehr zusammen, da sich die meisten Juden des Westens jetzt der allgemeinen bürgerlichen Justiz bedienten. Dagegen wurde die Ausübung einer anderen Autorität vom Rabbiner verlangt. Er hatte nun Autorität auf dem Gebiet der Wissenschaft des Judentums zu sein, um einer neuen Zeit in verständlicher und akademisch verantwortlicher Weise die Lehren des Judentums – aus Bibel und Talmud, Midrasch und Theologie, Religionsphilosophie und Geschichte geschöpft – darstellen zu können; und das geschah zusätzlich zu seiner neu aufgenommenen Tätigkeit als Prediger, Seelsorger, Pädagoge und Liturge. An die Stelle der alten Talmudhochschulen, die sich fast ausschließlich mit dem jüdischen Recht befaßten, traten seit Mitte des 19. Jahrhunderts die modernen Rabbinerseminare konservativer, reformierter und orthodoxer Richtung, die es sich zum Ziel machten, den Rabbiner der Neuzeit auch in der Wissenschaft des Judentums und in der praktischen Seelsorge auszubilden.

Ein moderner Rabbiner, bis auf Einzelfälle in orthodoxen Kreisen, wird auch im Westen nicht mehr von einem einzelnen ordinierten Rabbiner ordiniert, sondern von einem Gremium bzw. einem in der respektiven religiösen Richtung allgemein anerkannten Rabbinerseminar. Dabei steht den Gemeinden immer noch die freie Wahl ihrer Rabbiner zu, so daß keiner Gemeinde ein Rabbiner aufgezwungen werden kann.

Literatur: *J. Newman,* Semikhah (Ordination), Manchester 1950; *E. L. Stevens* (Hrsg.), Rabbinic Authority, New York 1982; *H. Zucker,* Studien zur jüdischen Selbstverwaltung im Altertum, Berlin 1936. P

2. Christlich

Kirchliche Autorität und heilige Schriften

Autorität kommt als Wort in den heiligen Schriften nicht vor. Soweit sie eine wirkende Eigenschaft Gottes und des ihn darstellenden Christus ist, kommt der neutestamentliche Begriff *exousia* (Macht, Vollmacht) dem Gemeinten am nächsten (Mt 21,33; 28,18–20). Soweit sie im abgeleiteten Sinne Menschen zukommt, tritt „Zeuge sein, bezeugen, Zeugnis für die Offenbarung geben" (Lk 24,48) in die Nähe des Begriffsinhalts. Alle irdische Autorität ist von Gott, der vollen und ursprünglichen Autorität, abgeleitet (Röm 13,1–6; 1 Petr 2,13–17). Alle kirchliche Autorität steht unter dem Richtmaß des in den heiligen Schriften bezeugten Wortes Gottes und hat dem Glauben der Christen und dem Wohl der Menschen zu dienen.

Autoritätsträger in den christlichen Kirchen

In den christlichen Kirchen wird folgenden Personen, Institutionen und Schriften in je verschiedenem Ausmaß und mit verschiedengradiger Akzeptanz Autorität zugesprochen: a) *den heiligen Schriften* des Alten und Neuen Testaments als *depositum fidei* bzw. als das Leben der Kirche bestimmende Offenbarung; b) *Jesus Christus* als dem Repräsentanten des Gottes Israels, als der erlösenden Verbindungsperson zwischen den Völkern der Welt und dem Volk Israel und als dem Haupt seines Volkes, der Kirche (Eph 1,3–12); c) *den kirchlichen Traditionen*, soweit sie den Konsens der Kirchenväter, der Glaubenszeugen und Theologen wiedergeben; d) den *ökumenischen Konzilien* als prominentesten Ereignissen, in denen die Tradition zum Ausdruck kommt. Die größte Anerkennung wird den acht ökumenischen Konzilien des christlichen Altertums zuteil; sie werden von der orthodoxen und der katholischen Kirche, aber auch von Teilen der protestantischen Kirchen als autoritativ anerkannt. Für die katholische Kirche spielen außerdem das Reform-Konzil von Trient (1545–1563), das Erste Vatikanische Konzil (1869–1870) und das Zweite Vatikanische Konzil (1962–1965) eine besondere Rolle; e) *dem Papst:* Er wird nur von den Katholiken als oberste Kirchenautorität anerkannt. Die orthodoxe Kirche betrachtet ihn als Patriarchen des Westens und wäre bereit, ihn als *primus inter pares* anzuerkennen. Den Katholiken gilt der Papst in bestimmten speziell bezeichneten Fällen als unfehlbar, d.h. als nicht dem Irrtum verhaftet: Wenn er in feierlicher Weise sich als Repräsentant der Gesamtkirche in Sachen des Glaubens und der Sitte äußert. Der Papst repräsentiert dann die Nachfolge des Petrus und die gegenwärtige Kirche, die nach den Worten Christi von den Pforten der Unterwelt nicht überwunden werden kann (Mt 16,18f; Joh 21,15–19; DS 3059–3075); f) *den Bischöfen:* sowohl als einzelnen Vorstehern von Diözesen als auch als Gremium der in der Amtsnachfolge der Apostel stehenden Vorsteher von regionalen Kirchen (Vatikanum II: Lumen gentium); g) *den Gemeinden* Christi. Die Kirche versteht sich als eine vom Heiligen Geist geführte Gemeinschaft mitten in einer Welt der Not, der Wirrnis und der Täuschung. Daher ist die Gemeinschaft dieses Volkes, bestehend aus Männern, Frauen, Kindern, prophetischen Persönlichkeiten usw., eine Autorität, der sich auch die Amtsträger unter Umständen zu beugen haben. Viele Korrekturen in den kirchlichen Autoritätsstrukturen kamen und kommen in diesem Sinne „von unten".

Autorität, Tradition und Zukunft

Autorität kann im Christentum nicht – ebensowenig wie im Judentum – von der die heiligen Schriften stets aktualisierenden religiösen Tradition getrennt werden. Die Tradition wird im Judentum als die „mündliche Tora" bzw. als die stets neue Stimme des Gottes vom Sinai für neue Zeiten und Situationen verstanden. Autorität kann sich aber im Christentum auch nicht – ebensowenig wie im Judentum – behaupten, ohne sich selbst im Hinblick auf die erhoffte messianische Zeit der Fülle zu relativieren. Kein Papst, kein Oberrabbiner und keine Gemeinschaften können ihre Autorität bzw. ihre Ämter allein von der Tradition her begründen. Sie müssen vielmehr auch dahin wirken, daß eine größere Menschlichkeit, ein Friede universalen Ausmaßes und eine endzeitlich-ideale Mensch-Gott-Verbindung (auch außerhalb der Gottesdienste) in ihren Gemeinschaften Platz finden können (Scholem).

↗ Bibel; Christus/Christologie; Eschaton, Eschatologie; Gesetz; Gott; Kirche/Kirchen; Neues Testament; Orthodoxes Judentum; Pharisäer; Talmud; Tradition.

Literatur: *J. Brosseder*, Autorität der Schrift und Autorität der Kirche, in: Una Sancta 22 (1967) 161–172; *ders.*, Die Autorität der Freiheit. Gegenwart und Zukunft der Kirche im ökumenischen Disput, 3 Bde., München 1967; *J. Miethke / R. Man / E. Amelung / H. Beinther*, Autorität: Alte Kirche und Mittelalter, Reformationszeit. Ethische systematisch-theologische Aspekte, in: TRE 5, Berlin 1980, 17–51 (Lit.); *G. Scholem*, Die Krise der Tradition im jüdischen Messianismus, in: ders., Judaica III, Frankfurt a. M. 1973; *M. Seckler*, Im Spannungsfeld von Wissenschaft und Kirche. Theologie als schöpferische Auslegung der Wirklichkeit, Freiburg i. Br. 1980. T

B

Bar Mizwa

↗ Israel; Sakramente.

Beschneidung

Religionsgeschichtliche Besonderheit

Die Beschneidung, d. h. das Entfernen der Vorhaut, war ein unter alten Völkern weitverbreiteter Brauch. Im biblischen Israel wurde sie als besonderes Bundeszeichen zwischen Gott und Abraham und seinen Nachkommen betrachtet (Gen 17,9–14). Vielleicht machte die Tatsache, daß das israelitische Kind am achten Tag beschnitten wurde, das spezifisch Israelitisch-Jüdische der Beschneidung aus. Dagegen fungierte im alten Nahen Osten die Beschneidung gewöhnlich als Pubertätsritus. Außerdem waren die Philister, das Nachbarvolk Israels, unbeschnitten, und man war sich des Gegensatzes bewußt.

Beim Paschaopfer (Ex 12,48–49) wurde von allen männlichen Teilnehmern verlangt, daß sie beschnitten waren. Sonst aber führte die Unterlassung der Beschneidung zu keinen kultischen Nachteilen. Auch die weiblichen Kinder wurden nicht beschnitten, obwohl das bei Naturvölkern ein weitverbreiteter Brauch war. Nach rabbinischer Auffassung ist man durch die Geburt von einer jüdischen Mutter und nicht erst durch die Beschneidung Jude. Ja, wo ein Kind als Folge der Beschneidung gestorben ist, soll sein später geborener Bruder nicht beschnitten werden, wie ja auch sonst die Beschneidung unterbleiben soll, wenn die Ärzte im speziellen Fall sie für gesundheitsschädlich halten. Der „unbeschnittene Israelit“ mag Ausnahmefall gewesen sein, war aber nicht unbekannt (vgl. bHul 4b; Schulchan ʿArukh, Joreh De ʿāh 264,1).

Beschneidung als Gebot und Bundeszeichen

Theoretisch war die Beschneidung eben nur ein Gebot unter vielen, und die Nichtbeachtung dieses Gebots wurde ursprünglich wohl nicht negativer beurteilt als etwa das Nichtfasten am Versöhnungstag oder das Essen von gesäuertem Brot am Pesachfest. Jedoch hat im Laufe der Zeit das Beschneidungsgebot einen Stellenwert erhalten, der es über andere biblische Gebote herausragen läßt, so daß es noch in der heutigen Zeit von vielen nichtreligiösen und säkularisierten Juden eingehalten wird. Diese Entwicklung läßt sich seit dem babylonischen Exil verfolgen, wo sich neben dem Sabbat auch die Beschneidung als jüdisches Charakteristikum profilierte. (Im Pentateuch handelt es sich bei den Stellen, an denen das Beschneidungsgebot erwähnt wird, um Bestandteile der sog. Priesterschrift). Als dann im 2. vorchristlichen Jahrhundert Antiochos Epiphanes ein Beschneidungsverbot erließ (1 Makk 1,48.60) und auch im 2. Jahrhundert n. Chr. Hadrians Kastrierungsverbot in Palästina auf die Beschneidung angewandt wurde, ließen sich viele Juden in beiden Fällen lieber töten als die Beschneidung ihrer Kinder zu unterlassen. Dadurch wurde die Beschneidung so wichtig, daß Rabbi Simeon ben Eleazar die Beschneidung ein Gebot nannte, für das die Israeliten bereit sind, ihr Leben zu opfern (bShab 130a). Im Verlaufe der Zeit entwickelte sich um die Beschneidung zusammen mit dem Pesachopfer eine Verzeihungstheologie: Die Israeliten wurden durch das Blut der Beschneidung und das Blut des Pesachlammes aus Ägypten befreit. Mit Bezug auf Ez 16,6 wird in ShemR 19,5 zu Israel gesagt: „Lebe durch das Blut des Pesachlammes, lebe durch das Blut der Beschneidung.“

Von den Juden *berît mîla* (= „Bund der Beschneidung“) genannt, handelt es sich bei der Beschneidung nicht nur um einen chirurgischen Eingriff, sondern auch – und hauptsächlich – um eine freudige religiöse Feier, in der das neugeborene Kind in den „Bund unseres Vaters Abraham“ aufgenommen wird und bei dem ihm auch sein Name gegeben wird (vgl. Lk 2,21, und siehe die Beschneidungsliturgie in: J. J. Petuchowski, Gottesdienst des Herzens, Freiburg i. Br. 1981, 124–129).

Die Beschneidung gilt also als göttliches Gebot und Bundeszeichen. Daneben gibt die Bibel selbst keinen Grund für diesen Brauch an. Allerdings finden wir in Dtn 10,16 und Jer 4,4, wo von der „Beschneidung des Herzens“ die Rede ist, den Versuch, der fleischlichen Beschneidung auch eine seelische entsprechen zu lassen. In nachbiblischen Zeiten – bis zur Moderne – hat es nicht an (unbeweisbaren) Hypothesen – von medizinisch-hygienischen bis zu rein pietistischen – gefehlt, *den* Grund für die Beschneidung anzugeben. So heißt es etwa bei Samson Raphael Hirsch (1808–1888), dem Begründer der jüdischen Neuorthodoxie: „Daß du heilig haltest die Kräfte deines Körpers, sie nicht vergeudest in schnöder Lust der Sinne, ... daß du ganz Mensch, ganz Gottesdiener seiest, auch in tierischer Handlung nur heilige Aufgabe erblickest zum heiligen Zweck des Weltenbaus ..." (Versuche über Jissroels Pflichten, Frankfurt a.M. [4]1909, 149). Unerläßlich (außer für Kreise des radikalen Reformjudentums) ist die Beschneidung – neben dem Tauchbad – bei der Aufnahme von männlichen Proselyten in das Judentum. Man kann zwar als nichtjüdischer „Gottesfürchtiger" die monotheistische Weltanschauung teilen und sich auch jüdische Gebräuche zu eigen machen, wie es in der Spätantike im hellenistisch-römischen Bereich nicht selten war. Unterzog sich aber ein derartiger „Gottesfürchtiger" der Beschneidung, dann galt er als Jude, der auf die Einhaltung des ganzen Religionsgesetzes verpflichtet war, und nicht mehr nur Teile aus den jüdischen Lehren und Observanzen für sich auswählen konnte.

Paulinische Polemik

In diesem Sinn ist auch die Polemik des Apostels Paulus gegen die Beschneidung vom religionsgesetzlichen Standpunkt des Judentums verständlich. Paulus selbst war als Jude beschnitten (Phil 3,5). Auch ließ er den Timotheus, Sohn eines Griechen und einer Jüdin und daher nach rabbinischer Auffassung jüdisch, beschneiden (Apg 16,1–3). Aber Paulus glaubt auch, daß es „in Christus Jesus nicht darauf ankommt, beschnitten oder unbeschnitten zu sein" (Gal 5,6), so daß er sich an die Entscheidung von Apg 15 hält und von den Konvertiten vom Heidentum zum Christentum die Beschneidung nicht verlangt. Wenn sich aber ein derartiger Konvertit dennoch beschneiden läßt, dann gilt er auch für Paulus als Jude, der verpflichtet ist, das ganze Gesetz zu halten (Gal 5,3). Das würde aber die von Christus gewährte „Freiheit vom Gesetz" zunichte machen. Dies ist der Grund, weshalb sich Paulus so energisch gegen die Beschneidung von Proselyten aus dem Heidentum wendet.

↗ Bund; Gesetz; Judenchristen; Paulus; Proselyten.

Literatur: *O. Betz,* Beschneidung: Altes Testament, Frühjudentum, Neues Testament, in TRE Bd 5, Berlin 1980, 716–722; *F. Dexinger,* Beschneidung: nachtalmudisches Judentum, in: TRE Bd 5, Berlin 1980, 722–724; *Isaac Klein,* A Guide to Jewish Religious Practice. New York 1979, 419–432; *J. Preuss,* Biblisch-talmudische Medizin. Berlin 1911, 278–289, *P. C. Remondino,* History of Circumcision from Earliest Times to the Present. Philadelphia 1897; *H. J. Zimmels,* Magicians, Theologians and Doctors. London 1952, 157–164. P

Bibel

Begriff und Verständnis

Wenn Katholiken das Wort „Bibel" gebrauchen, meinen sie die Schriften des „Alten Testaments" einschließlich der sog. Apokryphen und die Schriften des Neuen Testaments. Protestanten verstehen unter „Bibel" die Schriften des „Alten Testaments" – ohne die sog. Apokryphen – zusammen mit den Schriften des Neuen Testaments. Wenn Juden über die „Bibel" sprechen, verstehen sie darunter ausschließlich die Schriften des „Alten Testaments", ohne die Apokryphen mit dazuzurechnen.

Etymologisch bedeutet das Wort „Bibel" einfach nur „Buch". Es hat aber die Bedeutung als *das* Buch *par excellence* erlangt, d.h. als das Buch, das die göttliche Offenbarung enthält. Den verschiedenen Auffassungen von der Offenbarung entsprechen dann auch die Verschiedenheiten in der Auffassung der Schriften, die der Offenbarung zuzurechnen sind und die zusammen die „Bibel" ausmachen.

Hebräische Bibel und „Altes Testament"

Das sog. „Alte Testament", das die Juden als ihre Bibel betrachten, enthält 39 Schriften, die allerdings von der jüdischen Tradition als nur 24 gezählt werden. Zu dieser Zahl gelangt man, wenn die beiden Bücher Sam, die beiden Bücher Kön, die Zwölf Kleinen Propheten, Esra und Neh und die beiden Bücher der Chr immer nur als je *ein* Buch gezählt werden. Juden ziehen es gewöhnlich vor, von der „Hebräischen Bibel" statt von dem „Alten Testament" zu sprechen, da der Ausdruck „Altes Testament" zu antijüdischen Mißverständnissen führen kann und in der Tat geführt hat (das „Alte Testament" als die „veraltete", bereits „überholte" Offenbarung Gottes, die durch die Offenbarung im „Neuen Testament" „ersetzt" worden sei).
In ihrer Anordnung der 39 bzw. 24 Schriften unterscheidet sich die Hebräische Bibel von christlichen Ausgaben des „Alten Testaments". Zwar halten sich die christlichen Ausgaben an die Reihenfolge der Bücher, die von den hellenistischen Juden in ihrer griechischen Übersetzung der Bibel, der sog. Septuaginta, eingehalten wurde. Diese versucht, die biblischen Bücher in ihrer vermeintlich geschichtlichen Reihenfolge zu arrangieren. (Da es im ersten Vers des Buches Rut heißt, daß sich die Geschichte „zu der Zeit, als die Richter regierten", zugetragen hat, folgt das Buch Rut dem Buch der Ri usw.) Die Reihenfolge der Bücher in der Hebräischen Bibel ist jedoch von der Offenbarungstheologie der alten Rabbinen abhängig. In dieser Reihenfolge werden die 39 bzw. 24 biblischen Schriften in drei verschiedene und aufeinanderfolgende Gruppen aufgeteilt, nämlich: 1. Pentateuch (*Tora*, was sowohl Lehre als auch Gesetz bedeutet), 2. Propheten *(Nevî'îm)*, 3. Schriften *(Ketûvîm)*. Nach den Anfangsbuchstaben dieser drei Kanons wird die ganze hebräische Bibel *TaNaKh* (Tanach) genannt.
Als *Tora* in diesem Zusammenhang gelten die sog. Fünf Bücher Moses. Im Prophetenkanon stehen nicht nur die mit den Namen der Propheten versehenen Bücher, sondern auch die Geschichtsbücher wie Jos, Ri, Sam und Kön, die von der Zeit berichten, in der die Propheten aktiv waren. Das Buch Dan, das in einigen christlichen Kreisen als prophetisches Buch eine sehr große Rolle spielt, ist jedoch in der Hebräischen Bibel unter den „Schriften" und nicht unter den „Propheten" zu finden. Auch die Chr, die teilweise das Zeitalter der Propheten beschreibt, gehört zum Schriften- und nicht zum Prophetenkanon – vielleicht weil sie von den alten Rabbinen eher als homiletisches Material betrachtet wurde (*WaR* 1,3). Im Schriftenkanon findet man Ps, Spr, Ijob, Hld, Rut, Klgl, Koh, Est, Dan, Esra, Neh und Chr.

Probleme der Kanonizität und Autorität

Die drei Büchergruppen der Hebräischen Bibel wurden zu verschiedenen Zeiten als kanonisch erklärt und besitzen verschiedene Grade der Autorität – allerdings gilt die ganze Bibel als „Wort Gottes". Auf die Entstehungsgeschichte des Pentateuchs kann hier nicht näher eingegangen werden. Doch ist in jedem Fall unbestritten, daß „das Buch mit dem Gesetz des Mose" (Neh 8,1) als erster Kanon angenommen wurde, wahrscheinlich um das Jahr 400 v. Chr. bei der Volksversammlung, von der in Neh 8–10 die Rede ist. Der Abschluß des Prophetenkanons ist schwieriger zu ermitteln. Fest steht, daß es ihn im 1. christlichen Jahrhundert bereits gegeben hat (vgl. Einleitung zum Buch Jesus Sirach). Was den Schriftenkanon betrifft, so wird über die Aufnahme einzelner Bestandteile – wie Hld, Est und Koh – noch im frühen 2. christlichen Jahrhundert diskutiert.

Nach rabbinischer Lehre soll sich nach dem Tode von Haggai, Sacharja und Maleachi der Heilige Geist von Israel entfernt haben (bYom 9b). Dies könnte man als eine Polemik deuten, mit der eine Berufung auf den Heiligen Geist verbunden mit als ketzerisch empfundenen Lehren (etwa von christlicher Seite), im Prinzip abgelehnt werden konnte. Es läßt sich aber auch als einfache Tatsachenfeststellung deuten, wie auch die Behauptung in SOR, Kap. 30, daß die Propheten bis zur Zeit Alexanders d. Gr. tätig waren und daß danach das Zeitalter der Weisen anfing. Was Prophetie zu sagen hatte über die Grundlagen eines gottgefälligen Lebens, war bereits gesagt worden. Nun handelte es sich darum, die prophetische Lehre in die Tat umzusetzen. Das aber war die Aufgabe der Weisen, nicht der Propheten. Daher konnte keine Schrift kanonischen Status beanspruchen, von der bekannt war, daß sie in der Zeit nach den letzten Propheten entstanden war. Vom späten Buch Dan wurde angenommen, daß es tatsächlich aus der Zeit Daniels stammt. Hld und Koh wurden König Salomo zugeschrieben und fanden daher Aufnahme. Die späte Abfassungszeit von Sir und Makk wurde in diesen Büchern selbst angegeben und verhinderte ihre Aufnahme in den Kanon.

Der Pentateuchkanon war nicht nur zeitlich der älteste, sondern, was gewiß auch mit seinem Alter zusammenhängt, auch die höchste Autorität (Kanon = Maßstab). Er wurde nämlich als von Gott direkt – ohne menschliche Mithilfe – geoffenbart betrachtet. Der Prophetenkanon wurde nicht nur als eine Offenbarung des Heiligen Geistes angesehen, sondern man ließ auch die menschliche Mitarbeit am Zustandekommen der prophetischen Schriften gelten. Auch im Schriftenkanon sah man das Werk des Heiligen Geistes, jedoch wußte man, daß hier der rein menschliche Anteil noch größer war als im Prophetenkanon. (In ShirR I 1,10 z. B. wird behauptet, daß Salomo in seiner Jugend das Hld, in seinem reifen Mannesalter Spr und in seinem Greisenalter, als ihm alles eitel erschien, Koh verfaßte.)

Schriftliche und mündliche Tora

So wichtig die Bibel als Grundlage des Judentums ist, kann man dennoch das Judentum nicht einfachhin mit dem Wortlaut der Bibel identifizieren. Das gilt höchstens für die Sadduzäer der Tempelzeit und für die im 8. christlichen Jahrhundert entstandene Sekte der Karäer. Das Judentum rabbinischer Prägung sieht die „schriftliche Tora“ (= die Bibel) als *eine* der Grundlagen des Judentums an. Die andere Grundlage ist die „mündliche Tora“, d. h. die Tradition, die dann in der rabbinischen Literatur ihren Niederschlag fand. Bibel *und* Tradition werden im Judentum ähnlich wie im Katholizismus als verbindliche Quellen des religiösen Lebens betrachtet.

↗ Apokryphen; Autorität; Gesetz; Karäer; Kirche/Kirchen; Neues Testament; Propheten/Prophetie; Sadduzäer; Tradition.

Literatur: *J. J. Petuchowski*, Zur rabbinischen Interpretation des Offenbarungsglaubens, in: ders. / *W. Strolz* (Hrsg.), Offenbarung im jüdischen und christlichen Glaubensverständnis, Freiburg i. Br. 1981, 72–86; *M. J. Mulder / H. Sysling* (Hrsg.), Mikra: Text, Translation, Reading and Interpretation of the Hebrew Bible in Ancient Judaism and Early Christianity, CRI 2/1, Assen 1989. P

Bilder / Bilderverbot / Bilderverehrung

Der biblische Befund

Das Stichwort „Bilder" weist auf das Verhältnis von Judentum und Christentum zur religiösen Kunst (Bilder, Figuren) hin, das im Zusammenhang mit dem biblischen „Bilderverbot" (Ex 20,3–5; Dtn 4,25–31; 27,15) steht. Dieses Verhältnis ist sehr komplex. Zum einen bezog sich das Judentum darauf, daß der Mensch Bild Gottes ist (Gen 1,26f) und daß man daher auch den Menschen und die übrigen Lebewesen nicht künstlerisch-figürlich darstellen dürfe. Zum anderen kam man im Judentum und im frühen Christentum auch aufgrund der Unvergleichlichkeit Gottes zum Verbot seiner Abbildung. Schon Hekataios von Abdera (ca. 300 v. Chr.) charakterisierte den Gott Israels als jenen Gott, der – im Gegensatz zu den orientalisch-griechisch-römischen Göttern – „nicht anthropomorph ist" (Stern I 20–44). Juden und Urchristen legten Wert darauf, daß Gott nichts „von Händen Gemachtes" gefällt, wenn es zur Idolatrie führt (Dtn 4,28; Jdt 8,18; Ps 115,4–8; 135,15–18; Mk 14,58; Apg 7,48; 17,24; Eph 2,11; Hebr 9,11.24).

Den biblischen Warnungen vor Bilderverehrung stehen aber figürliche Darstellungen im Stiftszelt und im Tempel in Spannung gegenüber. Vom Geist Gottes inspiriert, habe Bezalel Metall-, Stein- und Holzgegenstände für die Stiftshütte verfertigt (Ex 25–27; 31, 2–5; 36,1–39). Mose selbst habe, um die Israeliten von Feuerschlangen zu befreien, auf Gottes Befehl hin eine eherne Schlange verfertigt, damit die Israeliten beim vertrauensvollen Aufblick zu ihr von der Schlangenplage geheilt würden (Num 21,1–10). Im Tempel Salomos befand sich im inneren Vorhof das von zwölf Rindern getragene eherne Meer (1 Kön 7,23–26); im Allerheiligsten waren vergoldete Stukkaturen und Schnitzereien sowie die Bundeslade unter den Flügeln von zwei Keruben (1 Kön 6,23–29; 8,6f).

Traditionelles jüdisches und christliches Bilderverständnis

Da die Bibel zwischen rigorosem Bilderverbot und der Bejahung von religiöser Kunst schwankte, waren ab ca. 200 n. Chr. im rabbinischen Judentum einige Lockerungen des Bilderverbotes möglich. Plastiken oder Reliefs, die Menschen oder Götter darstellten und bei denen ein Zusammenhang mit dem heidnischen Kult bestand (Götterverehrung, Apotheose), blieben allerdings verboten. Erlaubt wurden Darstellungen von Mensch und Tier, die der Vermehrung der Erkenntnis dienten (mAZ 3,2–4; bAZ 40b–43b). Auch das Christentum beharrte zu Beginn, ganz in Übereinstimmung mit der jüdischen Tradition, auf dem Bilderverbot (z.B. Joh 4,23f; Röm 1,23–25). Noch Eusebius von Cäsarea (ca. 264–340) sah in der Bilderverehrung etwas Heidnisches (Vita Constantini 4,10). Aber schon im 3. Jh. n. Chr. vollzog sich eine Wende hin zur Bilderverehrung, die nur von einzelnen bilderkritischen und ikonoklastischen Tendenzen unterbrochen wurde. In der Calixtus-Katakombe (ca. 210 n. Chr.) und in Dura-Europos (ca. 250 n. Chr.) sind bereits Szenen aus dem Neuen Testament künstlerisch festgehalten und mit einem christologischen Sinn versehen. In der karolingischen Zeit wurden Christusdarstellungen (die Majestas) in die Nähe des Kaiserthrones gestellt, um der menschlichen Autorität eine göttliche Legitimation zu geben (Pfalzkapelle Karls d. Gr. in Aachen). Im

Mittelalter erlebte die christliche Kunst eine große Blüte; das Bilderverbot wirkte kaum nach. Die Bilder galten oft (Ikonen, Kreuze) als verehrungswürdig, weil sie als Gegenwärtigsetzung Christi betrachtet wurden. Auch die jüdische Kunst blühte: In Gebetbüchern, Pesachhaggadot usw. finden sich häufig kostbare Symbole (Schofar, Kultgegenstände) und Szenen aus der biblischen Offenbarung. Nie aber wird Gott, von einzelnen Ausnahmen in der Renaissance-Zeit abgesehen, dargestellt, und nirgends ist die Vorstellung einer Vergegenwärtigung Gottes oder der großen biblischen Gestalten in der jüdischen Kunstgeschichte bezeugt; auch Figuralkunst findet sich kaum.

Moderne Annäherungen und historische Defizienzen

In der Moderne haben sich jüdisches und christliches Kunstverständnis weitgehend angenähert. Auf der christlichen Seite dient das Christusbild einerseits als Botschaft an die Armen und anderseits als Ausdruck der Zerstörung des Menschenbildes. Diese humanistische Ausrichtung wird auch von jüdischen Künstlern wahrgenommen. Vor allem der Holocaust wurde zum Fanal intensiven und fruchtbaren künstlerischen Schaffens von Juden und Nichtjuden, um die Menschheit vor der drohenden Selbstzerfleischung abzubringen.
Bei geschichtlichen Übersichten über das jüdische und christliche Verhältnis zur Kunst kann ein grundlegender Unterschied nicht übersehen werden, der zu Tragik und Schuld ausgewachsen ist und der die jüdische Kunst inhaltlich weit über die christliche hinaushebt: Die Juden haben die Christen als Christen nie dargestellt. Es kommen nur wenige Symbolfiguren von nicht näher bestimmten Judenfeinden vor, z. B. der Jäger, der das flüchtende Reh (= Juden) jagt. Die christliche Kunst hingegen stellte die Juden als Gottesmörder, Menschenfeinde, verworfene, zu bestrafende Rotte dar. In Kreuzigungsdarstellungen wird die Synagoge als degradierte, zurückgestoßene Frau dargestellt. Bei der Beschneidung Christi erhält der jüdische Beschneider dämonische Züge, bei der Passion Christi sind die Juden die böswilligen, fratzenhaften Mörder Christi usw. Die christliche Kunst in ihrer traditionellen Färbung hatte einen judenfeindlichen Ton. Alle modernen Kunstformen müssen auf solche judenfeindliche Ideologie hin untersucht und auch von daher beurteilt werden.

↗ Antijudaismus; Bibel; Christus/Christologie; Gott; Götzendienst; Holocaust.

Literatur: *Ch. Dohmen,* Das Bilderverbot. Seine Entstehung und seine Entwicklung im Alten Testament (BBB 62), Königstein 1985; *J. Gutmann* (Hrsg.), No Graven Images. Studies in Art and the Hebrew Bible, New York 1971; *A. Halder / W. Welsch,* Kunst und Religion, in: *F. Böckle* u.a. (Hrsg.), CGG 2, Freiburg i. Br. ^{2}1981, 43–70; *A. Peter,* Zum Problem der Darstellung Gottes. Idolatrischer und ideologischer Mißbrauch, in: *C. Thoma / M. Wyschogrod,* Das Reden vom einen Gott bei Juden und Christen, Bern 1984, 179–220; *U. Schubert,* Die Kunst des spätantiken Judentums, in: Judentum im Mittelalter, Ausstellung im Schloß Halbturm, Eisenstadt 1978; *H. P. Stähli,* Antike Synagogenkunst, Stuttgart 1988; *M. Stern* (Hrsg.), Greek and Latin Authors on Jews and Judaism, 3 Bde., Jerusalem 1976–1984. T

Bund

Begriff

Bund (*berît, diathēkē, testamentum, foedus,* Stiftung, eidliche Verpflichtung, Verfügung, Bestimmung u. ä.) ist ein Grundbegriff zur religiösen Charakterisierung des Judentums, des Christentums und der jüdisch-christlichen Begegnung. Inhaltlich ist im Kern eine partnerschaftlich verpflichtende Abmachung zwischen Gott und den Menschen, vor allem den Israeliten, gemeint. Diese Abmachung ist das untrügliche Zeichen für die Ernsthaftigkeit und Unwiderruflichkeit der Herabneigung des unendlichen Gottes Israels. Sie zeigt seinen Willen, Israel als sein für die und gegenüber der Menschheit verantwortliches Volk speziell an sich zu ziehen.

Altes Testament

In der „Bundesschlußzeremonie" Dtn 26,16–19 wird die israelitische Spezialkomponente des Bundes deutlich: „Heute gebietet dir der Ewige, dein Gott, diese Satzungen und Rechtsverpflichtungen zu erfüllen, indem du sie beobachtest und tust mit deinem ganzen Herzen und deiner ganzen Kraft. Du hast heute den Ewigen erwählt, daß er für dich Gott sei und du auf seinen Wegen gehst ... Und der Ewige hat dich heute erwählt, daß du für ihn das Eigentumsvolk *('ām segulla)* seiest ... und alle seine Gebote beobachtest und daß er dich größer macht als alle Völker, die er schuf, zum Lob, zur Ehre und zur Pracht, damit du für den Ewigen, deinen Gott, ein heiliges Volk *('ām qadosch)* werdest, wie er es gesagt hat." Nach dem biblischen Bericht schloß der Ewige zuerst mit der aus der Sintflut geretteten Menschheit einen Bund, in dem er sich verpflichtete, die Menschheit vor einer neuen Sintflut zu bewahren (Gen 9,8–17). Der für die Geschichte Israels wichtigste Bundestext findet sich in Gen 15. Gott verpflichtet sich dem glaubensgehorsamen Abraham (15,6) gegenüber, dessen Nachkommenschaft durch Leiden und Knechtschaft hindurch so zahlreich zu machen wie die Sterne am Himmel und den Sand am Meer. Um der Väter (Abraham, Isaak, Jakob) willen wird der Ewige dem Volk verzeihen, nachdem es für seine Sünden gesühnt hat (Ex 2,24f; Lev 26,42; 2 Kön 13,23; 1 Chr 16,16f; Ps 105,8–11 u.ö.).

Bundeserneuerungen nach Bundesbrüchen der Israeliten gehören wesentlich zum Bundesdenken. Besonders nach dem babylonischen Exil häufen sich die göttlichen Neuzusagen des Bundes nach dem Versagen und der Bestrafung (Jer 31,31–33; Sach 8,3–7 u.ö.). Von seiten der Israeliten geht es beim Bund immer um eine Erneuerung der Gesinnung (*teschuva:* Jer 25,5f; Sach 1,3–6). Hand in Hand damit aber werden auch der im Fleische bezeugte Bund der Beschneidung *(berît mîla)* und die Bewährungen durch Prüfungen hindurch nach dem Beispiel Abrahams betont (Gen 17; 22). Ähnlich wie die Beschneidung wird auch der Sabbat als Bundesbindung zwischen Gott, Israel und der Menschheit gewertet (vgl. Gen 2,3; Ex 20,8–11).

Eine Zusammenfassung aller gesinnungsmäßigen und praxisbezogenen Aspekte des Bundes findet sich in Sir 44,19–21: „Abraham wurde zum Vater der Menge der Völker; seine Ehre blieb makellos. Er beobachtete das Gebot des Höchsten und trat in den Bund mit ihm ein. Gemäß dem Gebot schloß er in seinem Fleisch den Bund mit ihm, und er wurde in der Bewährung treu erfunden. Darum hat ihm Gott mit einem Eid zugesichert, in seiner Nachkommenschaft die Völker zu segnen und seine Nachkommenschaft zahlreich wie Meeressand zu machen, sie über alle Völker zu stellen und sie zu Erben zu machen von Meer zu Meer, vom Eufrat bis an die Grenzen der Erde."

Neues Testament

Im Neuen Testament ist der Bundesgedanke ebenfalls konstitutiv. Die älteste Bezeugung steht im Zusammenhang mit dem Letzten Abendmahl:

„Dieser Kelch ist der Neue Bund in meinem Blut, das für euch vergossen wird" (Lk 22,20; 1 Kor 11,25; vgl. Mt 26,28; Mk 14,24). Die Bezugnahme auf Ex 24,8 und Jer 31,31–33) ist augenscheinlich (vgl. auch die Deutung von Ex 24,8 in TO und TPsJ). In Apg 7,8 ist ferner vom „Bund der Beschneidung" die Rede, und nach Lk 1,72f hat Gott angekündigt, „Barmherzigkeit zu üben an unsern Vätern und an seinen heiligen Bund zu denken, an den Eid, den er unserm Vater Abraham geschworen hat". Entscheidend für das Gesamtkorpus des Neuen Testamentes ist die bereits in der Hebräischen Bibel ausgedrückte Zielvorstellung, daß „viele Völker sich zum Ewigen hinwenden werden; und sie werden mir zum Volke sein". Israel soll sich darüber freuen (Sach 2,14; vgl. Jes 19, 19–21; Jona; Dan 3,28–30; 6,26–28). Im Neuen Testament wird nun verkündet, Gott habe beschlossen, die „Fernen" zu „Nahen" zu machen, d.h. die Völkerwelt durch Christus ins Volk Gottes hineinzuführen: „Jetzt aber seid ihr, die ihr einst in der Ferne wart, durch Christus Jesus in die Nähe gekommen" (Eph 2,13). In der paulinischen Polemik und auch im übrigen neutestamentlichen Briefkorpus wird meistens hinzugefügt, die „Einpfropfung" der Völker in das Bundesvolk sei ohne die Zustimmung des jüdischen Volkes (Röm 9–11) geschehen. Damit ist vom neutestamentlichen Bundesdenken her der Dauerkonflikt zwischen Judentum und Christentum grundgelegt (Gal 4,21–31; Hebr 8,13; 9,15; 10,10; 12,24): Anknüpfung an den Bund und Widerspruch gegen jüdische Interpretationen und Verwirklichungen des Bundes sind vom Christentum her schwer in Balance zu bringen.

Jüdisch-christliches Bundesbewußtsein

Ein prononciertes jüdisch-christliches Bundesbewußtsein ist notwendig, damit dem Rückfall in die Juden- und Völkerfeindschaft ein Riegel vorgeschoben wird. Dieses gegen Überheblichkeit, Exklusivismus und religiöse Monomanie gerichtete Bewußtsein beruht auf vier Säulen:

a) auf dem Preis Gottes, dessen Treue jedem Versagen – jüdischem und christlichem – überlegen ist. Der Satz: „Gott hat alle (Juden, Christen und andere) in den Ungehorsam eingeschlossen, um sich aller zu erbarmen" (Röm 11,32), ist dazu wegweisend;

b) auf der religiösen Zurückhaltung der Christen, weil sie einzig durch die Barmherzigkeit Gottes, die sich in Christus offenbarte, in den Bund Israels hineingenommen sind. Die jüdische Nichtanerkennung dieser Hereinnahme darf nicht zum Abringen oder gar Abtrotzen von Zustimmungen des jüdischen Volkes führen. Die von jüdischer Seite ausgesandten Hoffnungssignale sollen allerdings beachtet werden: „Die Völker sind der Umkehr nahe" (MekhY zu Ex 12,2). „Die Gottesfürchtigen werden als Israel bezeichnet" (MekhY zu Ex 22,20). „Ein Nichtjude, der die Tora tut, ist wie ein Hoherpriester" (Sifra zu Lev 18,5);

c) auf der Hochachtung vor dem jüdischen „Bund im Fleische". Auch für das Christentum ist ja *caro cardo salutis* („Das Fleisch ist der Angelpunkt des Heiles");

d) auf dem Bemühen, ein stetes Gespräch mit dem Ewigen zu führen, der allein menschliche und religiöse Gegensätze, Bundesbrüche und Feindschaften aufheben kann und wird.

↗ Abraham; Beschneidung; Bibel; Erwählung; Neues Testament; Noachidische Gebote; Paulus.

Literatur: *P. van Buren*, Convenantal Pluralism, Common Ground, London 1990; *H. Haag*, Das Buch des Bundes. Aufsätze zur Bibel und zu ihrer Welt, Düsseldorf 1980; *E. Kutsch*, Neues Testament – Neuer Bund? Eine Fehlübersetzung wird korrigiert, Neukirchen 1978; *F. Mußner*, Traktat über die Juden, München 1979; *R. Smend / U. Luz*, Gesetz, Stuttgart 1981. T

Buße

↗ Pesach; Sünde und Vergebung.

C

Chasidismus, osteuropäischer

Begriff und Geschichte

Chasidismus (Kreis der Frommen) ist ein Sammelbegriff für verschiedene volksverbundene Bewegungen mit mystisch-esoterischen, meist auch ekstatischen und apokalyptischen Tendenzen im Judentum. Im 2. Jahrhundert v. Chr. ist von frühen Frommen (Asidäern) die Rede. Zur Zeit Jesu gab es in Galiläa chasidische Ekstatiker mit der Gabe des Wunderwirkens. Jesus wird als diesem Kreise nahestehend gedeutet. Im 12./13. Jahrhundert lebten in Deutschland (Regensburg, Speyer, Worms) und auch in Frankreich aschkenasische Chasidim mit pietistisch-ethischer Grundhaltung. Das wichtigste Zeugnis über sie ist das „Buch der Frommen" (Sefer Chasidim). Die stärkste Wirkung auf Judentum und Christentum übt jedoch bis heute der seit Beginn des 18. Jahrhunderts existente osteuropäische Chasidismus aus. Schriftsteller wie Martin Buber (1878–1965) oder Elie Wiesel haben ihn der westlichen Welt so nahezubringen vermocht, daß chasidische Erzählungen zu Standardbeispielen der modernen christlichen Predigt geworden sind. Außerdem bilden chasidische Gruppen in den USA und in Israel eine einflußreiche jüdische Repräsentanz mit teilweise unerbittlichem Antichristianismus und einem halachisch-heilsgeschichtlichen Radikalismus. Der osteuropäische Chasidismus ist somit aufgrund sowohl seiner innerjüdisch entfalteten Dynamik als auch seiner Einstellung zur außerjüdischen Welt ein Thema des jüdisch-christlichen Dialogs.

Israel ben Elieser Baal Schem Tov („Bescht": 1700–1760), ein Charismatiker und Wundertäter, gilt als Stifter der chasidischen Bewegung in Podolien und Galizien. Er wollte der Geistesart der vom trockenen Rabbinismus frustrierten und von Pogromen heimgesuchten Juden eine neue Sinnrichtung geben, Große Leitfiguren (Rebben, Zaddikim, Chasidim) des Chasidismus waren u. a. der „große Maggid" Dov Bär aus Meseritz (1703–1772) und Rabbi Nachman von Bratzlaw (1772–1811); ihre Gegner (Mitnaggedim) sammelten sich um den Wilnaer Gaon Elia ben Salomo (1720–1797).

Geistig-religiöses Potential

Sein geistig-religiöses Potential bezieht der in vielen Variationen vorkommende Chasidismus besonders aus der lurianischen Kabbala, die er popularisierte, darüber hinaus aber auch aus neuplatonischen und gnostischen Gedankengängen. Die jüdische Tradition wird mystisch gedeutet. Die Lektüre der Mischna gilt z. B. als Thronbereitung für die im Exil weilende und lei-

dende Schekhina. Auch bestimmte christliche Praktiken werden übernommen: seelsorgerliches Gespräch, z.T. auch Beichte.
Die Weltanschauung des Chasidismus bewegt sich vom Mythos der lurianischen Kabbala von der Selbstkontraktion Gottes zur Ermöglichung der Schöpfung *(zimzum)*, über die Vorstellung von einem durch das Unvermögen der Schöpfung, die Lichtfülle Gottes zu fassen, verursachten kosmischen Unfall, bis zur sicheren Hoffnung auf baldige Erlösung der in der Schöpfung und im Menschen isolierten und in den Frevel hineingebundenen Lichtfunken in die Gottheit hinein *(tiqqun)*. In diesem heilsgeschichtlichen Drama mit dem befreienden Ausgang sind Gott und Israel die Hauptakteure. Gott wird bisweilen pantheistisch (im Chabad-Chasidismus), meist jedoch panentheistisch gedeutet, wobei die Vorstellung herrscht, die Einwirkung in die Welt geschehe durch zehn göttliche Potenzen *(Sefirot)*. Die Aufgabe Israels ist es, durch Läuterung, Askese, Gebotserfüllung, Ausstrahlung von Freude, Eingehen in die Schöpfung, heiliges Essen u.a. die Rückführung des eigenen göttlichen Funkens und der Funken in der Schöpfung zu bewirken. Die exemplarische Figur Israels ist der Zaddik, d.h. der exemplarisch Glaubende, Heilsausstrahler und den „Boden des Reiches Gottes" Betreuende, der die Wiederherstellung der immer schon in der Intention Gottes liegenden Ur-Einheit Gottes mit seiner Schöpfung mitbewirkt. Allen Israeliten ist die ethisch-mystische und messianische Aufgabe übertragen, in der jetzigen Zwischen- und Vorbereitungszeit sich in der *devequt*, dem sich Anhaften an den unendlichen, unberührten Gott und an seine exilierte Schekhina, zu üben.

Christliches Interesse

Der Chasidismus gewahrt dem außenstehenden christlichen Betrachter Einblicke in die gewaltige Bandbreite des jüdischen Glaubenslebens. Er zeigt auch, welch waghalsige Sprünge zu einer geistig-religiösen Neuorientierung (Paradigmenwechsel) im Judentum möglich sind, welche innerreligiösen Kämpfe dabei auszustehen sind (der Bann wurde mehrmals zwischen Chasidim und Mitnaggedim hin und her geschleudert) und wie das Judentum als Ganzes trotzdem nicht an religiösem Chaos zugrunde geht. Christliche Glaubenskämpfe und theologische Streitigkeiten könnten von daher mit größerer Gelassenheit ausgetragen werden, die Kirche wird an ihnen ebensowenig zugrunde gehen (sonst wäre es um sie kaum schade). Das Wort von Rabbi Nachman von Bratzlaw ist hier am Platz: „Der Mensch muß über eine äußerst enge Brücke gehen. Es geht ganz und gar darum, sich nicht zu fürchten."

↗ Gott; Kabbala; Messias; Schekhina.

Literatur: *M. Brocke*, Die Erzählungen des Rabbi Nachman von Bratzlaw, München 1985; *M. Buber*, Werke, Bd. 3, München 1963; *M. Cunz*, Die Fahrt des Rabbi Nachman von Brazlaw ins Land Israel (1798–1799), TSMJ 11, Tübingen 1997; *S. Dubnow*, Geschichte des Chassidismus, Königstein 1982; *K. E. Grözinger*, Chasidismus, osteuropäischer, in: TRE 17, Berlin 1988, 378-387, *G. Scholem*, Der Chasidismus in Polen, in: ders., Die jüdische Mystik in ihren Hauptströmungen, Zürich 1957, 356–385. T

Christlich-jüdische Zusammenarbeit

↗ Dialog.

Christus/Christologie

Neutestamentliches Zeugnis

Mit Christus ist Jesus von Nazaret gemeint, insofern über ihn geglaubt wird,

daß er eine einzigartig-intime Beziehung zu Gott hatte, daß er durch Tod und Auferstehung von Gott als Erfüller der Erwartungen Israels bestätigt wurde, daß durch ihn allen Menschen der Zugang zum Volke Gottes und damit zum Heil erschlossen ist und daß er im dreifaltigen Gott subsistiert.
Der Name Christus stammt zwar vom hebr./aram. *mašiaḥ/mešiḥā*; er wurde aber schon in apostolischer Zeit mit Glaubensinhalten gefüllt, die jenseits aller jüdischen Vorstellungen über den Messias sind. Verschiedene neutestamentliche Erzählungen und Glaubensausdrücke schieben die messianischen Aspekte Christi in den Hintergrund und betonen statt dessen die in Jesus geschehene, unerhörte, inkarnatorische Herabneigung Gottes und die damit korrespondierende Annahme des Menschen und der Menschheit in Gott hinein: „Er ist das Ebenbild des unsichtbaren Gottes, der Erstgeborene der ganzen Schöpfung" (Kol 1,15). „In ihm wohnt die ganze Fülle der Gottheit leibhaftig" (Kol 2,9). Gott „wollte in Christus die Fülle der Zeiten heraufführen und alles in Christus (als dem Haupt) zu einer Einheit zusammenfassen" (Eph 1,10). „Ich und der Vater sind eins" (Joh 10,30). „Die Herrlichkeit, die du mir gegeben hast, habe ich ihnen gegeben, damit sie eins seien, wie wir eins sind" (Joh 17,22; vgl. Offb 3,21). Die noch mitklingende messianische Nomenklatur dient im wesentlichen dazu, die Kontinuität mit der biblisch-jüdischen Tradition zu bekennen (Röm 1,1–4). Ähnlich wird im rabbinischen Schrifttum der Patriarch Jakob anläßlich seiner Gottesbegegnung in Bet-El (Gen 28,10–22) gedeutet. Jakob, von Gott mit dem Ehrennamen Israel bezeichnet (Gen 32,28), wird als das Ebenbild Gottes *par excellence* beschrieben, der vom Urbild durch nichts mehr zu unterscheiden ist und unter den Engeln Neid erweckt (BerR 68,9.10.12; 69,3). Sogar Abraham wurde um Jakobs willen vor dem Feuertod bewahrt (BerR 63,2).

Theoexzentrik – Theozentrik Christi

Schon im Neuen Testament gibt es die starke Spannung zwischen dem historisch bezeugten Verhältnis Jesu zu Gott und dem Christus des Glaubens, der ganz von Gott kommt und in Gott besteht. Jesus redet Gott mit du oder mit er an (Mk 14,36), schreit in Todesangst zu ihm auf und fühlt sich am Kreuze von ihm verlassen (Mk 15,34 par). Dies wird in der Theologie als äußerste, ans Absurde grenzende Theo-Exzentrik Jesu umschrieben, die in größtmöglicher Spannung zur theozentrischen Existenz Jesu steht (Wiederkehr).
Den frühchristlichen Konzilien und der späteren großkirchlichen Tradition ging es vor allem um die Verteidigung der göttlichen Natur Jesu gegen die „ketzerische" Annahme eines bloßen Menschseins Christi. Das Konzil von Nizäa (325 n. Chr.) stritt sowohl gegen eine inkommunikable Gottesauffassung (Gott *allein,* ohne kreatürliche und historische Verbindung) des Arius als auch gegen dessen Behauptung des bloßen Menschseins Jesu. Es formulierte den Christusglauben polemisch in folgender Weise: „Wir glauben an den einen Gott ... und an den einen Herrn Jesus Christus, den Sohn Gottes, gezeugt als Einziger vom Vater. Er ist aus dem Wesen des Vaters. Gott von Gott, Licht vom Licht, wahrer Gott vom wahren Gott, gezeugt, nicht geschaffen, gleichen Wesens mit dem Vater *(homoousion tō patri)*" (DS 125). Dieses Konzil spricht also nicht im absoluten, sondern im relationalen Sinn von der Gottheit Christi. Das nicht mit

dem Vater und mit der (Erlösung der) Menschheit in Wesensbeziehung stehende Bekenntnis zu Christus wäre ein Tritheismus und damit im christlichen Sinn eine krasse Häresie.

Der Christusglaube im christlichen und jüdischen Kontext

Es ist eine äußerst anspruchsvolle theologische Aufgabe, den Christusglauben so auszudrücken, daß dadurch jüdische Glaubensüberzeugungen nicht in den Schatten des Antijudaismus, in den Sog christlicher Mission oder in fundamentale Mißverständnisse hinein geraten:

a) Der Christusglaube darf den Glauben an den einen Gott Israels weder beiseite schieben noch verdunkeln. Er muß die „israelitischen Konturen" (Klappert) und das Zeugnis des Jesus von Nazaret bewahren, wenn er nicht zu einer ahistorisch-spekulativen Christusphilosophie absinken will.

b) Wenn man nach Vorstellungen im Judentum fragt, die mit der Christologie strukturähnlich sind, dann bieten sich dafür keine jüdischen Messiasvorstellungen an, sondern nur Traditionen, die von der Kondeszendenz Gottes reden. Diese sind im Judentum zahlreich und zentral. Ein – nicht der einzige – Begriff, der mit der Christologie strukturell korrespondiert, ist Schekhina (wörtlich: Einwohnung, *praesentia Dei specialis*). Mit dem rabbinischen Schekhina-Begriff ist der Gott Israels gemeint, der in einer Israel und der irdischen Welt angepaßten Weise herab- und hinaufsteigt, sich nähert und sich entfernt, seine Herrlichkeit zeigt und verhüllt, vorangeht und ruht. Er vollbringt seine immanenten Bewegungen und sein Ruhen über der Niedrigkeit, um mitten im Volk Gottes der Juden zu wohnen und dieses Volk in seinem Gehen durch die Geschichte zu begleiten und zum Ziel seiner Bestimmung zu führen. – Die Prägung des Schekhina-Begriffs geschah nach der Tempelzerstörung (70 n. Chr.); die Sache aber war mit der biblischen Offenbarung vorgegeben. Es kommt für das Volk Israel von Anfang an darauf an, daß es sich an den in der Immanenz weilenden und wirkenden Gott, der sich aber nicht magisch manipulieren läßt, hält (Ex 3,14; 17,7 u.ö.). Die Shekhina wurde im Judentum mit Einzelpersonen (z.B. Hillel, Schmu'el der Kleine) und mit dem ganzen Volk in Verbindung gebracht. *Nie* aber wurde behauptet, sie sei mit menschlichen Personen oder Gruppen *identisch*. Demgegenüber kann der erhöhte Christus im christlichen Glaubensbezug *als* Shekhina bezeichnet werden. Diese Aussage kann aber nur dann gewagt werden, wenn sie als ausschließlich christlicher, das Judentum in keiner Weise affizierender Versuch betrachtet wird, den Christusglauben aus der Umklammerung durch griechische (und philosophisch antiquierte) Terminologie herauszunehmen und ihn dem jüdischen Mutterboden wieder näherzubringen.

c) Die heils- und völkergeschichtlichen Dimensionen Christi (vgl. Eph 2,11–22) sind so zu verkünden, daß dadurch weder der ungekündigte Bund mit den Juden (vgl. Röm 9–11, bes. 11,29) tangiert wird noch die universale Sendung des Christentums (vgl. Mt 28,16–20). Diese beiden Gefahren werden vermieden, wenn drei Punkte beachtet werden: 1. Die (christlichen) Nichtjuden wurden nur durch Christus, ohne eigenes Verdienst und ohne eigene Erwartung dem Volk Gottes zugesellt. 2. Sie dürfen als „Zugewanderte" die „Eingesessenen" nicht verdrängen und verachten, sondern müssen sich stets der ihnen ungeschuldet zugekommenen Chance bewußt bleiben. 3. Sie müssen Christus so in sich tragen und den Völkern verkünden, daß alle Menschen das ihnen entgegenkommende Heil auch als Befreiung aus menschlicher Unterdrückung und Willkür erahnen und so befähigt werden, gegen antijüdische und gegenmenschliche Gewalt und Verführung resistent zu werden und friedlichere und sozial gerechtere menschliche Ordnungen zu schaffen.

↗ Absolutheitsanspruch; Auferstehung; Bund; Dreifaltigkeit; Gott; Inkarnation; Israel; Jesus von Nazaret; Messias; Offenbarung; Partikularismus und Universalismus; Schekhina.

Literatur: *B. Klappert / H. Strack* (Hrsg.) Umkehr und Erneuerung, Neukirchen 1980; *F. W. Marquardt*, Das christliche Bekenntnis zu Jesus, dem Juden. Eine Christologie, 2 Bde., München 1990–1991; *C. H. Ratschow*, Jesus Christus. Handbuch systematischer Theologie V, Gütersloh 1982; *C. Thoma*, Die Šekîna und der Christus, Jud. 40 (1984) 237–247; *ders. / S. Lauer / Hp. Ernst*, Die Gleichnisse der Rabbinen, Bde. 2 u. 3, JudChr 13 u. 16, Bern 1989 u. 1996; *D. Wiederkehr*, Entwurf einer systematischen Christologie, in MySal III/1, Einsiedeln 1970, 477–648. T

D

Dialog

Positive Bestimmung

Wenn heute im christlich-jüdischen Gespräch das Wort „Dialog“ (= Zwiesprache) gebraucht wird, so geschieht das in bewußter Abgrenzung von den Disputationen, deren Form das christlich-jüdische Gespräch während fast zweier Jahrtausende bestimmte. In diesen Disputationen ging es Christen darum, Juden zum Christentum zu bekehren, während sich die Juden verteidigen mußten. Dabei kritisierten sie gelegentlich auch die christliche Religion. Im neuzeitlichen Dialog dagegen geht es in erster Linie um das Bemühen, sich gegenseitig besser zu verstehen. Der Gesprächspartner wird nicht a priori als Objekt einer möglichen und erstrebenswerten Bekehrung betrachtet, obwohl natürlich in manchen Fällen ein missionarisches Motiv nie ganz auszuschließen ist. Der Dialog muß ja die Möglichkeit voraussetzen und eröffnen, daß die Teilnehmer ihre bisherige Meinung in Religionsfragen ändern können. Jedoch ist die allererste Voraussetzung des Dialogs, daß ihn gleichberechtigte Partner führen, daß man sich gegenseitig ernst nimmt und respektiert und daß man der religiösen Überzeugung des Gesprächspartners den Wahrheitsgehalt nicht abspricht.

Der Dialog kann auch Anstoß dazu sein, die eigene religiöse Tradition mit neuen Augen zu sehen. Er kann nämlich auf Elemente in der eigenen Glaubenstradition aufmerksam machen, die man vorher nicht so beachtet hatte. Die religiöse Begegnung mit dem anderen belehrt daher nicht nur über den Inhalt der Religion des anderen, sondern sie führt auch zu einem besseren Verständnis der eigenen Religion und ihrer Einordnung in den göttlichen Heilsplan für die ganze Menschheit.

Entwicklungslinien

Zwei Entwicklungen haben zum heutigen christlich-jüdischen Dialog geführt. Auf theoretischer Ebene haben Denker wie Ferdinand Ebner (1882–1931), Franz Rosenzweig (1886–1929) und

Martin Buber (1878–1965) das „dialogische Denken" analysiert und befürwortet. Auf praktischer Ebene hat die christliche Seite anerkannt, daß die traditionellen Disputationen zu keinen positiven Resultaten geführt haben, ja daß es in Anbetracht des Holocaust eine Anmaßung wäre, die Juden ihrem eigenen Glauben abtrünnig zu machen. Auch ist man sich mehr und mehr bewußt, daß in der heutigen Welt Judentum und Christentum eher Verbündete als Feinde sind.

Jüdische Einschätzung

Im Judentum steht man dem heutigen Dialog negativ bis positiv gegenüber. Es gibt jüdische Organisationen, die sich hauptsächlich diesem Dialog widmen. Jedoch ist ihre Einstellung und Zielsetzung nicht einheitlich. So befürwortet der rechte Flügel des amerikanischen orthodoxen Judentums zwar das Zusammentreffen von Juden und Christen, um gemeinsame Probleme der Gesellschaft und der sozialen Ethik zu besprechen. Doch weigert er sich weithin, auf Glaubensinhalte im Gespräch mit Andersgläubigen näher einzugehen, da dies nur zur Verschärfung der Glaubensunterschiede und zur Feindseligkeit führen könne. Aber auch in diesen Kreisen gibt es Menschen, die sich bereitwillig dem christlich-jüdischen Dialog stellen. P

Dokumente

Nach der von Rolf Rendtorff und Hans H. Henrix herausgegebenen Dokumentensammlung kamen von 1945–1985 insgesamt 186 offizielle oder offiziöse religiöse Erklärungen heraus, die das historische, zeitgenössische oder theologische Verhältnis zwischen Judentum und Christentum zum Inhalt haben: *85 katholische* (vom Papst, vatikanischen Einheitssekretariat, Zweiten Vatikanischen Konzil, von Bischofskonferenzen, Diözesansynoden oder einzelnen Ordinariaten herausgegeben). *81 evangelische* (ökumenische Verlautbarungen, Erklärungen von einzelnen Kirchen: Lutherischer Weltbund, Reformierter Weltbund, Methodisten, Baptisten etc.), *8 jüdische* (Ansprachen des israelischen Staatspräsidenten, von Landesrabbinern und von Vorsitzenden jüdischer Organisationen) und *12 gemeinsame* jüdisch-christliche Verlautbarungen (an Treffen von Juden und Christen gemeinsam verfaßt). Ab 1986 sind als herausragende Erklärungen zu erwähnen: Antisemistismus: Sünde gegen Gott und die Menschlichkeit (Erklärung im Auftrag der Schweizerischen Bischofskonferenz und der Leitung des Schweizerischen Israelitischen Gemeindebundes 1993); Für eine bessere Welt (Internationaler Rat der Juden und Christen 1993); Volle diplomatische Beziehungen zwischen Israel und dem Vatikan, Grundsatzübereinkommen (1993), Absage an die Judenmission (Gesellschaft für jüdisch-christliche Zusammenarbeit 1995); Botschaft der Deutschen Ökumenischen Versammlung (bes. 1.3: Verhältnis der Kirchen zum Judentum – Überwindung des Antisemitismus (1996).

Orte, Organisationen, Gruppen

Die wichtigsten Orte, Organisationen und Gruppen, von denen her der Dialog zwischen Christen und Juden auf internationaler Ebene durchdacht, gelenkt und vorangetrieben wird, sind folgende: das Generalsekretariat des Ökumenischen Rates der Kirchen in Genf, die Zentren verschiedener Protestantischer Denominationen, die Kommission für die religiösen Beziehungen zum Judentum des vatikanischen Einheitssekretariats (seit 1974), das International Council of Christians and Jews (ICCJ; in 16 Nationen vertreten; das die verschiedenen National Councils koordinierende Sekretariat befindet sich derzeit im Martin-Buber-Haus in Heppenheim, BRD) und das International Jewish Commitee for Interreligious Consultations (IJCIC). Das IJCIC bildet einerseits zum Beispiel mit dem Vatikan das Catholic-Jewish Liaison Commitee (Büros in New York, Jerusalem, Genf, London, Paris) und vereinigt anderseits verschiedene jüdische Gruppierungen mit religionspolitischen Zielsetzungen (Benai Berith/Anti-Defamation League, Synagogue Council of America, American Jewish Commitee, American Jewish Congress, World Jewish Congress, israelisches Commitee for Interreligious Contacts) zu einer Verhandlungsgruppe. Die Zusammensetzung des IJCIC unterliegt einigen Schwankungen. Diesem Netz internationaler Dialogorganisationen entsprechen auf nationaler und regionalkirchlicher Ebene verschiedene Institutionen, die sich (als Zweigstellen oder als befreundete Organisationen) jüdisch-christlicher Probleme und Anliegen annehmen: Nationale Bischofskonferenzen, staatliche und kirchliche Hochschulen (z. B: Luzern, Berlin), (bischöfliche) Akademien, das Israel Interfaith Commitee (gegründet 1955), die Aktion gegen den Antisemitismus (Österreich), die christlich-jüdische Arbeitsgemeinschaft (Schweiz), die Amitié judéo-chrétienne (Frankreich, Anfänge 1942–1944), die Aktion Sühnezeichen (Deutschland, Österreich) usw. Im Rat der Evangelischen Kirche in Deutschland gibt es seit 1967 eine Studienkommission „Kirche und Judentum“, im Zentralkommitee der Deutschen Katholiken seit 1970 einen „Gesprächskreis Juden und Christen“. Der „Deutsche Koordinierungsrat für christlich-jüdische Zusammenarbeit“ hat koordinierende Funktionen.

Zwischen den meisten angeführten Organisationen herrscht reger geistiger Austausch. Kommunikationsmöglichkeiten zwischen den Mitgliedern der Organisationen und der weiteren Bevölkerung werden durch zahlreiche jüdisch-christliche Zeitschriften ermöglicht: Freiburger Rundbrief, Rencontre, Christian News from Israel, Judaica, Christian Jewish Relations, Face to Face, Informationsdienst des Vatikanischen Einheitssekretariats, Bibel und Kirche, Current Dialogue, Studi-Fatti-Ricerche, Immanuel, Kirche und Israel, SIDIC usw.

Probleme

Dieses imponierende Dialognetz zwischen Christen und Juden könnte zur Ansicht verleiten, daß wir heute geradezu in einem jüdisch-christlichen Dialogzeitalter leben, das sich wie ein strahlender Tag von der gesprächslosen Nacht früherer Zeitalter abhebt (vgl. dagegen Geis/Kraus). Zwar kann man heute von einer *christlich-jüdischen Bewegung* reden, die seit Ende des Zweiten Weltkrieges in der westlichen Welt und in Israel stetig gewachsen ist. Diese Bewegung beginnt sich derzeit auch in osteuropäischen Staaten zu formieren. Dabei dürfen aber weder die Mängel innerhalb der jüdisch-christlichen Bewegung übersehen werden noch das unheilvolle Fehlen dieses „neuen Denkens“ im islamischen Bereich. Folgende Mängel haften der jüdisch-christlichen Bewegung in unterschiedlichem Ausmaß an:

1. Der Dialog spielt sich einseitig stark zwischen kirchlichen Zentralbehörden (Vatikan, Sekretariat des Weltrates der Kirchen) und internationalen jüdischen Organisationen ab. Dadurch wird er eher zur – nur in be-

schränktem Maß legitimen – Religionspolitik statt zum Dialog. Er entspricht dadurch weder den Kirchen mit ihrem Basischarakter noch dem Judentum mit seinen vielen Ausprägungen. Der Mangel an Rückhalt beim Volk ist bei den „offiziellen" jüdischen Gesprächspartnern zu beobachten, die vorwiegend Gruppeninteressen wahrzunehmen haben. Aber auch Verlautbarungen kirchlicher Zentralbehörden finden auf „unterer" Ebene oft kaum Gehör.

2. Der Dialog leidet an mangelnder Geschichtlichkeit und Freiheit. Aus schlechtem christlichen Gewissen heraus wird die äußerst tragische und vielschichtige jüdisch-christliche Entzweiungsgeschichte oft einspurig nur noch als Drama zwischen christlichen Mördern und jüdischen Opfern gesehen. Die sich durch große Perioden der Geschichte ebenfalls hindurchziehende geistig-religiöse und kulturell-soziale Auseinandersetzung zwischen Juden und Christen wird übersehen. Diese Engführung dient vielen jüdischen und christlichen Intellektuellen als Alibi, um sich vom jüdisch-christlichen Denken und Handeln fernzuhalten. Wenn die auf ihre geistige Freiheit pochenden Eliten nicht gewonnen werden können, dann werden die Kirchen nicht antisemitismusfrei werden, und das Judentum wird viele seiner aufgebbaren Reserven gegen die christliche Welt nicht ablegen. Es müssen Dialog-Foren geschaffen werden, die von beidseitigen (religions)politischen Bestrebungen unabhängig sind und kreativ arbeiten können.

3. Der Dialog leidet an einem Mangel an Konkretheit und Dienstwillen an der Menschheit. Gewiß hat der Dialog das Ziel, aus Juden bessere Juden und aus Christen bessere Christen zu machen. Ebenso eindeutig ist, daß sich viele Juden aus guten Gründen weigern, ja weigern müssen, sich in theologische Gespräche mit Christen verwickeln zu lassen. Um so mehr sollte aber die soziale Zusammenarbeit und das gemeinsame Menschheitsanliegen ernst genommen werden. Wenn Christen und Juden den unseligen Antijudaismus zum Verschwinden und Freiheit und Unabhängigkeit der Menschheit fördern wollen, dann dürfen sie sich nicht sektenmäßig nur mit sich selbst beschäftigen, sondern müssen sich als „Licht für die Völker" (Jes 42,6; 49,6) miteinander und füreinander bewähren.

4. Ein weiteres Problem ist die zunehmende religiöse Entwurzelung und die daraus resultierende Heimatlosigkeit vieler Juden und Christen. Die jeweils andere Religion wird dadurch gleichsam zu einem Sammelsurium von religiösen Ideen degradiert, derer sich beliebig bedienen läßt. Damit entfällt das gemeinsame Bemühen um die Weitergabe von Traditionen und macht individueller Beliebigkeit Platz, die sich kaum mehr um die gesellschaftliche Relevanz von Religion kümmert. Es muß vielmehr das Bewußtsein geweckt werden, daß die Bewältigung der großen Bedrohungen des Antisemitismus, Fremdenhaß usw., nur im Zusammenwirken aller geschehen kann.

↗ Absolutheitsanspruch; Antijudaismus; Apokryphen; Disputationen; Holocaust; Inquisition; Israel; Judenmission; Kirche/Kirchen; Orthodoxes Judentum; Polemik.

Literatur: *1. Dokumente: H. Croner* (ed.), Stepping Stones to Further Jewish-Christians Documents. An Unabridged Collection of Christian Documents. New York 1977; *dies.,* More Stepping Stones to Jewish Christian Relations. An Unabridged Collection of Christian Documents 1975–1985. New York 1985; *R. R. Geis / H. J. Krauss* (Hrsg.), Versuche des Verstehens, Dokumente jüdisch-christlicher Begegnung aus den Jahren 1918–1933, Theol. Bücherei 33, München 1966; *M. Th. Hoch / B. Dupuy* (ed.), Les Eglises devant le Judaisme Documents officiels 1948–1978, Paris 1978; *International Catholic-Jewish Commitee,* Fifteen Years of Catholic-Jewish Dialogue 1970–1985, Rom 1988; *R. Rendtorff / H. H.*

Henrix (Hrsg.), Die Kirche und das Judentum, Dokumente von 1945–1985, Paderborn 1988; *K. Richter* (Hg.), Die katholische Kirche und das Judentum, mit Kommentaren von E. L. Ehrlich / E. Zenger, Freiburg i. Br. 1982;
2. *Sonstige Literatur: J. B. Agus*, Dialogue and Tradition, London / New York / Toronto 1971; *G. Biemer*, Freiburger Leitlinien zum Lernprozeß Christen Juden, Theolog. und didaktische Grundlegung, Düsseldorf 1981; *M. Buber*, Werke I, München 1961; *B. Casper*, Das dialogische Denken, Freiburg 1967, *F. v. Hammerstein* (Hrsg.), Von Vorurteilen zum Verständnis, Dokumente zum jüdisch-christlichen Dialog, Frankfurt 1976; *B. Klappert / H. Starck* (Hrsg.), Umkehr und Erneuerung, Neukirchen 1980; *H. Kremers / J. Schoeps*, Das jüd.-christliche Religionsgespräch, Sachsenheim 1988; *G. Lindeskog*, Das jüd.-christl. Problem – Randglossen zu einer Forschungsepoche, Uppsala 1986; *F. Mussner*, Traktat über die Juden, München 1979; *ders.*, Die Kraft der Wurzel, Judentum – Jesus Kirche, Freiburg i. Br. 1987; *J. M. Oesterreicher*, The New Encounter Between Christians and Jews, New York 1986; *P. v. d. Osten-Sacken*, Grundzüge einer Theologie im christl.-jüd. Gespräch, München 1982; *J. J. Petuchowski* (Hrsg.), When Jews and Christians Meet, Albany, N. Y. 1988; *F. Rosenzweig*, Der Stern der Erlösung, Frankfurt 1988; *F. E. Talmage* (Hrsg.), Disputation and Dialogue, New York 1975; *C. Thoma*, Christliche Theologie des Judentums, Aschaffenburg 1978; *ders.*, Die theologischen Beziehungen zwischen Christentum und Judentum, Grundzüge 44, Darmstadt 1980, [2]1989, *P. van Buren*, Eine Theologie des christl.-jüd. Diskurses. Darstellung der Aufgaben und Möglichkeiten, München 1988; *ders.*, A Christian Theology of the People of Israel, New York 1987; *ders.*, Christ in Context, New York 1988. T

Diaspora/Exil

Begriffsentwicklung

Das griechische Wort *diaspora* (= „Zerstreuung“) dient als Übersetzung von Worten in der Hebräischen Bibel, die entweder „Exil“ bedeuten oder sich wertneutral auf jüdische Siedlungen außerhalb Palästinas beziehen. Die Zweideutigkeit des griechischen Wortes begleitet bis zum heutigen Tag die innerjüdische Diskussion und beeinflußt daher auch die Darstellung der „jüdischen Position“, die vom jeweiligen Repräsentanten des Judentums in einem christlich-jüdischen Gespräch vertreten wird.

Im biblischen Denken spielt der Begriff „Exil“ eine erhebliche Rolle. Gott bestraft sein sündhaftes Volk, indem er es aus seinem Land vertreibt. Aber die Zeit des Exils hat auch eine Grenze; wenn das Volk Buße tut und die Sünde verziehen ist, wird Gott das Volk in das Land Israel zurückführen. Das ist bekanntlich das Schema, das dem Begriff vom „babylonischen Exil“ zugrunde liegt. Es beeinflußt auch die biblische Hoffnung, daß zur Zeit der messianischen Erlösung die „zehn verlorenen Stämme“ des Nordreiches Israel mit den Judäern wieder vereint werden (vgl. Ez 37,15–28). Nach dem Fall Jerusalems im Jahre 70 n. Chr. wurde der Gedankengang „Sünde – Exil – Buße – Erlösung“ auch auf die neue politische Lage der Juden bezogen, d. h. auf das jüdische Leben in der Zeit zwischen der Zerstörung des zweiten Jerusalemer Tempels und der Ankunft des noch erwarteten Messias. In säkularisierter Form wurden Teile dieses Gedankengangs auch in die moderne zionistische Ideologie aufgenommen, um damit den zionistischen Anspruch auf Palästina „biblisch“ und gefühlsmäßig zu untermauern. Eine Form des Zionismus, heute vielfach im Staate Israel vertreten, gibt sogar die „Verneinung der Diaspora“ als Parole aus, worunter sowohl die Verneinung der Existenzberechtigung der jüdischen Diaspora wie auch die Leugnung der Möglichkeit jüdisch-geistigen und kulturellen Schaffens außerhalb des Staates Israel ausgedrückt werden soll. Die Diaspora-Existenz der Juden wird aus dieser Sicht als „abnormal“ betrachtet.

Gründe für die „Zerstreuung“

Es ist unbestritten, daß die jüdische „Zerstreuung“ zum Teil durch die gewaltsamen Verschleppungen von Israeliten und Judäern aus Palästina verursacht wurde: sowohl im biblischen Zeitalter als auch in der Folge der judäischen Aufstände gegen die Römer. Trotzdem sind Verschleppungen und Kriegsgefangenschaft nicht die alleinigen Ursachen der jüdischen Diaspora. Lange vor der ersten Tempelzerstörung gab es schon israelitische „Handelsniederlassungen" (wie die Einheitsübersetzung übersetzt) außerhalb des Landes Israel (vgl. 1 Kön 20,34). Im 6. Jahrhundert v. Chr. siedelte sich eine in ägyptischen Diensten stehende judäische Militärkolonie in Elephantine an. Selbst das „babylonische Exil" scheint erträglich gewesen zu sein. Als der Perserkönig Kyrus den judäischen Exulanten die Erlaubnis erteilte, nach Judäa zurückzukehren, machte nur eine Minderheit der verschleppten Judäer davon Gebrauch. Es muß in Babylonien ein intensives jüdisches Leben nach der Exilszeit gegeben haben, denn Esra und Nehemia, die sich im 5. Jahrhundert v. Chr. für die Wiederbelebung des palästinischen Judentums eingesetzt haben, und Hillel, ein Zeitgenosse Jesu, der zu den Architekten des rabbinischen Judentums gehört, kamen aus Babylonien.

Auch war das von den Römern verursachte „Exil" im Jahre 70 und danach nicht der einzige Entstehungsgrund für die weitverzweigte jüdische Diaspora, die es schon vor der Zerstörung Jerusalems gab. So schätzt z. B. der jüdische Geschichtswissenschaftler Salo W. Baron, daß es damals etwa zwei Millionen Juden in Palästina gab – aber *vier* Millionen Juden im Römischen Reich *außerhalb* Palästinas und mindestens eine weitere Million in Babylonien und in anderen Ländern, die von Rom nicht regiert wurden (A Social and Religious History of the Jews, Bd. I, 1. Teil, Philadelphia 1952, 167–171). Die zahlreichen jüdischen Gemeinden der Diaspora verdankten ihre Existenz nicht nur den damaligen Handelsniederlassungen, sondern auch dem ständigen Zuwachs an Konvertiten zum Judentum.

Kulturelle Bedeutung des Diasporajudentums

Aber nicht nur zahlenmäßig überragte das Diasporajudentum das palästinische Judentum. Zwar war Palästina das „Land der Bibel" und der frührabbinischen Literatur, doch erlangte im Laufe der jüdischen Entwicklung der babylonische Talmud vor dem palästinischen den Vorrang in seiner autoritativen Bedeutung. Die jüdische Religionsphilosophie und Theologie, die hebräische Dichtung, die Hauptströmungen jüdischer Mystik, selbst die Entwicklung und Ausgestaltung der jüdischen Liturgie und, in neuerer Zeit, die Entstehung der Wissenschaft des Judentums, sind Errungenschaften der jüdischen Diaspora. So ist das Judentum, wie wir es kennen, in all seinen Schattierungen zwar auf der in Palästina entstandenen biblischen Grundlage errichtet, aber ohne die Fortentwicklungen, die es der Diaspora verdankt, ist es ganz undenkbar. Der im 2. Jahrhundert lebende Rabbi Oschaja mag in erster Linie an die politische Situation gedacht haben, als er sagte: „Eine Wohltat hat der Heilige, gelobt sei er, an den Israeliten geübt, indem er sie unter die Völker zerstreute" (bPes 87b). Stolz auf geistige und kulturelle Schöpfungskraft in der Diaspora begegnet uns in der Parodie auf Jes 2,3, die der im 12. Jahrhundert in Frankreich lebende Rabbenu Jakob Tam aus dem Munde der Talmudgelehrten im italienischen Bari und Otranto zitiert: „Von Bari geht die Lehre aus / und das Wort des Herrn aus Otranto" (Sepher Ha-Jaschar, Nr. 620, Wien 1811, 74a).

Exilsklage und Erlösungshoffnung

Mit alldem will nicht gesagt sein, daß man sich, besonders in Zeiten von Verfolgungen, nicht auch als „im Exil" lebend betrachtete und die baldige Ankunft des Messias ersehnte. Erst das im Enthusiasmus für die bürgerliche Gleichberechtigung der Juden im 19. Jahrhundert entstandene Reformjudentum des Westens lehnt die traditionelle Vorstellung ab, daß die heutigen Juden noch „im Exil" leben, und sieht in der „Diaspora" eine willkommene göttliche Fügung, die es den Juden ermöglichte, ihre Aufgabe, „das Licht für die Völker" zu sein (Jes 42,6), zu erfüllen. Dagegen fand unter den von wiederholten Pogromen heimgesuchten Juden Osteuropas der zionistische Plan zur „Einsammlung der Exulanten" einen fruchtbaren Boden.

Jedoch kann auch die Beibehaltung der liturgischen Exilsklage und Erlösungshoffnung zum bloßen Topos werden. Wenn z.B. die im frühen 2. Jahrhundert entstandene, christliche „Didache" das Gebet enthält, daß Gott seine geheiligte Kirche „von den vier Winden" in sein Reich „einsammeln" soll (Did 10,5), so basiert diese Vorstellung gewiß auf Mt 24,31, wo sie wahrscheinlich noch nicht „rein geistig" verstanden wurde und noch ganz konkret die jüdische messianische Hoffnung widerspiegelt. Aber das in der „Didache" gemeinte Gottesreich ist wohl kaum als geographische Lokalisierung zu verstehen – trotz der Parallele, die hier zur zehnten Benediktion des jüdischen Achtzehngebets besteht, in der es tatsächlich um die „Einsammlung der Verstoßenen Israels" von den vier Himmelsrichtungen geht.

Die Zerstörung Jerusalems und die Diaspora-Existenz der Juden war seit den frühen Kirchenvätern ein beliebtes Thema, das als „Beweis" dafür diente, daß die Juden den falschen Glauben hatten und daher von Gott verworfen wurden (vgl. Schreckenberg 705f). Diesen „Beweis" haben die Juden immer zurückgewiesen. Zwar sagten auch sie, daß das Exil als Strafe für ihre Sünden (u.a. für die Sünde des sinnlosen Hasses gegeneinander) von Gott verhängt wurde, aber sie behaupteten auch, daß die Sünden, für die sie bestraft wurden, sich nicht mit denjenigen deckten, die ihnen von christlicher Seite vorgeworfen wurden.

In der heutigen, innerjüdischen Auseinandersetzung über die Begriffe „Exil" und „Diaspora" wird von israelischer und zionistischer Seite oft erklärt, daß „Diaspora" *ipso facto* „Exil" ist. Allerdings wird von einigen bewußten Diasporajuden darauf hingewiesen, daß „Exil" nicht nur ein räumlicher, sondern auch ein zeitlicher Begriff ist, der sich auf eine messianisch noch unerlöste Zeit bezieht, in der auch die Bürger des Staates Israel leben. Nach einer im Talmud erwähnten Lehre soll nämlich Gott selbst mit Israel zusammen ins Exil gegangen sein (bMeg 29a). Diese Lehre wurde dann von der lurianischen Kabbala im 16. Jahrhundert bis in kosmische Dimensionen hinein weiterentwickelt. „Exil" in diesem Sinn wird auch mit der Einwanderung in den Staat Israel nicht aufgehoben.

Von modernen, auch nichtreligiösen, jüdischen Autoren wird der traditionelle Exilsbegriff bisweilen im Sinne der Entfremdung („Alienation") des modernen Menschen verstanden; er ist so in die Literatur eingegangen.

↗ Heiliges Land / Heiliger Ort / Heilige Zeit; Israel; Jerusalem; Messias; Partikularismus und Universalismus; Zionismus.

Literatur: *J. Juster,* Les Juifs dans l'Empire Romain, 2 Bde., Paris 1914; *A. Kasher,* The Jews in

Hellenistic and Roman Egypt, Texte u. Studien zum Antiken Judentum 7, Tübingen 1985; *J. Katz,* Aus dem Ghetto in die bürgerliche Gesellschaft, Jüdische Emanzipation 1770–1870, Frankfurt 1986; *N. Rotenstreich,* „Galut" in Contemporary American Jewish Thought (hebr.), Jerusalem 1966; *H. Schreckenberg,* Die christlichen Adversus-Judaeos-Texte und ihr lit. und hist. Umfeld, 3 Bde., Bern 1982 (2. Aufl. des 1. Bd. 1995), 1988, 1994. P

Disputationen

Da sich das Christentum von Anfang an als „Erfüllung" der Hebräischen Bibel verstand, kam es schon früh zu Auseinandersetzungen mit der Religion, die sich – ohne Jesus als Christus anzuerkennen – als legitime Erbin dieser Bibel betrachtete, d. h. mit dem Judentum. Es ging darum, wer die „richtige" Auslegung der hebräischen Bibel besaß, ob der verheißene Messias bereits erschienen sei oder noch erwartet wird, und wer das „wahre Israel" ist. So begann ein „Kampf um die Schriftbeweise", später kamen auch Angriffe auf den Talmud hinzu, und es gab selbst christliche Versuche, den Talmud als „Beweis" für das Christentum zu verwerten. Diese Auseinandersetzungen wurden durch die Jahrhunderte hindurch in der Form von Streitschriften geführt. Ab und zu kam es auch zu persönlichen Konfrontationen zwischen christlichen und jüdischen Wortführern, d. h. zu den sog. „Disputationen". Oft wurden sie von jüdischen Konvertiten zum Christentum angeregt, und meist von der Kirche oder vom königlichen Hof inszeniert. Besonders berühmt wurden die Disputationen von Paris (1240), Barcelona (1263) und Tortosa (1413–1414). Weil sich das mittelalterliche Judentum nicht als missionarische Religion betätigte, die Christen aber die Juden bekehren wollten, ging die Initiative zu diesen Disputationen immer vom Christentum aus. Da das Christentum mit der Staatsgewalt verbunden war, wurden die Juden dazu *gezwungen*, an den Disputationen teilzunehmen. Zur Bekehrung (entweder zum Christentum oder zum Judentum) und auch zum gegenseitigen Verständnis scheinen die mittelalterlichen Disputationen nicht beigetragen zu haben. Oft hatten aber die Disputationen tragische Folgen für die Juden in der Form von Verfolgungen und von Zwangstaufen. Während daher Heinrich Heine in seinem Gedicht „Die Disputation" richtig die theologische Nutzlosigkeit der Disputationen mit der ihm eigenen Ironie schildert („Wer Recht hat, das weiß ich nicht ..."), waren sie doch für die mittelalterlichen Juden weit verhängnisvoller, als Heine ahnen läßt. In neuerer Zeit, besonders nach dem Zweiten Weltkrieg, ist dann das christliche Bedürfnis nach Disputationen mit Juden größtenteils dem Ideal des Dialogs gewichen.

↗ Antijudaismus; Dialog; Inquisition; Judenmission.

Literatur: *B. Blumenkranz,* Juifs et Chrétiens dans le monde Occidental, Paris 1960; *H. Maccoby* (Hrsg.), Judaism on Trial, London/Toronto 1982; *H. J. Schoeps,* Israel und Christenheit, München/Frankfurt a. M. [2]1961; *M. Simon,* Verus Israel, Paris [2]1964; *F. E. Talmage* (Hrsg.), Disputation and Dialogue, New York 1975; *H. G. v. Mutius,* Die christlich-jüdische Zwangsdisputation zu Barcelona, Frankfurt a. M./Bern 1982; *S. Schreiner,* Von den theolog. Zwangsdisputationen des Mittelalters zum christl.-jüd. Dialog heute, Jud. 42 (1986) 141–147; *A. L. Williams,* Adversus Judaeos, Cambridge 1935. P

Dogma

Begriff und Ausgangslage

Unter einem Dogma (urspr. Meinung, richtig Gemeintes, Beschluß) wird ein seit Generationen unbestritten akzeptierter oder ein offiziell promulgierter Glaubenssatz verstanden, dessen Inhalt eine Glaubensgemeinschaft und jedes Mitglied dieser Konfession zur Zustimmung verpflichtet. Die Formulierungen von Dogmen werden oft durch häretische Infragestellungen alter Glaubenstraditionen, aufgekommene Unklarheiten über den Sinn von Offenbarungsworten und -ereignissen sowie schwerwiegende Vernachlässigungen alter Glaubensinhalte und ethisch-moralischer Glaubensverpflichtungen veranlaßt. Rechtfertigung und Notwendigkeiten für dogmatische Sätze werden vor allem aus der jüdischen und christlichen Glaubensüberzeugung abgeleitet, wonach der in den heiligen Schriften verbürgte Gott auch die nachbiblischen Generationen so lenkt, daß sie die alte Offenbarung auch in neuen Zeiten mit ihren speziellen Gefährdungen unverfälscht durch die Geschichte tragen können. Im Christentum gibt es die Glaubensüberzeugung, daß auch in größten Notzeiten (vgl. Dan 12,2) „die Pforten der Unterwelt" das Volk Gottes nicht von Wahrheit und Treue abbringen können (Mt 16,13–19); Dogmen sind ein Ausdruck dafür. Im Judentum kommen ähnliche Grundüberzeugungen vor.

Man kann nur eingeschränkt sagen, das Christentum sei in erster Linie eine Glaubensbewegung, der es um Orthodoxie, d.h. um Richtigkeit und Wahrheit gehe, während es dem Judentum fast nur um die Orthopraxie, d.h. um die Erfüllung der biblischen Gebote (gar unabhängig von Inhalten der Offenbarung) zu tun sei. Dogma im Christentum und Halakha (der normative Teil der mündlichen Lehre als Ergebnis und Grundlage religiöser Praxis) im Judentum markieren zwar spezifische Schwerpunkte. Das Christentum hat ein ähnlich ausgefeiltes dogmatisches Lehrgebäude entwickelt, wie es die jüdische Halakha ist. Das Judentum hat keine eigentliche systematisch-theologische Dogmatik, vor allem kein hierarchisches Lehramt geschaffen. Es gibt keinen jüdischen Papst. Das Judentum war weit mehr auf Diskussion eingestellt als auf Glaubensentscheidungen. Daher ist in ihm manchmal eine dogmatische Unübersichtlichkeit. Im normativen rabbinischen Judentum ist von *gûfê tôra* (Kernpunkte der Tora), *jesôdôt* (Grundlagen), *schoraschîm* (Wurzeln), *'îqqarîm* (Hauptlehren) usw. die Rede, aber diese als zentral und unentbehrlich eingestuften Lehren werden kaum gegeneinander abgewogen oder gar ausgespielt. Das Judentum stellt glaubensverbindliche Sätze nicht als Identitätsausweis in den Vordergrund. Die im Christentum weit stärker betonten Dogmen – bisweilen herrscht da ein erfahrungsferner Dogmatismus – wollen anderseits nicht die Bedeutung des rechten Tuns herabmildern, was eine ausgedehnte Moral-Literatur und Kasuistik belegen.

Jüdische Glaubensformulierungen

Der vermutlich älteste in Palästina entstandene Glaubenssatz betrifft die Auferstehung der Toten (Dan 12,2f; 2 Makk 7; zweite Beracha des Achtzehngebets). In ihrer prägnant zusammenfassenden Form lautet er: „Keinen Anteil an der kommenden Welt hat, wer sagt, die Auferstehung der Toten lasse sich nicht aus der Tora beweisen" (mSan 10,1, wo noch weitere Glaubenssätze stehen). Ebenfalls in vorchristliche Zeit zurück weist die vom Judentum als glaubensnotwendig erachtete Überzeugung von dem die Geschichte und das ethische Verhalten des Menschen lenkenden und beurteilenden Gott Israels. Die klassische Formulierung findet sich in CN und TPsJ zu Gen 4,8; BerR 26,14 und PesK 24,14. Demnach kann sich nicht als

Jude bezeichnen, wer sagt: „Es gibt kein Gericht, und es gibt keinen Richter." Ein Jude hingegen ist, wer sagt: „Es gibt ein Gericht und einen Richter." Die Spuren dieser verbindlichen Glaubensaussage finden sich bereits bei Philo von Alexandrien (All II 104; Op 28) und bei Josephus Flavius (Ant 10,278).

Zusammenstellungen von jüdischen Glaubensbekenntnissen finden sich im Verlaufe der ganzen jüdischen Geschichte. Philo von Alexandrien zählt in Op 170–172 fünf wesentliche Glaubensprinzipien auf: Existenz und Einheit Gottes, Kontingenz und Einzigkeit der Welt und Vorsehung. Mose ben Maimon (1135–1204) stellte im Anschluß an die Zusammenstellung in mSan 10,1 dreizehn Grundsätze des Glaubens auf: Gott existiert, ist einer, unkörperlich, ewig, allein anbetungswürdig. Die Offenbarung (Prophetie) ist wahr, Mose ist der größte Offenbarungszeuge, die Tora stammt von Gott und ist unveränderlich. Die menschlichen Handlungen sind Gott alle bekannt, den Menschen erwarten Lohn oder Bestrafung von seiten Gottes, der Messias wird kommen, die Toten werden auferstehen. Diese Grundsätze sollen nach Mose ben Maimon auch als Leitlinien für die rechtliche Behandlung von Ketzern und Verleugnern der Hauptsache *(kôferîm ba-'iqqar)* dienen (Hilkhot tschura 3,6–8). Josef Albo (1365–1444) beschränkte sich demgegenüber nur auf drei Aussagen: Gottes Existenz, Göttlichkeit der Tora, Lohn und Strafe (Übersicht der Zusammenstellungen jüdischer Glaubenssätze bei Louis Jacobs; bezüglich moderner Zusammenstellungen vgl. Samuel S. Cohon). Alle Zusammenstellungen und Zusammenfassungen (vgl. bMakk 24a) jüdischen Glaubens weisen auf einen jüdischen Glaubensschatz hin, der – teils im Gegensatz zu jenem des Christentums – bei aller Kontinuität auch eine große Beweglichkeit und Variabilität zeigt. Hierin kann das Judentum für das heutige Christentum vorbildhaft sein. In der Beweglichkeit des Glaubensschatzes liegen gültige Ansatzpunkte für die Geschichtlichkeit bzw. Zeitbezogenheit von dogmatischen Aussagen.

Christliche Dogmen

Schon von allem Anfang an sah sich das Christentum zu Formulierungen theologisch-dogmatischer Art veranlaßt. Bereits das Petrusbekenntnis in Mt 16,16, die Christusprädikation in 1 Kor 12,3 und der Beschluß der Versammlung der Apostel (vgl. Apg 16,4) sind dogmenartige Sätze. Schon bald nach der apostolischen Zeit stellte sich die Notwendigkeit heraus, Glaubensinhalte Häretikern, Gottesleugnern und Juden gegenüber festzulegen. Es gibt trinitarische, christologische, marianische und ekklesiologische Dogmen. In Mittelalter und Neuzeit kamen weitere Dogmen in verschiedenen Konzilien hinzu. Eine wichtige Rolle spielten dabei die Kirchenspaltungen und die moderne Säkularisation. Die orthodoxe Kirche anerkennt nur die Dogmen der altkirchlichen ökumenischen Konzilien, während die katholische Kirche gerade in der nachreformatorischen Zeit im Konzil von Trient (1545–1563) und im Ersten Vatikanischen Konzil (1869–1870) glaubte, mit Dogmen und der damit verbundenen Stärkung der Autorität des Papstes der Verwirrung der Geister und Herzen Herr werden zu können.

Ausblick

Besonders angesichts des modernen jüdisch-christlichen Gesprächs scheinen für die Kirchen neue dogmatische

Erklärungen notwendig zu werden. Die Zeit der bloßen Kontrovers-Theologie ist vorbei. Vorbild für neue Geisteshaltungen könnte der oben erwähnte Josef Albo werden, der seine *'îqqarîm* so formulierte, daß sie jüdisch-christlich und islamisch als Gemeingut des Glaubens gelten konnten. D. h., es geht heute weniger um Abgrenzung und mehr um Betonung des Gemeinsamen zum Wohl und zur Rettung der Menschheit. Einen entsprechenden mutigen Vorstoß wagte Johannes Paul II. am 17. Oktober 1980 in Mainz, als er aus eigenem Antrieb entgegen der schriftlichen Vorlage von der „Begegnung zwischen dem Gottesvolk *des von Gott nie gekündigten* (vgl. Röm 11,29) Alten Bundes und dem des Neuen Bundes" sprach (FrRu 32 [1980] 4; Rendtorff/Henrix 74–77). In ähnlicher Richtung äußerte sich auch die Landessynode der Evangelischen Kirche im Rheinland am 11. Januar 1980. Die christlich-jüdische Bewegung ist aufgerufen, Einfluß auf die Kirchenleitungen zu nehmen, daß alle Formen des kirchlichen „teaching of contempt" (Lehre der Verachtung der Juden: Jules Isaac) eindeutig als unchristlich bezeichnet werden. Dies wird auch Juden dazu bewegen können, ihr aus der Abwehrhaltung entstandenes „teaching of contempt" den Christen gegenüber abzubauen. Dieses verpflichtende Umkehr-Dogma würde viel zur Bildung einer menschlichen Friedensgemeinschaft bei aller Glaubensdifferenz beitragen.

↗ Absolutheitsanspruch; Auferstehung; Autorität; Bibel; Dialog; Dreifaltigkeit; Gesetz; Gott; Maria; Mose; Neues Testament; Offenbarung; Sünde und Vergebung; Talmud; Tradition.

Literatur: *S. S. Cohon*, Jewish Theology. A Historical and Systematic Interpretation of Judaism and its Foundations, Assen 1971; *A. Finkel*, Glaubensbekenntnisse: Judentum, in: TRE 13, Berlin 1984, 388–392; *J. Isaac*, Die Erziehung zur Verachtung (1962); *L. Jacobs*, Principles of the Jewish Faith. An Analytic Study, London 1964; *K. Rahner*, Dogma, in: SM 1, Freiburg i. Br. 1967, 909–917; *H. Ratschow / U. Wickert*, Dogma: Systematisch-Theologisch, in: TRE 9, Berlin 1982, 34–41; *R. Rendtorff / H. H. Henrix* (Hrsg.), Die Kirche und das Judentum, Dokumente von 1945–1985, Paderborn 1988; *M. Stöhr* (Hrsg.), Jüdische Existenz und die Erneuerung der christlichen Theologie. Versuch einer Bilanz des christlich-jüdischen Gesprächs für die systematische Theologie, München 1981; *C. Thoma*, Die theologischen Beziehungen zwischen Christentum und Judentum (Grundzüge 44), Darmstadt 1982, [2]1989; *U. Wickert*, Dogma: Historisch, in: TRE 9, Berlin 1982, 26–34. T

Dreifaltigkeit

Problem und geschichtliche Ausgangslage

Mit dem Begriff Dreifaltigkeit (Trinität, Dreieinigkeit, hebr./mittelalterl.: *schillusch*) wird in der christlichen Theologie ausgedrückt, daß der eine Gott Israels sich als Vater im Sohn durch den Heiligen Geist in der Geschichte den Menschen erschließt. In dieser dreifach-einen Erschließung ist er der Gott, dessen Einheit, Lebendigkeit und Kreativität die Dreifaltigkeitslehre nachdenkend und interpretierend zum Ausdruck bringt. Jede christliche Verkündigung von Gottes Wesen, seinen Eigenschaften und seinem Wirken im Diesseits impliziert die trinitätstheologische christliche Grundkonzeption. Voraussetzung allen trinitarischen Denkens ist das Christusereignis. Eine wichtige Rolle spielte aber auch der unpräzise und variable Monotheismus der Hebräischen Bibel. Die Auslegung der Heiligen Schriften im 1. und 2. Jahrhundert und ihre Verwendung in den jeweiligen Gottesdiensten führten Judentum und Christentum in zwei irreversible Richtungen. Die Predigt der Apostel und christlichen Propheten wurde zur Basis des *trinitarischen Monotheismus*. Auf der andern Seite brachte die midraschische Auslegung der Bibel durch die Rabbinen den *unitarischen Monotheismus* zur vollen Blüte und Klarheit. Sowohl die rabbinisch-unitarischen Monotheisten (vgl. die zentrale Stellung, die das Schema' Jisrael in der jüdischen Liturgie spielt) als auch die christlich-trinitarischen Monotheisten lehnten den *binitarischen Monotheismus* (Gott und Metatron, Gott und Christus, der Schöpfergott und der Erlösergott ohne vollen Einheitsbezug) ab, weil er nach ihrer Meinung den einen Gott dualistisch aufspaltete. Der Binitarismus („zwei Mächte im Himmel") war vor allem in gnostisierenden Zirkeln im Schwang. Die religionsgeschichtliche Situation zur Zeit des aufkommenden Christentums wird verkannt, wenn man den christlichen Dreifaltigkeitsglauben als bloßes Produkt hellenistischer Einflüsse deklariert.

Jüdisch-christlicher Dissens

Die Opposition der Juden im Verlaufe der Geschichte bis heute gegen die christliche Trinitätslehre war und ist das prononcierteste Zeugnis des jüdisch-christlichen Gegeneinanders. Als Korrektiv gegen stets latentes Abgleiten in philosophische oder unhistorisch-spekulative Aussagen über ein ohnehin nicht faßbares Innenleben Gottes bleibt sie für die Christen unentbehrlich. Den Kern des jüdisch nie verstummten und auch von keinem jüdischen Denker zurückgenommenen Gegenarguments bilden vier Aussagen:

a) Gott neigt sich zwar zu den Menschen herab, er ist aber nicht Mensch geworden.

b) Das Christentum hat die wahre sinaitische Gottesoffenbarung mit heidnischen (hellenistischen) Zusätzen verquickt und so die monolatrisch-monotheistische jüdische Gottesverehrung verfälscht.

c) Das Christentum hat durch seine Trinitätslehre eine Körperlichkeit und dadurch eine Beschränkung in den unbeschränkten, unabhängigen, rein geistigen Gott Israels hineingetragen.

d) Die Geschichte des Wirkens Gottes in der Welt und mit Israel verläuft so, daß Gott am Ende der Geschichte unverfälscht und unverstellt als der eine und einzige Gott Israels kund werden wird – den Gläubigen zum Heil, den sich Verweigernden zum Gericht.

Zu a): Meistens wird jüdischerseits betont, Gott könne unmöglich Mensch werden; dies würde seine Göttlichkeit aufheben. Dazu kommen besonders in der neuesten Zeit zwei weitere Argumente von großer Kraft: 1. Selbst wenn man nicht bestimmen kann, welche Herabneigungsfähigkeiten in Gott liegen, kann man doch mit Sicherheit sagen, daß Gott nicht Mensch geworden ist. Die glaubensverbindliche jüdische Tradition sagt nämlich nichts dergleichen. 2. Die Früchte der von den Christen behaupteten Menschwerdung Gottes sind schlechte Früchte. Im Namen der angeblichen Menschwerdung Gottes wurden nämlich judenfeindliche Pogrome veranstaltet und Zwänge zur Preisgabe des jüdischen Gottesglaubens und zur nivellierenden Assimilierung ausgeübt. Eine Religionsgemeinschaft, die ein Herd des Antisemitismus ist, kann keinen Anteil am Volk Gottes und damit auch nicht an der Wahrheit von Gott haben.

Zu b): In der rabbinischen Tradition wird mit bemerkenswerter Konstanz gesagt, die Gefahr der Verdunkelung der reinen Gottesverehrung durch *Vermischung* von Wahrem mit Falschem, Widergöttlichem *(schittûf)* sei jederzeit im jüdischen und im außerjüdischen Bereich akut. Die Verehrung des goldenen Kalbes (Ex 32) und des Baal-Peor in Schittim (Num 25) seien abschrekkende Beispiele israelitischer *schittûf*-Verirrung. Den Nichtjuden könne man jedoch wegen ihrer beständigen, dogmatisch fixierten *schittûf*-Verehrung keinen Vorwurf machen; sie seien ja nicht am Berge Sinai gestanden und hätten daher keine Gebote zu unvermischter Gottesverehrung erhalten.

Zu c): Körperlichkeit schließt Veränderung, Vielheit und Beschränktheit ein. Die jüdischen Religionsphilosophen des Mittelalters verstanden den „Vater" als Substanz, den „Sohn" und den „Heiligen Geist" als personifizierte Weisheit und personifizierten Willen. „Sohn" und „Geist" seien also zu Personen gewordene Attribute Gottes und damit Indices von Gottes Körperlichkeit. In der gegenchristlichen Polemik wurden daher besonders der „Sohn" Jesus als Verführer und der „Heilige Geist" (der „Geist der Unreinheit") als Zeichen der körperlichen Gottesverfälschung der Christen betrachtet. (Wahrscheinlich gingen solche Argumente auf christliche Versuche ein, den Juden die Dreifaltigkeit als logische Konsequenz ihrer eigenen Attributenlehre näherzubringen.)

Zu d): (Heils)geschichtliches Denken ist untrennbar mit dem jüdischen und mit dem christlichen Gottesverständnis verbunden. Beide Religionen wehren sich (leider nur mit beschränktem Erfolg) gegen ein esoterisches, offenbarungsgeschichtlich unabhängiges Spekulieren über innergöttliche Lebensvorgänge. In einer rabbinischen Deutung wird der Name YHWH gedeutet: „Der Heilige, gelobt sei er, sagte zu Mose: Meinen Namen willst du wissen? Entsprechend meinen Taten werde ich genannt" (ShemR zu Ex 3,14). Jehuda Hallevi (1080–1145) wertet die Spuren Gottes im Diesseits so: „Du darfst es überhaupt nicht für unwahrscheinlich halten, daß erhabene göttliche Spuren in dieser niederen Welt sichtbar werden, wenn diese Stoffe imstande sind, sie aufzunehmen. Hier ist die Wurzel des Glaubens und des Unglaubens" (Kusari I 77). Das Endergebnis der Taten und Spuren Gottes in der Geschichte ist freilich im Judentum und Christentum verschieden. Nach jüdischer Hoffnung geht die Geschichte auf die Enthüllung des unvermischt einen Gottes Israels vor den Augen aller Völker entgegen, nach christlicher Hoffnung auf die Enthüllung des einen und dreifaltigen Gottes, des Vaters Jesu Christi, der mit dem einen und einzigen Gott Israels identisch ist.

Auswege

Der jüdisch-christliche Dissens in der Gottesfrage ist geschichtlich unaufhebbar. Der Grund hierfür ist die Einbeziehung des historischen Jesus Christus in den einen Gott. Mit dieser Hereinnahme, die (jüdischerseits) bisweilen als Vergottung bezeichnet wird (nicht zuletzt wegen der christlichen Anrufung von Jesus im Gebet und der bildlichen und plastischen Darstellung Jesu in den Kirchen), steht und fällt die Dreifaltigkeitslehre. Christlich-jüdisch möglich, ja notwendig sind jedoch gemeinsame Programme zur Stärkung und Vertiefung des Glaubens an den einen Gott Israels: gemeinsame Abwehrbemühungen gegen den militanten und theoretischen Atheismus, gemeinsame Betonung des Wirkens Gottes in der Geschichte mit Israel und der Menschheit (gegen deistische Ideologien) und gemeinsames Einstehen gegen magische und manipulatorische Mißbräuche in der Gottesverehrung.

Neben diesen gemeinsamen Programmen sind auch jene christlich-theologischen Bemühungen zu verstärken, die den jüdischen Verdacht entkräften, man habe im Christentum den unbedingten Glauben an den einen Gott Israels aufgegeben und statt dessen entweder einen anderen, einen tritheistischen Gott geschaffen, oder man habe die Konturen desselben Gottes verdunkelt und verfälscht. a) Jeder historisch-philosophisch gebildete Theologe weiß, daß die Begriffe der traditionellen Trinitätslehre der theologischen Neuinterpretation bedürfen. Mit Karl Rahner könnte man daher statt von den drei göttlichen Personen vom „einen Gott" reden, der „in drei distinkten Subsistenzweisen" lebt und wirkt. Vor allem müßte man den relationalen Aspekt (Beziehungsaspekt), das heißt das im Alten und im Neuen Testament stark betonte Bundeswirken Gottes, mehr betonen, etwa entsprechend dem „trinitarischen Grundgesetz" des Konzils von Florenz: „In Gott ist alles eins, außer den exzentrischen und konzentrischen Beziehungen" (In Deo omnia sunt unum, ubi non obviat relationis oppositio) (DS 1330). b) Man sollte die „adoptianistische Angst" überwinden: „Wenn man sagt, Christus sei dem Vater untergeordnet, sagt man für jüdische, ans *Schekhîna*-Denken gewöhnte Ohren noch lange nicht, er sei ein bloßes Zwischenwesen. c) Bei aller notwendigen Betonung des Wesensabstandes zwischen Gott und Geschöpf ist nicht zu vergessen, daß Gott erst im gnädigen Zusammensein und Zusammengehen mit Israel und der Menschheit einer ist und wird (vgl. Offb 3,21). Die jüdische Tradition legt Wert darauf, daß Gott und Israel eins sind: „‚Wer ist wie dein Volk Israel *ein* Volk auf Erden' (1 Chr 17,21)? Prahlt denn der Heilige, gelobt sei er, mit dem Ruhm Israel? Ja, gewiß! Es heißt ja: ‚Du hast heute den Ewigen gerühmt (erwählt)', und dann folgt: ‚Der Ewige hat dich heute gerühmt (erwählt)' (Dtn 26,17). Der Heilige, gelobt sei er, sprach zu den Israeliten: Ihr habt mich zu *einer* Bestätigung (Verherrlichung) in der Welt gemacht, und ich will euch zu *einer* Bestätigung (Verherrlichung) in der Welt machen" (bBer 6a). Man darf diese Stelle nicht auf die Ebene des trinitarischen Denkens hinüberziehen. Gott ist einer, und Israel ist eines; beide werden – angesichts des nicht auffüllbaren Abgrundes zwischen Schöpfer und Geschöpf – auch nicht in ihrem Zusammensein zu einer gleichgestuften Einheit. Verschiedene rabbinische, kabbalistische und chasidische Texte interpretieren den offenbarungsgeschichtlichen Willen Gottes zur Wiederherstellung und Zusammenfassung von Schöpfung und Menschheit (vgl. den *tiqqun* in der lurianischen Kabbala) kühn und richtig, wenn sie das letztgültige Einssein Gottes als Ergebnis des göttlich-israelitischen Zusammenwirkens und Zusammenseins ausdrücken. Es gibt also jüdische Vorstellungen, die in dieselbe Richtung – allerdings ohne christologisches Vorzeichen – gehen wie trinitätstheologische Vorstellungen (vgl. Sach 14,9; Eph 1,10).

↗ Antijudaismus; Chasidismus, osteuropäischer; Christus/Christologie; Dogma; Gott; Götzendienst; Hellenismus; Israel; Kabbala; Liturgie; Schekhina; Schittuf; Schöpfer/Schöpfung; Tradition.

Literatur: *H. Denzinger / A. Schönmetzer* (Hrsg.), Enchiridion Symbolorum, Definitionum et Declarationum de rebus fidei et morum, Freiburg i. Br. [36]1974 (Abk.: DS); *D. J. Lasker*, Jewish Philosophical Polemics against Christianity in the Middle Ages, New York 1977; *K.-H. Minz*, Gott ist einer. Plakat einer Relecture der Gotteslehre, FS für Wilhelm Breuning, Düsseldorf 1985, 399–416; *J. Moltmann*, Trinität und Reich Gottes. Zur Gotteslehre, München 1980; *K. Rahner*, Der dreifaltige Gott als transzendenter Urgrund der Heilsgeschichte, in: MySal II, Einsiedeln 1967, 317–401; *C. Thoma / M. Wyschogrod* (Hrsg.), Das Reden vom einen Gott bei den Juden und Christen, JudChr 7, Bern 1984; *R. J. Z. Werblowsky*, Was würde ich einem Juden vorschlagen, wenn er in der säkularen Welt von Gott sprechen will?, in: FrRu NF 4 (1997) 167–171. T

E

Ehe/Ehescheidung

Die Ehe in Bibel und Talmud

Im Judentum gilt die Ehe als von Gott eingesetzte Institution (Gen 2,18–24), die der Kinderzeugung dient (Gen 1,28), aber nicht auf diese beschränkt ist. Das Miteinandersein von Mann und Frau ist schon als solches ein Zweck der Ehe – ein Gedanke, der in der jüdischen Trauungsliturgie in den folgenden Worten zum Ausdruck kommt: „Erfreue die in Liebe Verbundenen, wie du einst im Garten Eden deine Geschöpfe erfreutest. Gelobt seist du Herr, der Bräutigam und Braut erfreut." Die Trauungsliturgie, schon im Zeitalter des Talmuds in der Form bekannt, in der sie heute noch gefeiert wird (vgl. bKet 8a), stellt allerdings ein späteres Stadium des jüdischen Ehegesetzes dar als dasjenige, das der Bibel selbst bekannt war. Deshalb ist nach jüdischem Gesetz eine Ehe auch dann gültig, wenn in der Anwesenheit von zwei Zeugen ein Mann einer Frau einen Gegenstand von Wert übergibt und dabei die Worte spricht: „Siehe, du bist mir durch diesen Gegenstand (schon lange wird hier ein Trauring erwähnt und übergeben) angetraut nach dem Gesetz von Mose und Israel!", ohne daß irgendwelche Gebete gesprochen werden. In der Bibel scheint die Ehe ein Teil allein der Zivilgesetzgebung gewesen zu sein, von einer Mitwirkung von religiösen Amtsträgern ist dort keine Rede.

Daran erinnert noch eine Mischna, in der es heißt: „Eine Frau wird auf drei Arten erworben: … durch Geld (d.h. durch Übergabe eines Wertobjekts), durch die Heiratsurkunde und durch den Beischlaf" (mQid 1,1). Das rabbinische Judentum verlangte dann das Vorhandensein von allen drei Arten bei jeder Eheschließung und bestrafte den Mann, der eine Frau nur durch Beischlaf ehelichte – ohne aber die gesetzliche Gültigkeit einer derart geschlossenen Ehe in Frage zu stellen.

In das rabbinische Zeitalter fällt auch die liturgische Gestaltung der Trauung. Dennoch wurde damals noch nicht die Mitwirkung eines Rabbiners verlangt. Diese Notwendigkeit ergab sich erst durch die rabbinischen Erweiterungen der Eheverbote (siehe unten). Die Anwesenheit eines Rabbiners bei der Trauung war die Garantie dafür, daß eine bestimmte Ehe tatsächlich nach jüdischem Religionsgesetz stattfinden konnte. In der Neuzeit – und auch schon teilweise im Mittelalter – spielte der Rabbiner schließlich die Rolle bei der jüdischen Trauung, die derjenigen des Pfarrers bei der christlichen Trauung entspricht, d.h. mit Predigt und Einsegnung der Ehe. Der Terminus technicus einer gültigen jüdischen Ehe ist *qidduschin*, was mit dem Stammwort *q-d-sch* (= „heilig") zusammenhängt, und es wird in diesem Sinne vielfach bei Trauungspredigten (Trauung = Anheiligung) verwendet. Dieses Wort kommt in der Bibel selbst nicht vor und ist eine rabbinische Prägung, die gewiß mit dazu bestimmt war, der rein zivilrechtlichen Verbindung von Mann und Frau eine bestimmte religiöse Weihe zu verleihen. Jedoch ist die Ehe, bei aller religiösen Weihe, die ihr im Judentum zuteil wird, bei aller Betonung, daß, zusammen mit Mann und Frau, Gott sozusagen „der Dritte im Bunde" ist (yBer IX,1/12d), und auch bei einer gewissen Ähnlichkeit, die sie mit dem christlichen Begriff des Sakraments hat, nicht ganz mit dem christlichen Sakramentsbegriff identisch, da die jüdische Ehe auch wieder geschieden werden kann (siehe unten).

Die Heiratsurkunde

Der Mann, der eine Frau ehelicht, nimmt bestimmte Verpflichtungen auf sich. Aus dem Spezialfall in Ex 21, 7–11 wird das allgemeine, für alle Ehen geltende Prinzip abgeleitet, daß jede verheiratete Frau ihr Recht auf Verpflegung, Kleidung und regelmäßigen ehelichen Umgang mit ihrem Mann hat (MekhY, Neziqin 3, hrsg. von Horovitz-Rabin, S. 258 f). Diese drei Verpflichtungen des Mannes, zusammen mit weiteren finanziellen Verantwortungen, die der Mann auf sich nimmt, stehen auch im Text der Heiratsurkunde *(ketubbah)*, die bereits im 2. Jahrhundert v. Chr. in Palästina eingeführt worden sein soll. Diese Heiratsurkunde sichert der Frau ihre finanzielle Lage im Falle des Todes ihres Mannes und auch im Scheidungsfall. Geschieht aber die Scheidung durch die Schuld der Frau, dann kann sie – als Strafe – die in der Heiratsurkunde verbürgten finanziellen Regelungen verlieren.

Eheverbote

Die Ehe mit Blutsverwandten ist in Lev 18 und Lev 20 verboten. Die diesbezüglichen biblischen Verbote werden im rabbinischen Ehegesetz (wie übrigens auch im Christentum) noch erweitert. Als verboten bzw. ungültig wird auch die Mischehe betrachtet. Weitere Einschränkungen in Lev 21,7 beziehen sich auf die Priesterschaft. Jedoch werden sie im heutigen liberalen und größtenteils auch im amerikanischen konservativen Judentum nicht weiter beachtet. Immerhin ist es charakteristisch für die jüdische Einschätzung der Ehe, daß laut mYom 1,1 der am Versöhnungstag im Tempel amtierende Hohepriester ein verheirateter Mann sein mußte.

Polygamie und Monogamie

Die Polygamie ist in der Bibel nicht verboten, und verschiedene biblische Helden (Jakob, David usw.) werden als in der Polygamie lebend geschildert. Auch im klassischen rabbinischen Zeitalter war die Polygamie noch nicht verboten, obwohl scheinbar die meisten Rabbinen in monogamer Ehe lebten. Wie weit damals schon die Monogamie die Regel war, geht aus dem *Targum*, der aramäischen Paraphrase des talmudischen Zeitalters, hervor, wo es zu Rut 4,6 heißt: „Der Löser sagte: ‚Dann kann ich für mich auf diese Weise nicht lösen, *denn ich habe eine Frau, und ich kann zusätzlich zu ihr keine andere nehmen, damit es in meinem Hause nicht zu einem Streit kommt …*'"

Im 11. Jahrhundert wurde die Polygamie von den Rabbinern Deutschlands und Frankreichs ausdrücklich verboten. Als im 16. Jahrhundert der „Schulchan 'Arukh" diese ehegesetzliche Bestimmung kodifizierte, fügte sein Autor, ein in Palästina lebender türkischer Rabbiner, hinzu: „Aber diese Bestimmung hat sich nicht in allen Ländern verbreitet" (Ebhen Ha'eser 1,21). Das bezog sich darauf, daß die Verordnung der deutschen und französischen Rabbiner bei den Juden im islamischen Bereich keine gesetzliche Gültigkeit hatte. In diesem Bereich sind noch Fälle von Polygamie im 20. Jahrhundert vorgekommen. Im Staate Israel ist aber die Polygamie auch für Juden aus dem islamischen Bereich vom Staatsgesetz verboten.

Die Ehescheidung

Die Hebräische Bibel kennt die Ehescheidung (Dtn 24,1–4). Im 1. christlichen Jahrhundert kam es unter den jüdischen Rechtsgelehrten zu Meinungsverschiedenheiten über die legitimen Scheidungsgründe. In der Schule Schammais wurde gelehrt, daß nur ein sexuelles Vergehen, wie etwa der Ehebruch seitens der Frau, den Mann berechtigt, sich von seiner Frau scheiden zu lassen. Die Schule Hillels ließ dagegen auch andere Scheidungsgründe gelten, und Rabbi Akiba im 2. Jahrhundert meinte sogar, vielleicht aus tiefer psychologischer Einsicht, daß man sich von seiner Frau scheiden lassen könne, selbst wenn man nur eine andere Frau schöner als die eigene Frau finde (mGit 9,10). Die Entscheidung des rabbinischen Judentums fiel dann zugunsten der Schule Hillels aus, so daß im Judentum eine Ehescheidung stattfinden kann, wenn die Ehegatten sich gegenseitig entfremdet haben, ohne daß zuerst ein Ehebruch nachgewiesen werden muß. Trotzdem hat man im Judentum die Ehescheidung nicht leicht gemacht, denn es galt die Lehre, daß Gott denjenigen haßt, der sich von seiner Frau scheiden läßt (bGit 90b). So ist einerseits im Prinzip die Ehescheidung als eine Möglichkeit anerkannt, eine nicht gelungene Ehe aufzulösen, aber anderseits sind die rein technischen Bestimmungen, die bei einer gültigen Ehescheidung eingehalten werden müssen (siehe den Traktat Gittin in der Mischna, in der Tosefta und im Talmud wie auch die diesbezüglichen mittelalterlichen und modernen rabbinischen Kodizes und Rechtsgutachten), so kompliziert, daß den Ehepaaren, die an eine Scheidung denken, genügend Zeit gewährt wird, sich eines Besseren zu besinnen.

Jesus und die Ehescheidung

In diesem Zusammenhang müssen auch die sich teilweise widersprechenden Aussagen der Evangelisten gesehen werden, die die Lehre des Jesus von Nazaret zum Thema Ehescheidung berichten. Mt 5,31–32 und Mt 19,3–9 lassen Jesus die Scheidung nur im Falle des Ehebruchs erlauben, d. h. die Lehre der Schule Schammais vertreten. Das ist auch die Praxis der orthodoxen und der protestantischen christlichen Kirchen. Dagegen soll laut Mk 10, 2–12 und Lk 16,18 Jesus jegliche Ehescheidung, auch im Falle des Ehebruchs, verbieten – eine Meinung, der sich bis zum heutigen Tag die katholische Kirche anschließt. In diesem Fall würde sich Jesus nicht etwa der Meinung Hillels angeschlossen haben, sondern sogar noch strenger als Schammai über die Ehescheidung gedacht haben. Neutestamentliche Wissenschaftler, die diese Auffassung vertreten, erklären dann die Stellen in Mt als „kirchliche Entscheidung von lokaler und zeitlich begrenzter Bedeutung" (so die „Neue Jerusalemer Bibel" zu Mt 19,9).

Die veränderte Stellung der Frau im modernen Judentum

In der Neuzeit ist oft bemerkt worden, daß das jüdische Ehe- und Scheidungsrecht stark an dem Ethos einer patriarchalischen Gesellschaft orientiert ist. So „nimmt sich" nach biblischer Bestimmung der Mann eine Frau, nicht aber die Frau einen Mann; und laut Dtn 24 läßt sich der Mann von seiner Frau, nicht aber die Frau von ihrem Mann scheiden. Allerdings wird nach rabbinischem Recht die Zustimmung der Frau zur Heirat verlangt, was auch in der Heiratsurkunde ausgedrückt wird; und das mittelalterliche rabbinische Recht verlangt auch die Zustimmung der Frau zur Scheidung. Dazu kommt, daß es bei der Scheidung Fälle gibt, wo die Frau durch das Gericht die Scheidung beantragen kann und wo das Gericht den Mann zwingen kann, den Willen der Frau zu erfüllen. Auch gab es im 5. vorchristlichen Jahrhundert eine jüdische Militärkolonie im ägyptischen Elephantine, wo von Frauen ausgestellte Scheidungsurkunden erhalten geblieben sind. Aber es stimmt schon, daß das rabbinische Gesetz mit einer Stellung der Frau in der Gesellschaft rechnet, die von der heutigen Situation weit überholt ist.

Während sich das orthodoxe Judentum zu keiner radikalen Änderung des Ehe- und Scheidungsgesetzes veranlaßt fühlt, kommt in den Trauungszeremonien und Heiratsurkunden des liberalen und des amerikanischen konservativen Judentums die gleichberechtigte Stellung der jüdischen Frau in der modernen Gesellschaft zum Ausdruck. Im Falle der Ehescheidung hat das konservative Judentum versucht, innerhalb des traditionellen Gesetzes Raum für die gleichberechtigte Frau zu schaffen, was auch teilweise im liberalen und Reformjudentum versucht wird. Dagegen erkennen große Teile des Reformjudentums in Amerika die staatliche Ehescheidung als religiös gültig an. Auch das orthodoxe Judentum des Westens nimmt nur dann die religiöse Ehescheidung vor, wenn zuerst die staatliche Ehescheidung stattgefunden hat.

↗ Frau; Gesetz; Jesus von Nazaret; Liberales Judentum / Reformjudentum; Mischehe; Orthodoxes Judentum; Talmud; Versöhnungstag.

Literatur: *L. Blau,* Die jüdische Ehescheidung und der jüdische Scheidebrief (Budapest 1911/12), Westmead, Farnborough ²1970; *F. Böckle,* Ehe und Ehescheidung, in: *A. Hertz u.a.* (Hrsg.), Handbuch der christlichen Ethik II, Freiburg i. Br./Gütersloh 1978, 117–135, *M. Lamm,* The Jewish Way in Love and Marriage, San Francisco 1980; *M. Mielziner,* The Jewish Law of Marriage and Divorce, Cincinnati 1884; *O. H. Pesch u.a.,* Ehe, in: CGG 7, Freiburg i. Br. 1981, 5–86; *Ph. Sigal,* The Halakhah of Jesus of Nazareth according to the Gospel of Matthew, Lanham (MD) 1986, 83–118 („The Matthean Jesus and the Halakhah of Divorce").

P

Erbsünde

Christliche Erbsünde

Auf der Basis von der Erzählung vom Sündenfall in Gen 3 und im Anklang an Röm 5,12–21 entwickelte sich in der christlichen Kirche die Lehre von der Erbsünde, nach der die Sünde Adams durch Abstammung, nicht durch Nachahmung, auf alle seine Nachkommen übergegangen ist und nur durch die Taufe in Jesus Christus für den einzelnen Nachkommen Adams getilgt werden kann. Die Erbsünde besteht in dem Zustand des Gnadenberaubtseins, der durch die freie Sündentat des Stammhauptes verschuldet ist. Die Erbsünde wird durch die natürliche Zeugung vererbt – obwohl es unter den Theologen verschiedene Meinungen darüber gibt, ob und wie weit die Konkupiszenz im besonderen für die Weiterleitung der Erbsünde mitverantwortlich ist.

Die Auffassung der Pelagianer, daß es sich bei der Erbsünde um Nachahmung des schlechten Beispiels Adams und nicht um eine biologische Fortpflanzung handelt *(imitatione non propagatione)*, wurde stark vom hl. Augustinus bekämpft und auf den Synoden von Mileve (416), Karthago (418) und Orange (529) wie auch durch das Konzil von Trient (1546) verurteilt. Sie hat sich aber unter modernen Theologen, denen es die bibelkritische Wissenschaft unmöglich macht, die Erzählung von Gen 3 als historischen Tatsachenbericht zu verstehen, Anhänger verschafft. Wie auch immer die Lehre von der Erbsünde verstanden werden mag, ist sie für das christliche Heilsschema von großer Wichtigkeit.

Menschliche Sündhaftigkeit als Thema jüdischer Theologie

In populären Darstellungen und besonders in der modernen jüdischen Apologetik wird oft behauptet, daß die Lehre von der Erbsünde ein wichtiger Differenzpunkt zwischen Judentum und Christentum ist: Christen glauben an die Erbsünde, Juden tun es nicht. Jüdische Apologeten gehen dabei z. B. von Bibelzitaten wie Jer 31,29f und Ez 18 aus, wo sich die Propheten im Namen Gottes gegen das Sprichwort wenden: „Die Väter haben saure Trauben gegessen, und den Söhnen werden die Zähne stumpf" und statt dessen lehren, daß jeder nur für seine eigene Schuld verantwortlich ist. Man beruft sich auch auf ein tägliches Morgengebet der Juden, in dem der Beter Gott für „die reine Seele" dankt, die Gott dem Menschen eingehaucht hat, und auf Stellen wie Hilkhot teschuva 5,4 des Mose ben Maimon, wo es heißt, daß Gott uns nicht durch die Propheten hätte sagen lassen: „Tue dies und lasse jenes!", wenn es etwas geben würde, was den Menschen als angeborene Beschaffenheit zu bestimmten Handlungen triebe. Diese Zitate sind alle echt, und sie sind auch nicht aus ihrem Zusammenhang gerissen. Trotzdem machen sich die moderne jüdische Apologetik und die populäre Darstellung der Verallgemeinerung und Vereinfachung schuldig. Die Sündhaftigkeit des Menschen (und nicht nur des biblischen Adam!) kommt oft genug in der hebräischen Bibel zum Ausdruck. „Das Trachten (hebr.: *jezer*) des Menschen ist böse von der Jugend an", heißt es in Gen 8,21, ein Vers, aus dem der Terminus technicus „böser Trieb" *(jezer hara')* in der rabbinischen Lehre vom Menschen stammt. Koh 7,20 lautet: „Doch gibt es auf der Erde keinen einzigen Menschen, der so gesetzestreu wäre, daß er stets richtig handelt, ohne je einen Fehler zu begehen"; und in Ps 51,7 heißt es: „Denn ich bin in Schuld geboren; in Sünde hat mich meine Mutter empfangen."

Daher machte man sich auch im Frühjudentum Gedanken darüber, woher denn eigentlich die Sündhaftigkeit des Menschen komme. Im 2. Jahrhundert v. Chr. behauptet Ben Sira, daß Gott zwar den Menschen seinem eigenen Trieb *(jezer)* überlassen hat, daß aber der Mensch trotzdem die Kraft hat, Gottes Gebot zu halten (Sir 15,11–15). Das nach der Tempelzerstörung im Jahre 70 n. Chr. verfaßte Buch 4 Esra, das aus der Erfahrung heraus ganz pessimistisch gestimmt ist, belastet tatsächlich, so wie die christliche Lehre von der Erbsünde, den biblischen Adam mit der Sündhaftigkeit seiner Nachkommen: „Denn ein Korn des bösen Samens wurde am Anfang in das Herz Adams gesät. Doch wieviel Sündenfrucht hat es bisher hervorgebracht und wird es hervorbringen, bis die Ernte kommt" (4 Esra 4,30–31). Gegen diese Auffassung protestierte der Verfasser von 2 Baruch: „Ein jeder von uns ist der Adam seiner eigenen Seele" (2 Bar 54,19) – also die spätere Lehre der Pelagianer, *imitatione non propagatione*, vorwegnehmend. Diese Auffassung wird dann auch die vorherrschende in der späteren rabbinischen Literatur.

Eine jüdische Erbsündenlehre?

Dennoch gibt es im Talmud eine Meinung (die eine Einzelmeinung gewesen sein mag und den meisten heutigen Juden unbekannt ist), die der christlichen Lehre von der Erbsünde ganz parallel läuft. Nach dieser Lehre soll die

Schlange im Paradies die Eva wirklich verführt und mit einem geistig-körperlichen „Schmutz“ *(suhama)* geschwängert haben, der durch die Generationen vererbt wurde. Erst als die Israeliten die sinaitische Offenbarung empfingen, wurden sie von diesem „Schmutz“ gereinigt (bYev 103b; bAZ 22b). In einer Parallelstelle dazu heißt es, daß auch der Schutzengel aller zukünftigen Konvertiten zum Judentum bei der sinaitischen Offenbarung anwesend war und dadurch die Reinigung für die Konvertiten von dem ererbten „Schmutz“ in Empfang nahm (bShab 146a).

Man hat also im Judentum tatsächlich so etwas wie eine Lehre von der Erbsünde gekannt, wenn man sie auch nicht dogmatisch fixiert hat und es dem einzelnen überließ, sie anzunehmen oder nicht. Statt dogmatisch zu behaupten, daß das Christentum die Erbsünde kennt, das Judentum aber nicht, wäre es richtiger zu formulieren: Man hat sich in der Antike sowohl im Christentum als auch im Judentum mit Gedanken über eine Erbsünde befaßt. Was aber im Judentum sozusagen Gedanken an der Peripherie waren, denen jeglicher dogmatisch-verpflichtender Charakter fehlte, wurde im Christentum glaubensverbindlich. Die Sündenverflochtenheit des Menschen wurde zur Basis christlicher Erlösungshoffnung.

↗ Dogma; Erlösung; Erwählung; Eschaton/Eschatologie; Gesetz; Gnade; Sünde und Vergebung; Talmud.

Literatur: *S. S. Cohon,* Essays in Jewish Theology, Cincinnati 1987, 219–272 („Original Sin“); *H. Häring,* Die Macht des Bösen. Das Erbe Augustins, Gütersloh/Zürich/Einsiedeln/Köln 1979; *H. Köster,* Urstand, Fall und Erbsünde, in: M. Schmaus u.a. (Hrsg.), Handbuch der Dogmengeschichte II, fasc. 3b, Freiburg i. Br. 1979; *L. Ott,* Grundriß der Dogmatik, Freiburg i. Br. [10]1981, 131–139; *F. R. Tennant,* The Sources of the Doctrines of the Fall and Original Sin, Cambridge 1903. P

Erlösung

Mit Erlösung ist besonders die von Gott zu erwartende endgültige und ganzheitliche Neugestaltung alles Irdischen, weg von aller Sünde, Bedrohung und Not hin zur ewigen „Endherrschaft von Gott her“ (Dan 2,44f) zu verstehen. In der „Fülle der Zeiten“ wird es kein *malum physicum* und kein *malum morale* mehr geben. Als Erlösungsreligionen richten Judentum und Christentum ihr Augenmerk aber nicht nur hoffend auf die Endvollendung und Neuwerdung, sondern auch auf Vergangenheit und Gegenwart. Die Erlösung hat in der Vergangenheit begonnen und leuchtet bei ihrem Vordringen in die Endzukunft hintergründig auch in der Gegenwart auf. Christliches Erlösungsbewußtsein steht im Konnex zu jüdischen Erlösungserfahrungen und -hoffnungen, da die Erlösungstat des Juden Jesus sich in Jerusalem ereignete in einer Zeit, da das jüdische Volk schwerste Erniedrigungen und Beschämungen seitens heidnischer Besatzungsmächte über sich ergehen lassen mußte. Als jüdischer Märtyrer gab Jesus sein Leben als Lösegeld „für die Vielen“ hin (Jes 52,13–53,12).

Begriffe und Inhalte

Die Rabbinen erklärten die Erlösung oft mit Ex 6,6–8: „Sag den Israeliten: Ich bin der Ewige, ich werde euch aus dem Frondienst Ägyptens herausführen *(hôẕe'tî)*, ich werde euch aus ihrer Sklaverei befreien *(hiẕẕaltî)*, ich werde euch loskaufen *(ga'altî)* ..., ich werde euch mir zu meinem Volk nehmen *(laqachtî)* ... und ich werde euch hineinführen *(hewe'tî)* in das Land, das ich Abraham, Isaak und Jakob versprochen habe.“ Entsprechend den fünf Verben verstanden die Rabbinen Erlösung als ein Herausführen, Heraus-

holen aus der Unterdrückung, als Befreiung, Loskauf, Annahme und Hineinbringen an den Ort der Sicherheit und Geborgenheit. Diese fünf Tätigkeiten vollführt Gott selber „mit hocherhobenem Arm und durch gewaltige Strafgerichte hindurch". Die drei Verse fanden auch deswegen bei den Rabbinen Beachtung, weil sie *vor* dem Auszug aus Ägypten stehen und trotzdem in der Vergangenheitsform stehen. So konnten sie für die Erlösung in der Vergangenheit und in der Zukunft in Dienst genommen werden: für die erst spurenhafte Erlösung und für die zu erwartende Enderlösung.
Laut yPes 10,1 (37c) sind die vier ersten Verben von Ex 6,6–8 ein Hinweis auf die vier Becher des Zornes, die Gott dem Pharao wegen seiner Weigerung, das Volk Israel ziehen zu lassen, verabreicht hat. Dieselben vier Becher reichte Gott auch den vier israel- und gottfeindlichen Weltreichen (Dan 2,7). Mit den Zornesbechern sind somit auch „die vier Heimsuchungen" *(pûr'-anût)* gemeint, „die Gott den Völkern der Welt zu trinken geben wird". Demgegenüber reicht Gott dem Volk Israel „vier Becher des Erbarmens", d.h. „vier Becher der Erlösungen".
Mit den fünf Verben aus Ex 6,6–8 ist der Erlösung bezeichnende Wortschatz noch nicht ausgeschöpft. Die wichtigsten Substantive sind *yeschu'ā* (Heil), *ge'ûlla* (Erlösung), *pidyôn* (Loskauf), *cherût* (Freiheit), *qez̲* (Ende) usw. Dazu kommen Ausdrücke und Redeweisen, die den Ablauf des endzeitlichen Erlösungsprozesses andeuten: „die Fußspuren des Messias *('iqbôt ham-maschiach)*, die Leiden der messianischen Zeit *(chevlê ham-maschiach)*, die Tage (Zeit) des Messias *(yemôt ham-maschiach)*, die Endzeit *('ātîd lavô')*, die kommende Welt *(ha'ôlam hab-ba')* usw.

Anfang und Vollendung der Erlösung

Nach Ps 107,1f sollen die Israeliten den Ewigen preisen, weil sein Erbarmen ewig währt, denn sie sind „die Erlösten des Ewigen *(ge'ûllîm)*, die er aus der Bedrängnis erlöst hat". Die Israeliten sind also bereits Erlöste, und sie erfahren als Erlöste täglich das Erbarmen Gottes. Das Anfangsdatum der Erlösung Israels ist in der rabbinischen Tradition umstritten: Hat die göttlich initiierte Erlösung bei der Erschaffung des Menschen begonnen, zur Zeit der Patriarchen, beim Auszug aus Ägypten oder bei der Toraverleihung auf dem Sinai? Mehrere Rabbinen verbinden den Anfang der Erlösung mit der ersten Stiftung jüdischer Hochfeste zur Zeit des Auszuges aus Ägypten, der Verleihung der Tora und der Wüstenwanderung: Pesach, Neujahr und Versöhnungstag. Im 2. Jh. n.Chr. wurde die Frage nach dem liturgischen Anfang der Erlösung besonders von Rabbi Eliezer und Rabbi Jehoschua ben Chananja kontrovers diskutiert. Laut bRHSh 10b–11a sagte Rabbi Eliezer: „Am Neujahrsfest wurde die Knechtschaft von unsern Vätern weggenommen, im Monat Nisan (Pesach) wurden sie erlöst und im Monat Tischri (Versöhnungstag) werden sie dereinst erlöst." Rabbi Jehoschua wollte dem gegenüber weiter ausgreifen: „Im Monat Nisan wurde die Welt erschaffen, auch die Väter wurden in diesem Monat geboren und starben in diesem Monat. Zu Pesach wurde Isaak geboren … Am Neujahrsfest … wurde die Knechtschaft von unsern Vätern in Ägypten weggenommen. Im Monat Nisan *wurden* sie erlöst, und sie *werden* auch im Monat Nisan endzeitlich erlöst werden."
Die meiste Zustimmung für den Anfang der Erlösung erhielt der Monat

Nisan, der Monat des Auszuges aus Ägypten und des Pesachfestes. In MTeh zu Ps 107,1f (Buber 461) wird dazu Jes 48,11 erwogen: „Um meinetwillen, ja um meinetwillen tue ich es." Aus der zweimaligen Beteuerung Gottes wird gefolgert, daß auch die Enderlösung am Pesachfest sein wird. Gott habe zu Israel gesagt: „Als ihr in Ägypten wart, habe ich euch um meines Namens willen erlöst. Auch in Edom (d.h. unter der Herrschaft des letzten Hauptfeindes Israels) werde ich dies um meines Namens willen tun ... Wie ich euch in dieser Welt erlöst habe, so werde ich euch in der kommenden Welt erlösen."

Wegen der Erlösungsspur von der Erschaffung der Welt bis zur Erlösungsfülle am Ende der Zeiten hatte das Pesachfest schon in vorchristlicher Zeit vier Festgeheimnisse: Erschaffung der Welt, Geburt Isaaks, Fesselung Isaaks auf dem Opferaltar (Gen 22), Auszug aus Ägypten und messianische Enderlösung (vgl. CN 1 zu Ex 12,42). Die Juden wurden außerdem liturgisch und homiletisch ermuntert, sie sollten an Pesach und überhaupt immer nicht nur die Hoffnung auf die Vollendung der Erlösung am Ende der Zeiten in ihren Herzen nähren, sondern auch die Erinnerung an die Anfangserlösungen in der Vergangenheit. Gott sage zu den Israeliten täglich: „Zu jeder Zeit, da ihr meiner gedenket, wird mein Inneres für euch aufgewühlt!" Gott habe „die Israeliten nur erlöst, weil sie seiner Wunder gedachten ... und er wird zur endzeitlichen vollen Rettung kommen" (MTeh zu Ps 70,1ff, Buber 321f).

Die Enderlösung wird die Anfangserlösung an Dramatik, Glanz und Glück weit übertreffen. Im Anschluß an Jes 11,11 („An jenem Tag wird der Ewige seine Hand zum zweiten Mal erheben, um den Rest seines Volkes zurückzugewinnen ..."), heißt es in der jüdischen Liturgie im Musaf des Sabbats und der Feiertage: „Einer ist unser Gott, er ist unser Vater, er ist unser König, er ist unser Retter *(môschi'enû)*, und er wird sich für uns in seinem Erbarmen zum zweiten Mal vor den Augen aller Menschen hören lassen, um für euch Gott zu sein."

Die partielle Erlösung

In der Mekhilta zu Ex 15,18 („Der Ewige wird König sein für immer und ewig"; S. 150f) wird die Ansicht vertreten, die Israeliten seien beim gottgewirkten Durchzug durch das Meer vor einer Ganzhingabe an den Ewigen zurückgeschreckt und hätten dadurch den damals von Gott geplanten vollen Anbruch der Gottesherrschaft bzw. der Enderlösung weggeschoben. Wenn sie damals gesagt hätten: „Der Ewige *ist* König für immer und ewig", dann wäre die Enderlösung schon damals im Volke Israel Wirklichkeit geworden. Mit dem Problem der nur partiell und temporär realisierten Erlösung haben die Rabbinen immer wieder schwer gerungen. In MTeh zu Ps 31 (119–121) wird darüber ein Sinn-Dialog zwischen Gott und Israel geführt. Gott sagt zu Israel: „Ich habe dich erlöst! Ich habe ein Wort gesprochen, und es ist zur Tat geworden! ... Ich ... habe gesagt, daß ich euch erlösen werde, wie ich euch erlöst habe!" Daraufhin wenden die Israeliten ein: „Hast du uns nicht bereits erlöst durch die Hände Moses, durch die Hände Josuas, durch die Hände der Richter und Könige? Wir aber sind jetzt zurückgeworfen und sind wieder unterjocht! Und wir sind in der Beschämung, als ob wir nicht erlöst worden wären!" Die letzte Antwort Gottes lautet: „Da eure Erlösung durch Menschen geschah, und da eure Führung durch Menschen geschah, die heute da sind und morgen im Grab, ist eure Erlösung nur die Erlösung einer Stunde. Aber in der Endzukunft erlöse Ich euch durch mich selbst, denn Ich bin lebendig und immerwährend! Ich werde euch eine immerwährende Erlösung für alle Ewigkeiten bereiten!"

Nöte vor der Vollerlösung

Seitdem das Buch Daniel mit seinen eindrücklichen Schilderungen der Nöte der Endzeit kanonische Anerkennung gefunden hatte, und seitdem das Joch der Seleukiden und Römer schwer auf Israel lastete, griffen angsterfüllte apokalyptische Vorstellungen und Phantasien um sich. Kriege, Krankheiten, Unterdrückungen, Zerfall, Abfall von der Religion, Dekadenz der Gesellschaft, Resignation usw. werden dem Kommen des Messias vorangehen. Viele meinten, das Ende der Notstrecke berechnen oder gar mit Waffengewalt herbeizwingen zu können. Laut Midrasch zum Hohen Lied (zu 2,7/36c) beschwor Gott Israel, „sich nicht gegen das Joch der Weltvölker zu empören; und ER beschwor auch die Weltvölker, das Joch auf Israel nicht allzu schwer zu machen". Aber mitten in apokalyptischen Ängsten flammte das Zutrauen in Gottes souveräne Erlösermacht trotz aller Sünde auf. Laut bSan 97b wies Rabbi Jehoschua im 2. Jh. n.Chr. in diesem Zusammenhang auf Jes 52,3 hin: „Umsonst wurdet ihr verkauft, aber ihr werdet nicht mit Geld erlöst werden." Israel sei wegen seiner Götzendienerei „umsonst" verkauft worden. Wichtiger aber sei der zweite Teil des Satzes: Israel werde nicht mit Geld erlöst werden: „Nicht durch Buße und nicht durch gute Werke!" Die Vollerlösung kann letztlich nicht verdient werden. Sie ist ein freies Gnadengeschenk Gottes nach vielen Leiden und Katastrophen des Volkes Gottes.

Erlösung und jüdisch-christlicher Dialog

Es ist auch von christlicher Warte aus unsinnig, ohne Wenn und Aber zu sagen, die Christen seien erlöst, die Juden aber seien noch nicht erlöst. Vielmehr ist die Enderlösung in Judentum und Christentum grundgelegt. Sie ist als Saatgut ins Volk Gottes eingepflanzt und wächst dem Tag der Reife und der Früchte entgegen. Die Erlösungstat Christi bedeutet eine Eingliederung und Anpassung an die noch unfertige Erlösungssituation des jüdischen Volkes. Beide Völker – das christliche und das jüdische – wachsen und reifen nun der von Gott zu schenkenden Erlösungshoffnung entgegen. Das Neue, Zusätzliche der Erlösungstat Christi besteht zunächst einmal in der Ausweitung: Alle Völker werden in das Erlösungswachstum des Volkes Gottes hineingenommen.
Bei seinen Besuchen des Synagogengottesdienstes in Nazaret (vgl. Lk 4,16–30) hat Jesus ohne Zweifel das jüdische Gebet *„U-ba' le Zion go'el"* (Der Erlöser wird zum Zion kommen) mitgebetet. In den ältesten Teilen dieses Gebetes heißt es u.a.: „Gelobt sei er, unser Gott, der uns zu seiner Ehre geschaffen und uns von den Irrenden getrennt hat, der uns die Tora der Wahrheit gegeben hat und der ewiges Leben in unsere Mitte eingepflanzt hat. Er möge unser Herz durch seine Tora öffnen und seine Liebe und Furcht in unser Herz legen, damit wir seinen Willen tun und ihm mit vollem Herzen dienen, und damit wir nicht Leerem nachjagen und nichts zum Schrecken erzeugen. Es möge dein Wille sein, Ewiger, unser Gott und Gott unserer Väter, daß wir deine Gebote in dieser Welt beachten, damit wir würdig werden, zu leben, zu sehen und Gutes und

Segen zu erben für die Tage des Messias und für die kommende Welt." – Jesus wollte durch sein Leben, Leiden und Sterben die im jüdischen Volk bereits sprossende Pflanze der Erlösung begießen und aufrichten und darüber hinaus ewiges Leben in die Herzen *aller* Menschen einpflanzen, damit *alle* Menschen dem Tag der Enderlösung entgegenwachsen können.

↗ Jesus von Nazaret, Judentum, Dialog, Pesach, Sünde und Vergebung.

Literatur: *R. Hirsch,* Israels Gebete, Frankfurt 1921, 387–391; *J. Neusner / W. Green / E. Frerichs,* Judaisms and their Messiahs at the Turn of the Christian Era, Cambridge 1997; *G. Scholem,* Erlösung durch Sünde, Judaica 5, Frankfurt 1992; *C. Thoma* (Hrsg.), Zukunft in der Gegenwart, Wegweisungen in Judentum und Christentum, JudChr 1, Bern 1976; *ders.,* Das Messiasprojekt, Augsburg 1994. T

Erwählung

Begriff, biblische Grundlagen

In den alt- und neutestamentlichen Schriften meint Erwählung ein Hineingenommenwerden in Gottes besondere Fürsorge und eine damit verbundene Einverleibung ins Volk Gottes hinein oder eine Assoziierung mit dem Volk Gottes. Die Erwählungsgemeinschaften werden so in soziologischer Sichtweise zu einer „Kontrastgesellschaft", die den machtbesessenen, unterdrückerischen und selbstüberheblichen Mächten dieser Welt gegenübersteht (Lohfink 134). Verwandte Begriffe sind Berufung, Erlösung, Heil, Tröstung, Bund u. ä. Weil sich im Zusammenhang mit diesem religiösen Intimbegriff leicht Chauvinismen und Exklusivismen breitmachen konnten und können, ist auf folgenden Grundbedingungen zu insistieren, ohne die Erwählung nicht möglich ist und vor allem nicht durchgehalten werden kann:

a) Kein Mensch und keine Gruppe hat von sich aus einen Anspruch auf Erwählung. Am Anfang, in der Bewährungszeit und in der endzeitlichen Vollerfüllung (*synteleia,* Eschaton) besteht die erwählungskausale Zuwendung Gottes. Die primäre Rolle des frei berufenden, erwählenden und verzeihenden Gottes (in christlicher Sicht: des Gottes Israels durch den auferstandenen Christus) darf nicht verwischt und verdunkelt werden (Num 16,5–7; Dtn 18,15; Ri 2,18; 3,9; 1 Sam 2,35; 2 Sam 7,12; 1 Kön 11,14; 1 Chr 5,26; Jes 41,2.8–10; 51,2f; Joh 15,16; Apg 15,7; Eph 1,4).

b) Niemand wird für sich selbst, zu seiner privaten Erhöhung, erwählt, sondern nur im Hinblick auf Mitmenschen, denen das Heil durch die Erwählung einzelner mitermöglicht werden soll. Erwählung ist ihrer Intention nach auf „ganz Israel" bezogen (in christlicher Sicht: israel- und menschheitsbezogen), hat also ein gesellschaftlich-soziales Ziel. Man kann Erwählung daher auch als ein Amt bezeichnen, das von Gott zum Dienst an der stets größer werden sollenden Gemeinschaft der Erwählten eingerichtet wird. In Sach 3,8 (vgl. Ez 12,6) steht für Beauftragte der Erwählung der Ausdruck *'anšê môfet:* Männer des Zeichens, des Beweises für Gottes tröstendes und heilendes Wirken, des Hinweises auf Gottes Bereitschaft zum Verzeihen und Aufhelfen (vgl. Dtn 7,6; 14,2).

c) Die Erwählungsgemeinschaft bringt es in historischer Zeit nicht fertig, dem steten Erwählungsrufen Gottes so voll zu entsprechen, wie dies etwa in der Priesterschrift (Num 9,15–23) idealtypisch dargestellt wird. Die Erwählungsgeschichte Israels und der Kirche ist auch eine Geschichte des Aufruhrs, des Abfalls und der Sünde (Ex 32–34; Mt 20,16). Dem Judesein muß daher in lebenslangem Ringen das Judewerden und dem Christsein das Christwerden folgen (1 Petr 2,1–10). Daß es trotz andauerndem menschlichem Versagen das erwählte Volk Gottes nach wie vor gibt – dies ist grundlegende jüdische und christliche Glaubensüberzeugung –, ist einzig der Treue Gottes und seiner Überlegenheit über die Bundesbrüche der Menschen zuzuschreiben (Jes 4,2–6; 10,20–23; 28,16f; Jer 18,11; 25,5; 31,31–34; Röm 9–11).

d) Gott allein weiß um die Zahl und die Effizienz der Gemeinschaften der Erwählung. Den Menschen ist nur kundgetan, daß das Volk Gottes ein Segen für die Völker sein wird (Gen 12,3) und daß es so zahlreich sein wird wie die Sterne des Himmels (Gen 15,5) und der Sand am Meer (Gen 22,17; 32,13). Nach 1 Chr 21 wurde David schwer bestraft, weil er aus machtpolitischem Interesse den Befehl gegeben hatte, die Israeliten zu zählen, „damit ich weiß, wie viele es sind“ (V. 2). In Offb 7 wird gesagt, daß Gott die Vollzahl aus allen Stämmen Israels (sc. die Besiegelten) retten wird (V. 4–8) und danach „eine große Schar aus allen Nationen, Stämmen, Völkern und Sprachen, die niemand zu zählen vermochte“ (V. 9), den Besiegelten beigesellen wird. Der Zuzug der Völker ist bereits ein Grundtenor der Hebräischen Bibel (z. B. Sach 2,15: „es werden sich viele Völker Israel zugesellen“). Die Hoffnung, daß das Israel Gottes reichen Zuzug aus der Völkerwelt erhalten wird, ist die Krönung der Erwählung Abrahams und Israels (vgl. Joel 3,1–5; Apg 2,14–36; Röm 10,13). Dieser Zuzug ist aber nur möglich, wenn kein Antisemitismus mit im Spiele ist (Dtn 32,10; Sach 2,12).

Erwählungskonkurrenz

Die Erwählung ist zwischen Judentum und Christentum (und Islam) strittig, und zwar so stark, daß daraus eine schaurige Geschichte des Antijudaismus und der scharfen jüdischen Apodiktik gegen die Völker der Welt und speziell gegen das Christentum wurde. Der Ursprung des Streites liegt vor allem im Galaterbrief des Paulus und im Johannesevangelium. Paulus spricht davon, daß die Verheißungen Abrahams an seine wahren Glaubenssöhne, die Christen, übergegangen sind: „Ihr seid alle durch den Glauben Söhne Gottes in Christus Jesus ... Wenn ihr aber zu Christus gehört, dann seid ihr Abrahams Nachkommen, Erben kraft der Verheißung“ (Gal 3,26.29). Ähnlich Gal 4,28: „Ihr aber, Brüder, seid Kinder der Verheißung wie Isaak.“ In Joh 8,39–44 wird den Juden die Abrahamkindschaft mit groben Ausdrücken abgesprochen. Als überaus spannungsgeladen und negativ hat sich im Verlaufe der Geschichte auch die Esau-Jakobs-Typologie erwiesen. In ihr widerspiegelt sich der je eigene Standpunkt der jeweiligen Glaubensgemeinschaft, von dem her der anderen das Recht auf Erwählung abgesprochen wird.

Vertiefungen des Erwählungsbewußtseins

Im Verlaufe des Mittelalters und der Neuzeit war das Theologumenon vom Hinauswurf der Juden aus der Erwählung eine dominante christliche Ideologie. Man darf aber die Vertiefung des jüdischen Erwählungsbewußtseins nicht übersehen. Der prophetische spanisch-jüdische Kabbalist Abraham Abulafia (1240–1291) erzählte bei seinen Versuchen, die Juden und die Christen messianisch zu beeinflussen, eine Perlenparabel, die mit Lessings späterer Ringparabel („Nathan der Weise“) vergleichbar ist: Ein Mann (Gott) besaß eine kostbare Perle, die er seinem Sohn (dem jüdischen Volk) nicht vererben konnte, weil dieser sich schlecht gegen ihn aufführte. Er versteckte die Perle, bis sich der Sohn bessere. Der Sohn aber blieb ungehorsam. In der Zwischenzeit behaupteten andere (die Christen und Moslems), sie besäßen die wahre Perle und sie seien die wahren Söhne. Sie begannen den Sohn so zu quälen, daß dieser zum Vater zurückkehrte. Da verzieh ihm der Vater alles und schenkte ihm die Perle (Idel 69f). Abulafia betont zwar, die Juden seien die wahren Erwählten und die Christen und Moslems hätten keine gerechtfertigte Erwählungsgrundlage. Das innovatorische Element seiner Perlenparabel besteht aber in der Verkündigung, daß die Juden als Gemeinschaft in der historischen Zeit der Erwählungskonkurrenz zwischen Juden, Christen und Moslems den Beweis ihrer Erwählung nicht in Händen hätten. Erst in der messianischen Zeit, wenn die Juden ganz zum Vater zurückkehren, wird klar werden, daß sie die Erwählten sind und daß ihre Feinde sich Erwählung anmaßten. Der chasidische Rabbi Nachman von Bratzlaw (1722–1811) redet in seinen Erzählungen (besonders in der Erzählung „Vom Verlust der Königstochter“ und „Vom Königssohn und dem Sohn der Magd, die vertauscht wurden“ (Brocke 11–17.141–159) davon, daß in der harten Konfrontation die Wahrheit oft in der Falschheit gefangen sei, daß die Schekhina verschleppt und geschändet werde, daß aber an dem von Gott bestimmten Endtag alles Verschobene wieder an die rechte Stelle gerückt werde. In der Liturgie des Reformjudentums, in dessen Theologie die „Sendung Israels“ als *raison d'être* des Fortbestehens der jüdischen Glaubensgemeinschaft eine erhebliche Rolle spielt, findet der traditionelle Erwählungsglaube („Gott hat uns erwählt, um uns die Tora zu geben“) weiterhin seinen Ausdruck, wird aber ohne Blick auf andere Gruppen der Menschheit formuliert.

In der heutigen Zeit der jüdisch-christlichen Bewegung spielt der von Juden und Christen schon früher ausgesprochene „eschatologische Vorbehalt“ eine beruhigende und versöhnende Rolle: Juden und Christen „harren mit der ganzen Schöpfung sehnsüchtig auf das Offenbarwerden der Söhne Gottes“ (Röm 8,19). Vorläufig sollen sie zu ihrer je eigenen Erwählung gläubig stehen. Sie sollen aber hoffen, daß das letzte Erwählungswort Gottes für beide ausgesprochen werden wird. Kämpfe um exklusive Erwählungen werden aber nicht nur von der Endzukunft her sinnlos, sondern auch von der Gegenwart mit ihren Menschheitsanliegen. Die Menschen sind nicht für die Erwählung da, sondern die Erwählung für die Menschen. Toleranz, Zusammenarbeit zum Wohle aller, Anerkennung von je anderen religiösen Traditionen sind das unabweisbare Gebot der Stunde. Dies gilt vor allem für die Christen, diese durch Christus ins erste Gottesvolk hinein Assoziierten (Röm 9–11).

↗ Abraham; Absolutheitsanspruch; Antisemitismus; Bund; Eschaton/Eschatologie; Gott; Holocaust; Israel; Liberales Judentum/Reformjudentum; Partikularismus und Universalismus; Synagoge und Kirche; Tora.

Literatur: *M. Brocke,* Die Erzählungen des Rabbi Nachman von Bratzlaw, München 1985; *M.Cunz,* Die Fahrt des Rabbi Nachman von Brazlaw ins Land Israel (1798–1799), TSMJ 11, Tübingen 1997; *A. M. Eisen,* The Chosen People in America, Bloomington 1983; *B. W. Helfgott,* The Doctrine of Election in Tannaitic Literature, New York 1954, *M. Idel,* Abulafia on the Jewish Messiah, in: Immanuel 11 (1980) 64–80; *J. Kirchberg,* Theologie in der Anrede als Weg zur Verständigung zwischen Juden und Christen, Innsbruck 1991; *M. E. Lodahl,* Shekhinah/Spirit, Divine Presence in Jewish and Christian Religion, New York 1992; *N. Lohfink,* Das Jüdische am Christentum. Die verlorene Dimension, Freiburg i.Br. 1987; *W. G.*

Plaut, The Case for the Chosen People, Garden City (N.Y.) 1965; *K. H. Rengstorf / S. v. Kortzfleisch* (Hrsg.), Kirche und Synagoge, 2 Bde., Stuttgart 1968–1970; *M. Simon,* Verus Israel, Paris ²1964.
T

Eschaton / Eschatologie

Gemeinsamer Bezug zum Eschaton

Judentum und Christentum sind endzeitbezogene Religionen. Bei beiden bedeutet „die Herrschaft Gottes" *(malkhut schamayim / basileia tou theou)* eine gegenwärtige und eine künftige Wirklichkeit (bes. seit Dan 2). Jeder Mensch, alle irdische Macht, die ganze Geschichtszeit und die Religionsgemeinschaften als ganze gehen dem universalen Endgericht Gottes entgegen, das zum unverlierbaren Heil der Menschen und zur Verwerfung der böswillig im Bösen Verharrenden führt. Dem Endgericht zur Belohnung und Bestrafung gehen in der Endphase der Geschichte bedrängende, umstürzende und auch restaurative Ereignisse voraus, welche die Welt und die Geschichte für den nach dem Endpunkt der Geschichte sich vollen Durchbruch verschaffenden „Gott alles in allem" (1 Kor 15,28) reif und bereit machen. Als der alle diese Erwartungen und Ereignisse meinende Begriff hat sich in der christlichen Theologie „Eschatologie" bzw. die „Lehre von den letzten Dingen" eingebürgert, dem auf jüdischer Seite besonders die Begriffe *'ātîd lavô* (künftig Kommendes), *yôm haddîn* (Gerichtstag), *yôm 'adonay* (Tag des Ewigen), *qeṣ* (Ende), *'acharit hayyamîm* (Ende der Tage) entsprechen. Im Neuen Testament und im rabbinischen Judentum kommen eschatologische Vorstellungen besonders in Gleichnissen zum Ausdruck.

Von allem Anfang an war Gott für die Israeliten ein Gott auf Zukunft hin (Gen 28,10–22; Ex 3,14). Im Zeitalter der Apokalyptik erhielt die israelitische Zukunftshoffnung eine spezielle Zuspitzung und Ausweitung. Weil innergeschichtliche Hoffnungen (z.B. auf die Restauration der Davidsdynastie) gescheitert waren und weil die Bedrängnisse seitens der hellenistischen Okkupationsmächte zum Abfall oder zum Tod vieler Juden führten (Dan 9,11; 1 Makk 1; Mt 24,37–42), entstand eine erregte Hoffnung auf den möglichst bald ostentativ, endgültig und umstürzend in die Geschichte eingreifenden Gott, der den Verfolgten und Gestorbenen eine neue postmortale Existenz in seinem nach- und überendzeitlichen Reich verleihen wird.

Irdische Endhoffnungen

Im Zusammenhang mit den über Raum und Zeit hinausgreifenden eschatologischen Hoffnungen entstanden Vorstellungen über Szenarien, die sich vor, beim und nach dem Übergang ins Endreich Gottes abspielen werden. Dabei ging es nie nur um Sachverhalte, sondern vor allem um das Verhältnis der sich in der Vorendzeit wissenden Gemeinden zu den erhofften radikalen und alles Bisherige übertreffenden Neugestaltungen. Man erhoffte sich im Zusammenhang mit dem eschatologischen „Umbruch der Zeiten" (3 Sib 158) u.a. die Einsammlung der zerstreuten Israeliten (*qibbûz galuyiôt:* Jes 27,13; 60,4; Ez 37,15–28; Joel 4,1f u.ö.), den Aufbau des zerstörten Landes und die Wiederherstellung von dessen Fruchtbarkeit und Pracht (Jes 26,1–4; Jer 30,17–20; Hos 14,5–7), die Durchsetzung der monolatrischen israelitischen Gottesverehrung bei allen Völkern, Stämmen und Nationen (Dtn 6,4; Sach 14,9; Dan 6,26–28; vgl. Mt 8,5–13 par.; Röm 9–11; 1 Kor 15; Offb 7), den Neubau Jerusalems als Wohnstatt Gottes, die Erneuerung des

Priestertums, das Hineinströmen der Heiden nach Jerusalem (Jes 60), die Neuerrichtung der Herrschaft Davids, die Befreiung von Fremdherrschaft und die Rückkehr vieler Abtrünniger (Achtzehngebet; *'ālenu*-Gebet; Offb 20–22). Dieses Szenarium blieb für die jüdische Geschichte prägend bis zum neuzeitlichen modernen Zionismus, der das Schwergewicht auf die Unverzichtbarkeit der irdischen, israel- und jerusalembezogenen Enderwartungen legte.

Jenseitige Endhoffnungen

Das Judentum bezeugte zu allen Zeiten aber auch überirdisch-jenseitige eschatologische Hoffnungen. Im rabbinischen Schrifttum wird betont, die kommende Welt werde alle irdischen Endhoffnungen weit überragen (PesK 22,3: Gleichnis von der Rückkehr des Gatten: Thoma/Lauer 260–262). „Diese Welt *(ha-'olam haz-zeh)* gleicht einem Vorraum, der zur kommenden Welt *(ha-'olam hab-bā)* hin führt. Rüste dich im Vorraum, damit du in den Speisesaal eintreten kannst" (Av 4,16). In „dieser Welt", so die weitreichende rabbinische Auffassung, herrschen Ungerechtigkeiten, Unterdrückung, Not, Tod. In der „kommenden Welt" dagegen werden weder Tod noch Leid, noch Ungerechtigkeit, noch Einengung, noch Haß sein, sondern nur Gottes Liebe und vollendetes unverwelkliches Menschenglück. So heißt es in bBer 17a: „In der kommenden Welt gibt es weder Essen noch Trinken, noch Handel, noch Vermehrung. Vielmehr sitzen die Gerechten mit ihren Kronen da und erfreuen sich am Glanz der Schekhina." Hineingeschoben zwischen diese und die kommende Welt wurde bereits in rabbinischer Zeit die messianische Zeit *(yemôt ham-maschiach)*. Bisweilen wurde diese Zeit eher jenseitig, d. h. zur kommenden Welt gehörig, verstanden (yBer 1,6). Meistens jedoch wurde die messianische Zeit diesseitig-endzeitlich verstanden, Mose ben Maimon verhalf der zweiten Ansicht zum Durchbruch.

Schon in talmudischer Zeit war man in bestimmten Kreisen darauf bedacht, keine körperlichen Vorstellungen mit der kommenden Welt in Zusammenhang zu bringen. In bSan 99a heißt es: „Alle Propheten prophezeiten nur über die messianische Zeit. Über die kommende Welt aber heißt es: ‚Kein Auge hat es gesehen, kein Ohr hat es gehört außer dir, o Herr'" (Jes 64,3; vgl. 1 Kor 2,9). Für Mose ben Maimon war es bei der Erwägung dieses Spruchs wichtig, daß es „in der kommenden Welt weder einen Körper noch eine körperliche Form gibt" (Mischne Tora, Buch des Wissens, Hilkhot teschuva 8). Es konnte sich aber weder die Auffassung, man könne von der kommenden Welt nichts sagen, durchsetzen, noch die maimonidische Aussage von der absoluten Geistigkeit. Der Hauptgrund für die Opposition dagegen war die Auffassung von der in der kommenden Welt stattfindenden Auferstehung zur Belohnung und Bestrafung. Der ganze Mensch, bestehend aus Leib und Seele, müsse belohnt oder bestraft werden (bSan 91a: Gleichnis vom Blinden und vom Lahmen).

Neutestamentlicher Eigenweg

In der Predigt Jesu von der Endherrschaft Gottes herrscht ein eigentümliches Nebeneinander von Gegenwärtigkeit und Zukünftigkeit sowie Diesseitigkeit und Jenseitigkeit. Einerseits heißt es: „Die Zeit ist erfüllt, die Herrschaft Gottes ist nahe; kehret um und glaubt an die Frohbotschaft" (Mk 1,15); es gehe jetzt darum, ins Reich Gottes einzugehen (Mk 9,47); dies sei identisch mit: ins Leben eingehen (Mk 9,43). Anderseits wird das schlechthin selbständige, unverfügbare und unberechenbare Kommen der Gottesherrschaft betont (Mt 24,32–42; Lk 17, 22–37). Es ist eine neutestamentliche Wesensaussage, daß in Christus die Endherrschaft Gottes grundgelegt und dargestellt ist und daß an ihm vorbei kein Heil in der Endherrschaft Gottes möglich ist (Joh 14,6; 1 Petr 2,1–10). Die im Leben, Tod und in der Auferstehung Christi zum vollen Ausdruck gekommene Endherrschaft Gottes wächst und entfaltet sich von ihm her zur letzten „Fülle der Zeiten" (Röm 11,25–36; 1 Kor 15,20–28; 1 Petr 1,3–7).

Jüdisch-christliche Bedeutung

Beim letzten Endpunkt der Menschheitsgeschichte, wenn alle und alles ins Endreich Gottes übergehen werden, wird es keine jüdisch-christliche Konkurrenz vor dem „Gott alles in allem" geben. Im Anschluß an 1 Kor 15,28 bemerkte Franz Rosenzweig (1876–1929): „An diesem Punkt, wo Christus aufhört der Herr zu sein, hört Israel auf, erwählt zu sein; an diesem Tage verliert Gott den Namen, mit dem ihn Israel allein anruft: Gott. Bis zu diesem Tage aber ist es Israels Leben, diesen ewigen Tag in Bekenntnis und Handlung vorwegzunehmen, als ein lebendiges Vorzeichen dieses Tages dazustehen, ein Volk von Priestern, mit dem Gesetz durch die eigene Heiligkeit den Namen Gottes zu heiligen" (Briefe Bd. 1, 134 f). Das Hinschauen, Harren und Zugehen auf das Eschaton ist für Juden und Christen glaubens- und lebensbestimmend. Alle religiösen Risse und alles menschliche Ungenügen werden im Eschaton in Gott aufgehoben sein. Von daher werden auch die jüdisch-christlichen Glaubensdifferenzen relativ.

Von einem rigoristischen eschatologischen Denken kann jedoch auch eine Gefahr ausgehen: Bestimmte jüdische Texte erwarten nur eine *jüdische* Rechtfertigung im Eschaton, während die Weltvölker scheitern (vgl. PesK 21,3; Thoma/Lauer 252–256). Ähnlich reden christliche Texte davon, daß nur eine *christliche* Rechtfertigung stattfinden wird. Ein eschatologisches Denken ist nur dann für alle zum Segen, wenn mit dem *'ālenû*-Gebet erwartet wird, daß alle Menschen ohne konfessionellen und volksmäßigen Unterschied schließlich zur Anbetung des Namens des Gottes Israels gelangen werden und daß dieser Gott auch fähig und willens ist, am Ende „alle Übeltäter der Welt zu sich zu bekehren" (ähnlich Röm 11,25–32). Für die jüdisch-christliche Begegnung ist ferner der zwar verschieden akzentuierte, aber doch grundsätzliche Konsens wichtig, daß die eschatologischen Hoffnungen sich nicht auf bloße Jenseitshoffnungen reduzieren lassen, daß sie vielmehr mit irdischen Enderwartungen verbunden bleiben. Schließlich haben Judentum und Christentum die Aufgabe, zu bekennen, daß das Eschaton nicht errechnet, nicht herbeigedrängt und nicht verdient werden kann (gegen Zeloten und Kreuzfahrertum). Die Enderfüllung der Geschichte ist ein Geschenk Gottes.

↗ Apokalyptik; Auferstehung; Bibel; Christus/Christologie; Gott; Messias; Neues Testament; Reich Gottes; Schekhina; Unsterblichkeit; Zionismus.

Literatur: *L. Jacobs,* Herrschaft Gottes / Reich Gottes (Judentum), in: TRE 15, Berlin 1986, 190–196; *H. Kessler,* Sucht den Lebenden nicht bei den Toten. Die Auferstehung Jesu Christi in biblischer, fundamental-theologischer und systematischer Sicht, Düsseldorf 1985; *F. Rosenzweig,* Briefe und Tagebücher, 2 Bde. hrsg. v. R. Rosenzweig / E. Rosenzweig, Haag 1979; *R. Schnackenburg* (Hrsg.), Zukunft. Zur Eschatologie bei Juden und Christen. Düsseldorf 1980; *C. Thoma / S. Lauer* (Hrsg.), Die Gleichnisse der Rabbinen. Erster Teil: Pesiqtā deRav Kahana (PesK), Einleitung, Übersetzung, Parallelen, Kommentar, Texte, Bern 1986. T

Esoterik
↗ Chasidismus; Kabbala.

Exil
↗ Diaspora/Exil.

Exodus
↗ Pesach/Ostern.

F

Feste
↗ Liturgie; Neujahrsfest; Pesach/Ostern; Sakramente; Versöhnungstag; Wochenfest/Pfingsten.

Frau

1. Judentum

Patriarchalische Gesellschaft

Heißt es in der Bibel (Gen 1,27), daß der Mensch im Ebenbilde Gottes geschaffen wurde (dies war und bleibt ein Grundprinzip des Judentums), so heißt es in demselben Vers auch, daß Gott die Menschheit als „Mann und Frau" erschuf. Daraus ergibt sich notwendig, daß, von Gott aus gesehen, Mann und Frau gleichwertig sind.

Dennoch wurden die biblischen Schriften und die spätere rabbinische Literatur von Männern in einer patriarchalischen Gesellschaft verfaßt, und diese soziologische Tatsache findet natürlich in den biblischen und rabbinischen Schriften ihren Niederschlag. Frauen spielten im öffentlichen Leben keine so große Rolle wie die Männer. Da aber das öffentliche und das kultische Leben ineinandergingen, war die Konsequenz, daß die Frau weder in der biblischen Religion noch im rabbinischen Judentum eine dem Mann gleiche Stellung im öffentlichen Gottesdienst einnahm – so hoch auch ihre Funktion etwa als (um es modern auszudrücken) „Priesterin des Hauses", der die Durchführung der Speisegesetze und das Anzünden der Sabbatlichter oblag, als Erzieherin der Kinder (vgl. Spr 1,8) und überhaupt als Leiterin des häuslichen Betriebs (vgl. Spr 31,10–31) veranschlagt wurde.

So wird z.B. von der Mischna (Qid 1,7) das Prinzip aufgestellt, daß die Frauen von der Beobachtung aller positiven biblischen Gebote, deren Ausführung von einer bestimmten Zeit abhängig ist, befreit sind – was aber weder auf die von der Zeit abhängigen rabbinischen Verordnungen noch auf die zeitgebundenen biblischen Verbote zutrifft, die beide so verpflichtend für die Frauen wie für die Männer sind. Auf dieser Einschränkung in den religiösen Verpflichtungen, die sicherlich auf die Beschäftigungen der Frauen in der damaligen Zeit Bezug nahm, basiert auch die moderne orthodox-jüdische Apologetik für eine Benediktion, die der orthodoxe jüdische Mann als Teil seiner täglichen Morgenandacht spricht, eine Benediktion, in der er Gott dafür dankt, daß Gott ihn nicht als Frau erschaffen hat. (Die Frau dankt Gott dafür, daß er sie „nach seinem Willen" erschaffen hat. In konservativen und reformierten jüdischen Gebetbüchern ist diese Benediktion entweder geändert oder ganz ausgelassen.) Die Apologetik behauptet nun, daß in dieser Benediktion (wie in den zwei sie begleitenden, in denen der Jude Gott dafür dankt, daß Gott ihn nicht zum Heiden und nicht zum Sklaven gemacht hat) nur von dem freien jüdischen Mann der Dank dafür ausgedrückt wird, daß er zu der Kategorie von Menschen gehört, auf die die größte Anzahl von den religiösen Geboten der Tora zutrifft. Denn Heiden, Sklaven und Frauen sind ja nach rabbinischer Auffassung von vielen Geboten befreit.

Daß aber bei der erwähnten Benediktion vielleicht doch noch mehr im Spiele ist, als von der modernen Apologetik zugegeben wird, erhellt vielleicht schon aus der Tatsache, daß die Rabbinen auch da den Frauen die aktive Mitwirkung beim öffentlichen Gottesdienst verwehrten, wo das ursprüngliche Gesetz den Frauen diese Mitwirkung an sich gewährte. An einer Stelle des Talmuds (bMeg 23a) wird eine alte Regel zitiert, nach der die Frauen mit zu denjenigen gehören, die beim öffentlichen Gottesdienst aus der Tora vorlesen dürfen. Gleich nach Anführung dieser Regel heißt es jedoch: „Aber die Weisen sagten, daß eine Frau nicht aus der Tora vorlesen soll wegen des Respekts, der der Gemeinde gebührt *(mippenê kebhod haz-zibbur)*." Letzteres ist dahin zu verstehen, daß das Toravorlesen einer Frau bedeuten würde, daß es in der Gemeinde nicht genügend Männer, die aus der Tora vorlesen können, gibt, so daß man zu diesem Zweck auf eine Frau zurückgreifen muß; und das hieße doch eine Minderung des Respekts für diese Gemeinde!

Neuzeit

Interessant ist aber auch die Tatsache, daß das Prinzip vom „Respekt, der der Gemeinde gebührt", das in bMeg 23a diskriminatorisch gegen die Frauen ins Feld geführt wurde, im 20. Jahrhundert dazu gedient hat, geradezu das Gegenteil zu beweisen. Es wird nämlich von modernen religiös-liberalen Kreisen geltend gemacht, daß das, was im Palästina des 2. Jahrhunderts als „Respekt, der der Gemeinde gebührt", empfunden wurde (vgl. auch 1 Kor 14,34), sich nicht unbedingt mit dem deckt, was in Amerika oder England in der zweiten Hälfte des 20. Jahrhunderts als „Respekt, der der Gemeinde gebührt", gilt. Das kulturelle Umfeld hat sich geändert, und in Anbetracht der Stellung der Frau in der modernen Gesellschaft wird auch von der Gemeinde respektiert, wenn Frauen aus der Tora vorlesen – und auch sonst aktiv beim öffentlichen jüdischen Gottesdienst mitwirken. (Seit den siebziger Jahren dieses Jahrhunderts gibt es im Reformjudentum Rabbinerinnen und Kantorinnen. In den achtziger Jahren hat auch das amerikanische konservative Judentum dieser Entwicklung Raum gegeben. Beide Formen des modernen Judentums zählen auch die Frauen mit zum Quorum, *minjan* genannt, für den öffentlichen Gottesdienst, wozu das orthodoxe Judentum nur zehn *Männer* anerkennt; und beide lassen auch Männer und Frauen in der Synagoge zusammen sitzen, was in den orthodoxen Synagogen nicht erlaubt ist.)

In der Neuzeit erhalten die jüdischen Mädchen auch eine intensivere jüdische Erziehung, als es im Altertum und im Mittelalter üblich war. Immerhin gab es sowohl in der Antike wie auch im Mittelalter Ausnahmen, d.h. auf religiösem Gebiet gelehrte Frauen, wie es ja auch im biblischen Zeitalter Prophetinnen (z.B. Mirjam, Hulda) und selbst eine Richterin (Debora) gab. Aber das waren eben *Ausnahmen.* Immerhin bemühten sich das rabbinische und das mittelalterliche Judentum, die rechtliche Stellung der Frau, wie die Bibel sie widerspiegelt, noch zu verbessern – so etwa durch Einführung einer Heiratsurkunde, die der Witwe und der geschiedenen Frau ihren Unterhalt sicherte, durch die Erschwerung der Ehescheidung, wofür im rabbinischen Judentum die Zustimmung der Frau verlangt wurde, und, im mittelalterlichen europäischen Bereich, durch das Verbot der Polygamie.

Die Stellung der Frau in der modernen bürgerlichen Gesellschaft hat jedoch so große Fortschritte gemacht, daß die Stellung der Frau im heutigen orthodox-jüdischen Religionsgesetz nicht mehr, wie es in der Vergangenheit einmal der Fall war, anderen Rechtssystemen gegenüber als vorteilhaft bezeichnet werden kann. Das hat einerseits dazu geführt, daß die religiös-liberalen Richtungen im heutigen Judentum in Theorie und Praxis oft von der diesbezüglichen orthodoxen Gesetzgebung abweichen, und anderseits zu dem Aufkommen einer feministischen Bewegung selbst innerhalb der jüdischen Orthodoxie, mit allerdings bis jetzt noch recht kleinem Erfolg (wie z.B. im Westen das Stimmrecht bei Gemeindewahlen). P

2. Christentum

Jesus und die Frauen

Jesus hat nach dem Zeugnis der Evangelien seinen „Leib“, d.h. seine irdische Existenz, von Anfang bis zum Ende in die Hände von Frauen gelegt, angefangen von der Mutter, über die Fürsorge der Jüngerinnen und unbekannter Frauen, bis zur Salbung seines todgeweihten und dann des toten Leibes im Grab. Er hatte eine vorurteilsfreie und für den Kontext seiner Kultur erstaunliche Unbefangenheit im Umgang mit Frauen. Eine Frau, Maria, lauschte wie eine rabbinische Schülerin dem Wort Jesu (Lk 10,38–42). Frauen folgten ihm, sorgten für ihn und verkündeten die Endherrschaft Gottes (Mk 15,40f; Lk 8,2f). Frauen waren für ihn Zeichen der Verwirklichung der Endherrschaft Gottes (Lk 21,1–4). Sie nahmen als einzige Gruppe in der Passionszeit nicht Reißaus. Jesus schritt immer dann zum Schutz von Frauen ein, wenn diese in ihrer Sünde allein gelassen und der öffentlichen Diskreditierung ausgesetzt wurden (Joh 8, 3–11).

Frauen in der Ur- und Frühkirche

Frauen waren die ersten Bezeugerinnen des auferstandenen Christus. Maria aus Magdala war die Erstzeugin und wurde damit zur Apostelin der Apostel (Mk 16,9–20 par.; Joh 20). Die Geistsendung geschah in einer Gemeinschaft, die „einmütig im Gebet verharrte, zusammen mit Maria, der Mutter Jesu, und mit seinen Brüdern“ (Apg 1,14). Frauen spielten eine besonders bedeutsame Rolle in der ur- und frühchristlichen Missionsbewegung. Sie waren in jedem Stadium der ersten Ausbreitung des Christentums und der inneren Konsolidierung der Gemeinden maßgeblich beteiligt (Joh 4,1–42; Apg 12,12–17.16–18; 26,30f; Röm 16,1–3.7; 1 Tim 3,5–16).

Zwiespältige Weiterentwicklung

In Gal 3,28 wird das Christentum nachdrücklich als nicht androzentrisch und nicht sexistisch bezeichnet: „Es gibt nicht mehr Juden und Griechen, nicht Sklaven und Freie, nicht Mann und Frau; denn ihr alle seid ‚einer' in Christus Jesus." Im Schrifttum des Paulus beginnt aber auch der Rückzug von der emanzipatorischen Haltung Jesu den Frauen gegenüber und die Hinwendung zu einem Androzentrismus. Der Satz: „Die Frau schweige in der Kirche, es ist ihr nicht gestattet, zu reden" (1 Kor 14,34) könnte auf die Absicht des Verfassers hinweisen, eine Parallelisierung mit der damaligen Praxis im Synagogengottesdienst herzustellen und die christlichen Gottesdienste auf eine von Männern gewährleistete Ordnung zu begründen. Es ist religionsgeschichtlich bedauerlich, daß Paulus Jesus und sein Verhältnis zu Frauen nicht kennengelernt hat. 1 Kor 14,34 wurde in der Folgezeit für die kultischen Belange (Ämter und Funktionen im Gottesdienst) in den Dienst androzentrischer Interessen gestellt. Zur Stützung berief man sich auf die jüdische Tradition. Die 70 Ältesten, die von Gott dem Mose beigegeben, mit Gottes Geist erfüllt wurden, waren lauter Männer (Num 11), dasselbe galt von den Kultfunktionären im Tempel und von den Synagogen-Verantwortlichen.

Christlicher Feminismus im jüdisch-christlichen Kontext

„Die ‚Kirche der Armen' und die ‚Frauenkirche' müssen gleichzeitig wiederentdeckt werden, soll ‚Solidarität von unten' für die ganze Gemeinde Jesu wieder Wirklichkeit werden" (Schüssler Fiorenza 204). Hier werden christlich-feministische Anliegen in der Diktion der Befreiungstheologie vorgetragen. Die Basis der Gemeinsamkeit ist aber noch breiter: Ähnlich wie sich der Feminismus für die religiösen, sozialen und politischen Rechte der Frauen einsetzt und wie sich die Befreiungstheologie der Besitzlosen annimmt, so ringt die moderne jüdisch-christliche Bewegung um die volle Respektierung der Juden, ihrer Religion, ihrer Tradition und ihrer Sozialordnung. Es ist daher kontraproduktiv, wenn gerade Befreiungstheologen oder Feministinnen antijüdische Töne anschlagen. Folgende Punkte sind zu beachten: a) Die Behauptung, Frauen seien im traditionellen Christentum bessergestellt (gewesen) als im Judentum, geht ins Leere. Die jüdische und die christliche Religion sind vielmehr bis heute etwa in gleichem Ausmaß und in vergleichbaren Bereichen androzentrisch. Diese Männerzentriertheit ergibt sich kaum aus dem Wesen der Religion, sondern ist Frucht historischer Bedingtheiten. Eine Definition des Judentums und Christentums als „sakrale Männerbünde" ist daher nicht legitim. b) Der Hinweis auf Maria, um die christlichen Frauen gegenüber den jüdischen in Vorrang zu bringen, ist nicht angebracht. Maria gilt ja als Vorbild der gottgeweihten Jungfrauen, der *freiwillig* Ehelosen, der (in christlicher Ehe lebenden) Mütter, nicht aber in gleichem Maß der kinderlosen, geschiedenen und unfreiwillig ledigen Frauen. c) Judentum, Christentum und Islam sind Partner in der Aufarbeitung der „verlorenen Frauengeschichte" in ihren jeweiligen Traditionen; sie haben sich gegenseitig in dieser Frage nichts vorzuwerfen, sondern sollten zum Wohl der Frauen zusammenarbeiten. T

↗ Ehe/Ehescheidung; Jesus von Nazaret; Liberales Judentum / Reformjudentum; Orthodoxes Judentum; Paulus; Propheten/Prophetie; Reinheit/Reinheitsgesetze; Speisegesetze.

Literatur: *S. Aloni,* The status of Women in Israel, in: Judaism 22 (1973) 248–256; *F. Dexinger,* Judentum, in: A. Lissner / R. Süssmuth / K. Walter (Hrsg.), Frauen-Lexikon. Traditionen, Fakten Perspektiven, Freiburg i.Br. ²1989, 526–534; *B. Greenberg,* On Women and Judaism – A View from Tradition, Philadelphia 1981; *S. Heschel,* Jüdisch-feministische Theologie und Antijudaismus in christlich-feministischer Theologie, in: L. Siegele-Wenschkewitz (Hrsg.), Verdrängte Vergangenheit, die uns bedrängt. Feministische Theologie in der Verantwortung für die Geschichte, München 1988, 54–103; *Johannes Paul II.*, Die Zeit der Frau, Apostolisches Schreiben ‚Mulieris Dignitatem', Freiburg i. Br. 1988; *K. Kellenbach*, Jewish-Christian Dialogue on Feminism and Religion, in: CJR 19 (1986) 23–33; *E. Koltun* (Hrsg.), The Jewish Women – New Perspectives, New York 1976; *R. Loewe*, The Position of Women in Judaism, London 1976; *G. Mayer*, Die jüdische Frau in der hellenistisch-römischen Antike, Stuttgart 1987; *C. Mulack*, Die Weiblichkeit Gottes. Matriarchale Voraussetzungen des Gottesbildes, Stuttgart [3]1984; *J. Plaskow*, Und wieder stehen wir am Sinai, Luzern 1992; *N. Remy*, Das jüdische Weib, Leipzig [2]1891; *E. Ruckstuhl*, Jesus, Freund und Anwalt der Frauen. Frauengegenwart und Frauenabwesenheit in der Geschichte Jesu, Stuttgart 1996; *E. Schüssler Fiorenza*, Zu ihrem Gedächtnis. Eine feministisch-theologische Rekonstruktion der christlichen Ursprünge, München 1988; *L. Sigal*, Images of Women in Judaism, in: Ph. Sigal, Judaism. – The Evolution of a Faith, Grand Rapids 1988, 269–296; *L. Swidler*, Women in Judaism, Metuchen (NJ) 1976.

G

Gebet

↗ Schema' Jisrael; Vaterunser.

Geschichte

↗ Antijudaismus; Apokalyptik; Eschaton/Eschatologie; Zionismus.

Gesetz

Der Begriff im Judentum

Das Judentum ist die Religion der Tora, und unter den verschiedenen Bedeutungen des Wortes *tora* (wie „Lehre", „Weisung", „Offenbarung") gibt es auch die Bedeutung „Gesetz". Gottes Offenbarung an Israel bestand nach jüdischer Auffassung aus Lehren, Weisungen und Gesetzen. Dabei ist zu bemerken, daß „Gesetz" nicht die alleinige Bedeutung des hebräischen Wortes *tora* oder des griechischen Wortes *nomos* ist. Das ist oft von nichtjüdischen Beurteilern des Judentums vergessen oder übersehen worden, und das Judentum ist daher oft ausschließlich als „Gesetzesreligion" dargestellt worden – eine Verengung des Begriffs von *tora*, zu der allerdings auch jüdische Denker wie Baruch Spinoza (1632–1677) und Moses Mendelssohn (1729–1786) beigetragen haben.

Immerhin spielt das Gesetz im Judentum eine erhebliche Rolle, und im biblischen Hebräisch gibt es eine ganze Anzahl von Wörtern, die den verschiedenen Gattungen des Gesetzes Ausdruck verleihen (vgl. z. B. Ps 19,8–10). Im rabbinischen Judentum ist das Wort *halakha* bevorzugt, das soviel wie „das Gehen", „das Wandern" und „der Weg" bedeutet und daher auch das dynamische Element der jüdischen Gesetzgebung ausdrückt. Biblischer Glaube will nämlich in die Tat umgesetzt werden, und diesem Zweck dient das Gesetz. „Ihr sollt auf meine Satzungen und meine Vorschriften achten. Wer sie einhält, wird durch sie leben. Ich bin der Herr" (Lev 18,5). Das beschreibt die Rolle, die das Gesetz im Judentum spielt, wahrscheinlich besser als so manche sich auf Paulus berufende Auffassung, die im „Gesetz" nur den ungenügenden Versuch sieht, vor Gott als gerecht zu erscheinen. Das Judentum sieht nämlich in der Offenbarung des Gesetzes einen starken Beweis gerade der göttlichen Gnade.

Dazu kommt, daß die Hebräische Bibel mehr als ein theoretisches Lehrbuch der Religion ist, wie auch die rabbinische Literatur nicht ausschließlich aus homiletischen Schriften besteht. Die Hebräische Bibel, besonders in den Büchern des Pentateuchs, ist nicht zuletzt die Verfassung und das Grundgesetz eines als Theokratie verstandenen Staates, und die Rabbinen hatten sich um die Verwaltung von autonomen jüdischen Gemeinden – sowohl in der Spätantike als auch im Mittelalter – zu kümmern, wobei für sie das durch den Talmud interpretierte biblische Gesetz die rechtliche Basis darstellte. „Gesetz" im jüdischen Bereich erstreckt sich daher auf weit mehr als nur auf das sog. „Zeremonialgesetz".

Christentum und Gesetz

Auch das Christentum hat, trotz Gal 3,15–25 und ähnlichen Stellen im paulinischen Corpus, nie total auf das „Gesetz" verzichtet. So mag der Jesus der Synoptiker zwar seine Meinungsverschiedenheiten über Einzelheiten des Gesetzes mit anderen jüdischen Lehrern seiner Zeit gehabt haben; aber den Begriff des „Gesetzes" hat er keinesfalls verworfen (siehe z.B. Mt 5,17–20; 22,34–40 par.). Der Jakobusbrief verwirft den Glauben, der nicht von Werken begleitet ist (bes. Jak 2,14–26). Die Kirchenväter reden von der *nova lex Jesu* oder der *nova lex Christi*, scheinen sich also am Begriff „lex" als solchem nicht gestoßen zu haben. Die katholische Kirche hat ihr kanonisches Recht. Luther benutzte die Zehn Gebote in seinem „Kleinen" und in seinem „Großen Katechismus"; und Calvin ließ Genf im Einklang mit seiner „Institutio Religionis Christianae" regieren.

Die Anpassungsfähigkeit des Gesetzes

Da sich die Zeiten mit ihren Bedingungen ständig wandeln, das in Buchstaben gefaßte Gesetz aber die Verhältnisse seiner Entstehungszeit widerspiegelt, war innerhalb des Judentums das Gesetz immer ein Gegenstand ununterbrochener Diskussion und Fortentwicklung, die sich bis in die heutige Zeit hinziehen. Der Begriff einer „mündlichen Tora" machte es den Rabbinen der Spätantike und teilweise auch noch des Mittelalters möglich, das Gesetz den sich stets verändernden Umständen anzupassen und es dadurch von einer sonst unabwendbaren Versteinerung zu retten. Auch in der Neuzeit war der ursprüngliche Unterschied zwischen den verschiedenen Strömungen im Judentum (etwa Liberales Judentum; Orthodoxes Judentum) hauptsächlich auf die Frage über die Entwicklungsfähigkeit des Gesetzes konzentriert. Andere theologische Meinungsunterschiede kamen erst als Folge davon zum Vorschein.

Gültigkeit

Die Frage, ob das Gesetz (wie auch immer interpretiert) je seine Gültigkeit verlieren wird, läßt das rabbinische Judentum offen, d.h., zwei verschiedene Meinungen darüber bestehen nebeneinander. Nach der einen Meinung soll im messianischen Zeitalter die Beobachtung des Gesetzes sogar noch gewissenhafter werden. Nach der anderen Meinung hört im messianischen Zeitalter die Herrschaft des Gesetzes auf. Paulus mag sich letztere Meinung zu eigen gemacht haben, denn für ihn hatte ja mit dem Kommen Jesu das messianische Zeitalter bereits angefangen. Interessant ist jedenfalls die Tatsache, daß, historisch gesehen, messianische Bewegungen im Judentum – das paulinische Christentum, die Schabbetai-Zevi-Bewegung im 17. Jahrhundert, die Frankisten im 18. und 19. Jahrhundert – und das Reformjudentum und der Zionismus im 19. Jahrhundert immer gewisse antinomistische Tendenzen gezeigt haben.

↗ Gnade; Jesus von Nazaret; Messias; Paulus; Reinheit/Reinheitsgesetze; Talmud; Zeremonialgesetz.

Literatur: *L. Baeck,* Geheimnis und Gebot, in: ders., Wege im Judentum, Berlin 1933, 33–48; *ders.,* Judentum in der Kirche, in: ders., Aus drei Jahrtausenden, Tübingen ^{2}1958, 121–140; *ders.,* Das Wesen des Judentums, Darmstadt ^{6}1966, 294–308; *K. Barth,* Rechtfertigung und Recht, Zollikon/Zürich ^{3}1948; *G. Bornkamm,* Das Ende des Gesetzes. Paulusstudien, München ^{5}1966; *W. D. Davies,* Torah in the Messianic Age and/or the Age to Come, Philadelphia 1952; *B. Häring,* Das Gesetz Christi, 3 Bde, Freiburg i. Br./München ^{6}1961, *L. Jacobs,* A Jewish Theology, London 1973, 211–230; *O. H. Pesch,* Gesetz und Gnade, in: CGG 13, hrsg. v. Franz Böckle u. a., Freiburg ^{2}1981, 5–77; *R. S. Sarason,* The Interpretation of Jeremiah 31: 31–34 in Judaism, in: J. J. Petuchowski (Hrsg.), When Jews and Christians Meet, Albany (N. Y.) 1988, 99–123; *G. Scholem,* Die Krise der Tradition im jüdischen Messianismus, in: ders., Judaica III, Frankfurt a. M. 1973, 152–197; *Ph. Sigal,* The Halakhah of Jesus of Nazareth Acoording to the Gospel of Matthew, Lanham (MD) 1986; *R. Smend / U. Luz,* Gesetz (Biblische Konfrontationen), Stuttgart 1981. P

Gesetz und Evangelium

↗ Paulus.

Gewohnheit

↗ Tradition.

Glaube

↗ Abraham; Erwählung; Paulus.

Glaube und Werke

↗ Gesetz; Gnade; Paulus.

Gleichnisse

Umschreibungen und ein Beispiel

Im neutestamentlichen und im rabbinschen Verständnis sind Gleichnisse von Bibelerklärern und Predigern gestaltete Kurzerzählungen mit einer Pointe (rabbinisch *Chiddusch:* unerwartete Neuheit, überraschende Wendung der Erzählung), die Offenbarungsinhalte verständlich, anregend machen und in einem neuen Licht erscheinen lassen sollen. Das Gleichnis hat zwei Ebenen: die Ebene der profanen Erzählung (*Maschal, parabolê,* Rhema, Bildhälfte) und die Ebene der Offenbarung (*Nimschal,* Sachhälfte, Thema, das Gemeinte und Geforderte).

In der rabbinischen Tradition gilt König Salomo als erster großer Gleichniserzähler und -deuter. Dies wird besonders aus Cant 1,1: Prov 1,1, und Koh 12,9 herausgelesen. Laut ShirR 1,8 erzählte Rav Nachman folgendes Gleichnis: „Gleich einem großen Palast mit vielen Türen. Jeder, der in ihn eintrat, ging von der Türe an den falschen Weg. Da kam ein Kluger, nahm eine Schnurspule und befestigte sie für den Rückweg an der Tür. Nun konnten alle eintreten und den Weg mittels der Schnur an der Spule finden. So: Bevor Salomo kam, konnte kein Mensch die Worte der Tora im rechten Verständnis erschließen. Als aber Salomo kam, begannen alle die Tora zu interpretieren.“ Ein Gleichnis soll demnach die Tora „begehbar“ machen und sie der religiösen Gemeinschaft praktikabel und plausibel vorlegen. Damit wird das Gleichnis zu einem literarischen Ereignis und einem hermeneutischen Schlüssel zur Weitergabe der Tora. Die Pointe im erwähnten Gleichnis ist die vom Klugen angebrachte Schnurspule. Das Beispiel macht auch deutlich, daß die Gleichniserzähler bei der Wahl ihrer Bilder und Metaphern aus einem Pool schöpften, der durchaus auch mit giechisch-hellenistischenVorstellungen und Ideen durchtränkt war, die sie dem Zweck des Gleichnisses unterordneten.

Jesus und die Rabbinen

Jesus war einer der frühesten großen Gleichniserzähler. Er ist damit auch ein prominenter Vertreter der frühen jüdisch-religiösen Literaturgeschichte. Die ca. 40 jesuanischen Gleichnisse wollen die Offenbarung handhabbar machen. Das wichtigste Stichwort des Gleichniserzählers Jesus ist das Reich Gottes. Es beinhaltet bei ihm mehrere Aspekte der Offenbarung Gottes, besonders aber die *praesentia Dei* mitten im Volk Gottes und in der Menschheit sowie das Hineinwachsen der von Gott wirksam Angesprochenen in seine Herrlichkeit (vgl. bes. das Gleichnis vom Sämann [Mt 13,1–9.18–23 par.]; das Gleichnis vom Fischnetz [Mt 13,47–50]; das Gleichnis vom großen Gastmahl [Mt 22,1–14 par.]; das Gleichnis von den zehn Jungfrauen [Mt 25,1–13]; das Gleichnis [Exempel] vom reichen Mann und vom armen Lazarus [Lk 16,19–31] usw.).

Auch unter den Rabbinen gab es große Gleichniserzähler. Die hervorragendsten unter ihnen wirkten im 2.–5. Jh. in Galiläa: Rabbi Meir, Rabbi Lewî, Rabbi Berekhya, Rabbi Yochanan bar Napacha u. a.

Insgesamt gibt es über 2000 rabbinische Gleichnise. Ca. 380 davon sind von Thoma/Lauer/Ernst in drei Bänden kritisch ediert und interpretiert worden. Die Frühphase der rabbinischen Gleichnisse war im 1. und 2. Jh. Die klassische (amoräische) Phase war bes. im 3.–5. Jh. Dazu ist (in den späteren Midraschwerken) die ausgiebige Spätphase vom 6.–11. Jh. (also bis ins frühe Mittelalter hinein) hinzuzunehmen. Diese Einteilung ist eine rein zeitliche. Qualitativ hochstehende Gleichnisse kommen in allen genannten Phasen vor. Die jüdische Tradition hat das stets neue Gleichniserzählen bis heute nie vernachlässigt. Die Kabbala und der Chasidismus quellen geradezu über von vielfältigen Gleichniserzählungen und -deutungen.

Christlich-jüdische Relevanz

Die jüdische und die christliche Religion leben im starken Maße von der Erzählung und von der Erinnerung *(zikkaron, memoria)*. Beide Religionen lassen sich weder auf Dogmen noch auf die Halakha reduzieren, wenn auch diese beiden Elemente nicht beiseite geschoben werden können. Christen und Juden hatten sich selbst und ihrem Gegenüber stets viel zu erzählen. Durch Gleichnisse sind sie einander nähergekommen.

Erzählungen sind in jeder Generation neu zu gestalten. Ihr moderner paradigmatischer Hauptinhalt ist die vergangene und gegenwärtige Entzweiungs- und Feindschaftsgeschichte im Licht der Offenbarung Gottes. Erforderlich ist eine Erzählkultur, die Vergangenheit, Gegenwart und Zukunft im Blickpunkt hat. Die rabbinischen und jesuanischen Gleichnisse sind in ihrem Kern ökumenisch und interkulturell. Sie bilden mündliche Traditionen, die das Wirken Gottes für die je eigene Zeit reklamieren. Ihre Brückenfunktion sollte gerade in der Zeit nach dem Holocaust kreativ wahrgenommen werden.

↗ Aggada; Jesus von Nazaret; Midrasch; Reich Gottes.

Literatur: *P. Dschulnigg*, Rabbinische Gleichnisse und das Neue Testament, JudChr 12, Bern 1988; *Hp. Ernst*, Die Schekhîna in rabbinischen Gleichnissen, JudChr 14, Bern 1994; *D. Flusser*, Die rabbinischen Gleichnisse und der Gleichniserzähler Jesus, 1. Teil: Das Wesen der Gleichnisse, JudChr 4, Bern 1981; *D. Stern*, Parables in Midrash. Narrative and Exegesis in Rabbinic Literature, Cambridge Mass. 1991; *C. Thoma / S. Lauer / Hp. Ernst*, Die Gleichnisse der Rabbinen, 3 Bde., JudChr 10.13.16, Bern 1986. 1991. 1996; *B. H. Young*, Jesus and His Jewish Parables. Rediscovering the Roots of Jesus' Teaching, New York 1989. T

Gnade

Begriff

Unter Gnade versteht man im religiösen Sprachgebrauch die von den Menschen unverdiente (hebr.: *chen, chinnam*; lat.: *gratia*) Bezeugung der göttlichen Liebe und des göttlichen Wohlwollens. Daß Gott gnädig ist, wird wiederholt von der Hebräischen Bibel ausgesagt (vgl. nur Lev 33,19; 34,6, und oft in den Pss). Dieser Gedanke kommt in jüdischen Namen zum Ausdruck, wie etwa in Hananja und Jochanan (Johannes), die beide bedeuten: „Gott ist gnädig."

Rabbinisches Judentum

Der Begriff des gnadenvollen Gottes ist dann auch vom rabbinischen Judentum übernommen worden. So heißt es z.B. an einer Stelle, daß Gott dem Mose alle „Schatzkammern des Himmels" zeigte, in denen der Lohn für die Menschen, die gute Taten tun, aufbewahrt wird – je eine Schatzkammer für je eine bestimmte gute Tat. Als Mose Gott fragte, für wen denn eine ganz riesige Schatzkammer bestimmt sei, antwortete Gott: „Wenn jemand sein eigenes Verdienst hat, dann gebe ich ihm, was ihm aus seiner Schatzkammer zusteht. Wenn aber jemand kein eigenes Verdienst hat, dann gebe ich ihm gratis (d.h. aus reiner Gnade) aus dieser Schatzkammer" (TanB, Ki Tissa 16, S. 58b; ShemR 45,6). Der Glaube an einen gnädigen Gott ist auch eine der Voraussetzungen der jüdischen Liturgie, wo u.a. eine Rubrik im täglichen Gottesdienst *Tachanun*, d.h. „Erflehung der Gnade Gottes", benannt ist.

Gesetz als Manifestation der Gnade

Die Gnade Gottes sollte an sich so selbstverständlich sein wie die Allmacht oder die Weisheit Gottes. „Gnade" muß hier deswegen thematisiert werden, weil in der christlichen anti-jüdischen Polemik durch die Jahrhunderte hindurch (bis in die Neuzeit) so oft behauptet wurde, daß das Judentum die göttliche Gnade nicht kennt und daß dieser Begriff eine Neuschöpfung des Neuen Testamentes ist. Diese polemische Behauptung wurde gewöhnlich mit einem Hinweis auf die Gegenüberstellung des Paulus von „Gesetz" und „Gnade" begründet. Das Judentum kennt allerdings das „Gesetz" und besteht auf dessen ungebrochener Gültigkeit; aber das „Gesetz" selbst wird als Manifestation der göttlichen *Gnade* aufgefaßt, wie es auch im täglichen jüdischen Morgengebet heißt: „Um unserer Ahnen willen, die auf dich vertraut und die du die Gesetze des Lebens gelehrt hast, *sei uns gnädig, und lehre auch uns*."
Es ist zu hoffen, daß im modernen christlich-jüdischen Gespräch, bei aller Anerkennung der unterschiedlichen Akzentsetzungen von Paulus und den Rabbinen, eine bessere Kenntnis der jüdischen Religion die Monopolansprüche der Christen auf den Begriff von der göttlichen Gnade nicht mehr aufkommen läßt.

↗ Dialog; Gesetz; Gott; Liturgie; Neues Testament; Paulus; Polemik.

Literatur: *L. Baeck,* Das Wesen des Judentums, Darmstadt [6]1966; *G. Greshake,* Geschenkte Frist. Einführung in die Gnadenlehre, Freiburg i.Br. 1977; *K. Kohler,* Grundriß einer systematischen Theologie des Judentums auf geschichtlicher Grundlage, Leipzig 1910, 83–87; *G. Larsson,* Gnade und Wahrheit. Eine Bibelstunde zu Joh 1,17 im Lichte rabbinischen Denkens. Gespräche in Israel. Nes Ammim 1988/2; 3-19; *O. H. Pesch,* Gesetz und Gnade, in: CGG 13, hrsg. v. F. Böckle u.a., Freiburg [2]1981, 5–77; *H. J. Schoeps,* Paulus. Die Theologie des Apostels im Licht der jüdischen Religionsgeschichte, Tübingen 1959. P

Gnosis

↗ Inkarnation; Kabbala; Maria; Minim; Schöpfer/Schöpfung.

Gott

Übereinstimmung und Dissens

Ein hellenistisch gebildeter Jude formulierte um 120 v. Chr. den Unterschied zwischen griechisch-heidnischer und jüdischer Auffassung über Gott folgendermaßen: „Wir Juden verehren wie alle anderen Menschen denselben Gott als Lenker und Schöpfer. Wir benennen ihn jedoch anders" (Arist. 16). Hinter dieser Unterscheidung verbirgt sich die auch die jüdisch-christliche Geschichte begleitende Doppelbödigkeit in der Bewertung der eigenen und der fremden Gottesverehrung: Über Gott im allgemeinen, d. h. über den Schöpfer, Lenker und Richter der Welt, herrscht kein schwerwiegender Streit. Da Gott jede menschliche Erkenntnis unendlich überragt, darf sich kein Mensch und keine Religion anmaßen, fremde Formen der Gottesverehrung negativ zu beurteilen. Es gibt eine hintergründige Ökumene von Menschen verschiedener Religionen, die durch polytheistische, trinitarische, binitarische und unitarische theologische Systeme hindurch den einen wahren Gott verehren. Anders sieht es aus, wenn die spezielle Benennbarkeit des Israel erwählenden Gottes ins Spiel kommt. Im Zusammenhang damit wurden scharfe geistige Klingen von Juden gegen Christen und von Christen gegen Juden geschärft. Es geht um die rätselhafte Offenbarung und Deutung des vierbuchstabigen besonderen „Namens" YHWH in Ex 3,14, um die huldigende Akklamation dieses „Namens" seitens der Israeliten (Ex 15,18) und um die aus den aufeinander zugehenden Bewegungen YHWHs und der Israeliten resultierenden Bundesverpflichtungen des Volkes Gottes der Juden. Um den heiligsten Namen – der kein Name, sondern ein „Programm" ist (vgl. Ex 3,14) – vor magischem Mißbrauch zu schützen, durfte das Tetragrammaton nur im Tempelbereich bei bestimmten Gelegenheiten (z. B. am Versöhnungstag) im vollen Wortlaut ausgesprochen und ausgerufen werden (mYom 3,8; 4,2; 6,2; mSuk 4,5; Tam 7,2; bYom 39b; bQid 71a). Heute ist das Aussprechen verboten. In jüdisch-christlichen Zusammenkünften verwendet man daher am besten einen „Verdeckungsnamen": *adonai, haš-šem*, der ausgezeichnete Name, der Ewige, *ha-hawaya*, der Herr u. a.

Den wichtigsten Deutungen des „ausgezeichneten Namens" ist in der jüdischen Tradition ein theosophisch-historiosophisches Prinzip vorgelagert: „Der Heilige, gelobt sei er, sagte zu Mose. Meinen Namen willst du wissen? Entsprechend meinen Taten werde ich benannt" (z. B. ShemR zu Ex 3,14; MekhY zu Ex 20,2). Die Menschen werden wissen, daß es „der Ewige" ist, wenn er „mit ihnen" (vgl. Ex 3,12) ist. Nach midraschischem Verständnis (ShemR zu Ex 3,14) gibt Gott dem suchenden, fragenden und gehorsamen Israeliten immer selbst die Antwort: „Wenn ich mich über meine Welt erbarme, werde ich ‚der Ewige' genannt. ‚Der Ewige' bedeutet nichts anderes als die Eigenschaft der Barmherzigkeit." Neben dieser Bedeutung „Barmherzigkeit" kommen noch andere Sinngebungen in der jüdischen Tradition zum Tragen: „Der Ewige" bedeute die besondere Anwesenheit Gottes in allen Geschichtsphasen (er war, er ist, er wird sein oder kommen; vgl. Offb 1,4). Er bedeutet die ursächliche Kraft allen Seins, die Heilszukunft trotz aller Sünde u. ä.

Das Christentum knüpft am israelitisch-jüdischen Ehrfurchts-Zutrauen an „den Ewigen" an, macht aber den Zusatz, daß der Ewige in einzigartiger

Weise in Jesus Christus transparent und anwesend sei. Der Ewige sei in einzigartiger Weise „der Vater“ Jesu Christi (vgl. „mein Vater“ – „euer Vater“: Mt 6,8; Lk 20,13; Mt 10,32; 11,27; Joh 8,28; 16,32 u.ö.). Jüdischerseits wird diese „Verbindung“ des Ewigen mit Jesus Christus als Verdunkelung der Gottesoffenbarung am Berge Horeb und auf dem Sinai gewertet. In der speziellen Gottesfrage liegt das empfindliche Zentrum allen jüdisch-christlichen Dissenses. Wer leichtfertig darüber hinweg dialogisiert, treibt den jüdisch-christlichen Dialog dem Scheitern entgegen.

Überwindung gegenseitiger Vorurteile

In der Gottesfrage gibt es eine ganze Reihe christlicher Klischees über die Juden und jüdischer Klischees über die Christen.

1. Es ist eine Unterstellung, wenn Christen behaupten, die Juden faßten Gott weniger barmherzig, gütig, rettend etc. auf als sie selbst. Anderseits ist es auch nicht sachgerecht, wenn Juden behaupten, das Christentum habe zu weitreichende Zugeständnisse an den Polytheismus gemacht und habe sich daher von der wahren Verehrung des Ewigen entfernt. Wahre und falsche Gottesverehrung kommt vielmehr in beiden Religionen vor.
2. Um von derlei Klischees loszukommen, müssen Christen jüdische Gottes(dienst-)Traditionen zur Kenntnis nehmen, und Juden müssen christliche Aussagen über den einen Gott ernst nehmen.
3. Christen müssen begreifen lernen und es in Kauf nehmen, daß Juden die Einbeziehung Christi in die Göttlichkeit hinein nicht akzeptieren können. Theologische Geschwätzigkeit, um Juden zur Zustimmung zu bewegen, ist schädlich, und sie kann auch zu nichts führen.
4. Die vielen Gemeinsamkeiten in der Gottesfrage sind jüdisch-christlich aufzuarbeiten. Eine Fixierung allein auf die Unterschiede ist einseitig und fördert die theologische Feindschaft. Bei ihren ökumenischen Bemühungen um wahres Gottesverständnis und wahre Anbetung müssen Juden und Christen sich eingestehen, daß sie notwendigerweise in den Anfängen steckenbleiben. „Wenn ich Gott kennen würde, wäre ich er selbst“ (Joseph Albo, Sefer ha-Ikkarim II 30).
5. Die größte Gemeinsamkeit bei aller Differenz in der Gottesfrage leuchtet dann auf, wenn Juden ohne Christusbekenntnis und Christen in der Christusgemeinschaft jenem Tage entgegenbeten und entgegenarbeiten, da „Gott einer sein wird und da auch sein Name einer sein wird“ (Sach 14,9).

↗ Christus/Christologie; Dialog; Dreifaltigkeit; Gnade Götzendienst, Inkarnation; Judenmission; Kabbala; Liturgie; Reich Gottes; Schekhina; Schittuf; Schöpfer/Schöpfung; Vaterunser; Versöhnungstag.

Literatur: *J. B. Agus,* The Jewish Quest. Essays on Basic Concepts of Jewish Theology, New York 1983, *A. Altmann,* Art. Attributes of God, EJ 7, Jerusalem 1971, 655–669; *Y. Amir,* Der jüdische Eingottglaube als Stein des Anstoßes in der hellenistisch-römischen Welt, Jahrb. f. Bibl. Theologie 2, Neukirchen 1987; *E. Berkovits,* Man and God, Studies in Biblical Theology, Detroit 1969; *D. Blumenthal,* God at the Center, Meditations on Jewish Spirituality, San Francisco 1987; *A. Chester,* Divine Revelation and Divine Titles in the Pentateuchal Targumim, Texte u. Studien z. Antiken Judentum, Tübingen 1986; *S. S. Cohon,* Essays in Jewish Theology, Cincinnati 1986, bes. 92–166; *L. Jacobs,* A Jewish Theology, London 1973; *P. Kuhn,* Gottes Trauer und Klage in der rabbinischen Überlieferung, Leiden 1978; *H. Seebass,* Der Gott der ganzen Bibel, Bibl. Theologie zur Orientierung im Glauben, Freiburg i. Br. 1981; *C. Thoma,* Gott, Judentum, TRE 13, Berlin 1984, 626–645; *ders. / M. Wyschogrod,* Das Reden vom einen Gott bei Juden und Christen, Bern 1984. T

Götzendienst

Biblischer Befund

Der Gott des Judentums duldet keinen anderen Gott neben sich. Das erste der

Zehn Gebote – nach jüdischer Zählung – ist Ex 20,2 (par.: Dtn 5,6), wo Gott sich als Herr und Befreier Israels vorstellt. Dem folgt sofort das zweite Gebot, Ex 20,3–7 (par.: Dtn 5,7ff), in dem es heißt, daß man diesem Gott keinen anderen Gott zugesellen darf und daß irgendeine bildliche Darstellung der Gottheit strengstens verboten ist. Im rabbinischen Judentum heißt Götzendienst *'ābhoda zara*, was wörtlich „fremder Dienst" bedeutet und worunter sowohl der Polytheismus als auch jegliche bildliche Darstellung der Gottheit verstanden wird. Die Bibel selbst berichtet davon, wie das biblische Israel ständig der Gefahr ausgesetzt war, in den Götzendienst zurückzufallen, und wie es oft nur eine Minderheit des Volkes war, die dem wirklichen Monotheismus die Treue hielt. (Nach der Wellhausenschen Rekonstruktion der biblischen Geschichte soll sich der monotheistische Gedanke in Israel überhaupt nur ganz allmählich durchgesetzt haben.) Immerhin meinten die Rabbinen, daß „der böse Trieb des Götzendienstes" schon zur Zeit des babylonischen Exils besiegt wurde, wogegen allerdings „der böse Trieb der Unzucht" immer noch die Menschen zu verleiten sucht (ShirR VII, 8,i).

Rabbinische Literatur

Die Besiegung des „bösen Triebs des Götzendienstes" in einem früheren Zeitalter hielt aber die Rabbinen einer späteren Zeit nicht davon ab, sich gegen jegliche wirkliche oder auch nur vermeintliche Unterstützung heidnischer Götterverehrung stark abzugrenzen. Bestimmungen wurden getroffen, wie man sich den Heiden gegenüber vor, an und nach ihren Feiertagen zu verhalten hat. Wo der geringste Verdacht bestand, daß etwas – z. B. Wein – einer heidnischen Gottheit geweiht sein könnte, wurde jeglicher Gebrauch oder Nutzen davon den Juden strengstens verboten. Während das zweite der Zehn Gebote im Judentum nie so verstanden wurde, als ob den Juden jegliche Graphik untersagt sei, hatte man doch im allgemeinen bis zur Neuzeit bei den Juden davon Abstand genommen, die menschliche Figur plastisch in drei Dimensionen darzustellen. Mischna und Tosefta, palästinischer und babylonischer Talmud haben je einen ganzen Traktat, *'Abhoda zara*, der sich eingehend mit dem Götzendienst in allen seinen Verzweigungen befaßt. In der mittelalterlichen jüdischen Religionsphilosophie waren die Denker sehr darauf bedacht, daß die Rede von den Attributen Gottes ja nicht den Verdacht erwecken könnte, daß die monotheistische Lehre irgendwie beeinträchtigt würde – eine Tendenz, die dann im 12. Jahrhundert einen Mose ben Maimon zu einer Theologie der *via negativa* führte.

Maimonides und das Christentum

Von diesem Standpunkt ausgehend, betrachtete nun das rabbinische und das mittelalterliche Judentum das Christentum mit seinem Kult, seiner Bilderverehrung und seiner Dreifaltigkeits-Lehre. Es kann daher nicht wundernehmen, wenn Maimonides, der zwar in seinem *Mischne Tora* (*Hilkhot melakim*, Kap. 11) Jesus als einen Bahnbrecher des Messiasreiches betrachtet, trotzdem die Christen als solche zu den Götzendienern zählt (Kommentar zur Mischna, AZ 1,3 und AZ 1,4, nach dem unzensierten Text der *Chessronot HaSchass*). Allerdings ist dabei zu bemerken, daß es Maimonides ziemlich leichtfiel, selbst seine Mitjuden und viele seiner rabbinischen Vorgänger als Ketzer zu verurteilen – so wenn er z. B. Atheisten, Polytheisten und diejenigen, die eine anthropomorphistische Auffassung von dem einzigen Gott haben, alle auf dieselbe Stufe der Ketzerei stellt (Hilkhot teschuva 3,7) – ein Radikalismus, der dazu führte, daß der zeitgenössische Maimonides-Kommentator Abraham ben David aus Posquières gegen Maimonides die Tatsache anführte, daß „größere und bessere" Lehrer als Maimonides von Gott tatsächlich in anthropomorphistischer Weise gesprochen hatten (RABAD ad loc.).

Heutige Lage

Jedoch gab es bereits in der Spätantike und dann im Mittelalter andere Ansätze innerhalb des Judentums zur positiveren Beurteilung der Nichtjuden im allgemeinen und der Christen im besonderen.
Im talmudischen Zeitalter stellte Rabbi Jochanan den Satz auf: „Die Nichtjuden außerhalb Palästinas gelten nicht als Götzendiener. Sie halten sich nur an die Gebräuche ihrer Väter" (bHul 13b). Und im Mittelalter setzte sich die Auffassung durch, nach der ein Nichtjude, der an den einen Gott glaubt, nicht des Götzendienstes beschuldigt werden kann, wenn er diesem Gott „Beisassen" zugesellt. Dadurch konnte die christliche Dreifaltigkeitslehre jüdischerseits mit dem Monotheismus vereinbart werden, jedenfalls soweit es sich dabei um den Glauben an die göttliche Dreifaltigkeit der Christen – und nicht der Juden – handelte. Das ist dann auch die jüdische Einstellung zum Christentum bis zum heutigen Tag geblieben. Bekannt sind die Neudrucke altrabbinischer Texte, wo am Anfang der jeweilige Herausgeber klarmacht, daß die im Text erwähnten Götzendiener die Heiden des rabbinischen Zeitalters sind, nicht aber die Christen unserer Zeit, die unseren Glauben an den einen Gott teilen. Viel hängt allerdings auch immer davon ab, in welcher Form die christliche Umgebung der heutigen Juden die Bilderverehrung betreibt und die Dreifaltigkeitslehre darstellt.
Was heutzutage Juden und Christen in der Ablehnung des Götzendienstes vereint oder vereinen sollte, ist die auf biblischer Basis gründende Überzeugung, daß nur Gott selbst absolut ist und daß jegliche Verabsolutierung von etwas, das nicht Gott ist, sei es Staat, Nation, politisches System und selbst Kirche oder Synagoge usw., eine Form der *'ābhoda zarah*, d.h. des „fremden Dienstes", des Götzendienstes, repräsentiert.

↗ Bilder/Bilderverbot/Bilderverehrung; Dreifaltigkeitslehre; Gott; Schittuf; Talmud.

Literatur: *W. F. Albright*, Yahweh and the Gods of Canaan, Garden City (NY) 1969; *M. Güttmann*, Das Judentum und seine Umwelt, Berlin 1927; *J. Katz*, Exclusiveness and Tolerance, London 1961; *D. J. Lasker*, Jewish Philosophical Polemics against Christianity in the Middle Ages, New York 1977; *J. J. Petuchowski*, Die „Bräuche der Völker", in Judaica 38/3 (September 1982) 141–149; *M. Schlüter*, „Derakôn" und Götzendienst, Judentum und Unterwelt Bd. 4, Frankfurt a. M. 1982. P

H

Halakha

↗ Gesetz; Midrasch; Speisegesetze; Talmud; Zeremonialgesetz.

Heidenchristen

↗ Judenchristen; Kirche/Kirchen.

Heiliger Geist

↗ Dreifaltigkeit; Schekhina.

Heiliges Land / Heiliger Ort / Heilige Zeit

Religionsphänomenologie

Wo die Götter in Erscheinung treten, baut ihnen der Mensch Heiligtümer, um Ort und Zeit der Offenbarung festzuhalten, und in der Hoffnung, daß ähnliche Offenbarungserfahrungen auch in der Zukunft an den so geheiligten Orten möglich werden. Die Antike kennt den Begriff, daß die Götter tatsächlich an bestimmten Orten ihren Wohnsitz haben, wie ja überhaupt in der vor-monotheistischen Periode der Religionsgeschichte nicht nur jedes Volk seinen eigenen Gott haben konnte, sondern auch gewisse Götter an die Territorien bestimmter Völker gebunden waren. Heiliges Land, heiliger Ort bedeutet auch israelitisch das dem Herrn gehörende Land (Lev 25,23; Joel 4,2), das man nicht selbstbezogen besitzen und „verunreinigen" darf (Num 35,34; Dtn 26,2).

Hebräische Bibel

Teile der vor-monotheistischen Vorstellungen haben sich bis in das biblische Zeitalter hinein (und sogar darüber hinaus) erhalten. So bauen z.B. Abraham und Jakob Altäre an den Orten, wo Gott ihnen erschienen ist (Gen 12,8; 28,10–22). Der Deuteronomist legt großen Wert darauf, daß dem Herrn nur dort Opfer gebracht werden, wo der Ort ist, den Er „aus allen Stämmen auserwählt hat, um Seinen Namen wohnen zu lassen" (Dtn 12,13f und passim), worunter Jerusalem zu verstehen ist. Nach 1 Sam 26,9 soll David von seinen Gegnern behauptet haben, sie hätten ihm gesagt: „Gehe fort, diene anderen Göttern!" – was in diesem Zusammenhang nur bedeuten kann, daß David als Flüchtling aus dem Territorium Adonais sich so fühlt, als ob seine Verfolger ihn dazu aufgefordert hätten, den Göttern des fremden Landes zu dienen. Noch Rut 1,16 läßt die enge Verbindung erkennen, die zwischen Volkszugehörigkeit und Anbetung des Nationalgottes besteht, wie ja ebenfalls bei verschiedenen modernen Völkern eine Verbindung zwischen Patriotismus und Religion sich bis auf den heutigen Tag erhalten hat. In der Hebräischen Bibel tritt dieser Zustand ganz besonders hervor, weil es gerade Israels Besitz des Landes Kanaan ist, den Gott als das sichtbare Zeichen seines Bundes mit den Vätern wiederholt erwähnt (z.B. Gen 15,17–18 und oft). Dabei wurde das „Land der Verheißung" Israel nur für den Fall als Besitz versprochen, daß es seine Bundesverpflichtungen erfüllt (vgl. Lev 26). Wer daraus fundamentalistisch ein unbedingtes Recht auf das heilige Land machen will, muß sich die Worte des großen Moses Nachmanides (13. Jh.) gefallen lassen. In seinem Kommentar zu Gen 1,1 schreibt er: „Gott vertrieb jene Völker aus dem Land, die gegen ihn rebellisch waren, und gab das Land jenen, die ihm dienten. Sie sollten durch ihr Leben nach Gottes Willen erkennen, daß ihnen das Land als Erbe zufiel. Wenn sie sich aber gegen Gott versündigen, dann wird sie das Land ausspeien, gerade so, wie es die Völker vor ihnen ausgespien hat."

Läßt sich nun in der Hebräischen Bibel eine Tendenz verfolgen, die der Heiligung von Land und Orten Vorschub leistet, so bietet dieselbe Bibel auch Ansätze zu einer entgegengesetzten Tendenz. Der Gott, der Israel aus Ägypten geführt hat, wandert mit seinem Volk und ist an keinen Ort gebunden. Sein Heiligtum, wie es in der Priesterschrift des Pentateuchs geschildert wird, ist ein tragbares Heiligtum, seine Altäre und Kultgeräte sind mit Ringen und Stangen versehen, damit alles bei den Wanderungen getragen werden kann (vgl. Ex 25–27). Und wenn es dann unter Salomo zu einem fest gebauten Tempel kommt, wird dem König der Zweifel in den Mund gelegt, ob denn der Gott, den die Himmel nicht erfassen können, nun tatsächlich in dem von ihm erbauten Tempel seinen Einzug halten wird (1 Kön 8,27). So auch der Prophet, dessen Worte in Jes 66,1–2 zu lesen sind. Jeremia (Kap. 7) warnt sein Volk davor, dem Tempel in Jerusalem eine magische Qualität zuzuschreiben, die das Volk trotz seiner moralischen und religiösen Vergehen vor der Zerstörung schützen könnte.

Babylonisches Exil

Die Drohungen der vorexilischen Propheten wurden erfüllt. Das Zehnstämme-Reich ging unter, und die Judäer kamen ins babylonische Exil. Psalm 137 legt Zeugnis von der Schwierigkeit ab, „das Lied des Herrn auf fremdem Boden zu singen". Gesungen wurde Psalm 137 aber doch. Als dann den judäischen Exulanten die Erlaubnis erteilt wurde, nach Jerusalem zurückzukehren, zogen es die meisten vor, auf „fremdem Boden" zu bleiben. Im babylonischen Exil wurde wohl gelernt, daß der Gott Israels überall auf Erden verehrt werden kann, ja, daß man noch nicht einmal gebürtiger Judäer sein muß, um diesen Gott zu verehren. So heißt es denn auch – nach dem Exil – bei Maleachi: „Groß ist der Herr, weit über Israels Grenzen hinaus" (Mal 1,5).

Rabbinisches Judentum

Das rabbinische Judentum übernahm von der Hebräischen Bibel die beiden Tendenzen: die Vorstellung von der Heiligkeit des Ortes und den Glauben an die Allgegenwärtigkeit Gottes. So entsteht auf der einen Seite Gesetzgebung – über die biblischen Vorschriften hinaus –, die rituelle Heiligkeit des Tempels und des Landes betreffend. Auf der anderen Seite wird aber auch Wert darauf gelegt, den Gott Israels nicht als Lokalgott erscheinen zu lassen. Es wird z. B. gelehrt, daß Gott die Tora in der Wüste, d. h. im Niemandsland, offenbarte, damit kein Volk ein Monopol auf göttliche Offenbarung beanspruchen kann (BemR 1,7). Als Gebetsrichtung für das tägliche Hauptgebet wurde zwar die Stätte des ehemaligen Jerusalemer Tempels bestimmt (nach Dan 6,11); aber trotzdem wurde gelehrt, daß, wenn einem diese Richtung unbekannt ist, es genügt, das Herz auf *Gott* zu richten (tBer 3,14, hrsg. von Lieberman, S. 15).

Man hatte also innerhalb des rabbinischen Judentums einen Standpunkt erreicht, von dem aus man mit dem neutestamentlichen Ausspruch hätte einverstanden sein können: „Gott ist Geist, und die ihn anbeten, müssen ihn im Geist und in der Wahrheit anbeten“ (Joh 4,24). Jedoch fand dieser Ausspruch noch nicht einmal im Christentum allgemeine Anerkennung. Im 4. Jahrhundert wurden in Palästina unter Anleitung der Königin Helena mehrere „heilige Stätten“ für das Christentum identifiziert, und im Laufe der Jahrhunderte entstanden auch außerhalb Palästinas unzählige christliche Wallfahrtsorte. Die Volksreligion, ob jüdisch oder christlich, scheint eben ohne „heilige Orte“ nicht auskommen zu können.

Dialektik von heiligem Ort und heiliger Zeit

Im großen und ganzen aber kam es im Judentum mehr auf die „Heiligung der Zeit“ als auf die „Heiligung des Ortes“ an. So verglich z.B. der moderne hebräische Dichter H. N. Bialik (1873–1934) den Aufwand von Inspiration und Energie, den der Bau von mittelalterlichen christlichen Kathedralen benötigte, mit dem Aufwand von Inspiration und Energie, der jüdischerseits in den Aufbau der Sabbatgesetzgebung gelegt wurde. Der Sabbat war also das „wöchentliche jüdische Heiligtum“ – mit seiner Feier der Schöpfung und der Befreiung aus der Sklaverei. Die anderen biblischen und nachbiblischen Feiertage sind ebenfalls Zeugnisse für die „Heiligung der Zeit“, so daß zu verschiedenen Jahreszeiten nicht nur die landwirtschaftlichen Erzeugnisse als göttlicher Segen, sondern auch die verschiedenen Momente der Heils- und Offenbarungsgeschichte gefeiert wurden. Und Heinrich Heines Ausspruch von der Bibel als dem „tragbaren Vaterland der Juden“ hat sich durch die Generationen hindurch als Tatsache bewährt.

Als dann im 19. Jahrhundert das Reformjudentum den universalen Aspekt des messianischen Glaubens betonte, verschwanden auch die Bitten um den Wiederaufbau des Jerusalemer Tempels und um die Rückkehr der Juden nach Palästina aus den reformierten Gebetbüchern. Das sog. „Heilige Land“ wurde weiterhin als „Wiege des Glaubens“ verehrt, aber nur als Erinnerung an eine frühere Phase der jüdischen Entwicklung, nicht als Stätte der Verwirklichung von Zukunftshoffnungen. Das änderte sich allerdings mit der Vernichtung der europäischen Judenheit und der Gründung des Staates Israel, dessen Regierung – nicht unbedingt aus rein religiösen Gründen – die Verehrung von jüdischen „heiligen Stätten“ auf palästinensischem Boden fördert und unterstützt; so z.B. das Kreuzfahrergrab auf dem vermeintlichen Zionsberg, das als Grab von König David von vielen Touristen besucht wird. Die Klagemauer, d.h. die westliche Stützwand des von den Römern zerstörten Herodianischen Tempels, vielleicht die einzige wirkliche „heilige Stätte“, die das traditionelle Judentum kannte, ist zum Nationalheiligtum des Staates Israel geworden und wird auch von nichtreligiösen Israelis verehrt.

Die uralte Dialektik von heiligem Ort und heiliger Zeit ist somit in eine neue Entwicklungsphase eingetreten, deren endgültiger Effekt auf die Fortentwicklung des religiösen Judentums bis jetzt noch unübersehbar ist.

↗ Bibel; Bund; Diaspora/Exil; Gesetz; Gott; Jerusalem; Liberales Judentum/Reformjudentum; Messias; Neues Testament; Propheten/Prophetie; Sabbat; Schöpfer/Schöpfung; Tempelkult/Tempelzerstörung; Zionismus.

Literatur: *M. Buber,* Israel und Palästina – Zur Geschichte einer Idee, München 1968; *W. D. Davies,* The Gospel of the Land, Early Christianity and lewish Territorial Doctrine, Berkeley/London 1974; *H.Donner,* Pilgerfahrt ins Heilige Land – Die ältesten Berichte christlicher Palästina-Pilger, Stuttgart 1979; *L. A. Hoffman* (Hrsg.), The Land of Israel. Jewish Perspectives, Notre Dame

1986; *O. Keel / M. Küchler / C. Uehlinger*, Orte und Landschaften der Bibel, Bd. 1: Geographisch-geschichtliche Landeskunde, Zürich 1984, Bd. 2: Der Süden, Zürich 1982; *G. Stemberger*, Juden und Christen im Heiligen Land. Palästina unter Konstantin und Theodosius, München 1987. P

Heils-/Unheilsgeschichte

↗ Erwählung.

Hellenismus

Begriff und Geschichte

Unter Hellenismus wird jene spätantike Weltkultur verstanden, die darauf aus war, verschiedene lokale Kulturen und Religionen miteinander zu vermischen und sie dem griechischen (später dem römischen) Denk-, Lebens- und Machtstil unterzuordnen. Im Gefolge der Eroberung des Vorderen Orients durch Alexander den Großen (356–323 v. Chr.) gerieten auch die Juden in den Sog des synkretistischen Kultur- und Machthellenismus. Im 3./2. Jahrhundert v. Chr. waren es vor allem die seleukidischen (Syrien) und ptolemäischen (Ägypten) Diadochenreiche, die Palästina nicht nur politisch, sondern auch geistig in die Zange nahmen.

Das größte jüdische Wagnis, dem Hellenismus konstruktiv zu begegnen, war die Septuaginta-Übersetzung (LXX: ca. 250 – ca. 100 v. Chr.). Laut Aristeasbrief (150–100 v. Chr.) wählte der Hohepriester Eleasar „die vornehmsten und durch Bildung ausgezeichneten Männer aus, die sich nicht nur in den jüdischen Schriften auskannten, sondern auch ausgezeichnete Kenntnisse der griechischen Kultur erworben hatten" (Arist 121), und schickte sie zu König Ptolemaios II. (285–247 v. Chr.), damit die jüdischen heiligen Schriften entsprechend dem Wunsche alexandrinischer Gelehrter in einer hervorragenden Übersetzung in Zukunft auch den Griechen zur Verfügung stehen. In den Jahrhunderten vor und nach der Entstehung des Christentums entstand ein voluminöses und alle belletristischen und wissenschaftlichen Sparten umfassendes jüdisch-hellenistisches Schrifttum. Die geistigen Hauptvertreter des jüdischen Hellenismus waren der Philosoph Aristobul (2. Jh. v. Chr.), der Toradeuter Philo von Alexandrien (gest. ca. 40/41 n. Chr.) und die Geschichtsschreiber Jason von Kyrene (um 150 – 80 v. Chr.) und Josephus Flavius (37–100 n. Chr.). Der pagane Hellenismus griechisch-römischer Färbung zeigte sich diesem jüdischen Kooperationswillen gegenüber im allgemeinen nicht erkenntlich. Unter Antiochus IV. Epiphanes (175–164 v. Chr.) kam es zu Schändungen des jüdischen Kults und zu Verfolgungen der sich dem Hellenisierungsprogramm (Umwandlung Jerusalems in eine griechische Polis usw.) widersetzenden Juden. Im Jahre 38 n. Chr. ereignete sich in der hellenistischen Metropole Alexandria das erste Judenpogrom der Weltgeschichte. In einem Brief an die Alexandriner warnte der römische Kaiser Claudius vor dem Judenhaß der Griechen und vor jüdischem Machtstreben, wobei er den Juden androhte, die römische Macht werde gegen sie „wie gegen eine die ganze Ökumene infizierende Krankheit vorgehen" (CPJ 11 41).

Jüdische Problematik

Das Scheitern des jüdischen Dialogs mit dem spätantiken paganen Hellenismus gab den jüdischen Antihellenisten neuen Auftrieb. Seit damals besteht eine innerjüdische Gegnerschaft zwischen Verfechtern einer strikten soziokulturellen und religiösen Absonderung und den Verteidigern einer gemäßigten, weil unausweichlichen Assi-

milation mit den „mächtigen Weltvölkern“, bei denen Juden lebten. Ab dem 4. Jh. wurde das Christentum von den Rabbinen als Erbe und Nachfolger des Machthellenismus betrachtet.
Die sich daraus ergebenden, prinzipiell nicht lösbaren Fragen können so formuliert werden:
a) Darf man als Jude an einer nichtjüdischen Kultur und Zivilisation partizipieren, oder hat man sich zu isolieren? Diese Frage wurde vor allem im Zusammenhang mit Mischehen und mit dem Problem des jüdischen Dienstpersonals in christlichen Haushalten brisant.
b) Darf man (angebliche) Errungenschaften nichtjüdischer Religionen und Traditionen in die eigene jüdische Religion und Tradition aufnehmen, oder muß man alles von außen kommende Theologische und Religiöse zurückweisen? Obwohl es uneingestandene und eingestandene christliche Beeinflussungen jüdischer Gebräuche gibt, hat diese Frage bis heute in einigen orthodoxen Kreisen scharfe Kanten: Man dürfe sich keine Berührung mit der christlichen Theologie gestatten.
c) Darf man außerjüdische Religionen aus jüdischem Wohlwollen heraus fördern und so deren Identität stärken, oder muß man sich einzig auf das innerjüdische Engagement beschränken? Jene Juden, die jedes Engagement für eine außerjüdische Religion und Weltanschauung ablehnen, wollen damit hauptsächlich die Mission von der jüdischen Glaubensgemeinschaft fernhalten. Das Christentum gilt vielen traditionellen Juden als eine hellenistische Mischreligion. Es habe Hellenistisches mit Jüdischem amalgamiert und so den jüdischen Monotheismus und die Heilsgeschichte verdunkelt. Man muß im jüdisch-christlichen Dialog mit einem antihellenistischen Trauma bei Juden rechnen.

Christliche Problematik

Dem Christentum war die hellenistische Problematik bei seiner Entstehung bereits vorgegeben. Die Verschwisterung lockert sich erst heute im Gefolge der christlich-theologischen Besinnung auf die jüdischen Wurzeln. Bereits in der Jerusalemer Urgemeinde gab es das Problem, daß christlich gewordene Hellenisten sich zwiespältig zur hebräischen Tradition verhielten (Apg 6,1). Im allgemeinen hatte das Christentum größere Möglichkeiten des Dialogs und der Anlehnung an den Hellenismus als das Judentum. Besonders Paulus überwand seine anerzogene antihellenistische Scheu und verkündete Christus in hellenistisch-theologischer Diktion Juden und Nichtjuden (vgl. Röm 1,16; 1 Kor 9,20; 10,32; 12,13). Die christliche Mission lebte in späteren Zeiten von diesem frühen hellenistischen Impuls. Die Glaubensverkünder versuchten immer wieder neue Formen der christlichen Inkulturation bei den Völkern. Sie waren überzeugt, daß es einen *„sacro paganismo“* gebe, d. h. ein Hingeordnetsein aller Völker und Religionen auf die christliche Botschaft.

Folgerungen

Der Hellenismus wurde vom Judentum und von der Kirche erfahren und für die Ziele der eigenen Religion ausgewertet. Im Judentum ist die Vorsicht vor der Hellenisierung der eigenen Religion stärker ausgeprägt als im Christentum. Man kann jedoch das Christentum nicht als hellenistisch und das Judentum im Gegensatz dazu als antihellenistisch charakterisieren. Die jüdischen Warnungen vor der Hellenisierung sind allerdings zu beachten: Ohne Rückkoppelung zum Judentum pervertiert das Christentum zu einer wurzellosen philosophisch-theologischen Bewegung mit antijüdischer Spitze. Aber auch das Judentum kommt nicht an realistischen Entscheidungen vorbei. Religiöse und kulturelle Interdependenzen und Osmosen lassen sich nicht vermeiden und können daher auch nicht verteufelt werden.

↗ Apokryphen; Dialog; Diaspora/Exil; Judenmission; Mischehe; Orthodoxes Judentum; Schittuf.

Literatur: *Y. Amir*, Die hellenistische Gestalt des Judentums bei Philon von Alexandrien, Neukirchen-Vluyn 1983; *H. D. Betz*, Hellenismus und Neues Testament, in: TRE 15, Berlin 1986, 21–35; Etude sur le Judaïsme Hellenistique, Congrès de l'Association catholique française pour l'étude de la Bible, Strasbourg 1983; *M. Hengel*, Judentum und Hellenismus, Tübingen 1969; *S. Lieberman*, Greek in Jewish Palestine, New York 1942; *ders.*, Hellenism in Jewish Palestine, New York 1950; *A. Pelletier* (Hrsg.), Lettre d'Aristée à Philocrate, in: SC 89, Paris 1962; *E. Schürer*, The History of the Jewish People in the Age of Jesus Christ (135 B.C.–A.D. 135), revised Edition by Geza and Pamela Vermes u.a., Bde. 1–3, Edingburgh 1973–1987; *V. Tcherikover / A. Fuchs / M. Stern* (Hrsg.), Corpus Papyrorum Judaicorum (CPJ), 3 Bde., Cambridge (Mass.) 1957–1964. T

Holocaust

Begriff und Inhalt

Der Holocaust (griech./lat.: Schlachtopfer, Ganzopfer) bezeichnet die ideologisch motivierte und (maschinell) durchgeplante und durchgeführte Ausrottung von ca. 6 Millionen Juden im nationalsozialistischen Machtbereich (1933–1945). Andere Begriffe sind: die Scho'a (hebr.: Vernichtung), Auschwitz, die versuchte Endlösung, der Genozid am jüdischen Volk u.a. Seit ca. 1960 (Eichmann-Prozeß in Jerusalem) traten die unfaßbaren Dimensionen dieses Greuelereignisses zunehmend ins Bewußtsein der öffentlichen Meinung, besonders in Israel, den USA und in Europa. Man erkannte den Holocaust samt seiner Vorgeschichte als das schaurige moderne Signal, das traditionelles und modernes Denken und Handeln richtet. Der Holocaust ist zum entscheidenden Gradmesser für das theologische und humane Verhalten der modernen Menschheit geworden. Man müsse die Erinnerung daran auf allen Ebenen wachhalten, damit dergleichen: Dehumanisierung der Juden, Judenmord, Völkermord, nicht mehr geschehen könne. In Auschwitz sei die totale Vernichtung der Juden, aber auch der Menschheit, vorprogrammiert und bis zu unerträglichem Ausmaß durchgeführt worden. Man müsse daher menschheitlich und religiös zusammenstehen, um Wiederholungen und Ausweitungen zu verhindern. Die Menschheit sei eine Gemeinschaft der von der Ausrottung durch menschen- und judenfeindliche Mächte Bedrohten.

Das bei den Massenmorden an Juden zum Ausdruck gekommene, kaum noch zu überbietende Böse liegt darin, daß die Juden *wahllos* und kollektiv, d.h. unabhängig von ihrem moralischen, staatsbürgerlichen oder wirtschaftlichen Verhalten, gequält, verschleppt, vertrieben und ermordet wurden. Sie wurden als Vertreter einer schädlichen Rasse und einer menschenfeindlichen Religion (der jüdische Untermensch, der jüdische Menschen- und Christenhasser, das jüdische „Insekt") gehaßt. Es nützte ihnen nichts, wenn sie sich vom jüdischen Volks- und Religionsverband lösten, sich als Deutsche fühlten oder zum Christentum konvertierten (vgl. die Jüdin, Philosophin, Konvertitin und Karmelitin Edith Stein, die trotz stärkstem kirchlichem Einsatz der Vergasung in Auschwitz nicht entging).

Problematisches christliches Erbe

Die Argumentation Hitlers und seiner Gefolgsleute zur Begründung der Vernichtung des jüdischen Volkes war rassistischer, d.h. im Grunde auch antichristlicher Natur. Zur Verwischung der Mordabsichten und -durchführung bedienten sich die Nazis aber auch traditionell christlich-antijüdischer Klischees („Indem ich mich des Juden erwehre, kämpfe ich für die Sache des Herrn"; die Juden als Gottesmörder; wir brauchen ein judenfreies germanisches Christentum). Mit Hilfe von Klischee-Manipulationen wurden die Volksmassen für das Nazitum gewonnen und gegen die Juden eingenommen. Viele Kirchenführer und Theologen wurden unsicher und furchtsam und konnten teilweise vor das ideologische Gefährt der Nazis gespannt werden. Die meisten Naziführer waren Kinder christlicher Eltern und konnten ihr christliches Erbe teilweise mühelos pervertieren. Alles dies weist auf ein schwaches und kleingläubiges Christentum hin, das sich zu wenig gegen die Nazi-Tyrannen erhob, die judenfeindlichen Ideologien mit seiner Botschaft nicht zu überstrahlen vermochte und die nicht zur christlichen Herde gehörenden Juden in ihrer Ausweglosigkeit aus den Augen verlor. Nach 1945 wurden die Kirchen daher von einer zunehmenden Zahl von Menschen als Gemeinschaft der Furcht, der Unfähigkeit, eigene judenfeindliche Ideologien abzuschütteln, und der Kollaboration mit Juden- und Menschenfeinden gewertet und getadelt. Es kam zu Massenaustritten aus den Kirchen. In der späten Stunde der Erkenntnis eigenen schuldhaften Verhaltens kam es zu beachtlichen kirchlichen Versuchen der Abkehr von der 19 Jahrhunderte lang festgesessenen antisemitischen Tradition und zu Theologien eines antisemitismusfreien und dialogfähigen Christentums.

Aufgaben

Nach Auschwitz sind keine Gedichte und Gebete mehr möglich; der fürsorgende Gott Israels ist tot, man kann keiner Religion mehr trauen, der Mensch wurde definitiv als Unter-Bestie entlarvt – diese und ähnliche Haltungen des Entsetzens sind begreiflich und zeugen von großem Engagement für das Humane, das Jüdische und das Christliche. Wenn man aber nicht nur im Schrecken über den Holocaust erstarren, sondern wachsam die Gegenwart und die Zukunft der Juden und Christen mitgestalten will, dann muß allen Versuchen des Vergessenwollens, der Einebnung oder Verdrängung der Schuld, der blinden Anpassung an die Macht und der Rückkehr zu Vor-Auschwitz-Ideologien (z.B. Neonazismus, traditionalistische Antijudaismen) entgegengetreten werden. Zudem bedarf es einer neuen Sensibilität der Sprache, die durch den Holocaust bis in ihre Wurzeln hinein korrumpiert wurde. Neben diesen demonstrierenden, beschwörenden, korrigierenden und erinnernden Aufgaben darf aber die von einer „christlichen Theologie des Judentums und einer jüdischen Theologie des Christentums" (J. J. Petuchowski) geforderte Besinnung auf Bestimmung und Geschichte von Judentum und Christentum nicht außer acht gelassen werden.

Juden, Christen und religiöse und nichtreligiöse Nichtchristen stehen in der Nach-Auschwitz-Zeit vor unabweisbaren, fast übermenschlichen Aufgaben der internen und dialogischen Erneuerung. Das Umdenken hat historische und theologische Bezüge. Schon zur Zeit des Anfangs, in der ersten Erwähnung Israels in der auf den Pharao Mernephtah (ca. 1213–1203 v.Chr.) zurückgeführten Inschrift wird in der zweiten Linie gesagt, daß „Israel darniederliegt und keinen Samen hat". Für den Pharao (vgl. das Exodusbuch), später für Nebukadnezzar (vgl. das Danielbuch und das Juditbuch), Haman (vgl. das Esterbuch) und Antiochus IV. Epiphanes (vgl. die Makkabäerbücher) durfte das israelitisch-jüdische Volk nicht existieren. Die Kirche verneinte den andauernden Bund Gottes mit diesem Volk und erhob sich als Alleinerbin über dasselbe. Hitler sagte, es könne nicht zwei erwählte Völker – das deutsche und das jüdische – geben. Im Grunde aller Vernichtungskämpfe gegen das jüdische Volk liegt Neid und Haß der Völker gegen das Volk der besonderen Erwählung (*'ām segulla*; vgl. Ex 19,5; Dtn 7,6; 14,2; 26,18; Mal 3,17). Angesichts dieser Lage kam es im Judentum immer wieder zu Ängsten vor totaler Volksausrottung durch frevelhafte, antigöttliche = antijüdische, heidnische Mächte. Das Nichteintreffen dieser Totalbedrohung wurde dann als unerhörtes und unverdientes Eingreifen Gottes, „der Wunder tut", gefeiert (vgl. die Bücher Ester, Daniel 1–6; Judit).

Der Holocaust kann weder bewältigt noch verstanden werden, sowenig wie der Gott Israels in seinem Wesen und Wirken, in seiner speziellen Nähe und in seinem „Verhüllen des Antlitzes" (*hester-panîm:* bHag 5 a) begriffen werden kann. Ein ehrfürchtiges Hineinschauen in die ganze Geschichte und Bestimmung Israels mitten unter den Völkern, vor allem aber in seine Verfolgungs- und Märtyrertraditionen, kann eine schauerliche Ahnung des Ausmaßes und der Konsequenzen des Holocaust für Juden und Nichtjuden vermitteln. Seit dem Holocaust haben sich das Selbstverständnis und die kommunal-sozialen Zielsetzungen der Juden stark geändert. Sie fühlen sich nun als Gemeinschaft von unerwartet Geretteten, die im Staat Israel ihr Zentrum und den Garanten des weiteren Überlebens besitzen. Daher ist der Dialog zwischen Juden und Christen nach Auschwitz anders, als er zuvor je hätte sein können.

Seit Auschwitz gewinnt die christliche Glaubenserkenntnis an Bedeutung, daß Jesus ein jüdisches Holocaust-Opfer des heidnischen Antijudaismus war und daher in die Reihen der modernen jüdischen Holocaust-Opfer hineingehört. Damit wird Jesus zum unüberhörbaren Mahner vor allen Formen des Judenhasses.

↗ Antijudaismus; Bund; Dialog; Erwählung; Jesus von Nazaret; Kirche/Kirchen.

Literatur: *H. Ahrendt,* Elemente und Ursprünge totaler Herrschaft, Frankfurt 1955; *J. Améry,* Jenseits von Schuld und Sühne, Bewältigungsversuche eines Überwältigten, Stuttgart 1980; *W. Bartoszewski,* Uns eint vergossenes Blut – Juden und Polen in der Zeit der ‚Endlösung', Frankfurt 1987; *Y. Bauer* u.a., Remembering for the Future, 3 Bde., Oxford 1989; *E. Fleischer* (Hrsg.), Auschwitz: Beginning of a New Era? Reflections on the Holocaust, New York 1977; *W. Gerlach,* Als die Zeugen schwiegen. Bekennende Kirche und die Juden, Berlin 1987; *G. B. Ginzel* (Hrsg.), Auschwitz als Herausforderung für Juden und Christen, Heidelberg 1980; *R. Hilberg,* Die Vernichtung der europäischen Juden, 3 Bde., erw. Taschenbuchausgabe, München 1994; *J. Kaiser / M. Greschat,* Der Holocaust und die Protestanten. Analysen einer Verstrickung, Frankfurt 1988; *J. Gutman / C. Schatzker,* The Holocaust and its Significance, Jerusalem 1984; *E. Kogon / J. B. Metz* (Hrsg.), Gott nach Auschwitz, Dimensionen des Massenmordes am jüdischen Volk, Freiburg i. Br. 1979; *J. Kohn,* Haschoah, Christlich-jüdische Verständigung nach Auschwitz, Mainz 1986; *P. Levi,* I sommersi e i salvati, Turin 1986; *F. H. Littell,* The Crucifixion of the Jews, New York 1975; *A. Morse,* While Six Million Died, A Cronicle of American Apathy, New York 1968; *J. Oesterreicher,* Rassenhaß ist Christushaß: Hitlers Judenfeindlichkeit in zeitgeschichtlicher und heilsgeschichtlicher Sicht, Dokumente, Kritik, Klagenfurt 1993; *A. Pauker,* Die Juden im nationalsozialistischen Deutschland, Tübingen, München 1980; *N. Sachs,* O the Chimneys, Selected Poems in a Bilingual Edition, New York 1976; *E. Wiesel,* Night, New York 1958; *H. J. Zimmels,* The Echo of the Nazi Holocaust in Rabbinic Literature, New York 1987.

T

I - J

Inkarnation

Traditionelle Lehre

Mit Inkarnation ist jene das Christentum dem Judentum gegenüber konstituierende Glaubenslehre gemeint, wonach Jesus von Nazaret seit dem ersten Augenblick seines Daseins im Schoße der Jungfrau Maria wahrer Gott und wahrer Mensch ist. Die traditionellen Glaubenssätze über die Inkarnation betreffen einerseits die Selbstmitteilung und Selbsterniedrigung Gottes (Abstiegstheologie) und anderseits die Erhöhung der Menschheit Christi in die Gottheit hinein (Aufstiegschristologie) und in deren Konsequenz die Erlösung der Menschheit (Soteriologie). Mit der Abstiegstheologie ist nicht gemeint, daß der unendliche Gott von Ex 3,14 („Ich werde dasein als der ich dasein werde") in seiner vollen unendlichen Unbeschränktheit, d.h. als YHWH, in der Menschwerdung aufgegangen sei (gegen bestimmte Formen moderner christlicher Tod-Gottes-Theologie; vgl. dagegen 1 Kor 15,20–28); sondern daß sein Logos, sein Wort, sein Antlitz, d.h. sein Wesen, insofern es relational, d.h. israel- und menschenzugewandt ist, ganzer und voller Mensch geworden ist (Joh 1).

In der traditionellen christlichen Lehre wird einerseits gegen die Gnosis betont, daß der Abstieg des Logos ein vollkommener sei, d.h., daß er sich bis ins Leid und in den Tod hinein erstreckte. Christus darf weder als ein zwischen Transzendenz und Immanenz befindliches „Mittelwesen" verstanden werden noch als ein mit Sünde behafteter Mensch. Anderseits bestätigt die Inkarnation aber auch das Mehrsein Gottes sowie die Verwiesenheit des menschgewordenen Sohnes auf den unendlichen Gott Israels. Die Glaubensaussage: „Durch Christus, mit Christus und in Christus wird dir, allmächtiger Gott, alle Ehre und Herrlichkeit in alle Ewigkeit" (vgl. Eucharistiebenediktion; Röm 11,33–36; 1 Kor 8,6) warnt vor dem „christologischen Engpaß", wonach der inkarnierte Logos Anfang, Ziel und Ende *aller* göttlicher Wirklichkeit wäre. Es gibt neutestamentliche Stellen, in denen die Aufstiegschristologie vorrangig ist: Jesus als Sohn Davids wurde in der Auferstehung als Sohn Gottes eingesetzt (Röm 1,1–6), er hat sich als Sieger auf den Thron des Vaters gesetzt (Offb 3,21; 5,5f). Die Verbindung zwischen Abstieg und Aufstieg findet sich besonders ausgeprägt in Phil 2,5–11.

Die theologischen Spekulationen über die Menschwerdung, soweit sie in Konzilsformulierungen ihren Niederschlag gefunden haben, beinhalten die Einheit und die innere Spannung zwischen Gott in seiner Unendlichkeit und dem zur Endlichkeit tendierenden und in der Endlichkeit weilenden Logos als innerstes Problem. Schon das Neue Testament wehrt sich gegen die Anmaßung, als könne dies von uns aus eingesehen werden: „Mir ist von meinem Vater alles übergeben worden; niemand kennt den Sohn, nur der Vater; und niemand kennt den Vater, nur der Sohn und der, dem es der Sohn offenbaren will" (Mt 11,27).

Zur Frage der gottmenschlichen Einheit und Spannung gesellt sich in gleicher Gewichtigkeit jene nach dem damit intendierten Heil der Menschen. Die Adressaten der Menschwerdung sind ja alle Menschen aller Zeiten und Situationen: „Denn um uns Menschen willen und um unseres Heiles willen kam er herunter und wurde Mensch, litt er, erstand er am dritten Tag von den Toten, stieg in die Himmel hinauf und wird er wiederkommen, um die Lebenden und die Toten zu richten" (Symbolum Nicaenum: 325 n. Chr.; DS 125).

Ein theologisches Konzept, das Inkarnation nicht menschen- und geschichtsbezogen, nicht das universale Heil bezweckend denken würde, wäre eine bloße esoterische Gottesspekulation.

Jüdischer Kontext

Die Inkarnation kann nicht zwischen Juden und Christen verhandelt werden. Sie markiert die eindeutigste und stärkste Trennungslinie zwischen Judentum und Christentum. Da die jüdisch verbindliche, talmudische Tradition nichts davon enthält und da die Verkünder der Menschwerdung als Judenfeinde auftraten, ist weder eine jüdische Annäherung noch Zustimmung möglich. Im jüdisch-christlichen Kontext sind aber zwei Punkte wichtig:

a) Die wichtigste biblische Grundtendenz besteht in der Aussage, daß der Gott Israels israel- und menschenzugewandt ist. Er wohnt nicht nur im Himmel, sondern auch auf Erden. Sein größtes Verlangen ist, es, mitten unter seinem Volke und mitten unter den Menschen zu sein und ihnen Heil zu bringen. In diesem Sinne ist die jüdische Religion „inkarnatorisch". Das jüdische Volk versteht sich als dasjenige, in welches der Name Gottes eingeschrieben wurde. Es ist das lebendige Abbild Gottes. Um zu wissen, wer Gott ist, lohnt es sich, auf Israel zu schauen. Die christliche Inkarnation hätte nicht ohne das jüdische Bekenntnis zum herabsteigenden, begleitenden, nahen Gott verständlich werden können. Die Urversuchung Israels nach dem Auszug aus Ägypten war der Zweifel an der Nähe Gottes (Ex 17).

Daß sich die Rabbinen nicht apodiktisch gegen *alle* Bemühungen von Nichtjuden verhielten, Gottes Herablassung zu bekennen, zeigt etwa MekhY zu Ex 17,6 (Horov. 175). Danach sagte der Heilige, gelobt sei er, zu Mose am Horeb: „Überall, wo du eine Fußspur von Menschen findest, dort stehe, bin ich vor dir." D. h., dort, wo Menschen die Herabkunft Gottes bekennen, dort ist es eine Bestätigung des israelitischen Glaubens an Gottes Zuwendung zu Israel.

b) Es gibt auch für die Völker keine Inkarnation und damit kein Heil auf Kosten des Heils Israels und am Heil Israel vorbei. Die von den Christen bekannte Inkarnation ist wertlos und unsinnig, wenn sie zur Waffe gegen die Juden und ihre angebliche Verstockung benutzt wird. In diesem Sinne ist der Satz im Juditbuch (2. Jh. v. Chr.) wegweisend: „Breite über jedes Volk und jeden Stamm die Erkenntnis aus, daß du Gott bist, der Gott jeder Kraft und Macht, und daß es keinen anderen gibt, der seinen Schild über Israel hält, außer dich allein" (Jdt 9,14).

↗ Christus/Christologie; Erwählung; Gott; Jesus von Nazaret; Maria; Volk Gottes.

Literatur: *A. Grillmeier / H. Bacht* (Hrsg.), Das Konzil von Chalkedon, Geschichte und Gegenwart, 3 Bde., Würzburg [4]1973; *K. M. Kodalle*, Gegenwart des Absoluten. Philosophisch-theologische Diskurse, Gütersloh 1974; *P. Kuhn*, Gottes Trauer und Klage in der rabbinischen Überlieferung, Leiden 1978; *K. Rahner*, Inkarnation, in: SM II, Freiburg 1986, 824–840; *C. Thoma / M. Wischogrod*, Das Reden vom einen Gott bei Juden und Christen, JudChr 7, Bern 1984. T

Inquisition

Begriffe und Geschichte

Mit Inquisition ist eine von der katholischen Kirche im Mittelalter ausgeübte Praxis zur Ermittlung und Beseitigung von Ketzerei (Häresie) gemeint. Die von Papst Gregor IX. 1231 veröffentlichte Konstitution „Excommunicamus" gilt als Beginn der systematisch betriebenen Verfahren gegen Ketzer: Frühere Ansätze wurden aufgegriffen, das gerichtliche Procedere genauer umschrieben und die Dominikaner (später auch die Franziskaner) mit der Durchführung betraut; betroffen waren vor allem die Katharer, Waldenser, Beginen und Begarden.

Die spanische Inquisition war (neben der päpstlichen und der römischen) insofern eine Besonderheit, als sie ein kirchlich-staatliches Zusammenspiel war und als sie sich hauptsächlich (zu ca. 99 %) gegen die *conversos* oder *marranos* (freiwillig oder/und gezwungen vom Judentum zum Katholizismus Konvertierten) richtete. Diese „Neubekehrten" wurden von den Altchristen – teilweise aufgrund von Ideologien über die Reinheit des Blutes *(limpieza de sangre)* – nicht akzeptiert. Da viele Marranen außerdem insgeheim jüdische religiöse Bräuche weiter pflegten, also der Ketzerei huldigten, verlangte Königin Isabella von Kastilien 1478 vom Papst die Errichtung einer speziellen Inquisition. Ab 1480/82 waren neun Dominikaner-Inquisitoren in Sevilla und Andalusien tätig, der mächtigste und gefürchtetste unter ihnen war der „Großinquisitor" Tomas de Torquemada, jüdischer Abstammung, Dominikanerprior und Vertrauter der Königin.

Die spanische Inquisition war in erster Linie ein kirchliches Gericht und als solches dem Papst unterstellt. Das spanische Königshaus hatte jedoch ein Überwachungsrecht, so daß im Endeffekt von einem gemischten kirchlich-staatlichen Gericht gesprochen werden kann. Die spanische Inquisition hielt sich in wechselvoller Entwicklung ca. 350 Jahre. Ihre berüchtigste Zeit waren die 12 Jahre vor der Vertreibung der Juden aus Spanien (1480–1492). Damals wurden nach zeitgenössischen Schätzungen ca. 3000 *conversos* verbrannt und ca. 2000 „rekonziliiert", d. h. mit Folter usw. zur Buße und zum „reinen" Katholizismus zurückgebracht. Die spanische Inquisition war weit berüchtigter als alle andern Formen der mittelalterlichen Inquisition. Besonders gefürchtet war die feierliche Verkündigung der Urteile gegen die Ketzer auf den Hauptplätzen der Hauptstädte, der sogenannte *sermo generalis* oder *auto da fé*. Die Verurteilten wurden an den Pranger gestellt, und den Zuschauern sollte dabei der Schrecken in die Glieder fahren. Die Verbrennung selbst fand oft erst danach unter weitgehendem Ausschluß der Öffentlichkeit statt. Nach der Vertreibung der Juden erfuhren die Morisken (konvertierte Muslime) besonders in Südspanien ein ähnliches Schicksal. Die Verfahren gegen konvertierte Juden wurden nach 1492 auch in den spanischen und portugiesischen Kolonien weitergeführt.

Vergiftung der jüdisch-christlichen Beziehungen

Im Bewußtsein heutiger Juden wird unter der spanischen Inquisition vielfach alles verstanden, was in Spanien/Portugal an Intoleranz und Zwang im Verlaufe des Mittelalters gegen Juden in Szene gesetzt wurde: Judenmission, Zwang zur Anhörung von christlichen Bekehrungspredigten, Zwangsdisputationen (Barcelona: 1263, Tortosa:

1413–1414), Verurteilung zu Gefängnis, Geldzahlung und Tod. Die katholische Kirche habe in Spanien ihre wahre judenfeindliche Fratze gezeigt. Sie sei eine Institution der Intoleranz und des Absolutismus. Seit der mittelalterlich-spanischen Zeit ist die jüdische Einstellung zum Christentum traumatisiert. Wenn neue Judenfeindschaften aufkommen, steigt das Schreckgespenst der Inquisition aus dem Unterbewußtsein auf. Anderseits erfuhr die jüdische Identität in neuester Zeit indirekt von der Inquisition her eine besondere Bestätigung und Kräftigung, da viele Marranen jüdische Traditionen über viele Generationen hindurch trotz äußeren Christseins bewahrten und anläßlich ihrer Rückkehr ins Judentum erkannt werden konnten.

Christliche Bewertung

Die Inquisition ist – christlich gesehen – als frontaler kirchlicher Angriff gegen Jesus zu bewerten, der selbst ein Opfer einer heidnischen Inquisition („gelitten unter Pontius Pilatus") war. Als Christ kann man sich nur mit den Opfern der Inquisition, auf keinen Fall mit den Macht-Akteuren, identifizieren. Ein Hauptanliegen der modernen jüdisch-christlichen Bewegung ist die Entlarvung von Religions- und Machtmißbrauch und die Hinwendung zu den Opfern jeder Form von absolutistischem Dogmatismus, von Folter, Benachteiligung und Verfolgung.

↗ Antijudaismus; Disputationen; Judenmission; Holocaust.

Literatur: *H. Beinart*, Marranen, in: TRE 22, 177–182; *H. Greive,* Die Juden. Grundzüge ihrer Geschichte im mittelalterlichen und neuzeitlichen Europa, Darmstadt [2]1982; *F. Heymann,* Tod oder Taufe. Die Vertreibung der Juden aus Spanien und Portugal im Zeitalter der Inquisition, Frankfurt 1988; *H. Kamen,* Inquisition and Society in Spain, London 1985; *S. B. Liebman,* New World Jewry, 1493–1825. Requiem for the Forgotten, New York 1982; *M. Schreiber*, Marranen in Madrid 1600–1670, Stuttgart 1994; *P. Segl* (Hrsg.), Die Anfänge der Inquisition im Mittelalter. Mit einem Ausblick auf das 20. Jh. und einem Beitrag über religiöse Toleranz, Köln 1993; *Y. H. Yerushalmi* (u. a.), Bibliographical Essays in Mediaeval Jewish Studies: The Study of Judaism Vol. 2, New York 1976. T

Islam

Geschichte und Lehren

Unter Islam (wörtlich: Sich-Loslassen, Hingabe) versteht man die von Mohammed (570–632) gegründete, streng monotheistische Religion, deren Anhänger sich Muslim bzw. Muslime nennen. Im Schnittpunkt aller islamischen Zielrichtungen ist *Allāh,* über den der erste und wichtigste Glaubenssatz lautet: „Es gibt keinen Allāh (der Höchste, Gott) außer Allāh." Nach diesem Satz kann man Gott zwar tautologisch, nicht aber definitorisch umschreiben. Dementsprechend geht der Islam keinerlei Kompromisse etwa mit trinitarischem Denken oder anthropomorphen Gottesvorstellungen ein. Das heilige Buch des Islams ist der *Koran*, der aufgrund der primären Autorschaft Allahs auch der Inbegriff sprachlich-ästhetischer Vollkommenheit ist. Die heiligste Stadt des Islams ist *Mekka*, danach folgen Medina und Jerusalem (*al-Kuds:* die Heilige). In Mekka befindet sich die Ka'ba, die heilige Moschee mit dem schwarzen Stein (*al-ḥadjar*, Meteorit?), das Ziel der muslimischen Wallfahrt. Das muslimische *Glaubensbekenntnis* umfaßt besonders drei Punkte: a) Allah ist einzig. b) Mohammed ist sein Prophet. c) Der Mensch geht dem Gericht Gottes entgegen.

Die islamisch traditionelle (nicht koranische) Formulierung für a und b lautet: „Es gibt keinen Gott außer Allāh, und Mohammed ist der Gesandte Allāhs." Bezüglich des Gerichtes Gottes sagt der Koran in der Sure 99,7f, daß dann jeder jedes „Stäubchen an Gutem und Bösem“ zu sehen bekommt. Die muslimische *Zeitrechnung* beginnt 622 n. Chr., dem Zeitpunkt der Auswanderung Mohammeds nach Medina *(Hidschra)*.

Verbindungen zu Judentum und Christentum

Entstehung und Geschichte des Islams verliefen in so vielfältiger Verknüpfung mit Judentum und Christentum, daß man letztere in ihrem gegenseitigen Verhältnis nicht ohne Miterwägung des Islams deuten kann. Zu beachten sind besonders folgende Punkte:
a) Der Islam will eine Wiederherstellung des reinen monotheistischen Glaubens *Abrahams* sein. In der Sure *al-Anafim* 6, Vers 161 fordert Mohammed folgendes Bekenntnis: „Mein Herr hat mich auf einen geraden Weg geführt, zu einem richtigen Glauben, der Religion Abrahams, eines Ḥanifen – und er war kein Heide!“ Der Islam ist damit neben Judentum und Christentum die dritte abrahamitische Religion. Dies bedeutete aber bisher kein versöhnendes Band zwischen den monotheistischen Religionen, sondern eine Verstärkung des bereits vorgängigen jüdisch-christlichen Streits um die wahre Abrahamskindschaft (vgl. Gal 3,6–18; Joh 8,30–59).
b) Die Entstehung des Islams beruht teilweise auf jüdischen und christlichen Voraussetzungen. Dies ergibt sich vor allem aus der Biographie Mohammeds, der die Hebräische Bibel und das Neue Testament aufgrund von Kontakten mit Juden und Christen kannte. Er betrachtete Jesus als seinen unmittelbaren Vorläufer-Propheten, stellte aber seine Kreuzigung (wohl unter dem Einfluß gnostisierender christlicher Gruppen) in Abrede. Man kann daher den muslimischen Glauben teilweise anhand von jüdischen und christlichen „Prämissen“ erklären. So gibt etwa Hebr 11,6 das muslimische Glaubensbekenntnis inhaltlich korrekt wieder (selbstverständlich ohne reale Beziehung zum viel später entstandenen Islam): „Ohne Glauben ist es unmöglich, Gott zu gefallen; denn wer zu Gott kommen will, muß glauben, daß er ist und daß er denen, die ihn suchen, ihren Lohn geben wird.“
c) Im Mittelalter war der Islam kultureller und religiöser Vermittler für Judentum und Christentum. Hauptplätze und Hochblüten des vom Islam wesentlich mitgeprägten Austausches waren die Gegend des heutigen Irak im 9./10. Jahrhundert und Spanien vom 10.–13. Jahrhundert. Platonisches und aristotelisches Gedankengut wurde von den arabischen Philosophen gedeutet, wodurch sowohl die jüdische und christliche Scholastik als auch die jüdische und christliche Mystik (Esoterik, Kabbala) mit ermöglicht wurden.
d) Im 20. Jahrhundert wurde besonders der aggressive Islam zu einer schweren Belastung. Im Gefolge der Errichtung des Staates Israel entstand eine neue Dimension der jüdisch-islamischen Auseinandersetzung. Auf arabischer Seite wurden muslimische Traditionen erneuert, wonach es muslimische Gemeinschaftspflicht ist, für die Durchsetzung des Islams zu kämpfen und zu sterben, bis die Welt zum Gebiet des Islams oder des Friedens geworden ist *(Djihad)*.

Trialog

In der ersten Zeit seines Bestehens wurde der Islam seitens der Kirche als christliche Häresie (radikalisierter Arianismus) betrachtet. Im Mittelalter wurde mit etwa gleichen Argumenten gegen den „ungläubigen“ Islam polemisiert wie gegen die Juden. Typisches Beispiel ist der von Raimundus Martini im Jahre 1278 verfaßte „Pugio fidei" (Glaubensdolch), der ein christlicher Leitfaden für den Kampf *„adversus Mauros et Judaeos"* sein wollte.

Man kann dem Judentum und dem Islam nicht mit gleicher Argumentation begegnen. Beide Religionen sind in sich selbständige Bewegungen und befinden sich in verschiedenen Stadien der Dialogbereitschaft. Trotzdem sind „Trialoge" (das Wort ist eine philologisch schlechte Bildung) mit Beteiligung von Vertretern aller drei Religionen bisweilen wünschenswert. Dabei muß aber jeglicher Versuch, sich untereinander und gegenseitig auszuspielen, vermieden werden. Das Christentum darf z.B. islamischer Auffassung nicht recht geben, wonach die Juden den Bund mit Gott und damit jeden Erwählungsauftrag verwirkt haben. Anderseits ist auf die oft unerwartete Milde und Kompromißbereitschaft Mohammeds – nach allen Auseinandersetzungen und Kriegen – hinzuweisen, die muslimische Dialoge mit Andersgläubigen rechtfertigen. Der jüdisch-christliche Dialog mit dem Islam bleibt aber mit politischen Problemen behaftet, von denen eines die Stadt Jerusalem ist, nach der Mohammed seine „Nachtreise" unternahm (Koran, Sure 17,1) und von wo aus nach späterer Überlieferung sein Aufstieg zum Himmel auf geflügeltem Pferd erfolgte.

↗ Abraham; Bibel; Bund; Dialog; Gott; Jerusalem; Jesus von Nazaret.

Literatur: *H. Bobzin,* Islam u. Christentum, TRE 16, Berlin 1987, 336–349; *A. Bstleh* u.a., Christlicher Glaube in der Begegnung mit dem Islam, Mödling 1996; *M. Coirauld,* Les fêtes. Judaisme, Christianisme, Islam, Paris 1994; *K. Jarots,* Wurzeln des Glaubens. Zur Entwicklung der Gottesvorstellung von Juden, Christen und Muslimen, Main 1995; *A. Falaturi / J. Petuchowski / W. Strolz* (Hrsg.), Drei Wege zu dem einen Gott, Freiburg i.Br. 1976; *R. Paret* (Hrsg), Der Koran, Stuttgart [2]1982; *J. Posen,* Die Einstellung des Maimonides zum Islam und zum Christentum, Jud. 42 (1986) 66–73; *E. R. Rosenthal* (Hrsg.), Studia Semitica, Vol. 2: Islamic Themes Cambridge 1971; *K. Rudolph,* Juden – Christen – Muslime: Zum Verhältnis der drei Religionen in religionswissenschaftl. Sicht, Jud. 44 (1988) 214–232; *A. Schall,* Islam, Religionsgeschichtlich, TRE 16, Berlin 1987, 315–336; *A. Schimmel*, Im Namen Allahs, des Allbarmherzigen. Der Islam, Düsseldorf 1996; *H. Waldenfels* (Hrsg.), Lexikon der Religionen, Freiburg i.Br. 1987, bes. 320–314; *W. M. Watt / A. T. Welch,* der Islam, Bd. 1, Stuttgart 1980. T

Israel

Begriffsbedeutung

Israel ist der Name, mit dem die jüdische Glaubensgemeinschaft sich selbst benennt, wie z.B. in dem täglichen Glaubensbekenntnis (Dtn 6,4): „Höre, Israel! Der Herr, unser Gott, der Herr ist einzig", oder bei der Namengebung eines jüdischen Kindes: „Sein Name werde XY in Israel genannt", wie überhaupt in der jüdischen Liturgie die Juden von sich selbst als Israel oder Israeliten reden. Hinter dieser Bedeutung des Namens liegt aber eine Entwicklungsgeschichte, die zu verschiedenen Anwendungen des Namens geführt hat und auch zu Konflikten und Mißverständnissen.

Entwicklungsgeschichte

Klar ist jedenfalls, daß sich im biblischen Zeitalter das Zehnstämmereich im Norden Palästinas „Israel" nannte (vgl. z.B. 2 Sam 2,9; 1 Kön 12,16 usw.). Wenn es sich dadurch auch vom südlichen Reich, das Juda hieß, unterschied, so gibt es trotzdem Stellen in der Bibel, an denen es sich bei dem Namen „Israel" ganz eindeutig um die Bewohner des *südlichen* Reiches handelt (vgl. z.B. Jes 5,7; Mi 3,8 usw.). Aber auch schon das gesamte Gottesvolk wird im biblischen Zeitalter „Israel" genannt (vgl. z.B. Jes 1,3; 4,2; 49,3 usw.).

Die zwölf Stämme betrachteten sich nämlich als Nachkommen des Erzvaters Jakob, dessen Name laut Gen 32,29 auf Israel umgeändert wurde. Die ganze mysteriöse Erzählung in Gen 32,25ff läuft darauf hinaus, diese Namensänderung dadurch zu erklären, daß Jakob mit einem göttlichen Wesen siegreich gekämpft hat („mit Gott und Menschen hast du gestritten und hast gewonnen"). Das scheint Volksetymologie zu sein, wie auch die Deutung des Namens, die Philo von Alexandrien (LegGai 4 u.ö.) bevorzugte, der in dem Namen „Israel" den Mann sieht, „der Gott schaut". Das sind Deutungen, die wohl kaum auf die bereits in den Keilinschriften vorkommenden Namen wie *išre-il* und *Ašri-ilu* anwendbar sind. Fest steht immerhin, daß in Gen 32 dem Namen „Israel" eine theologische Bedeutung beigelegt werden soll, so daß „Israel" als Volksname eben auf das *Gottes*volk hindeutet.

Christlicher Anspruch

Als dann das Christentum aufkam und erklärte, daß die Kirche – und nicht die Juden – das Gottesvolk darstellt, entwickelte sich ein Jahrhunderte dauernder Streit über die Frage, wer denn das „wahre" Israel sei, denn auch die Juden ihrerseits waren weder dazu bereit, ihre Selbstbezeichnung als „Israel" aufzugeben, noch gesinnt, Heidenchristen – ohne jüdische Aufnahmeriten – als „Israeliten" anzuerkennen. Dieser Streit spiegelt sich schon im Neuen Testament wider, wo einerseits in 1 Petr 2,4–10 Heidenchristen ohne Bezugnahme auf das jüdische Volk als Israeliten umschrieben werden und wo anderseits in Röm 9–11 eine gewisse Ambivalenz an den Tag tritt, indem Paulus zwar zugibt, daß Gott das ursprüngliche Israel nicht verworfen hat, aber trotzdem darauf besteht, daß „nicht alle, die aus Israel stammen, Israel sind" – um dann am Ende der Hoffnung Ausdruck zu verleihen, daß, wenn erst einmal die Heiden in voller Zahl ihr Heil erlangt haben, auch „ganz Israel gerettet werden wird" (Röm 11,26). Die Behauptung der christlichen Kirche, das „wahre Israel" zu sein, ist auch ein Thema, das sich immer wieder in den Schriften der Kirchenväter findet. Auf jüdischer Seite wurde dieser christliche Anspruch ebenso emphatisch verneint.

Ökumenische Aufgabe

Es bleibt Aufgabe der neuzeitlichen ökumenischen Bestrebungen, die theologische Basis zu schaffen, auf der Kirche und Synagoge sich gegenseitig als ebenbürtige Gottesvölker – oder sogar als zwei verschiedene Teile ein und desselben Gottesvolkes – betrachten. Immerhin ist man in einigen christlichen Kreisen dazu bereit, die „Nachfolgertheologie", in der die Juden als von Gott verworfen und durch die Christen „ersetzt" betrachtet werden, aufzugeben, wenn auch die diesbezügliche Erklärung des Zweiten Vatikanums über den Rahmen von Röm nicht hinausging: „Nichtsdestoweniger sind die Juden nach dem Zeugnis der Apostel immer noch von Gott geliebt um der Väter willen; sind doch seine Gnadengaben und seine Berufung unwiderruflich" (LThK E2, 493).

Staat und Gottesvolk

Als auf Beschluß der Vereinten Nationen im Jahre 1947 Palästina in einen arabischen und in einen jüdischen Teil gespalten wurde, entstand im Mai 1948 ein Staat, der von seiner zionistischen Regierung „Israel" genannt wurde. Dadurch wurde noch eine weitere Bedeutung des Namens „Israel" in den modernen Sprachgebrauch eingeführt, der oft erneute Mißverständnisse zur Folge hat – wie etwa wenn, in deutschsprachigen Ländern, eine israelitische (d. h. der jüdischen Religion angehörende) Kultusgemeinde von der örtlichen Bevölkerung mit einer israelischen (d. h. dem Staat Israel angehörenden) verwechselt wird. Eine derartige Verwechslung ist allerdings dem Zionismus und den vom Zionismus geprägten Regierungen des Staates Israel nicht gerade unwillkommen, da ja der Staat Israel hofft, daß sich alle Juden der Welt in seinen Dienst stellen werden. Dabei bedeutet aber die Monopolisierung des Namens „Israel" durch den zionistischen Staat eine erhebliche Einschränkung seiner Bedeutung. Das Gottesvolk Israel lebt in vielen Ländern der Welt, von denen das Land Israel nur eines ist. Israel als Gottesvolk ist größer als derjenige Teil der jüdischen Glaubensgemeinschaft, der im Staate Israel angesiedelt ist. (Auch gibt es im Staate Israel israelische Staatsbürger christlichen und muslimischen Glaubens, so wie es in anderen Ländern z.B. Amerikaner, Franzosen usw. jüdischen Glaubens gibt.) „Israelitisch" oder „jüdisch" sollten daher mit „israelisch" nicht verwechselt werden.

↗ Bibel; Kirchenväter und Rabbinen; Liturgie; Staat Israel; Synagoge und Kirche; Volk Gottes; Zionismus.

Literatur: *S. Rawidowicz,* Israel, in: Judaism II (1953) 31–40; *P. Richardson,* Israel in the Apostolic Church, Cambridge 1969; *K. H. Schelkle,* Israel im Neuen Testament, Darmstadt 1985; *M. Simon,* Verus Israel, Paris [2]1964, *W. Trilling,* Das wahre Israel, München [3]1964. P

Jenseits

↗ Auferstehung; Eschaton/Eschatologie; Reich Gottes.

Jerusalem

Geschichte

Die Stadt Jerusalem – volksetymologisch: „Stadt des Friedens", wahrscheinlicher: „Fundament von Schalem" – wurde von König David in seinem Kampf gegen die Jebusiter erobert und zur Hauptstadt seines Zwölfstämmereiches gemacht (2 Sam 5,4–9; 1 Chr 11,4–8). David verlegte auch den Kult dorthin (2 Sam 6,1–19). Sein Sohn Salomo erbaute dort den Tempel (1 Kön 3,1; 9,15). Jerusalem ist auch mit der vom Deuteronomisten gebrauchten Wendung „die Stätte, die der Herr, dein Gott, auserwählt hat, seinen Namen dort wohnen zu lassen" (Dtn 26,2 u.ö.) gemeint. Als die von Gott selbst auserwählte Hauptstadt seines auserwählten Volkes gewann Jerusalem eine religiöse Bedeutung, die es bis zum heutigen Tag nicht verloren hat.

Zwar wurde Davids Reich schon zur Zeit seines Enkels Rehabeam gespalten und ein konkurrierendes Heiligtum im Norden des Landes für das Reich Israel errichtet, aber das Reich Juda mit seiner Hauptstadt Jerusalem überdauerte das Nordreich Israel mit der Konsequenz, daß von nun an Jerusalem als die von Gott erwählte Hauptstadt aller derjenigen galt, die sich als leibliche und/oder geistige Nachkommen der Bewohner des Landes Juda betrachteten. Selbst nach der Zerstörung des Südreiches Juda und seines Tempels kam es zu einem Wiederaufbau mit dem Ende des babylonischen Exils; und als Tempel und Staat im Jahre 70 n. Chr. wiederum zerstört wurden, blieb die Stützmauer des von König Herodes großartig renovierten Tempels weiter stehen und wird von Juden als heiligste Stätte ihrer Religion („Klagemauer" oder „Westmauer" genannt) bis zum heutigen Tag verehrt.

Christliches Interesse

Aber Jerusalem ist nicht nur Juden heilig. Für das Christentum sind die wichtigsten Geschehnisse in der Biographie Jesu diejenigen, die sich in der Karwoche in Jerusalem abgespielt haben. Tod und Auferstehung Jesu fanden nach christlicher Auffassung in Jerusalem statt, so daß durch die Jahrhunderte hindurch Jerusalem – mit seinen vielen christlichen heiligen Stätten – begehrter christlicher Wallfahrtsort wurde und, zur Zeit der Kreuzzüge, sogar ein christliches Königreich.

Bedeutung für den Islam

Auch für den Islam ist Jerusalem eine heilige Stadt. Kurz vor dem Ende der Umayyadenzeit wurde Sure 17,1 des Korans als auf Jerusalem bezogen interpretiert. Daraus entstand eine Gruppe von *Haditen*, in denen von einer Nachtreise Mohammeds von Mekka nach Jerusalem die Rede ist. Damit verbunden ist der Glaube, daß Mohammed, statt aus dem Ka'ba-Heiligtum in Mekka, vom Tempelheiligtum in Jerusalem aus in den Himmel gefahren sein soll. Die an diesem Platz erbaute Moschee verkörpert diesen Glauben.

Hauptstadt des Staates Israel

Der Gründer des modernen Zionismus, Theodor Herzl (1860–1904), der seinen Plan eines „Judenstaates“ (1896) in einem Zukunftsroman, „Altneuland“ (1902), künstlerisch konkretisierte, beschreibt Jerusalem in diesem Roman als eine Stadt, in der für den Frieden und die Wohlfahrt der ganzen Menschheit gewirkt wird. Auch heißt es dort: „Die Altstadt war überhaupt ein internationaler Ort, welcher allen Völkern als eine Heimat erscheinen mußte“ (5. Buch, 1. Kapitel). Ein internationalisiertes Jerusalem war auch in dem von den Vereinten Nationen im Jahre 1947 für Palästina angenommenen Teilungsplan vorgesehen, fand aber weder bei den Arabern noch bei den meisten Zionisten großen Anklang. Nach der Teilung Palästinas im Jahre 1948 eroberten die Jordanier das östliche Jerusalem. Die Israelis erkämpften sich das westliche und machten es zur Hauptstadt des Staates Israel. Im Sechstagekrieg des Jahres 1967 eroberten die Israelis auch das östliche Jerusalem und erklärten später die ganze Stadt als „wieder vereinigt“. Gewährt auch der Staat Israel den Bekennern aller Religionen freien Zutritt zu ihren heiligen Stätten in Jerusalem, so stellt dennoch die heutige politische Situation einen Zankapfel im Nahen Osten dar und erschwert die Friedenschließung mit den Arabern.

Eschatologische Bedeutung

Seit Jahrhunderten endet der liturgische Teil der jüdischen Sederfeier mit dem Wunsch: „Nächstes Jahr in Jerusalem!“ Daß Jerusalem hier in einem messianischen Sinn verstanden wird, geht schon daraus hervor, daß die Juden, die tatsächlich in Jerusalem (und überhaupt im Staate Israel) leben, die also, wenn es sich hier nur um das jetzt schon bestehende Jerusalem handeln sollte, eigentlich schon in *„diesem* Jahr“ in Jerusalem sein können, den Wortlaut dieses Wunsches dahingehend ändern, indem sie sprechen: „Nächstes Jahr im wiedererbauten Jerusalem!“, d.h. in dem messianisch erlösten Jerusalem. Denn im Judentum wie auch im Christentum ist Jerusalem ein bedeutsames Symbol der messianischen Erfüllung. Auch der Begriff von einem „himmlischen Jerusalem“, d.h. einem idealen Jerusalem, das auf Erden verwirklicht werden soll, ist Judentum und Christentum gemeinsam, wenn auch diese

Verwirklichung in den beiden religiösen Traditionen verschiedene Nuancierungen erfährt. So sieht der Apostel Paulus z. B. im „himmlischen Jerusalem“ die „Mutter“ der Christen (Gal 4,26), und Offb 21,1–27 enthält die Vision von dem „himmlischen Jerusalem“, das vom Himmel auf die Erde herabkommt. Dagegen wurde von Rabbi Jochanan behauptet, daß Gott erst dann in das himmlische Jerusalem einziehen wird, wenn er zuvor in das irdische Jerusalem Eintritt gefunden hat (bTaan 5a). In Anbetracht der vielen Fälle im Mittelalter und auch in der Moderne, in denen gerade die Stadt Jerusalem Anstoß zu einer „vorweggenommenen Eschatologie“ gegeben hat, die dann in Tragik endete, sollte man vielleicht Rabbi Jochanans Behauptung folgendermaßen deuten: Das irdische Jerusalem für Gott so bereit zu machen, daß das himmlische Jerusalem Wirklichkeit werden kann, ist die gemeinsame Aufgabe von Juden, Christen und Muslimen.

↗ Abendmahl/Seder; Auferstehung; Diaspora/Exil; Eschaton/Eschatologie; Heiliges Land / Heiliger Ort / Heilige Zeit; Islam; Jesus von Nazaret; Messias; Tempelkult/Tempelzerstörung; Zionismus.

Literatur: *L. M. Barth / J. K. Elliott, F. Heyer / P. Welten / J. Wilkinson,* Jerusalem, in: TRE 16 Berlin 1987, 590–635; *A. Carmel,* Palästina Chronik: 1853–1882, Deutsche Zeitungsberichte vom Krimkrieg bis zur ersten jüdischen Einwanderung, Ulm 1978; *ders.,* Christen als Pioniere im Heiligen Land, Basel 1981, *K. Hammer,* Die christliche Jerusalemsehnsucht im 19. Jh., in: ThZ 42 (1986) 255–267; *M.Küchler* (Hrsg.), Jerusalem. Texte – Bilder – Steine, Göttingen 1987; *J. M. Österreicher / A. Sinai,* Jerusalem, New York 1974; *S. Safrai,* Die Wallfahrt im Zeitalter des Zweiten Tempels, Forschungen zum jüd.-christl. Dialog 3, Neukirchen 1981; *W. M. Watt / A. T. Welch,* Der Islam, Bd. I, Stuttgart 1980. P

Jesus von Nazaret

Biographisches

Der praktizierende Jude Jesus *(Yeschû)* aus Nazaret wurde ca. 7 v. Chr. geboren und starb ca. 30 n. Chr. mit einem lauten Schrei (Mt 27,46. 50) am Kreuz auf dem Golgota-Hügel in Jerusalem. Den Bewohnern von Nazaret galt er als Sohn Josefs und Marias (Mk 6,3; Lk 4,22; vgl. Joh 6,42). Seine Frömmigkeit, begnadete Rednergabe und geisterfüllte Verkündigung waren ihnen bekannt (Lk 2,46f. 40–52; 4,16. 22; 12,49). Kennzeichnend für ihn waren seine Reich-Gottes-Predigt, die er in Lehrsprüchen (vgl. Bergpredigt: Mt 5–7) und Gleichnissen (Mt 20,1–16; 22,1–14; 25,1–13 u. ö.) darstellte und durch Wunder (zum Beispiel Dämonenbannung: Lk 11,14–23) bekräftigte, und seine hohe jüdische Gebetsspiritualität (Mt 6,9–13; Mk 14,35f; Lk 23,46). Er wollte das Judentum in seinem besten und zentralen Gehalt durch sein Leben und seine Verkündigung zum Leuchten bringen (Mt 5,17–20). Er sammelte Jünger und Jüngerinnen um sich, damit die Erneuerung des Volkes und seine Strahlkraft für die Völker Bestand habe (Mt 10; Lk 10). Er glaubte an die Auferstehung der Toten (Mt 22,23–33) und nahm sein Leidens- und Todesschicksal auf sich, damit das Reich Gottes sich verwirkliche (Lk 22,14–23).

Jüdisch-christliche Bedeutsamkeit

Christlich-jüdisch bedeutsam ist zunächst das *gesetzeskonforme Judesein* Jesu: „Wer Jesus Christus begegnet, begegnet dem Judentum. Er ist nach dem Zeugnis des Neuen Testaments als ‚Sohn Davids‘ (Röm 1,3) und ‚Sohn Abrahams‘ (Mt 1,1; Hebr 7,14) ‚seinem Fleische nach‘ aus dem Volk Israel hervorgegangen (Röm 9,5). Als die Zeit erfüllt war, sandte Gott seinen Sohn, geboren aus der Frau und dem Gesetz unterstellt“ (Deutsche Bischöfe am 28. April 1980; Dokumente 122).

Jesus wurde in der christlichen Tradition aus seinen jüdischen Wurzeln herausgerissen. Man hat ihn europäisiert, germanisiert usw. Dies ist eine der Ursachen des Antijudaismus. Christliche Manipulatoren nahmen hierzu besonders die Streitgespräche Jesu mit den Pharisäern zu Hilfe (Mt 23; Joh 8,44 u.ö.). Sie ließen dabei außer acht, daß die Kritik Jesu an den Pharisäern nicht außergewöhnlich war. Sie war teilweise eine Konfrontation mit Menschen, die ihr Judesein zu eng verstanden. Ähnliche Kritiken an den Pharisäern finden sich auch im Talmud (bSot 22 b). Die christlichen Ideologen übersahen auch die freundschaftlichen Beziehungen Jesu mit verschiedenen Pharisäern (Lk 7,36; 13,31; 14,1) und seine Verwurzelung im religiösen Leben der Synagoge (Mt 4,23; 9,35; Lk 4,15–18; Joh 18,20 u.ö.). Vor allem aber beachteten sie nicht, daß Jesus sich weder vom Judentum lossagen noch das Judentum reformieren, sondern es zutiefst in seinen alttestamentlichen und zeitgemäßen Bezügen leben wollte.

Weil Jesus ganz in der jüdischen Tradition und in seiner Zeit stand, kann er als personale Verwirklichung und Darstellung des Judentums und als Verbindungsperson zwischen rivalisierenden jüdischen Gruppen und zwischen Juden und den Völkern verstanden werden. Um ihn nicht verkürzt zu verstehen, muß man auch das Griechentum, das damals in verschliffener Form in Palästina zum Durchbruch kam, und evtl. die aufkommende Gnosis (Ursprung um die Zeitenwende in Syrien-Palästina) zur Kenntnis nehmen. Jesus war kein Mitglied einer jüdischen Gruppe; er stand aber in personalem Dialog mit Menschen aller Gruppen, auch mit nichtjüdischen Menschen (Mt 8,5–13; 15,21–28).

Lehre

Jesus trug seine Lehre vor allem in Gleichnissen vor, wie dies auch seine damaligen und späteren (rabbinischen) Landsleute taten (Thoma/Lauer). Es ging ihm hauptsächlich um die angebrochene und in seiner Person und seinem Schicksal verwirklichte Endherrschaft Gottes. „Jesus ist der einzige Jude, der nicht nur verkündet hat, daß man am Rande der Endzeit steht, sondern gleichzeitig, daß die neue Zeit des Heils schon begonnen hat" (Flusser 87). Die Endherrschaft Gottes wurde von Jesus aber nicht exklusiv präsentisch verstanden, sondern trägt Verweise auf Zukunft hin (Mt 25,1–13). Sie verwirklicht sich allmählich, durchsäuert und durchwächst alle Menschen und Dinge, bis zum Gerichtstag (Mt 25,31–46), da Gott alles in allem sein wird (vgl. 1 Kor 15,28).

Verurteilung zum Kreuzestod

Entscheidend für das jüdisch-christliche Weiterkommen ist auch die Frage, durch wen und durch wessen Schuld Jesus gemartert und hingerichtet wurde. In der Vergangenheit wurden auch diese Fragen ideologisch statt historisch gelöst. Sie wurden so ein besonders hartnäckig brennender Herd des Antijudaismus: „Die bösen Juden haben Jesus gegen besseres Wissen und Gewissen gekreuzigt." In Wirklichkeit wurde Jesus das Opfer einer religionsgeschichtlich äußerst vertrackten Situation. Jüdischerseits waren an der Verurteilung Jesu der Hohepriester Kajaphas, ihn umgebende Oberpriester und verschiedene Vertreter des Hohen Rates beteiligt. Vermutlich spielte dabei Jesu Wertung des Tempels und sein messianisches Selbstverständnis eine Rolle (vgl. Mt 26,59–60). Der politisch-militärische

Hauptakteur der Verurteilung Jesu aber war – unabhängig von innerjüdischen Lehrstreitigkeiten – der judenfeindliche römische Landpfleger Pontius Pilatus. Er wollte mit der Hinrichtung Jesu ein Exempel statuieren, um den gegen die harte römische Herrschaft immer wieder aufbegehrenden Juden Schrecken einzujagen. Jesus nahm sein Schicksal ohne Haß auf sich und gab sein Leben als messianischer Knecht Gottes hin. Er war nicht das Opfer des Gesetzes, sondern der durch die Römer geschaffenen judenfeindlichen Unterdrückung.

Heimholung ins Judentum

Von jüdischer und von christlicher Seite wird heute versucht, Jesus wieder im Judentum zu beheimaten bzw. ihn ins Judentum heimzuholen. Nicht die Erzählungen über den vorösterlichen Jesus sind heute den Juden ein theologisches Problem bzw. ein Ärgernis (vgl. 1 Kor 2), sondern nur der Glaube an Jesus Christus: „Der Glaube Jesu eint uns, der Glaube an Jesus aber trennt uns" (Ben-Chorin 12). Damit wird die Person Jesu zum Prüfstein und zur zentralen Schwierigkeit echter ökumenischer Haltung.
Was im talmudischen Schrifttum über Jesus gesagt wird, ist nicht Historie, sondern Reflex auf die antisemitische Kirche. Jesus wird mit negativen Zügen versehen, weil die Kirche die Juden demütigte und verfolgte (Maier).

↗ Antijudaismus; Christus/Christologie; Gott; Inkarnation; Messias; Pharisäer; Reich Gottes.

Literatur: *Sch. ben Chorin,* Bruder Jesus, München 1967; *J. D. Crossan,* Der historische Jesus, München 1994; *E. L. Ehrlich,* Jesus, Judentum, TRE 17, Berlin 1988, 68–71; *D. Flusser,* Jesus in Selbstzeugnissen und Bilddokumenten, Hamburg 1968 (Nachdr. 1986), *ders.,* Die rabbinischen Gleichnisse und der Gleichniserzähler Jesus, JudChr, Bern 1981; *ders.* und *S. Notley,* Jesus, Jerusalem 1997; *ders.,* Die katholische Kirche und das Judentum, Dokumente 1945–1982, hrsg. von K. Richter, Freiburg i. Br. 1982; *K. Kertelge* (Hrsg.), Der Prozeß gegen Jesus: Historische Rückfragen und theologische Deutung, QD 112, Freiburg i. Br. 1988; *B. J. Lee,* The Galilean Jewishness of Jesus, Retrieving the Jewish Origins of Christianity, New York 1988; *G. Lindeskog,* Die Jesusfrage im neuzeitl. Judentum, Darmstadt 1973; *J. Maier,* Jüdische Auseinandersetzung mit dem Christentum in der Antike (Ertr. d. F. 177), Darmstadt 1982; *K. H. Müller,* Das Judentum in der religionsgeschichtlichen Arbeit am Neuen Testament, Frankfurt 1983; *R. Pesch,* Der Prozeß Jesu geht weiter, Freiburg i. Br. 1988; *E. P. Sanders,* Sohn Gottes. Eine historische Biographie Jesu, Stuttgart 1996; *G. Theißen / A. Merz,* Der historische Jesus. Ein Lehrbuch, Göttingen 1996; *C. Thoma,* Jüdische Zugänge zu Jesus Christus. Theolog. Berichte 7, Zürich 1978, 149–176; *ders. / S. Lauer* (Hrsg.), Die rabbinischen Gleichnisse der Pesiqtā deRav Kahanā (PesK), JudChr 10, Bern 1986; *G. Vermes,* Jesus, der Jude. Ein Historiker liest die Evangelien, Neukirchen 1993; *ders.,* The Religion of Jesus the Jew, Minneapolis 1993; *T. Weiss-Rosmarin* (Hrsg.), Jewish Expressions on Jesus, An Anthology, New York 1977. T

Judenchristen

Entstehung

Die Jünger Jesu und die Urgemeinde des Christentums waren jüdisch. Sie glaubten, daß Jesus von Nazaret der verheißene Messias war und daß er nach seinem Tode auferstanden ist. Aber in ihrer Lebensweise folgten sie weiter den Vorschriften des jüdischen Religionsgesetzes und unterschieden sich darin nicht von den Juden, die in Jesus nicht den Messias sahen. Da es in Glaubensfragen wie auch in der religionsgesetzlichen Auslegung der Bibel im damaligen Judentum ohnehin erhebliche Meinungsverschiedenheiten gab, hätte ein Ausscheiden dieser Judenchristen aus der jüdischen Gemeinschaft nicht unbedingt folgen müssen. Zwei Entwicklungen haben aber trotzdem in diese Richtung geführt.

Ausscheiden aus der jüdischen Gemeinschaft

Zunächst einmal hielten sich die Judenchristen, die an die Messianität Jesu glaubten, von den Freiheitskämpfen der Juden gegen Rom fern, da diese Freiheitskämpfe meistens unter einem messianischen Zeichen standen. Das führte zu dem Verdacht, daß die Judenchristen mit den Römern gemeinsame Sache machten, und sie wurden als Verräter gemieden. Dann war auch die christliche Heidenmission so erfolgreich, daß in kurzer Zeit die Judenchristen innerhalb der Kirche eine Minderheit darstellten, die nicht verhindern konnte, daß seitens der Kirche Glaubenslehren angenommen wurden, die mit der jüdischen Auffassung im Widerspruch standen. Dazu kommt, daß durch die Aufnahme von heidnischen Konvertiten in die Kirche – ohne die Notwendigkeit einer gleichzeitigen Aufnahme in das Judentum (siehe Apg 15) – eine christliche Gemeinschaft entstand, in der es zuweilen auch zu Ehen zwischen Juden und Nichtjuden kam, d.h. zu einer Nichtbeachtung der jüdischen Ehegesetzgebung. Das hatte dann zur Folge, daß im Laufe der Zeit die Ehen zwischen nichtchristlichen Juden und Judenchristen als verboten betrachtet wurden.

Status in der christlichen Kirche

Stellten die Judenchristen ein innerjüdisches Problem dar, so war ihr Status in der christlichen Kirche nicht weniger problematisch. Zunächst sollte aber beachtet werden, daß es ein einheitliches Judenchristentum (außerhalb der Urgemeinde) nie gab. Die Kirchenväter, denen wir unsere Kenntnis von den Judenchristen hauptsächlich verdanken, berichten immer über *verschiedene* judenchristliche Sekten, wie z.B. die Nazaräer, die „Hebräer", die Ebioniten usw. Diese Sekten scheinen sich voneinander in dem Grad unterschieden zu haben, indem sie die Person des Apostels Paulus anerkannten oder verketzerten, seine Lehre annahmen oder verwarfen. Auch gab es unter den Judenchristen, selbst bei denjenigen, die den paulinischen Antinomismus ablehnten, verschiedene Maßstäbe für die Beobachtung der jüdischen Gesetze. Ferner sollen die Judenchristen gnostischen Einflüssen recht zugänglich gewesen sein. Die Einzelheiten sind nicht immer leicht ersichtlich, da die Kirchenväter, aus deren Schriften unsere Informationen geschöpft werden, die Judenchristen größtenteils als zu bekämpfende Ketzer betrachteten und auch nach dem 3. Jahrhundert kaum noch persönlich kennen konnten.

Untergang der ursprünglichen Judenchristen

Sowohl von der jüdischen wie auch von der christlichen Gemeinschaft schief angesehen, werden sich die ursprünglichen Judenchristen kaum über den Anfang des 4. Jahrhunderts hinweg als selbständige Gruppen erhalten haben. Nach der Meinung Arthur Marmorsteins sollen allerdings noch in der Mitte des 3. Jahrhunderts Judenchristen in Palästina am Leben der allgemeinen jüdischen Gemeinschaft teilgenommen haben und sogar von einigen Lehrern des rabbinischen Judentums teilweise positiv beurteilt worden sein.

Zwangsgetaufte Juden

Es hat selbstverständlich nach dem Untergang der judenchristlichen Sekten immer noch Juden gegeben, die zum Christentum übertraten – die meisten wohl aus Zwang, einige aber gewiß aus Überzeugung. Mögen auch unter den Zwangsgetauften viele die jüdischen Observanzen im geheimen weiter beobachtet haben, so ist doch die Bezeichnung „Judenchristen" für diese Menschen schon deshalb irreführend, weil die Tatsache, daß sie trotz Lebensgefahr an der jüdischen Tradition hingen, beweist, daß sie sich weiterhin als „Juden" verstanden und das Christentum nur in der Öffentlichkeit zur Schau trugen. Diejenigen Juden dagegen, die sich aus Überzeugung im Mittelalter christlich taufen ließen, brachten oft durch diesen Schritt zum Ausdruck, daß sie mit ihrer ehemaligen Glaubensgemeinschaft nichts mehr zu tun haben wollten – so daß auch für sie die Bezeichnung „Judenchristen" nicht richtig paßt.

Aktuelle Probleme aus jüdischer Sicht

Aktuell ist das Problem erst wieder in der Neuzeit, teilweise durch christliche Missionsbestrebungen, geworden, als Juden aus Überzeugung ihren Weg zum Christentum fanden, ohne aber dadurch ihrem Judesein entrinnen zu wollen. Sich selbst als Judenchristen, „Hebrew Christians" oder „Jews for Jesus" bezeichnend und oft auch ihre positive Einstellung zum Zionismus betonend, halten sich diese Menschen nicht nur für Juden, sondern sogar für bessere (weil „erfüllte") Juden. Die Stellungnahme des modernen Judentums zu diesen Judenchristen ist allgemein negativ, aber auch kompliziert, weil noch gar nicht richtig geklärt. Nach dem jüdischen Religionsgesetz ist ein von einer jüdischen Mutter geborener Mensch Jude und bleibt es, auch wenn er sündigt – und der Übertritt zu einer anderen Religion gilt natürlich als Sünde. Aber die vom Religionsgesetz aufgestellte Definition ist nicht unbedingt die Definition, die ein säkularisierter Jude gelten läßt, für den der Übertritt zu einer anderen Religion ein Austritt aus dem Judentum bedeutet. Ungleich dem Urchristentum, auf das sich die frühen rabbinischen Quellen beziehen, ist das heutige Christentum, vom Judentum aus gesehen, tatsächlich eine andere und selbständige Religion, deren Dogmatik sich zum Teil mit der traditionellen jüdischen Religionslehre nicht vereinbaren läßt. Ungleich den frühen Judenchristen handelt es sich bei den meisten modernen Judenchristen auch nicht um Menschen, die dem jüdischen Religionsgesetz treu bleiben, wenn auch hier und da, wo es judenchristliche Gemeinden gibt, die eine oder andere jüdische Zeremonie in den Gottesdienst Eingang finden mag. Und ganz besonders schwer fällt es nichtchristlichen Juden, zu glauben, daß die Judenchristen sich an das Verbot der Mischehe halten werden – so daß angenommen wird, daß innerhalb von wenigen Generationen die Kinder und Enkel der Judenchristen ohnehin der jüdischen Gemeinschaft verlorengehen werden. Was derartige Erwägungen etwas pikant macht, ist die Tatsache, daß es innerhalb des modernen jüdischen Gemeinschaftswesens nichtchristliche Juden gibt, die Atheisten sind, aber – z.B. im Staate Israel – führende Stellungen innerhalb der jüdischen Gemeinschaft erlangt haben, oder religiöse Juden, die dem Reformjudentum angehören und sich vielfach vom Zeremonialgesetz losgesagt haben und oft auch in Mischehen leben. Mit welcher Berechtigung Juden dieser Art das Judesein der Judenchristen leugnen können, mag fraglich erscheinen. Gewiß spielt hier das lange jüdische Gedächtnis eine große Rolle. Viele Jahrhunderte hindurch galt das Christentum den Juden als die Religion der Judenfeinde und -verfolger. Juden, die freiwillig zum Christentum übertraten, wurden von ihren ehemaligen Glaubensgenossen als Verräter angesehen und haben sich in der Tat auch vielfach als antijüdische Polemiker betätigt. Die Erinnerung daran macht es Juden – besonders im Zeitalter des Holocaust – schwer, das *bona-fide* Judesein der Judenchristen gelten zu lassen. Generationen des friedlichen Miteinanderlebens von Juden und Christen werden nötig sein, um ein günstigeres psychologisches Klima für die jüdische Einschätzung der Judenchristen zu schaffen. Schließlich kommt noch die Schwierigkeit hinzu, daß viele moderne Judenchristen, besonders diejenigen im evangelischen Bereich, die Bibel in einem fundamentalistisch-wörtlichen Sinn auffassen, der nicht nur der modernen, sondern auch schon der traditionellen jüdischen Bibelexegese fremd ist.

Problematik in christlicher Perspektive

Aber auch innerhalb des Christentums ist die Stellung der Judenchristen nicht ganz unproblematisch. Das Problem geht schon auf die neutestamentliche Zeit selbst zurück. Man hatte sich laut Apg 15 in der Frühkirche dazu verstanden, neben einem fortbestehenden, nach dem jüdischen Religionsgesetz lebenden Judenchristentum ein an dieses Gesetz nicht gebundenes Heidenchristentum gelten zu lassen. Das setzte anderseits voraus, daß man als jüdischer Christ weiter das jüdische Religionsgesetz befolgen und sich selbst als Jude betrachten durfte. Jedoch sollen laut Gal 3,28 die durch die Geburt verursachten Unterschiede „in Christus Jesus“ aufgehoben werden (vgl. Eph 2,11–22). Daher gibt es innerhalb des heutigen Christentums sowohl eine Meinung, die das organisierte Judenchristentum – oft aus missionspolitischen Gründen – bejaht, wie auch eine Meinung, die das in eigenen Gemeinden organisierte Judenchristentum als unvereinbar mit Gal 3,28 und Röm 2 verneint.

Immerhin wird die Erforschung des ursprünglichen Judenchristentums von allen Seiten befürwortet. Auch mag ein besseres Verständnis dieser einst bestehenden „Brücke“ zwischen Judentum und Christentum ein besseres gegenseitiges Verständnis zwischen den beiden Religionen in der heutigen Zeit ermöglichen.

↗ Holocaust; Liberales Judentum /Reformjudentum; Judenmission; Messias; Mischehe; Proselyten; Zeremonialgesetz; Zionismus.

Literatur: *G. Hoennicke,* Das Judenchristentum, Berlin 1908; *A. Marmorstein,* Judaism and Christianity in the Middle of the Third Century, in: HUCA 10 (1935) 223–263; *J. J. Petuchowski,* Der jüdische Konvertit zum Christentum in jüdischer Sicht, in: Una Sancta 40/2 (Juni 1985) 158–168; *Sh. Pines,* The Jewish Christians of the Early Centuries of Christianity According to a New Source, Jerusalem 1966; *L. H. Schiffman,* Who Was A Jew?, Hoboken 1985; *H. J. Schoeps,* Theologie und Geschichte des Judenchristentums, Tübingen 1949; *B. Z. Sobel,* Hebrew Christianity. The Thirteenth Tribe, NewYork 1974. P

Judenmission

Ausgangspunkt

Wer meint, die Würde des israelitischen Gottesvolkes sei wegen des in der Kreuzigung Christi offenbar gewordenen Abfalls der Juden von Gott zur Gänze auf die Kirche übergegangen, der wird die Judenmission als eine christliche Aufgabe fordern. Wer hingegen daran glaubt, daß auch das Christus ablehnende Judentum bis heute die lebendige Kontinuität Israels darstellt, der wird die Judenmission ablehnen (Harder 170–182). Da nur das christliche Bekenntnis, in den Juden verkörpere sich nach wie vor das israelitische Volk Gottes, in einer positiven Israeltheologie möglich ist, bleibt nach wie vor die biblische Polarität „Israel-Weltvölker“ die maßgebliche Norm des Denkens und Verhaltens. Als endzeitliche Sammlung aus den Völkern darf das Christentum das Judentum theologisch nicht zu einem Volk unter den Völkern degradieren und sich an die Stelle Israels setzen. Der Missionsbefehl Christi: „Gehet hin und lehret alle Völker ... und taufet sie ...“ (vgl. Mt 28,19), darf daher nicht judenmissionarisch mißbraucht werden. Für Paulus war die Unterscheidung zwischen Juden und Völkern noch klar, als er schrieb: „Das Evangelium ist eine Kraft Gottes, die jeden rettet, der glaubt, zuerst den Juden, aber ebenso den Griechen“ (Röm 1,16). Um der von der christlich-antijüdischen Tradition zementierten Beurteilung des Judentums als Volk außerhalb der Offenbarungsverantwortung entgegenzuwirken, prägte die Evangelische Kirche im Rheinland (Handreichung 39: 11. Januar 1980) den Satz: „Wir glauben, daß Juden und Christen je in ihrer Berufung Zeugen Gottes vor der Welt und voreinander sind; darum sind wir überzeugt, daß die Kirche ihr Zeugnis dem jüdischen Volk gegenüber nicht wie ihre Mission an die Völkerwelt wahrnehmen kann.“

Gründe für Judenmissionierung

Im Verlauf der Kirchengeschichte wurde aus zwei Gründen versucht, Juden für das Christentum zu gewinnen: wegen kirchlicher Anliegen und wegen endzeitlicher Erwartungen. Die kirchlichen Interessen waren: Vermehrung der Zahl der Christen und Stärkung der christlichen Identität durch die Zustimmung der Juden. Diese kirchenzentrierte Blick- und Handlungsweise führte besonders im Mittelalter zu antijüdischer Rechtsprechung mit Torturen und Hinrichtungen. Für die Anwerbung von Juden aus akut-endzeitlicher Motivation ist Justin der Märtyrer (gest. um 165 n.Chr.) typisch: „Ihr Juden, überhebt euch nicht, und zaudert nicht, mir, dem Unbeschnittenen, zu glauben! Nur noch eine kurze Zeit steht euch nämlich zur Verfügung, um euch uns anzuschließen. Wenn die Parusie Christi vorbei sein wird, werdet ihr vergeblich Buße tun und vergeblich weinen. Er wird euch nicht mehr erhören“ (Tryph. 28,2). Auch die Ansicht Martin Luthers, die Juden seien „mit scharfer Barmherzigkeit“ zu behandeln (WA 53, 522, 35), steht unter der Voraussetzung, der Tag des Kommens des Reiches Gottes sei nahe. In der Neuzeit gab es bei Christen häufig eine missionarisch motivierte Bereitschaft, das Judentum näher kennenzulernen.

Antimissionsgesetz

Juden sind mit Recht äußerst sensibel und mißtrauisch, wenn es um Mission geht. In Israel ist seit dem 1. April 1978 das sogenannte Antimissionsgesetz in Kraft. Es bedroht alle mit fünf Jahren Gefängnis, die jemanden mit Geldangeboten oder anderen materiellen Begünstigungen zum Übertritt zu einer anderen Religion (gemeint ist die christliche) überreden. Nimmt jemand (ein israelischer Jude) das Angebot an, wird er mit drei Jahren Gefängnis bestraft. Das Antimissionsgesetz belastet das Verhältnis zwischen dem Staat Israel und seiner christlichen Minorität und berücksichtigt auch nicht, daß die katholische Kirche und die großen evangelischen Kirchen der Judenmission inzwischen abgeschworen haben. Nur fundamentalistische Kreise halten noch teilweise an ihr fest.

Theologische Gründe gegen Judenmission

In der modernen Theologie werden besonders zwei Gründe vorgebracht, um der Judenmission einen Riegel vorzuschieben:

1. Zwischen der Kirche und dem Judentum besteht eine innere Verzahnung und eine wechselseitige Interdependenz in Funktion und Zeugnis. Wie besonders Franz Rosenzweig (1886–1929) betonte, kann Israel die Welt nur mit Hilfe des Christentums der israelitischen Gottesverehrung annähern. Die Kirche ist der „Apostel Israels" an die Völker. Das Christentum anderseits verliert seine Kraft zur Mitarbeit an der Heimholung der Völker zum Gott Israels hin, wenn Israel in seiner Mitte nicht angenommen bleibt. Trotz schwerwiegender Glaubensdifferenzen sind Judentum und Christentum Bewegungen auf das Reich Gottes hin.

2. Besonders von Pierre Lenhardt wird auf die vorläufige Inkompetenz des Christentums – auch angesichts undeutlicher neutestamentlicher Stellen zu diesen Fragen – für die Judenmission aufmerksam gemacht. Die Kirche habe ziemlich von allem Anfang an und durch alle Geschichtsepochen hindurch nicht nur große Mißerfolge bei ihren Bemühungen zur Konversion von Juden einstecken müssen. Sie habe damit außerdem viel Unheil angerichtet. Sie sei weder fähig noch legitimiert, Judenmission zu treiben. Man müsse also die endgültige Rettung der Juden ganz Gott überlassen. Höchstens dann dürfe eventuell wieder über Judenmission auf christlicher Seite debattiert werden, wenn die Kirche alle Neigungen zur Überbietung des Judentums, alle Gelüste, sich an die Stelle Israels zu setzen, überwunden und alle mißverständlichen Religionsdiplomatien abgelegt haben werde.

↗ Antijudaismus; Erwählung; Inquisition; Israel; Judenchristen; Proselyten; Reich Gottes.

Literatur: *P. G. Aring,* Christen und Juden heute – und die ‚Judenmission"? Geschichte und Theologie protestantischer Judenmission in Deutschland, Frankfurt a. M. 1987; *E. Endres,* Edith Stein, Christliche Philosophin und jüdische Martyrin, München 1987; *Handreichung* 39 der Evangelischen Kirche im Rheinland, Zur Erneuerung des Verhältnisses von Christen und Juden, Düsseldorf [2]1985; *G. Harder,* Kirche und Israel, Arbeiten zum christlich-jüdischen Verhältnis, hrsg. von P. von der Osten-Sacken, Berlin 1986; *H. Kremers* (Hrsg.), Die Juden und Martin Luther – Martin Luther und die Juden, Neukirchen 1985; *P. Lenhardt,* Auftrag und Unmöglichkeit eines legitimen christlichen Zeugnisses gegenüber den Juden, Berlin 1980; *W. Schweikhart,* Zwischen Dialog und Mission. Zur Geschichte der christlich-jüdischen Beziehungen seit 1945, Berlin 1980; *C. Thoma,* Die theologischen Beziehungen zwischen Christentum und Judentum (Grundzüge 44), Darmstadt 1982.

T

Judentum

↗ Chasidismus, osteuropäischer; Erwählung; Kabbala; Kirchenväter und Rabbinen; Liberales Judentum / Reformjudentum; Orthodoxes Judentum; Talmud; Zionismus.

K

Kabbala

Begriffe

Wörtlich bedeutet Kabbala: Tradition, Überlieferung, Aufnahme, Übernahme, Weiterführung. Gemeint ist eine Bewegung mystisch-spekulativen Charakters, die sich seit dem Mittelalter neben der rabbinischen und den religiös-philosophischen Strömungen als dritte geistig-religiöse Kraft innerhalb des Judentums etablieren konnte. Die Kabbala nahm rabbinische Traditionen, philosophische (besonders neuplatonische) Erkenntnisse sowie alte esoterische und magische Vorstellungen (u. a. über Weltschöpfung, Entrückungen und gnostische Theologumena) so in ihren Dienst, daß daraus metaphysisch-mythische Systeme für ethische und heilsgeschichtliche Anwendungen werden konnten. Die Meister bzw. Lehrer der Kabbala werden *mequbbalim* (von der Geheimüberlieferung Erfüllte), die Schüler *meqabbelim* (die Empfänger der Geheimüberlieferung) genannt. Den Kabbalisten geht es um die Erforschung und Anwendung der *„sitre Tora"*, der Geheimnisse der Tora. Man nennt sie daher auch „Männer des Geheimnisses", „um die Gnade Wissende", „in der geheimen Weisheit Bewanderte" u. ä.

Geschichte

Die klassische Periode der Kabbala dauerte vom 12.–16. Jahrhundert und hatte ihre Hauptzentren in Südfrankreich, Spanien und Palästina. Im 12. Jahrhundert blühten in Südfrankreich kabbalistische Spekulationen rund um das Buch Bahir (Buch der Klarheit). Im Spanien/Portugal des 13. Jahrhunderts kamen besonders drei kabbalistische Tendenzen zum Vorschein: In Gerona gab es einen kabbalistischen Kreis mit Mose ben Nachman (Nachmanides: 1194–1270) als ihrem Haupt. Die „prophetische Kabbala" des Abraham Abulafia (1240–1291) hatte die akute Realisierung eines historischen Messianismus im Sinn. Das Hauptwerk der iberischen Kabbala ist jedoch der „Sefer ha-Zohar" (Buch des Strahlens), dessen Hauptverfasser Moses de León (1250–1305) war. Der Zohar wurde in der Folgezeit das heilige Buch der Kabbala, dessen Ursprung die Kabbalisten im 2. Jahrhundert n. Chr. sehen; Rabbi Schimon bar Yochai sei sein Verfasser. – Die von der Iberischen Halbinsel (1492/1497) vertriebenen Kabbalisten errichteten im 16. Jahrhundert in Zefat (Safed) in Obergaliläa das dritte große kabbalistische Zentrum. Die dortige Leitgestalt war der „heilige Löwe" Isaak Luria (1534–1572). Die lurianische Kabbala von Zefat wurde u. a. von Schabbetai Zevi (1626–1676) als Ideologie für seine pseudomessianischen Aktionen benützt.

Die klassische Periode der Kabbala knüpfte an alten Traditionen an, nährte sich von ähnlichen zeitgenössischen Vorstellungen und hatte bedeutsame Nachwirkungen in Judentum und Christentum. Esoterische Schriftdeutungen lassen sich bis ins 2. Jahrhundert v. Chr. zurückverfolgen. – In rabbinischer Zeit (1.–7. Jh.) wurde oft in kraß anthropomorpher Weise in esoterischen Zirkeln über das Schöpfungswerk *(ma'ase bereschit)*, den Thronbereich Gottes *(ma'āse merkava)*, die himmlischen Hallen *(hekhalot)* und die mystischen

Ausmaße Gottes *(Shi'ur Qoma)* spekuliert. Das wichtigste präkabbalistische Werk ist der aus dem 3./4. Jahrhundert n. Chr. stammende „Sefer Yezira" (Buch der Schöpfung bzw. Formung). – Als kabbalistische Nebenströmung kann der aschkenasische Chasidismus des 12./13. Jahrhunderts, eine esoterisch-asketisch-pietistische Bewegung in Deutschland (bes. Regensburg, Speyer, Worms, Mainz), betrachtet werden, dessen wichtigstes Werk der „Sefer Chasidim" (Buch der Frommen) war. – Die Kabbala hatte eine vielfältige jüdische und christliche Wirkungsgeschichte. Der osteuropäische Chasidismus des 18.–20. Jahrhunderts ist eine popularisierte und transformierte Weiterführung der Kabbala. Ebenso bemerkenswert sind aber auch die Auswirkungen der Kabbala auf die christliche Theologie und Frömmigkeit. Spanische Konvertiten aus dem Judentum (z. B. Petrus Alfonsi, 1062–1125, und Abner von Burgos, 1270–1340) und christliche Humanisten (z. B. Pico della Mirandola, 1463–1494, und Johannes Reuchlin, 1455–1522) schufen eine christliche Kabbala in der Meinung, die Kabbala sei die beste Zeugin der ursprünglichen Offenbarung, anhand derer man auch das innergöttliche Leben der Dreifaltigkeit darstellen und „beweisen" könne. Bis weit ins 19. Jahrhundert hinein übte die christliche Kabbala einen großen Einfluß auf die christliche Theosophie, Anthroposophie, das Heilsgeschichtsdenken und die Ethik aus.

Lehren

Nach kabbalistischer Lehre ist jedes Wort der Tora im göttlichen Namen enthalten und zugleich der gottnächste Ausdruck der himmlischen Welt. Das Volk Israel, die Menschheit, die organische und anorganische Welt, der ganze Geschichtsablauf und auch die Götzen und Dämonen sind einerseits Ausdruck, Ableitung, Entfaltung des göttlichen Namens (oder der 72 göttlichen Namen), anderseits aber auch relativer Widerspruch und Abfall gegenüber der „Verborgenheit aller Verborgenheiten", dem „Anfang ohne Anfang" (Zohar III 288 a). Nach der lurianischen Kabbala ermöglichte der unfaßbare, ganz jenseitige, namenlose Gott („der Endlose", der „Ohne-Was", der „heilige Alte") die Menschen- und Weltschöpfung durch einen Akt der essentiellen Selbstbeschränkung *(zimzum)*, indem er den von ihm selbst voll eingenommenen Raum freigab. Durch eine kosmische Katastrophe („Zerbrechen der Schalen") und durch den Sündenfall der Urmenschen entstanden Brüche und Funkensplitter in der Schöpfung. Das Volk Israel hat die heilsgeschichtliche Aufgabe, für die Wiederherstellung *(tiqqun)* der ursprünglichen All-Einheit Gottes besorgt zu sein. Diese Aufgabe wird Israel in der messianischen Zeit vollenden. Der einzelne Israelit arbeitet an der Verwirklichung dieses Zieles vor allem dadurch, daß er sich um Angleichung, Anpassung *(devequt)* an das göttliche Einheitswirken bemüht. So gesehen ist die Kabbala eine konsequente Lehre über die Einheit Gottes und über die Neuverwirklichung dieser Einheit *(yichud)*. Den metaphysischen „Raster", an dem das Einheitsziel abgeschaut werden kann, bilden die 10 *sefirot* (Grundzahlen, Bezeichnungen für das innergöttliche Schöpfungs- und Erlösungswirken, überhaupt für das innergöttlich-dynamische Leben).

Jüdisch-christliche Möglichkeiten und Gefahren

Die Kabbala wurde im 20. Jahrhundert besonders von Gerschom Scholem

(1897–1985) und seinen Schülern historisch-kritisch erforscht. Aus den hier vorgelegten Einsichten ergibt sich einerseits die Unmöglichkeit einer christlichen Adaptierung dieses innerjüdischen Phänomens und anderseits die Erkenntnis ähnlicher Ausdrucksweisen zur Erklärung innergöttlicher Lebensvorgänge in Judentum und Christentum. Wenn man die Kabbala beachtet, kann man nicht behaupten, die christlich-trinitarischen Erklärungsversuche seien nur rationalistisch-scholastisch und nur innerchristlich zu verstehen. Etwa die Ausdrücke „Gott von Gott", „Geist von Geist", „Corpus Domini" usw. finden sich auch in jüdisch-esoterischen Schriften (Sefer Yezira: *ruach me-ruach*; Zohar: *gûfa de Malkā*). Man kann aber auch das verhängnisvolle Klischee nicht mehr weiterkolportieren, der jüdische Monotheismus sei starr, unbeweglich und leblos; er ist ebenso mit Leben, Symbolik und Dynamik gefüllt wie der christliche, wenn auch in anderer Weise. Jüdische Gottes-, Schöpfungs- und Erlösungsspekulationen wurden jedoch nie verbindlich wie etwa die trinitarischen und christologischen Dogmen. Sie blieben Ausdruck einer radikal-religiösen Stimmung. Den von Leid, Verfolgung und Vertreibung geprüften Gemeinden sollte durch transzendente Einsichten Trost und Hoffnung gegeben werden. Jüdisch-christliche Studiengruppen tun aus all diesen Gründen gut daran, die Kabbala zwar zur Kenntnis zu nehmen, aber keiner christlich-jüdischen Mischmasch-Kabbala (etwa gar mit missionarischen Grundtendenzen) Vorschub zu leisten.

↗ Chasidismus, osteuropäischer; Dogma; Dreifaltigkeit; Erwählung; Gott; Israel; Messias; Offenbarung; Schöpfer/Schöpfung; Qumran.

Literatur: *R. Goetschel*, Prière, Mystique et Judaïsme, Paris 1987; *M. Idel*, Abraham Abulafia und die mystische Erfahrung, Frankfurt a.M. 1994; *S. Lauer*, Etwas von jüdischer und christlicher Kabbala, in: C. Thoma / M. Wyschogrod, Das Reden vom einen Gott bei Juden und Christen, Bern 1984, 109–129; *J. Maier*, Die Kabbalah. Einführung, klassische Texte, Erläuterungen, München 1995; *E. Starobinski-Safran*, Le Buisson et la Voix, Exegese et pensees Juives, Paris 1987. – *G. Scholem*, Die jüdische Mystik in ihren Hauptströmungen, Zürich 1957; *ders.*, Ursprung und Anfänge der Kabbala, Berlin 1962; *ders.*, Studien zur jüdischen Mystik, in: ders., Judaica III, Frankfurt a.M. ²1981; *ders.*, Von der mystischen Gestalt der Gottheit, Studien zu Grundbegriffen der Kabbala, Zürich 1962. T

Kanon

↗ Apokryphen; Bibel; Neues Testament; Propheten/Prophetie.

Karäer

Geschichte

Die Karäer oder Karaiten (hebr.: *qara'im* oder *benê miqra* = „Bibelmänner") sind eine jüdische Sekte, die in der zweiten Hälfte des 8. Jahrhunderts im babylonisch-persischen Judentum entstanden ist. Als ihr Gründer gilt Anan ben David, der das Prinzip aufstellte, daß alles, was zur Erfüllung der göttlichen Gebote zu wissen notwendig ist, in der Bibel selbst zu finden sei. Die rabbinische Auslegung der Bibel und die rabbinische Tradition überhaupt wurden verworfen, da das „wahre" Judentum *sola scriptura* existiert. (Die Anhänger des rabbinischen Judentums werden – im Vergleich zu den Karäern – in der modernen Literatur „Rabbaniten" genannt.)

Die Motive, die zur Gründung der karäischen Sekte geführt haben, mögen vielfältig gewesen sein und sind teilweise noch von der heutigen Wissenschaft umstritten. Die traditionelle Erzählung, daß Anan eine antirabbinische Sekte nur aus Enttäuschung und Trotz gegründet hat, weil ihm, der sich dazu für geeignet hielt, die Position des

Exilarchen innerhalb des babylonischen Judentums rabbinischer Prägung verweigert wurde, ist wohl etwas zu einfach. Es hat gewiß damals verschiedene Gruppen von Juden gegeben, die aus irgendeinem Grund die Prinzipien der rabbinischen Schriftauslegung verwarfen oder sich der Autorität der rabbinischen Behörden widersetzten und die sich dann um den antirabbinischen Biblizismus Anans herum vereinigten. Daß es sich bei einigen dieser Gruppen um Reste der früheren Sadduzäer, Boethusianer und Anhänger der Qumran-Sekte gehandelt hat, wird von einigen modernen Wissenschaftlern behauptet, von anderen dagegen als unbewiesen betrachtet. Jedenfalls hat die jüdische antikaräische Polemik im Karäertum immer schon eine Fortsetzung der alten sadduzäischen Position gesehen und sie als solche bekämpft.

Vom 9. bis 12. Jahrhundert gewannen die Karäer in Palästina und in Ägypten zahlreiche Anhänger und verbreiteten sich auch in der übrigen jüdischen Diaspora, besonders in Spanien und – in späteren Jahrhunderten – in Litauen und auf der Krim. Es hat Orte und Zeiten gegeben, wo das rabbanitische Judentum ernstlich mit der karäischen Konkurrenz zu rechnen hatte und teilweise sogar einer karäischen Mehrheit gegenüberstand. Jedoch hat am Ende das rabbanitische Judentum den Sieg errungen; und heute – obwohl vereinzelte Karäer auch in anderen Ländern wohnen – gibt es ein aktives karäisches Judentum nur im Staate Israel, wo die Karäer als eine außerhalb des offiziellen Judentums stehende religiöse Sekte von der Regierung anerkannt werden. Im Jahre 1970 wurde die Anzahl der israelischen Karäer auf knapp 6000 geschätzt.

Glaubenslehren

Was die Glaubenslehren des Judentums betrifft, so bestehen zwischen den Karäern und den rabbanitischen Juden nur wenige Unterschiede. Allerdings wurde im Karaismus die Festsetzung des Neumondes durch tatsächliche Beobachtung des Mondes zum Glaubensprinzip erhoben – im Gegensatz zu dem talmudischen Judentum, in dem es eine astronomische Berechnung der Monate schon seit dem 4. Jahrhundert gibt. (Allerdings sind auch viele Karäer später zu einer astronomischen Berechnung der Monate übergegangen.) Der Hauptunterschied in den Glaubenslehren der Karäer und der Rabbaniten ist natürlich, daß die Karäer das rabbanitische Traditionsprinzip leugnen. Das wirkt sich dann besonders in der unterschiedlichen Observanz des Zeremonialgesetzes aus wie auch in den verschiedenen Auslegungen der Gesetze, die die Ehe und die Ehescheidung betreffen – was auch, trotz historisch belegten Ehen zwischen Rabbaniten und Karäern in früheren Zeiten, schließlich zu einem rabbanitischen Verbot der Ehe mit Karäern geführt hat. War es das Bestreben der rabbinischen Tradition, durch Interpretation die Härte der biblischen Gesetzgebung teilweise zu lindern, so bedeutete in vielen Fällen die karäische Rückkehr zum Buchstaben der biblischen Gesetzgebung mitunter eine erhebliche Erschwerung des Lebens, wie auch überhaupt die Karäer weit mehr als die Rabbaniten die Askese übten. Letztere war verbunden mit der großen Rolle, welche die Trauer um die Zerstörung Jerusalems und des Tempels in der Religion der Karäer spielte. Es gab sogar karäische Schriftsteller, die das talmudische Judentum auch deshalb angriffen, weil es das jüdische

Leben in der Diaspora ermöglichte und den Juden den Willen nahm, sich in Palästina anzusiedeln. Bei aller ursprünglichen Verwerfung der talmudischen Tradition bildete sich später bei den Karäern dennoch eine Tradition der Schrifterklärung, natürlich nicht identisch mit der rabbanitischen, aber immerhin dem Traditionsprinzip einen gewissen Platz einräumend, da sich das Prinzip *sola scriptura* des frühen Karaismus ziemlich bald in einen religiösen Anarchismus verwandelte.

Die von Anan ben David verfaßte Liturgie hatte fast nichts mit der talmudischen Gebetsordnung gemeinsam. Sie bestand fast ausschließlich aus Bibelstellen, besonders aus Psalmen. Die spätere karäische Liturgie, wie sie noch heute im Brauch ist, obwohl immer noch grundsätzlich vom Aufbau der rabbanitischen Liturgie abweichend, zeigt jedoch eine größere Beeinflussung von seiten der rabbinischen Liturgie und sogar die Aufnahme von einigen rabbanitischen Gebeten.

Wirkung

Obwohl die Karäer heute nur eine religiöse Minderheit am Rande des Gesamtjudentums sind, kann, historisch gesehen, die Wirkung, die sie auf das Gesamtjudentum ausgeübt haben, nicht unterschätzt werden. So verursachte die karäische Berufung auf das „reine" Bibelwort eine intensivere Beschäftigung mit hebräischer Grammatik und Philologie seitens der Rabbaniten, die sich – den Karäern gegenüber – nicht mehr damit begnügen konnten, ihre Auslegung der Schrift einfach durch einen Hinweis auf „die Tradition" zu rechtfertigen. Die notwendig gewordene rabbanitische Apologetik in Anbetracht karäischer Angriffe machte es auch für die großen jüdischen Theologen des Mittelalters – z. B. Saadja Gaon, Jehuda Hallevi, Mose ben Maimon – unumgänglich, das rabbinische Traditionsprinzip theologisch zu begründen. Karäische Tendenzen tauchen auch manchmal – ohne erwiesenen unmittelbaren Einfluß der eigentlichen Karäer – in anderen Gruppierungen des Judentums auf. Als z. B. die Nachkommen der in Spanien und Portugal zwangsgetauften Juden im 17. und 18. Jahrhundert in Amsterdam oder London zur jüdischen Religion zurückkehren wollten, fanden sie nicht, wie sie erwartet hatten, die biblische Religion vor, sondern eine auf der Bibel basierende, aber offensichtlich rabbinisch weiterentwickelte Religion, deren Übernahme oft Schwierigkeiten machte und zu quasi-karäischen Argumentationsweisen führte. Als im 19. Jahrhundert das Reformjudentum aufkam, gab es in den verschiedenen Erscheinungsformen des Reformjudentums – und in ausgeprägtester Weise in England – ein Entwicklungsstadium, in dem bei Berufung auf den göttlichen Ursprung der Bibel der Talmud als rein menschliches Werk zum Teil ignoriert oder total abgelehnt wurde. (Das hat sich dann im 20. Jahrhundert mit der Anerkennung der Lehre von der „fortschreitenden Offenbarung Gottes" geändert.) Im 19. Jahrhundert wurde diese Form des Reformjudentums gewöhnlich dem Karaismus gleichgesetzt und mit Argumenten, die einst der antikaräischen Polemik dienten, bekämpft.

↗ Bibel; Diaspora/Exil; Ehe/Ehescheidung; Liberales Judentum / Reformjudentum; Sadduzäer; Tradition; Zeremonialgesetz.

Literatur: *Z. Ankori*, Karaites of Byzantium, New York 1959; *Ph. Birnbaum* (Hrsg.), Karaite Studies, New York 1971; *R. Mahler*, Karaimer (Jiddisch), New York 1947; *J. Mann*, The Collected Articles, Bd. III („Karaite and Genizah Studies"), Gedera 1971; *L. Nemoy* (Hrsg.), Karaite Anthology, New Haven 1952; *J. J. Petuchowski*, The Theology of Haham David Nieto, New York [2]1970. P

Katholizismus

↗ Kirche/Kirchen; Vatikan.

Ketzersegen

Liturgischer Ort

In der klassischen jüdischen Liturgie nehmen die meisten Gebete die Form einer Lobpreisung Gottes, einer Benediktion *(berakha)*, an, selbst, wenn es sich teilweise um Bittgebete handelt. So besteht z. B. das tägliche Hauptgebet aus neunzehn Benediktionen, die aber – weil es im alten palästinischen Ritus nur achtzehn waren – das „Achtzehngebet" heißen. Die 12. Benediktion des Achtzehngebets ist nun alles andere als eine Benediktion oder ein Segen, obwohl sie mit den Worten „Gelobt seist du, Herr, der die Feinde zerschmettert und die Übermütigen demütigt" schließt. Sie ist nämlich eine Verwünschung von Verleumdern, von der Bosheit, von den Feinden Gottes und vom „Reich des Übermuts" (worunter ursprünglich das Judäa unterdrückende Römische Reich verstanden wurde). In den rabbinischen Quellen heißt diese Verwünschung *birkat hamminim*, die „Benediktion von den Ketzern", also kurz „Ketzersegen".

Antichristliche Intention?

Da das Wort *minim* manchmal auch auf Judenchristen angewandt wurde und da im 2. Jahrhundert Justin der Märtyrer (Dialogus cum Tryphone Judaeo XVI,4) sich darüber beschwerte, daß die Juden in ihren Synagogen täglich die Christen verfluchen, wurde in der Wissenschaft die Hypothese gangbar, daß der Ketzersegen eigens zur Verwünschung der Christen geschaffen wurde. Man dachte dabei an die historische Situation, in der sich die Judenchristen von den Freiheitskämpfen der anderen Juden gegen Rom fernhielten und daher unter dem Verdacht standen, gemeinsame Sache mit den Römern zu machen. Weil aber, was ihre Lebensweise betraf, die Judenchristen sich noch nicht von den anderen Juden unterschieden, wollte man es ihnen unmöglich machen, am Synagogengottesdienst teilzunehmen oder ihn sogar zu leiten, indem man den Ketzersegen einführte. Das Achtzehngebet wurde etwa um das Jahr 90 eingeführt, und im Zusammenhang damit heißt es in einer rabbinischen Quelle (bBer 28b, 29a), daß Samuel der Kleine den Ketzersegen „festsetzte" *(tiqqen)*. So erklärte man sich auch, warum das sogenannte Achtzehngebet in Wirklichkeit aus neunzehn Benediktionen bestand. Es waren ursprünglich eben nur achtzehn. Als dann aber die Judenchristen als eine Gefahr empfunden wurden, nahm man als neunzehnte Benediktion, den Ketzersegen, in das Achtzehngebet auf. Diese Meinung wird in traditionellen jüdischen Kreisen noch bis zum heutigen Tag vielfach angetroffen, hatte sie doch sogar Mose ben Maimon im 12. Jahrhundert in seinen Gesetzeskodex aufgenommen (Hilkhoth Tephillah 2,1).

Neue Erkenntnisse

Durch Manuskriptfunde hat sich aber in neuerer Zeit herausgestellt, daß der alte palästinische Ritus tatsächlich nur achtzehn Benediktionen im Achtzehngebet hatte und daß jedoch der Ketzersegen ein Bestandteil dieser achtzehn Benediktionen war. (Im palästinischen Ritus gab es die heute übliche 15. Benediktion nicht; ihr Inhalt wurde mit dem Inhalt der 14. Benediktion verbunden.) Dagegen werden *minim* und „Nazaräer" ausdrücklich in den aufgefundenen Manuskripten des palästinischen Ritus erwähnt! Die Frage, was nun Samuel der Kleine „festgesetzt“ habe, wenn es im palästinischen Ritus keine 19. Benediktion im Achtzehngebet gab, wird in dem Sinne beantwortet, daß das hebräische Wort *tiqqen* nicht nur „festsetzen“ bedeutet, sondern auch „korrigieren“ und „anpassen“. Es hatte schon vorher eine Benediktion gegen Ketzer gegeben, und Samuel der Kleine übernahm die Aufgabe, sie den ketzerischen Zuständen seiner Zeit *anzupassen*. So heißt es auch in einer frührabbinischen Quelle (tBer 3,25, hrsg. von Lieberman, S. 18), daß die Benediktion gegen die *minim* mit der Benediktion gegen „diejenigen, die sich von der Gemeinde absondern“, verbunden werden soll. Ursprünglich dürfte der Ketzersegen gegen die Mitglieder der Qumransekte gerichtet gewesen sein, da diese von sich selbst behaupteten, sich von der Mehrheit des Volkes abgesondert zu haben (Flusser).

Ist aber der Ketzersegen an die ketzerischen Zustände einer jeglichen Zeit anpaßbar, so braucht – trotz der Erwähnung von *minim* und „Nazaräern“ in der in Kairo aufgefundenen Fassung des palästinischen Ritus und trotz der Beschwerde von Justin dem Märtyrer – der Ketzersegen noch nicht einmal von Haus aus ein „antichristliches“ Gebet gewesen zu sein.

In den reformierten jüdischen Gebetbüchern der Neuzeit wird der Ketzersegen entweder in eine Bitte um das Ende von Haß und Feindschaft umgewandelt oder ganz ausgelassen.

Textproben zum Ketzersegen

a) *Aus dem alten palästinischen Ritus:*

Den Apostaten sei keine Hoffnung.
Entwurzle das Reich der Übermut bald in unseren Tagen.
Und die Nazaräer und die Minim sollen wie in einem Augenblick untergehen,
ausgelöscht sollen sie aus dem Buch des Lebens werden
und nicht zusammen mit den Gerechten eingeschrieben sein.
Gelobt seist du, Herr, der die Übermütigen demütigt.

b) *Aus dem heutigen orthodoxen Gebetbuch nach deutsch-polnischem Ritus:*

Den Verleumdern sei keine Hoffnung,
und alle Gewalttat soll wie in einem Augenblick untergehen.
All deine Feinde mögen bald ausgerottet werden,
und entwurzle bald das Reich des Übermuts,
zerbrich es, wirf es nieder und demütige es bald in unseren Tagen.
Gelobt seist du, Herr, der die Feinde zerbricht und die Übermütigen demütigt.

c) *Aus dem liberalen „Einheitsgebetbuch“ (1929):*

Laß die Irrenden zu dir zurückfinden,
laß alle Gewalttat bald von der Erde schwinden
und frevelhaften Übermut gebrochen werden bald in unseren Tagen.
Gelobt seist du, Herr, der die Gewalt zerbricht und den Übermut demütigt.

↗ Judenchristen; Liturgie; Minim.

Literatur: *D. Flusser*, Ein Sendschreiben aus Qumran (4Q MMT), Beiheft zu Jud, 3 (1995) 6–57; *R. Kimelman*, Birkat Ha-Minim and the Lack of Evidence for an Anti-Christian Jewish Prayer in Late Antiquity, in: E. P. Sanders (Hrsg.), Jewish and Christian Self-Definition, Bd. II, Philadelphia 1981, 226–244; *J. J. Petuchowski*, Der Ketzersegen, in: M. Brocke / J. J. Petuchowski, W. Strolz (Hrsg.), Das Vaterunser – Gemeinsames im Beten von Juden und Christen, Freiburg i. Br. 1974, 90–101; *C. Thoma*, Das Messiasprojekt. Theologie Jüdisch-christlicher Begegnung, Augsburg 1994. P

Kirche/Kirchen

Unterschiedliche jüdische und christliche Ausgangslage

Insofern die Kirche eine religiöse Institution nicht-jüdischer Völker ist, ist sie kein Thema der rabbinischen Halakha. Es gibt im Talmud keine Aussage, die sich einwandfrei und direkt auf das nicht- und antijüdische Christentum bezieht. Für dieses jüdische Schweigen gibt es drei Hauptgründe:

a) In der Spätantike wurden gegnerische Bewegungen nicht nach deren Selbstverständnis beurteilt; von Interesse war nur, ob, wie weit und in welcher Weise neu auftauchende Gegenmächte eine Bedrohung für die eigene Gemeinschaft sein könnten. Sie wurden dementsprechend klischeehaft eingestuft. Die römische Weltmacht, die Samaritaner, die Judenchristen, die Sadduzäer usw. galten den Rabbinen als im Grunde gleich einzustufende Bedrohung der jüdischen Gemeinden. Die gleiche Einstellung hegten auch kirchliche Kreise: Im Codex Theodosianus (438 n. Chr.) werden „Häretiker und Heiden vielfach in einem einzigen Gesetz als gemeinsame Gegner zusammengefaßt" (Stemberger 229).

b) Die Rabbinen betrachteten es nicht als ihre Aufgabe, belehrend, nachforschend oder missionierend in außerjüdische religiöse Bereiche vorzudringen. Vielmehr ging es ihnen um die innere Konsolidierung und um die Abschirmung der jüdischen Gemeinden vor götzendienerischen und gemeindeauflösenden Einflüssen seitens der politischen Mächte, der spätantiken Philosophien und der religiösen Bewegungen (Gnosis, Christentum).

c) Das rabbinische Judentum erfuhr die konstantinische Wende, d. h. den Wechsel von heidnischer zu christlicher Herrschaft im 4. Jahrhundert nicht als Einschnitt zum Besseren, sondern als Verschärfung des antijüdischen Gehabens neuer römischer Machthaber. Daher rutschte die Kirche in der jüdischen Beurteilung unversehens in die vom heidnischen Rom bisher besetzte Rolle „Edoms", der „übelwollenden Regierung" und des bedrohlichen „Weltvolkes" hinein.

Vom frühen Mittelalter an (jüdisch: Zeit der Gaonen; christlich: karolingische Zeit) wurden die wechselseitigen Kontakte auf gesellschaftlicher Ebene zunehmend enger und die geistig-religiösen Konfliktherde bewußter. Davon zeugt auch ein reger theologischer Austausch. Bei der Beurteilung der nun folgenden kirchlich-jüdischen Konfliktgeschichte darf freilich nicht außer acht bleiben, daß für die Juden nach Abschluß des babylonischen Talmuds (ca. 600 n. Chr.) die Beschäftigung mit der christlichen Kirche qua Kirche nicht mehr verpflichtend werden konnte. Die Kirche war demgegenüber von allem Anfang an in anderer Lage. Aufgrund ihrer Verwurzelung im Judentum war sie in ihrer Selbstbehauptung (Anknüpfung und Widerspruch) auf das Judentum angewiesen. Die in allen Jahrhunderten existente christliche „Adversus Iudaeos"-Literatur hatte daher schon im 2. Jahrhundert n. Chr. (Barnabasbrief, Meliton von Sardes, Tertullian) begonnen, lange bevor das Judentum das Christentum als besonders gefährliche ideologische Gegenmacht speziell zur Kenntnis nahm. Man kann in diesem Zusammenhang zu Recht von einer „tiefgreifenden und wesenhaften Asymmetrie, der Ungleichheit von innen her" die, zwischen Christentum und Judentum herrscht, sprechen (Werblowski 156). Die christlichen Kirchen sind von ihren Ursprüngen und ihrem Wesen her auf das Judentum bezogen, während es das Judentum nur sekundär mit den Kirchen zu tun hat.

Feindschaftliche Verflechtungen

Die ab dem Mittelalter bis ins 20. Jahrhundert unerträglich zunehmende Gereiztheit zwischen Juden und Christen, jüdischerseits durch eine gegenchristliche *Wikkuach* (adversus Christianos-) Literatur bezeugt, beruhte besonders auf drei Faktoren:

a) Die Juden sahen sich im Mittelalter der gesellschaftlich dominanten katholischen Kirche gegenüber, die sich als Alleinerbin Israels betrachtete und ihre Judenfeindlichkeit besonders in den Kreuzzügen und bei der Inquisition mit theologischen Gründen heilsgeschichtlich zu untermauern verstand.

b) Die christlichen Reformbewegungen am Beginn der Neuzeit (Protestantismus und Konzil von Trient im 16. Jh.) hatten keine Milderung, sondern eher eine Steigerung des antijüdischen christlichen Überbietungsdenkens im Gefolge und wirkten sich daher als innerchristliche Streitereien aus, die auf dem Rücken der Juden ausgetragen wurden.

c) Die Aufklärung des 18./19. Jahrhunderts mit ihrer Absage an Klerikalismus und Obskurantismus brachte im Ergebnis keinen Abbau des Antisemitismus, sondern nur Verlagerungen der Motive ins Politische, Nationalistische und Rassistische. Viele Juden empfinden den Holocaust des Hitler-Regimes letztlich als Ergebnis der judenfeindlichen kirchlichen Drachensaat. Die Verweigerung der kirchlichen Autoritäten, den Postulaten und Forderungen der Aufklärung gegenüber, und der damit verbundene Rückzug der katholischen Kirche ins Ghetto, trugen zu einer Verhärtung antijüdischer Positionen innerhalb und außerhalb der Kirche bei. Sie verhinderte auch einen ungetrübten Blick der Kirchen für antisemitische gesellschaftliche Vorgänge.

Kirchen im Kontext des Judentums

Es gibt trotz allem legitime jüdische Möglichkeiten des Austausches und der Kooperation mit den Kirchen, wie es kirchliche Kontaktnahmen mit dem Judentum gibt. Wichtige Voraussetzung dafür ist, daß die beidseitigen Selbstverständnisse nicht verhandelt und nicht verschliffen werden, sondern in ihrer Gegensätzlichkeit und Gemeinsamkeit zum Tragen kommen. Die Kirche ist die durch Antijudaismus lädierte Gemeinschaft von Gemeinden Christi, die das „Geheimnis der Einheit" darstellen (4. Laterankonzil, 1215: DS 802); sie hat als Volk Christi in Jesus von Nazaret und den Aposteln ihr „festes und sichtbares Fundament" (I. Vatikan. Konzil, 1870: DS 3051 f) und soll die Botschaft der Offenbarung des Alten und Neuen Testaments allen Völkern der Welt dialogisch anbieten (Mt 28,16–20). Auch das Judentum hat eine feste und sichtbare Struktur, auch es trägt „Krankheiten" in sich (8. Berakha des Achtzehngebets) und ist doch Gottes einzigartig geliebtes, beauftragtes und durch die Geschichte wanderndes Volk. Zwar sind seine partikulären Züge ausgeprägter als bei den Kirchen, aber universale Blickpunkte sind im Judentum ebensowenig entbehrlich wie im Christentum. Das Judentum ist in geschwisterlicher Konkurrenz und Ergänzung zu den Kirchen der „Schulfall des Menschen" und „der Zwang der Kirche, sichtbar zu sein" (Rosenzweig 106.553). Das kirchliche Dogma und die jüdische Halakha sind nur relative Gegensätze, die am Ziel der Geschichte, wenn die Könige der Weltvölker Gott in der Diktion Israels als Einzigen preisen werden (Sach 14,9; Dan 6,27 f) und wenn „Gott alles in allem" sein wird (1 Kor 15,28), ihren Rang verlieren werden.

In der *Ekklesiologie* muß die Kirche von ihrer Verwiesenheit auf die Offenbarung Gottes auf dem Berge Sinai und auf das diese Offenbarung spezifisch weitertragende und der eschatologischen Gnade zuführende jüdische Volk her definiert werden. Das Zweite Vatikanische Konzil drückt diese sich aus der vergangenen christlich-jüdischen Feindschaftsgeschichte ergebende Notwendigkeit am 26. Oktober 1965 vortrefflich aus: „Bei ihrer Besinnung auf das Geheimnis der Kirche denkt die Heilige Synode des Bandes, wodurch das Volk des Neuen Bundes mit dem Stamme Abrahams geistlich verbunden ist" (Nostra aetate 4). Erst wenn sich die Kirche deutlicher nicht nur ins Neue Testament, sondern auch in die ganze (Glaubens-)Geschichte des Volkes Israel samt dessen Erwartungen einbetten läßt und wenn sie ihre eigene spezielle Botschaft von dem in Christus geschehenen und sich weiter vollziehenden Heil aller Völker und Menschen nicht über die Juden hinweg oder gar gegen sie verkündet (Jes 49,6; Ps 83,19; Jdt 9,14; Lk 2,29–32), wird sie den biblischen Schalom über Israel und die Weltvölker mit verwirklichen können. Dann wird es auch möglich sein, daß das Judentum jene alte Interpretation von Jes 44,5 auf die Kirche anwendet: „‚... ein anderer wird ehrenvoll als Israel bezeichnet', das sind die Gottesfürchtigen" (MekhY zu Ex 22,20). Die Kirchen werden dann ganz Kirche sein, wenn sie mit Christus als Gottesfürchtige der Weltvölker den Ehrennamen Israel zu Recht annehmen und tragen dürfen.

↗ Abraham; Antijudaismus; Christus/Christologie; Dialog; Eschaton/Eschatologie; Erwählung; Inquisition; Israel; Kirche/Kirchen; Offenbarung; Partikularismus und Universalismus; Synagoge und Kirche; Volk Gottes.

Literatur: *W. Beinert*, Art. Kirche, in: Lexikon der katholischen Dogmatik, Freiburg i.Br. [2]1988; *J. Maier*, Jüdische Auseinandersetzungen mit dem Christentum in der Antike, Darmstadt 1982; *F. Rosenzweig*, Zweistromland, Kleinere Schriften zu Glauben und Denken, Bd. III der Gesammelten Schriften, hrsg. von R. und A. Mayer, Dordrecht 1984; *G. Stemberger*, Juden und Christen im Heiligen Land, Palästina unter Konstantin und Theodosius, München 1987; *R. J. Zwi Werblowski*, Thora als Gnade, in: Kairos 15 (1973) 156–164. T

Kirchenväter und Rabbinen

Zeit und Bedeutung

Das Zeitalter der Kirchenväter endete im Westen im 7. Jahrhundert, während es im Osten noch ein Jahrhundert länger gedauert hat. Die Kirchenväter waren die Lehrer der Kirche und trugen in ihren Schriften viel zur Entwicklung des christlichen Dogmas und zum christlichen Verständnis der Bibel bei. Die gleichen Jahrhunderte, in denen die Kirchenväter wirkten, waren aber auch die Zeit, in der die Rabbinen den Talmud schufen und die jüdische Bibelexegese entwickelten. Kirchenväter und Rabbinen spielen also in ihren respektiven Religionen ähnliche Rollen, wobei allerdings bemerkt werden soll, daß sich im großen und ganzen die Kirchenväter mehr um die präzise Definition des religiösen Glaubens, die Rabbinen mehr um die präzise Definition der religiösen Tat gekümmert haben – ohne daß die Kirchenväter, die ja auch von der *nova lex* Jesu sprachen, die Tat völlig aus dem Auge ließen oder die Rabbinen Fragen des Glaubens total ignorierten. Immerhin haben die Rabbinen der ersten sieben Jahrhunderte keine theologischen Traktate und die Kirchenväter keinen Talmud hinterlassen. (Die erste systematische jüdische Theologie schreibt Saadja Gaon im 10. Jh.; das „Decretum Gratiani", die Basis des Corpus Iuris Canonici, stammt aus dem 12. Jh.).

Wechselbeziehungen

Die Gleichzeitigkeit von Kirchenvätern und Rabbinen und manchmal sogar die gleichzeitige Anwesenheit am selben Ort – wie im 3. Jahrhundert im palästinischen Cäsarea, wo der Kirchenvater Origenes das Christentum und der Rabbi Hoschaja das Judentum lehrten – werfen die Frage nach möglichen persönlichen Kontakten und Wechselbeziehungen auf. Einige Kirchenväter erwähnen in der Tat, daß sie jüdische Lehrer im Hebräischen und in der jüdischen Bibelexegese hatten, ohne aber die Namen dieser Lehrer zu nennen. Unter den mit Namen genannten Juden in den von Kirchenvätern verfaßten „Dialogen" sind keine talmudischen Rabbinen erkennbar. (Daß es sich bei dem Juden Tryphon im „Dialog" von Justinus dem Märtyrer um den bekannten Rabbi Tarphon handelt, wird von der modernen Wissenschaft stark bezweifelt.) Auch im rabbinischen Schrifttum fehlt es an Namen von Kirchenvätern, jedoch werden gelegentlich Diskussionen mit einem „Philosophen", einem Min oder einem Nichtjuden dargestellt, wo der Gesprächspartner dieses oder jenes Rabbis Argumente im Munde führt, die uns aus den Schriften der Kirchenväter bekannt sind. Während es in ihren Diskussionen mit Christen bei den Rabbinen hauptsächlich darum geht, die christlichen Argumente und Bibelauslegungen zurückzuweisen, ohne daß dieses Argumentieren als ein Hauptbestandteil der rabbinischen Literatur angesehen werden kann, haben sich viele Kirchenväter systematisch mit dem Judentum in ablehnender Weise befaßt; und ein ganzes Genre der patristischen Literatur besteht aus den judenfeindlichen „Adversus Iudaeos"-Schriften. Das weiter fortbestehende Judentum nach dem Erscheinen des Christus galt den Kirchenvätern nämlich als eine Herausforderung, der gegenüber sie die christliche Auffassung der Bibel rechtfertigen wollten. Teilweise – wie z. B. im Fall des gegen das Judentum wütenden Johannes Chrysostomus (ca. 347–407) – hatten sie es auch mit Christen zu tun, die, ohne ihren christlichen Glauben aufzugeben, an jüdischen Sabbaten und Feiertagen in die Synagogen gingen und auch jüdische Zeremonien anziehend fanden (die *Ioudaizantes*), eine Konkurrenz, die es zu unterbinden galt.

Immerhin ist es interessant, daß manchmal dieselben Kirchenväter, wie z. B. Tertullian im 2./3. Jahrhundert, die sich veranlaßt fühlten, Schriften gegen die Juden und das Judentum zu verfassen, in ihren gegen die Gnostiker gerichteten Schriften das Judentum verteidigten. Sie scheinen trotz überzeugtem Antijudaismus gemerkt zu haben, daß mit der gnostischen Bekämpfung des Judentums auch das Christentum mit in Gefahr gezogen wird, daß sie also doch dem Judentum näher standen, als sich aus ihren eigenen antijüdischen Schriften erkennen läßt. Es war aber erst der Neuzeit vorbehalten, objektiv und ohne Polemik und Apologetik an das Studium der Kirchenväter heranzugehen.

Forschungsergebnisse und ökumenische Aufgaben

So haben jüdische Wissenschaftler im 19. und 20. Jahrhundert entdeckt, daß manche Kirchenväter in ihren biblischen Kommentaren Erklärungen zitieren, die sie von ihren jüdischen Lehrern gelernt hatten, ohne daß diese Erklärungen in dem erhaltenen rabbinischen Schrifttum zu finden sind. Auf diese Weise sind patristische Schriften zu Quellen rabbinischer Schrifterklärung geworden; und die sieben Bände, in denen Louis Ginzberg (1873–1953) den Gesamtschatz der auf der Bibel basierenden jüdischen Legenden veröffentlicht hat (The Legends of the Jews, 1909–1938), enthalten vielfache Hinweise auf die Literatur der Kirchenväter.

Eine eingehendere Aufarbeitung erwarten jetzt noch die Parallelen zwischen Kirchenvätern und Rabbinen auf dem Gebiet des Gesetzes. Schließlich standen Juden und Christen als monotheistische Minderheiten in einer heidnischen Welt oft ähnlichen Problemen gegenüber und lösten sie auf ähnliche Weise. Es bleibt der modernen Wissenschaft überlassen, herauszufinden, wie weit es sich da um unabhängige Parallelerscheinungen gehandelt hat und ob und wie weit man von Wechselwirkungen reden kann.

So wie aufgrund der Hebräischen Bibel die Rabbinen die Struktur des heute bestehenden Judentums geschaffen haben, so haben aufgrund der Hebräischen Bibel und des Neuen Testaments die Kirchenväter die Form des heute bestehenden Christentums geschaffen. Hatte man sich in der Vergangenheit auf die Differenzen dieser beiden Religionen konzentriert, so sollten heutzutage die Ähnlichkeiten größere Beachtung finden.

↗ Dogma; Gesetz; Minim; Polemik; Talmud.

Literatur: H. Bietenhard, Caesarea, Origenes und die Juden, Stuttgart 1974; *R. Brändle*, Johannes Chrysostomus. Acht Reden gegen die Juden, Stuttgart 1995; *L. Ginzberg*, Die Haggada bei den Kirchenvätern und in der apokryphischen Literatur, Berlin 1900; *K. Hruby*, Aufsätze zum nachbiblischen Judentum und zum jüd. Erbe der frühen Kirche, ANTZ 5, Berlin 1990; *S. Krauss*, The Jews in the Works of the Church Fathers, in: JQR V (1893) 122–157; VI (1894) 82–99. 225–261. *R. Loewe*, The Jewish Midrashim and Patristic and Scholastic Exegesis of the Bible, in: Studia Patristica I (1957) 492–514; *E. M. Meyers / J. E. Strange*, Les Rabbins et les Premiers Chrétiens, Archeologie et Histoire, Paris 1984; *J. J. Petuchowski*, Halakhah in the Church Fathers, in: W. Jacobs / F. C. Schwartz / V. W. Kavaler (Hrsg.), Essays in Honor of Solomon B. Freehof, Pittsburgh, 1964, 257–97; *H. Schreckenberg*, Die christlichen Adversus-Judaeos-Texte und ihr lit. und hist. Umfeld, 3 Bde., Bern 1982 (2. Aufl. des 1. Bd. 1995), 1988, 1994; *G. Stemberger*, Juden und Christen im Heiligen Land, Palästina unter Konstantin und Theodosius, München 1987; *A. L. Williams*, Adversus Judaeos, Cambridge 1935; *S. G. Wilson* (Hrsg.), Antijudaism in Early Christianity, Vol. 2: Separation and Polemic. Wilfried Laurier Univ. Press. Canada 1986. P

Konservatives Judentum

↗ Liberales Judentum / Reformjudentum.

Konversion

↗ Proselyten.

Konzilien

↗ Autorität; Christus/Christologie; Kirche/Kirchen; Volk Gottes.

Kreuzzüge

↗ Antijudaismus; Jerusalem.

Kult

↗ Heiliges Land/Ort/Zeit; Liturgie; Tempelkult/Tempelzerstörung.

Kunst

↗ Bild/Bilderverbot/Bilderverehrung; Synagoge und Kirche.

L

Lehramt

↗ Autorität; Dogma.

Leib/Seele

↗ Auferstehung; Eschaton/Eschatologie.

Leiden

↗ Holocaust; Gott; Jesus von Nazaret.

Liberales Judentum / Reformjudentum

Sprachgebrauch

Das liberale Judentum oder Reformjudentum ist eine religiöse Richtung innerhalb des modernen Judentums, die im 19. Jahrhundert entstand. Mißverständnisse werden oft dadurch hervorgerufen, daß in verschiedenen Ländern die Adjektive verschieden gebraucht werden. Während diese religiöse Richtung am Anfang als „reformiert“ bezeichnet wurde, entwickelte sich der Sprachgebrauch in Deutschland so, daß man den radikal linken Flügel als „Reformjudentum“ bezeichnete, den mit Tradition stärker verbundenen Flügel aber „Liberales Judentum“ nannte. In England dagegen heißt der traditionellere Flügel „Reform Judaism“, während der radikalere Flügel sich „Liberal Judaism“ nennt. In den Vereinigten Staaten von Amerika wiederum heißt die ganze Richtung „Reform Judaism“, obwohl sich einige reformierte Gemeinden, die dem Herkömmlichen näherstehen, in den letzten Jahren auch „liberal“ genannt haben. Dazu kommt, daß die religiöse Richtung in Amerika, die der Praxis des ehemaligen deutschen „liberalen Judentums“ am nächsten entspricht, den Namen „Conservative Judaism“ führt. All diese Adjektive aber beziehen sich auf den Grad der traditionellen Observanz, dem ein bestimmter Flügel dieser Richtung zugeneigt ist. Theologisch stehen heute „liberales Judentum“ und „Reformjudentum“ auf der gleichen Basis und haben als gemeinsame Dachorganisation die *„World Union for Progressive Judaism“*.

Geschichte

Das reformierte Judentum entstand am Anfang des 19. Jahrhunderts in Deutschland, zunächst als eine von Laien ins Leben gerufene Bewegung für *liturgische* Erneuerung – ohne Ansprüche auf *theologische* Neuerungen zu machen. Es ging um die Anpassung des durch die Jahrhunderte von Verfolgung und Getto-Existenz ästhetisch ziemlich verkommenen jüdischen Gottesdienstes an die Umstände und den Geschmack einer neuen jüdischen Generation, die im Zeitalter der bürgerlichen Gleichberechtigung lebte und an der allgemeinen europäischen Kultur Anteil nahm. Man wollte die durch die Jahrtausende ständig angewachsene jüdische Liturgie kürzen, um weniger Gebete mit größerer Andacht sprechen zu können, die wöchentliche Predigt in der Landessprache und Chorgesang mit Orgelbegleitung einführen und – neben der hebräischen Sprache, in der die meisten Gebete weiterhin gesprochen werden sollten – auch der Landessprache beim Gebet ihr Recht einräumen. Der erste reformierte jüdische Gottesdienst dieser Art fand 1810 in der Synagoge einer Privatschule in Seesen im Harz statt. Ein ähnlicher Gottesdienst wurde 1815 in einem Berliner Privathaus (!) eingeführt. Im Jahre 1818 wurde der erste für eine Gemeinde bestimmte reformierte Tempel in Hamburg eröffnet, dessen reformiertes Gebetbuch 1819 erschien. 1845 kam es zur Gründung einer radikal reformierten Gemeinde in Berlin. In anderen deutschen Städten, wie auch in Berlin selbst, wurde der Kampf um eine gemäßigtere liturgische Reform innerhalb der bereits bestehenden Gemeinden geführt, weithin mit Erfolg. Der Einfluß des deutschen Vorbilds machte sich dann auch bald in England, in den Vereinigten Staaten von Amerika, Schweden, Frankreich und Österreich-Ungarn bemerkbar.

Hatte die erste Generation der Reformer nur eine ästhetische Verbesserung des herkömmlichen Gottesdienstes beabsichtigt und sogar versucht, die Veränderungen als legitim aus den Quellen des jüdischen Religionsgesetzes, wie z. B. dem Schulchan Arukh, zu beweisen, so zeigte sich doch nach kurzer Zeit, daß selbst liturgische Reformen eine theologische Basis verlangen – besonders dann, wenn sich auch die Gegner der Reformen auf die gleichen Quellen berufen konnten. Hatten denn alle religionsgesetzlichen Quellen den gleichen Wert? Sollten liturgische Lokalbräuche tatsächlich aus der sinaitischen Offenbarung her abzuleiten sein? Wenn nicht, nach welchen Prinzipien ist dann eine Auswahl zu treffen? Ferner, wenn man jetzt die herkömmlichen Gebete mit größerer Andacht sprach, mußte man sich doch fragen, ob man tatsächlich alle in den Gebeten ausgesprochenen Glaubenslehren auch tatsächlich glaubt. Wie stand es z. B. mit der herkömmlichen messianischen Hoffnung, daß der Messias alle Juden nach Palästina zurückführen wird? Wollte man denn seine Heimat in Hamburg oder Berlin verlassen? Wenn nicht, wie war der messianische Glaube neu zu formulieren, wie in der Liturgie auszudrücken? Dazu kam die neue entstandene „Wissenschaft des Judentums", der eine neue Generation von Rabbinern, an Universitäten ausgebildet, huldigte und die zu beweisen schien, daß es im Judentum seit je eine Fortentwicklung von Gesetzen und Bräuchen, ja selbst von Lehrmeinungen gegeben hat und daß es im Wesen des ethischen Monotheismus lag, sich in den äußeren Formen den jeweils sich veränderten politischen und kulturellen Umständen anzupassen. Auch der philosophisch fundierte Glaube an den „Fortschritt" wurde von den Theologen des Reformjudentums aufgegriffen und fand in der Lehre von der „fortschreitenden Offenbarung" Gottes in der reformierten Theologie seinen Niederschlag. So führte die ursprünglich rein liturgische Reform zu theologischen Neuauffassungen wie auch zu einer Reform des sogenannten Zeremonialgesetzes.

Heute bestehen liberale bzw. reformierte jüdische Gemeinden in den Vereinigten Staaten, in England, Frankreich, der Schweiz, Kanada, Australien, Neuseeland, Argentinien, Brasilien und im Staate Israel. In der Bundesrepublik Deutschland gibt es vereinzelte liberale Juden und sogar liberale Rabbiner, aber ein liberaler Gottesdienst findet – neben einem orthodoxen – nur in Berlin statt, da das ursprüngliche deutsche Judentum, in dem die Wiege des reformierten Judentums stand, ausgerottet wurde und nicht mehr besteht.

Theologie

Das Reformjudentum bekennt sich zum ethischen Monotheismus der biblischen und rabbinischen Tradition, glaubt an die göttliche Offenbarung (wobei es aber die Quellen, in denen die Offenbarung ihren schriftlichen Niederschlag gefunden hat, für von *Menschen* geschriebene Quellen hält), hofft auf eine messianische Erlösung der ganzen Menschheit (womit es aber das messianische *Zeitalter* und nicht die *Person* eines davidischen Sprößlings meint) und auf die Unsterblichkeit der menschlichen Seele (statt an die pharisäische Lehre einer körperlichen Auferstehung zu glauben) und betrachtet, im Anklang an die traditionelle Lehre von der „Auserwählung Israels", die jüdische Glaubensgemeinschaft als von Gott mit der Mission beauftragt, für den ethischen Monotheismus in der ganzen Welt zu wirken. In seiner klassischen Phase verneinte das Reformjudentum die traditionelle Hoffnung auf eine „Rückkehr" aller Juden nach Palästina, da das nationale Stadium einer früheren, nicht aber der Zukunftsentwicklung der jüdischen Glaubensgemeinschaft angehört. Das heutige Reformjudentum – wenn auch nicht unbedingt aus theologischer Veranlassung – hat aber größtenteils seinen Frieden mit dem Zionismus geschlossen, obwohl es die Diaspora-Existenz der Juden allgemein bejaht. Aber die klassische Ablehnung der Hoffnung auf eine messianische Wiedereinführung der Tieropfer ist weiterhin ein Bestandteil des Reformjudentums. Dazu gehört auch der Glaube an die „fortschreitende Offenbarung" Gottes, der das Prinzip des Fortschritts und der Entwicklung theologisch auszudrücken sucht und es in den klassischen Quellen der jüdischen Religion zu finden meint. Zur Diskussion innerhalb des Reformjudentums steht allerdings die Frage, wie weit das herkömmliche Religionsgesetz überhaupt Verbindlichkeit für das 20. Jahrhundert hat. Der linke Flügel will nur die moralischen und ethischen Gesetze gelten lassen und hält das sogenannte „Zeremonialgesetz" für eine überwundene Phase der jüdischen Entwicklung. Der rechte Flügel, der zwar auch den ethischen Geboten den Vorrang einräumt, befürwortet eine „organische Fortentwicklung" und wendet sich gegen einen revolutionären Bruch mit der jüdischen Vergangenheit.

Praxis

In der persönlichen religiösen Praxis überläßt es das liberale/reformierte Judentum dem Einzelnen, wie weit traditionelle Observanzen zu beachten sind: Speisegesetze, Gebetsriemen, Sabbatverbote usw. In neuerer Zeit ist man allerdings wieder etwas positiver zeremoniellen Handlungen gegenüber geworden, da ja Religion nicht *nur* Angelegenheit der Vernunft und der Ethik sein soll. In der Gestaltung des Gottesdienstes unterscheiden sich die verschiedenen liberalen/reformierten Gemeinden voneinander. Alle erkennen das Recht der Landessprache als Gebetssprache an, aber es gibt Gemeinden, die ihren Gottesdienst hauptsächlich hebräisch abhalten, andere Gemeinden, die hauptsächlich die Landessprache verwenden. Allgemein ist die Einführung von Chor und Orgelbegleitung und – im 20. Jahrhundert – die Abschaffung der traditionellen Trennung der Geschlechter beim Gottesdienst. Das Reformjudentum, das schon seit je die religiöse Gleichberechtigung der Geschlechter erklärt hatte, hat sich in jüngster Zeit auch dazu entschlossen, Frauen als Rabbinerinnen zu ordinieren, ein Novum im Judentum, das aber inzwischen auch vom amerikanischen „konservativen Judentum" praktiziert wird. Manche traditionellen Zeremonien, die – besonders in

Amerika – im 19. Jahrhundert aus der Synagoge verbannt wurden, finden im 20. Jahrhundert ihren Weg dorthin zurück. Dagegen hat das reformierte Rabbinat in Amerika (aber nicht in anderen Ländern) Änderungen in der traditionellen Definition des „Judeseins" angenommen, die die zukünftige Zugehörigkeit des Reformjudentums zum Gesamtjudentum etwas problematisch erscheinen lassen.

↗ Auferstehung; Frau im Judentum; Liturgie; Messias; Schulchan'Arukh; Speisegesetze; Zeremonialgesetz; Zionismus.

Literatur: *M. A. Meyer*, Response to Modernity, New York/Oxford 1988; *C. Seligmann*, Geschichte der jüdischen Reformbewegung, Frankfurt a. M. 1922; *D. Philipson*, The Reform Movement in Judaism, New York ³1967; *M. Wiener*, Jüdische Religion im Zeitalter der Emanzipation, Berlin 1933. P

Liturgie

1. Jüdisch

Opferkult und Wortgottesdienst

Mit dem griechischen Wort *leitourgia* übersetzt die Septuaginta das hebräische Wort *'abhodah*. Letzteres bedeutet „Arbeit", „Dienst" und daher auch „Gottesdienst" in der Hebräischen Bibel. Der in der Hebräischen Bibel gemeinte „Gottesdienst" bestand hauptsächlich aus dem Opferkult des Jerusalemer Tempels, der aber auch von Hymnen (Psalmen), Gebeten und Sündenbekenntnissen begleitet war. Besonders zur Zeit des Zweiten Tempels entwickelte sich neben dem Tempelkult auch ein von den Opfern unabhängiger Wortgottesdienst, der selbst bei der Priesterschaft des Tempels Anklang fand (Neh 8–9; mTam 4,3–5,1). Nach der Tempelzerstörung im Jahre 70 wurde dieser Wortgottesdienst als adäquater, wenn auch auf die vormessianische Zeit begrenzter Ersatz für den Opferkult angesehen, und die biblische *'abhodah/leitourgia* wurde nun mit dem „Gottesdienst des Herzens" identifiziert, wie jetzt der Wortgottesdienst bezeichnet wurde (bTaan 2 a). Hat auch, im Gegensatz zum modernen Reformjudentum, das traditionelle und spätere orthodoxe Judentum nie den Glauben aufgegeben, daß im messianischen Zeitalter der Tempel wiedererbaut und die Opfer wieder eingeführt werden, so hat man sich dennoch selbst in diesen Kreisen damit abgefunden, daß – bis zur Ankunft des Messias – „Gott unsere Gebete so angenehm sein mögen, wie es seinerzeit der Opferkult war". So heißt es im orthodoxen Festgottesdienst, wo dann aber sofort die Bitte um die Wiedereinführung des Opferkults in Zion folgt (vgl. Siddur Safa Berura, Basel 1964, S. 339). In der Liturgie des reformierten Judentums und des amerikanischen konservativen Judentums werden Bitten um die Wiederherstellung des Opferkults durchgehend ausgelassen, da der Wortgottesdienst als legitimer Nachfolger des Opferkults betrachtet wird und man sich die Wiederherstellung – selbst im messianischen Zeitalter – einer bereits überwundenen Form der Gottesverehrung nicht vorstellen kann.

Hauptbestandteile

Neben verschiedenen Zusätzen, von denen viele ursprünglich für die Privatandacht bestimmt waren und erst im Laufe der Jahrhunderte in den öffentlichen Gottesdienst aufgenommen wurden, besteht die jüdische Liturgie hauptsächlich aus zwei Rubriken: dem *Schema' Jisrael* mit seinen dazugehörigen Segenssprüchen und dem sogenannten Achtzehngebet, wie das Hauptgebet der Synagoge bezeichnet wird, obwohl es seit vielen Jahrhunderten aus *neunzehn* Segenssprüchen besteht, jedenfalls an Wochentagen. (Am Sabbat und an Festtagen besteht es aus nur sieben Segenssprüchen, und bei dem sogenannten „zusätzlichen Gottesdienst“ am Neujahrsfest aus neun.) Bis auf den Abendgottesdienst (weil es im Jerusalemer Tempel kein Abendopfer gab) entsprechen die täglichen Gebetszeiten den Tageszeiten der ehemaligen Opfer im Tempel, also: morgens und nachmittags. An Sabbaten und Festtagen, für die in Num 28 und 29 zusätzliche Opfer vorgeschrieben sind, gibt es auch einen „zusätzlichen Gottesdienst“ in den späteren Morgenstunden, und am Versöhnungstag gibt es noch einen „Schlußgottesdienst“ am späten Nachmittag. Der Abendgottesdienst wurde ursprünglich als „freiwilliges Gebet“ angesehen, hat sich aber schon früh allgemein eingebürgert und wird vom Religionsgesetz so betrachtet; „als ob“ er Pflichtgebet sei (Maimonides, Hilkhoth Tephilla 1,6).

Das *Schema' Jisrael* wird beim Morgen- und beim Abendgottesdienst gesprochen. Das Achtzehngebet bzw. das Sieben- oder Neungebet kommt in allen Gottesdiensten vor. An Wochentagen enthält dieses Hauptgebet der Synagoge neben Lobpreis und Danksagung auch Bittgebete wie etwa für Vernunft, Umkehr, Verzeihung, Heilung, Erlösung und andere körperliche und geistige Güter. Wo nur das Siebengebet gesprochen wird, fallen die täglichen Bittgebete aus, und es wird zwischen Lobpreis und Danksagung nur ein Segensspruch, der der „Heiligung des Tages“ gewidmet ist, gesprochen. Beim Neungebet am Neujahrsfest wird die „Heiligung des Tages“ mit Schriftversen und Gebeten zum Thema „Königtum Gottes“ verbunden, und es folgen weitere Schriftverse und Segenssprüche, die von der Erinnerung und von Widderhorntönen handeln.

So hat die jüdische Liturgie ihre festen Bestandteile, die allen Gottesdiensten eine einheitliche Struktur geben, wie auch sich wandelnde Elemente, die auf den jeweiligen Tag Bezug nehmen. Ähnlich ergeht es auch der Rubrik, die vor der Rubrik des *Schema' Jisrael* gebetet wird. Sie besteht hauptsächlich aus Psalmen und Segenssprüchen am Anfang und am Ende. Die Psalmen und anderen biblischen Lobpreisungen Gottes bleiben sich alle Wochentage hindurch gleich und werden auch an Sabbaten und Festtagen gesprochen (oder gesungen). Aber an Sabbaten und Festtagen werden noch weitere Psalmen hinzugefügt, die den Feiertag von den Wochentagen unterscheiden.

Die Formel des Segensspruches (hebr.: *berakhah*; pl. *berakhoth*) lautet: „Gelobt seist du, Herr, unser Gott, (Weltenherrscher), der du ...“, und dann folgt ein Hinweis auf den Inhalt des bestimmten Gebets, wie etwa: „dein Volk Israel liebst“ oder „die Gefangenen befreist“ usw. Es ist der Gebrauch dieser Formel, der es klarmacht, daß das so formulierte Gebet ein Pflichtgebet oder Bestandteil der offiziellen Liturgie ist, während es für Gebete, die man selbst verfaßt, keine vorgeschriebene Form gibt. Das Sprechen oder Singen von Psalmen wie auch die Vorlesungen aus dem Pentateuch und den Propheten werden zu liturgischen Handlungen, indem vor- und nachher die dazugehörigen Segenssprüche gesprochen werden.

Die jüdische Liturgie benötigt keinen Priester und auch keinen Rabbiner oder Kantor. Jeder Jude, der die notwendigen Kenntnisse – und auch eine angenehme Stimme – hat, kann den öffentlichen Gottesdienst leiten. Gemeinden, die es sich leisten können, stellen aber oft liturgisch und musikalisch ausgebildete Kantoren an und haben auch

Chorgesang. (In reformierten und konservativen Synagogen wird auch mit Orgelbegleitung gesungen.) In der Neuzeit fungiert der Rabbiner – selbst in orthodoxen Synagogen – als Prediger; und wo, wie in reformierten und konservativen Synagogen, Teile der Liturgie in der Landessprache vorgetragen werden (die Orthodoxie kennt nur den hebräischen Gottesdienst), wird diese Funktion vom Rabbiner übernommen – ohne daß der Laiencharakter des synagogalen Gottesdienstes dadurch im Prinzip bestritten wird.

Häusliche Liturgie

Was hier als Bestandteile des öffentlichen Gottesdienstes beschrieben wurde, gilt auch als Pflichtgebet für den einzelnen Juden, der verhindert ist, mit einer Gemeinde zusammen zu beten. In diesem Fall werden aber Gebete wie die *Qeduscha* und das *Qaddisch*gebet, die den Gemeindegottesdienst voraussetzen, ausgelassen.
Neben der synagogalen Liturgie gibt es auch eine häusliche Liturgie im Judentum, wie etwa den Segensspruch vor jeder Mahlzeit und den auf die Mahlzeit folgenden Tischdank, das Weihgebet über Wein und Brot an den Vorabenden von Sabbaten und Festtagen, den Pesach-Seder und dgl. mehr.

Varianten im Ritus

Während die Rubriken der jüdischen Liturgie schon seit der Spätantike überall die gleichen sind, unterscheiden sich die verschiedenen Fassungen (Riten), in denen die Liturgie von verschiedenen Gruppen von Juden gebetet wird. So gab es schon in den ersten christlichen Jahrhunderten einen palästinischen und einen babylonischen Ritus der jüdischen Liturgie. In späteren Jahrhunderten entstanden weitere Varianten, wie z.B. der Ritus der aus Spanien und Portugal stammenden Juden, der Ritus der Juden in Deutschland und Polen, der Ritus der Juden in Avignon usw. In der Neuzeit kamen dann die Varianten hinzu, die ihren Ursprung den Unterschieden in der religiösen Auffassung verdanken, wie die Liturgien des reformierten, des liberalen und des konservativen Judentums.

Literatur: *I. Elbogen*, Der jüdische Gottesdienst in seiner geschichtlichen Entwicklung, Hildesheim [4]1962; *E. Fleischer*, Eretz Israel, Prayer and Prayer Rituals, As Portrayed in the Geniza Documents, Jerusalem 1988. *J. Heinemann*, Prayer in the Talmud, Berlin/New York 1977; *H. H. Henrix* (Hrsg.), Jüdische Liturgie, Freiburg i.Br. 1979; *J. J. Petuchowski*, Beten im Judentum, Stuttgart 1976; *ders.*, Gottesdienst des Herzens, Freiburg i.Br. 1981; *ders.*; Jüdische Liturgie?, in: Judaica 41/2 (1985) 99–107; *S. C. Reif*, Judaism and Hebrew Prayer. New Perspectives on Jewish Liturgical History, Cambrigde 1993. P

2. Christlich

Ursprünge

Die christliche Liturgie erhielt ihre ersten Impulse aus dem Tempelkult, aus der bereits bestehenden synagogalen Liturgie, aus frühjüdischen Gebetspraktiken und Gottesdiensttheologien, vor allem aber aus Gebetshaltungen und der Gebetspraxis Jesu (Mt 6,5–15; Lk 4,14–30), aus dem Abendmahl, aus dem am Karfreitag und an Ostern geschehenen Erlösungsgeschehen, sowie aus den Geisterfahrungen in den ur- und frühkirchlichen Gemeinschaften (Apg 1,12–2,36; 1 Kor 14–16). Sie ist im weiteren Umkreis des Tempelkultes, im näheren Kontakt mit dem Synagogengottesdienst und in der geisterfüllten Nachfolge Christi entstanden. Die Apostelgeschichte malt ein geradezu idyllisches Bild von der Tempel- und Synagogenverbundenheit der Urkirche: „Tag für Tag verharrten sie einmütig im Tempel, brachen in ihren Häusern das Brot und hielten miteinander Mahl in Freude und Einfalt des

Herzens. Sie lobten Gott und waren beim ganzen Volk beliebt" (Apg 2,46f). Nach Apg 13,14–52 wurden Paulus und seine Begleiter in Antiochia in Pisidien an mehreren Sabbaten vom Synagogenvorsteher zur Wortverkündigung aufgefordert. Laut Jak 2,2 bezeichneten sich Judenchristen als Synagogengemeinschaft.
Im Neuen Testament gibt es eine auffallende Fülle von Hymnen, Antiphonen, Dankliedern, Preisungen, Bekenntnisrufen, Psalmen, Akklamationen, die als Entwürfe bzw. Vorschläge für die christliche Liturgie zu deuten sind. Die meisten davon finden sich in der Johannesapokalypse: Apk 1,4–8 (Christushymnus); 4–5 (himmlisch-irdischer Gottesdienst mit *Qeduscha*); 7,11f (Akklamation Gottes); 11,15–18 (Dank für Schöpfung und Erlösung); 12,10–12 (Preis des Siegers Christus) 15,3f (Lied des Mose und des Lammes); 19,1–8 (Sturz Babylons und Hochzeit des Lammes). Alle diese Liturgie-Stücke richten sich formal nach den *Berakhot* (Preisungen) des synagogalen Gottesdienstes, wie sie etwa für das Achtzehngebet bezeugt sind (vgl. auch 1 Kor 14,16f). Der im Neuen Testament bezeugte Liturgie-Enthusiasmus (mit Zungenreden u.ä.) brachte es aber auch mit sich, daß die Apostel und Lehrer Mühe hatten, eine Ordnung *(taxis)* in die Gottesdienste zu bringen. Die Gemeinden Christi verstanden sich als Gottesdienstgemeinden, deren Leben ein gottgefälliger Kult und deren Kult ein gemeinschaftlicher Ausdruck ihrer Erwählung sein wollte. Es war schwierig, die Ausbrüche des geisterfüllten und exzentrischen Ausdrucks zu reglementieren (1 Kor 14), ein Phänomen, das wir auch im jüdischen Gottesdienst antreffen: Das frühe und das rabbinische Judentum war von überbordender Religiosität des Volkes geprägt. Ein ordnendes Leitmaß für die Christen bildete bis ins 2./3. Jh. hinein das Wissen um jüdische Gebetsformen; auch nach der Trennung von Kirche und Synagoge orientierte man sich in den christlichen Versammlungshäusern nach dem jüdischen Vorbild, vor allem bei der Gestaltung des Wortgottesdienstes. Ähnlich wie die Juden gebrauchten auch die Christen die Ausdrücke „Gottesdienst des Herzens", „geistiger Tempeldienst" u.ä. (Did 9–10; 1 Petr 2,5).

Gegenüber zur jüdischen Liturgie

In starker Kontrastierung zum Synagogengottesdienst ist vor allem der Griechisch-Orthodoxe und der Katholische Gottesdienst nicht nur Wortgottesdienst (mit Gebeten, Lesungen aus der Heiligen Schrift und Auslegung), sondern im Kern ein mysteriales Geschehen, das das Passions- und Ostergeschehen im bittenden Gedächtnis *(memoria, sikkaron)* der Gemeinde und für die Gemeinde zum Tragen bringt. Der Geist Gottes ist die wirksame, bewegende Kraft (vgl. die Epiklese in den ostkirchlichen Liturgien). Die mit Gebeten, Lesungen und Predigt verbundene Eucharistiefeier war aber nie die einzige Form christlicher Liturgie. Bereits in der Frühkirche bildeten sich viele Liturgien heraus: die syrische, armenische, griechische, lateinische etc. Ferner gab es (meist in Verbindung mit der Eucharistie) Agapen (Mähler der Liebe bzw. der Armenfürsorge) sowie Wortgottesdienste für Mönche und enthusiastische Zusammenkünfte zum Preis Gottes durch Christus. Speziell die protestantischen Kirchen brachten ab dem 16. Jh. den Wortgottesdienst zu neuer Blüte. Die Gegenwart Christi im Wort wird gefeiert und dargestellt. Der protestantische Gottesdienst zeichnet sich durch größere Nähe zur Synagogenliturgie aus.

Bleibende Distanz

Der christliche Gottesdienst läßt sich nicht mit dem jüdischen vermischen. Dies wäre eine falsche Ökumene. Aus dem Bewußtsein heraus, daß der Gottesdienst das Herzstück des Judentums ist, in dem Erwählung, Gemeinschaftlichkeit und Auftrag zum Durchscheinen kommen, weigern sich Juden im allgemeinen, am christlichen Gottesdienst teilzunehmen. Dies hat eine lange Geschichte. Einer der Gründe, weshalb es zum paganen Antijudaismus der Spätantike kam, war die Weigerung der Juden, mit den Heiden Gebetsgemeinschaft zu pflegen. Die Juden galten daher als götterfeindlich (Tacit. Hist. 5,3–5). Christen sollten also Juden nicht zur Teilnahme am christlichen Gottesdienst drängen. Er gilt vielen Juden als „Fremdkult". Wohl aber können Christen sich zu jüdischen Gottesdiensten einladen lassen.

Anderseits liegen im Erwägen und Studieren der jüdischen Liturgie viele Möglichkeiten zur Erneuerung der christlichen Liturgie. Christliche Gottesdienste sollten z.B. nicht zu traurigen, nur auf Buße oder Bittgebet ausgerichteten Veranstaltungen verkommen. Sie müssen vielmehr die *Berakha*-Frömmigkeit (Preis Gottes, Dank, Lob) als Hauptton behalten oder wieder erhalten. Nur dann bergen sie „israelitische Konturen" in sich. Da der christliche Gottesdienst von seinen Anfängen an auch Wortverkündigung war, sollte es keine nur neutestamentlichen Lesungen und Predigten in den Liturgiefeiern geben. Die christliche Liturgie ist zwar von Christus und seinem Geist her entstanden, aber sie ist damit notwendig relational, d.h. auf den „Vater" und damit auf die in der Hebräischen Bibel enthaltene Offenbarung an das Volk Israel hin gerichtet. Unabhängig von der jüdischen Glaubenseinstellung muß die Kirche in ihrem öffentlichen Kult die Gemeinschaft mit dem erstbundlichen Gottesvolk mit großer Liebe und Rücksicht pflegen. Auch in der Diskontinuität gibt es Brücken zu den Juden und ihrer Liturgie.

↗ Abendmahl/Seder; Bibel; Liberales Judentum/Reformjudentum; Messias; Qaddischgebet; Qeduscha/Sanctus; Sabbat; Sakramente; Schema' Jisrael; Synagoge und Kirche; Tempelkult/Tempelzerstörung; Versöhnungstag.

Literatur: *H. Becker / R. Kraczynski* (Hg.), Liturgie und Dichtung, Ein interdisziplinäres Kompendium I, FS Walter Düring; St. Ottilien 1983; *K. Gamber*, Sakramentarstudien und andere Arbeiten zur frühen Liturgiegeschichte, Regensburg 1978: *W. Hahne*, Gottesdienst, in: *U. Ruh / D. Seeber / R. Walter* (Hrsg.), Handwörterbuch relig. Gegenwartsfragen, Freiburg i.Br. 1986, 159–164; *A. Häussling*, Liturgie(n), SM 3, Freiburg i.Br. 1969, 255–282; *P. von der Osten-Sacken*, Katechismus und Siddur. Aufbrüche mit Martin Luther und den Lehrern Israels, Berlin 1984. T

M

Maria

Neutestamentliche Ausgangslage

Maria ist die gräzisierte Form vom hebr. *Mirjam* (wohl: die Erhobene). Maria, die Mutter des Jesus von Nazaret, Jüdin, gilt im Christentum als vorbildhafte, heilige Frau, die durch ihr gläubig-bedingungsloses Ja die Menschwerdung Christi ermöglichte (Lk 1,26–38) und so deren klarste Bezeugerin wurde (Lk 1,39–56; 2,1–40). Sie hat dementsprechend keinen unabhängigen Glanz, sondern ist im Zusammenhang mit dem Eingreifen Gottes durch Christus zur Rettung der Welt, bis hin zum Kreuzestod (Joh 19,25–27) und zur Geistsendung (Apg 1,14) zu verstehen. Der älteste Glaubenssatz, in dem Maria mit Christus zusammen genannt wird, findet sich Gal 4,4f: „Als die Fülle der Zeiten gekommen war, sandte Gott seinen Sohn, geworden aus der Frau und dem Gesetz unterstellt. Er sollte die unter dem Gesetz Stehenden freikaufen, damit wir die Annahme an Kindes Statt erlangen." Der Name Maria wird hier nicht genannt, wohl aber ihre Berufung als Messiasmutter, und als solche steht sie ganz im Schatten der Christusaussage. Zu einem Symbol des Glaubens wurde Maria nicht nur aufgrund ihres vorbildlichen Lebens, sondern zusätzlich und hauptsächlich aufgrund der ihr zugedachten Rolle als Bezeugerin der Menschwerdung bzw. als „Braut Christi".

Antignostische Tendenz der Marienverehrung

Die Notwendigkeit, Maria zur vorbildlichen Glaubensperson zu erklären, ergab sich für die frühe Kirche im 2. Jahrhundert (zuerst besonders im syrischen Raum) vor allem wegen der Gefahr der Gnostisierung des Christentums. Für die Gnostiker, die sich im 2./3. Jahrhundert innerhalb der Christenheit breitmachten, war eine Inkarnation Gottes in einer Frau undenkbar. Irenäus von Lyon (um 190 n.Chr.) schreibt über die antichristlichen und damit auch antimarianischen Gnostiker: „Weder das Wort noch Christus ist nach ihnen in diese Welt gekommen. Der Heiland hat weder Fleisch angenommen noch gelitten, sondern ist wie eine Taube auf den im voraus erwählten Jesus hinabgestiegen ... Einige aber lassen den vorerwählten Jesus, der durch Maria hindurchgegangen sein soll, wie Wasser durch eine Röhre, Fleisch annehmen und leiden ... Andere wieder lassen einen Jesus von Josef und Maria abstammen und auf diesen einen Christus hinabsteigen, der aus den oberen Regionen kam und unkörperlich und leidensunfähig war. Keiner der Häretiker lehrt aber, daß das Wort Fleisch geworden ist" (Adv. haer. I 25,1–6). Demgegenüber betonen die Kirchenväter, daß das vaterlose Entstehen Jesu im jungfräulichen Leib der Maria ein Wunder ohne Parallelen sei. Es habe sich aber um ein wirkliches Keimen und Wachsen im Schoß Marias gehandelt, nicht bloß um einen Durchgang „wie durch eine Röhre".

Jüdische Polemiken gegen Maria

Jüdische Angriffe gegen Maria kamen erst nach 314 n.Chr. (konstantinische Wende) auf, als die Kirche für die Juden eine repressive Macht zu werden begann. Die sich im babylonischen Talmud (bShab 104b; bSan 67a) findende konfuse Legende, wonach Jesus von der Dirne Mirjam und dem römischen Hauptmann Pandera (Panther) abstammte, ist vermutlich ein Plagiat heidnischer Verspottung des Christentums (vgl. Origenes, Contra Cels. I 32f. 69). Ähnliche Geschichten mehren sich ab dem 4./5. Jahrhundert. Sie dienten dazu – und dies gilt auch für mittelalterliche jüdische Ausfälle gegen Maria –, die Idee von der Menschwerdung Gottes als unmöglich darzustellen (Toledot Jeschu, Sefer Joseph Hammekane, Nizzachon Vetus u. a.). Solche verunglimpfenden Geschichten können auch als eine Art Katalysator für Juden verstanden werden, die unter der herrschenden christlichen Klasse stöhnten. Andererseits zeigen diese Anwürfe, daß man im Judentum durchaus verstand, worum es in der christlichen Marienverehrung ging: um den Glauben an Christus. Die jüdische Polemik traf also im Kern das Christlich-Gemeinte, ihre Form freilich war extrem christentumsverachtend.

Jüdisch-christliche Relevanz

Maria trägt zweifellos starke frauenemanzipatorische Züge in sich. Als Mutter Jesu stand sie nach der Auferstehung Christi über den Aposteln und war – neben Maria von Magdala – die wesentliche Integrationsfigur der Urkirche (Apg 1,14; Joh 20,11–18). Wenn seit dem 11. Jahrhundert Weisheitstexte aus der alttestamentlichen Hebräischen Bibel auf Maria bezogen wurden und bei den bis zum Zweiten Vatikanum zahlreichen Marienfesten Lesungen aus Spr 8 und Sir 24 vorgetragen wurden, so handelt es sich hier weniger um eine Betonung der jüdischen Überlieferung, sondern eher, wie von seiten der feministischen Theologie gezeigt wird, um die Übertragung weiblicher Bilder Gottes auf Maria, einen Menschen, Bilder, die dadurch als *weibliche* Bilder Gottes entschärft werden (H. Schüngel-Straumann). Die ursprünglich auf Festigung des Christuszeugnisses und auf die Erhöhung der Würde der Frau angelegte Hochschätzung Marias nahm übertriebene Züge der Verehrung an (die in der Volksfrömmmmigkeit nicht selten bis zu der Gott allein vorbehaltenen Anbetung ging) und diente teilweise, auch durch Überbetonung ihrer Jungfräulichkeit, einer Ideologie der Frauen- und Eheverachtung. In der feministischen Theologie bleibt die Rolle Marias, die sie als Vorbild für Frauen und Idealbild der (reinen) Frau gespielt hat, umstritten. Neben der neuen Wertschätzung der prophetischen Frau der biblischen Glaubensgeschichte steht die Kritik ihrer Urbildfunktion in bezug auf weibliche Demut und Jungfräulichkeit, sofern sie im Kontrast zur „sündigen Eva" gesehen wird. Dabei wird, in der Zusammenschau dieser unterschiedlichen Aspekte, die ambivalente Bedeutung Marias für Frauen exemplarisch deutlich.

Vergessen werden darf auch nicht, daß Maria in einigen dunklen Geschichtsepochen zum Symbol für den Antijudaismus mißbraucht wurde. Wäre das Bewußtsein im Christentum lebendig geblieben, daß Maria voll und ganz Jüdin war und daß ihre Vorzüge im jüdischen Kontext zu erklären sind, dann hätte man sie in der Nazizeit nicht als Königin Polens, Österreichs und Deutschlands anrufen dürfen, ohne sich um den notwendigen Schutz ihrer jüdischen Volksgenossen zu kümmern. Dies bleibt eine Aufgabe für Gegenwart und Zukunft: Maria ist einzubetten in die auch heute noch lebendigen Anliegen und Sehnsüchte des jüdischen Volkes. Sie kann etwa mit dem glaubensstarken Abraham (vgl. Gen 22 mit Lk 1,38) und mit den großen jüdischen Frauengestalten (Mirjam, Debora, Ester, Judit) verglichen werden. Marianische Anknüpfungen an biblisch hervorragende Persönlichkeiten – Männer und Frauen – würden weit ökumenischer und menschenfreundlicher wirken als problematische Antithesen: Maria als Kontrast zur sündigen Eva! Die Echtheit christlicher Marienverehrung ist an ihrer Christusbezogenheit und an ihrer Einbindung in die jüdische Glaubensgeschichte zu erkennen.

↗ Abraham; Antijudaismus; Christus/Christologie; Frau; Inkarnation; Jesus von Nazaret.

Literatur: *H. U. v. Balthasar*, Sponsa Verbi, Skizze zur Theologie II, Einsiedeln 1960; *D. Flusser/J. Pelikan/J. Lang*, Die Gestalt der Mutter Jesu in jüdischer und christlicher Sicht, Freiburg i. Br. 1985; *W. Foerster*, Die Gnosis, Bd. 1: Zeugnisse der Kirchenväter, Zürich 1969; *H. Schüngel-Straumann*, Alttestamentliche Weisheitstexte als marianische Liturgie. Sprüche 8 und Jesus Sirach 24 in den Lesungen an Marienfesten, in: E. Gössmann / D. R. Bauer (Hrsg.), Maria – für alle Frauen oder über allen Frauen?, Freiburg i. Br. 1989, 12–35; *J. Weismayer u.a.*, Ist Adam an allem schuld?, Innsbruck 1971. T

Marranen

↗ Inquisition

Martyrium

↗ Akeda; Holocaust; Inquisition; Jesus von Nazaret.

Melchisedek

Bibel und nichtbiblisches Schrifttum

Zweimal in der Hebräischen Bibel wird Melchisedek erwähnt: in Gen 14,18, wo er als König von Salem und Priester des Höchsten Gottes bezeichnet wird, der Abram Brot und Wein brachte und ihn segnete und dem Abram den Zehnten von allem gab, und in Ps 110,4, wo dem dort angesprochenen König durch göttlichen Schwur ein ewiges Priestertum „nach der Ordnung Melchisedeks“ versprochen wird. An keiner anderen Stelle der Hebräischen Bibel wird auf die Gestalt Melchisedeks und seines Priestertums näher eingegangen. In den Schriften der Qumran-Sekte dagegen (11 QMelch) erscheint Melchisedek als eine richterliche Figur der Endzeit. Im Neuen Testament (Hebr 5,10–7,28) dient Melchisedek als Prototyp für Jesus Christus, der nicht nur das vollkommene Opfer war, sondern auch, trotz nicht-levitischer Abstammung, der vollendete Hohepriester. In gnostischen Schriften (z. B. Nag Hammadi IX,1) ist Melchisedek mystischer Träger des Taufwassers und „Empfänger“ des Lichtes der Archonten.

Rabbinisches Schrifttum

Im rabbinischen Schrifttum findet man sowohl Versuche, Melchisedek mit Noachs Sohn Sem zu identifizieren, als auch lakonische Hinweise auf eine messianische Rolle Melchisedeks. Einige der rabbinischen Aussagen über Melchisedek scheinen polemische Elemente aufzuweisen, bei denen es aber bei modernen Wissenschaftlern umstritten ist, ob sie sich gegen die Melchisedek-Rolle Jesu in Hebr, gegen den vermeintlichen Gebrauch, den hasmonäische Priesterkönige von Ps 110 zu ihrer Legitimation gemacht haben, oder gegen die Samaritaner wenden.

Urgestalt der Ökumene

In jüngster Zeit wurde der Vorschlag gemacht, in Melchisedek – der weder Jude noch Christ war, von der Bibel aber positiv gewertet wird – eine Urgestalt der Ökumene zu sehen, die für das heutige Verhältnis der auf der Bibel basierenden Religionen zu den anderen Religionen der Menschheit vorbildlich sein könnte.

↗ Bibel; Dialog; Eschaton/Eschatologie; Qumran.

Literatur: *J. Heinemann*, Aggadah in its Development (hebr.), Jerusalem 1974, 98–102; *F. L. Horton Jr.*, The Melchizedek Tradition, Cambridge 1976; *J. J. Petuchowski*, The Controversial Figure of Melchizedek, in: HUCA 28 (1957) 127–136; *ders.*, Melchisedech – Urgestalt der Ökumene, Freiburg i. Br. 1979; *H. M. Schenke*, Die jüdische Melchisedek-Gestalt als Thema der Gnosis, in: K. W. Tröger (Hrsg.), Altes Testament – Frühjudentum – Gnosis, Gütersloh 1980, 111–136; *M. Simon*, Recherches d'Histoire Judéo-Chrétienne, Paris 1962, 101–126; *T. Willi*, Melchisedek, Der alte und der neue Bund im Hebräerbrief im Lichte der rabbinischen Tradition über Melchisedek, Jud. 42, 1986, 158–170. P

Messias

Begriff, vorchristlich-jüdische Messiaserwartungen

Der Messias ist dem Wortsinn nach der gesalbte König Israels, der in der letzten Periode der Geschichte auftreten wird, um den bevorstehenden „Umbruch der Zeiten" (3 Sib 289) zu Gericht, Heil und Verwerfung anzukündigen, vorzubereiten und zu repräsentieren. Vom Messias kann man erst von der Zeit an sprechen, in der das jüdische Volk nach Leid, Versagen und Läuterung sich neu konstituierte und eine endgültige Verfassung Israels sowie ein nicht mehr auflösbares Bundesverhältnis mit Gott ins Zentrum seiner Aspirationen stellte. Erst nach dem babylonischen Exil war diese Situation (teilweise) gegeben. Der Davidide Serubbabel (um 520v.) war vermutlich der Erste, mit dem messianische Hoffnungen verbunden wurden (Hag 2,20–23). Zwischen 520 und 515 wurde Serubbabel zusammen mit dem Hohenpriester Josua vom Propheten Sacharja messianisch akklamiert (Sach 4: Leuchtervision). Dieses priesterlich-fürstlich-messianische Doppelgespann wurde zum Vorbild für spätere variable messianische Vorstellungen. Vermutlich verstand sich ein Schüler von Deuterojesaja als Knecht Gottes zur Ermöglichung der idealen, von Gottes Herablassung mitten unter seinem Volk geprägten Endzeit (Jes 61,1–3: ca. 520v.) Aus der Zeit nach der Errichtung des Zweiten Tempels (ca. 510v.) stammt die „Heroldsansage" über einen gerechten, heilserfahrenen und armen König, der auf einem Esel nach Jerusalem reiten und – nach der Vernichtung von Krieg und Kriegsgerät durch Gott – eine internationale Friedensdiplomatie pflegen werde (Sach 9,9f). Jes 61,1–3 und Sach 9,9f haben stark ins Neue Testament hineingewirkt (z.B. Lk 4,16–30; Mk 11,1–10 par).

Das erste Zeugnis einer umfassenden Vorstellung einer idealen David-Endzeit mit einem herrscherlich-messianischen Sohn-Davids als Repräsentanten findet sich erst in den pseudepigraphen „Psalmen Salomos" (ca. 80 v. Chr.). In PsSal 17 wird der messianische Sohn Davids als ein endzeitlicher königlicher Statthalter Gottes, des einzigen Königs Israels, geschildert, der den Willen Gottes auf Erden vollkommen befolgt und damit zum Hoffnungs- und Drohzeichen für Israel und die Völker wird.

Messianische Zeit und Vielfalt

Vom Messias als Person ist der allgemeinere Begriff „messianische Zeit" oder „Endzeit" zu unterscheiden. Damit ist die Endphase der Geschichte gemeint, die als entscheidende und schwere Zeit der Krise, Läuterung und Erneuerung der „kommenden Welt" vorangeht. Vor allem in Kreisen der Apokalyptik (2. Jh. v. Chr.) wurde die Geschichte radikal eschatologisiert bzw. messianisiert. In Dan 2,44f wird die messianische Zeit als Endherrschaft von Gott her charakterisiert.

Man konnte sich im Frühjudentum die Endzeit auch ohne menschlichen Messias vorstellen. Gott selbst werde als Erlöser Israels kommen (im Anschluß an Jes 2,2–4; 40,10f; 41,14 u.a.). Er werde eventuell den Erzengel Michael senden (Kriegsrolle von Qumran; Dan 12) oder den Melchisedek (11 QMelch), den Henoch (äthHen), den Elija (Mal 3,23f), Mose, Josua, Jeremia usw. In Qumran (2. Jh. v. Chr.) ist ein Hoherpriester (im Anschluß an Sach 4) die Hauptfigur der Endzeit. Ihm sind der Sohn Davids (als Laie) und der beiden vorangehende Prophet untergeordnet (1 QS 9,9–11; 1 QSa). Die gegen die römische Okkupationsmacht und gegen die mit ihr kollaborierenden Juden kämpfenden Zeloten und Sikarier erwarteten einen Revolutionshelden als Messias und akklamierten einzelne ihrer Führer (Menachem, Simon bar Giora) messianisch. In der jüdischen Geschichte wurde auch die Vorstellung vom Doppelgespann „Messias ben Josef" (der in den Bedrängnissen der messianischen Zeit umkommen wird) und „Messias ben David" (der triumphieren wird) durchgehalten. – Die vielfältigen frühjüdischen Erwartungen und Vorstellungen konnten sich aber nie zu einer einheitlichen Gesamtvorstellung verdichten. So konnte niemand behaupten, er wisse genau, wie die messianische Zeit und der Messias aussehen werden.

Rabbinische, esoterische und religiös-philosophische Anschauungen

In den Schreckensjahren der drei jüdischen Aufstände gegen Rom (60–73 n. Chr.; 117 n. Chr.; 132–135 n. Chr.) war es zu messianischen Überhitzungen gekommen, die den Weiterbestand des jüdischen Volkes bedrohten. Die rabbinischen Weisen mußten daher den Messianismus aus pastoralen Gründen zurückdämmen. Berühmt geworden ist der gegen messianisch-umstürzlerische Heißsporne gerichtete Ausspruch von Rabban Jochanan ben Zakkai: „Wenn du einen Setzling in der Hand hast, und man zu dir sagt: Der Messias ist da, dann pflanze zuerst den Setzling und erst dann geh hin und begrüße den Messias" (ARN II 31). Die Abwehr des gemeindezerstörenden Messianismus bedeutete für die Rabbinen aber nicht die Preisgabe echter Messiaserwartung. Im täglichen Achtzehngebet heißt es u.a.: „Den Sproß Davids laß bald sprießen, und seine Vollkraft (wörtl. sein Horn) sei hoch durch deine Heilshilfe! Gelobt bist du, Adonai, der ein Horn des Heils sprießen läßt" (15. Beracha).

Das Judentum trägt eine starke messianische Dynamik in sich. Diese Dynamik schließt auch tragische Aspekte ein. Unter dem Druck von Judenverfolgungen wurden Jahre der Erlösung erhofft, errechnet und vorbereitet (z.B. 1096: Kreuzzugszeit; 1492: Vertreibung aus Spanien; 1666: Verfolgung in der Ukraine). Falsche Messiasse (z.B. Schabbetai Zevi, 1626 bis 1676) weckten utopische Hoffnungen auf Befreiung von der Last des Leidens und verursachten nach deren Scheitern tiefste Enttäuschungen.

Mose ben Maimon (1135–1204) versuchte, den jüdischen Messiasglauben von seinen enthusiastischen Schlacken und von seinen, viele Juden irritierenden, Verwandtschaften mit dem christlichen Messianismus zu befreien. Nach ihm ist die Messiaszeit innergeschichtlich zu verstehen und ist nur insofern von herausragender Bedeutung, als es in ihr keine Unterdrückungen und Verfolgungen der Juden mehr gibt (Einleitung zu mSan 10: Mishne Tora, Hilkhot Melakhim 12,2). Nach Mose ben Maimon dürfen die Juden nicht allzu begierig nach dem Messias ausschauen. Seine 12. „Grundlehre" lautet: „Es ist zu glauben und für wahr zu halten, daß der Messias kommen wird und daß er sich nicht verspätet. ‚Wenn er sich verzögert, warte auf ihn' (Hab 2,3). Aber man setze ihm keine Frist und erfinde über ihn keine Auslegung von Schriftstellen, um die Zeit seiner Ankunft herauszubringen." Maimonides stützte sich in seiner Messiaslehre hauptsächlich auf bBer 34b: „Der einzige Unterschied zwischen der jetzigen Zeit und den Tagen des Messias ist, daß es dann keine Unterdrückung seitens der (nichtjüdischen) Regierung mehr geben wird."

Jüdisch-christliche Möglichkeiten

Das breite Spektrum messianischer Vorstellungen und Verwirklichungsversuche im Judentum ist von großer jüdisch-christlicher Wichtigkeit. Die Christen können nicht einfach sagen, sie glauben an den Messias Jesus, während die Juden nicht glauben, daß der Messias schon gekommen ist. Jesus ist im christlichen Glaubensverständnis mehr, als ein jüdischer Messias je sein kann. Jesus selbst hatte starke Reserven gegenüber dem Messiastitel (Mk 8,30) und hatte ein Hoheitsbewußtsein, das nicht nur messianisch war. Der Christus-Titel, der ihm als dem Auferstandenen und Verherrlichten gegeben wurde, ist ein Würde-Namen, der trotz derselben Wortwurzel nicht mit „Messias" wiedergegeben werden kann. Die Christen sollten also die messianische Frage nicht zur Haupt-Dialogfrage hochstilisieren. Das Jesus-Christus-Ereignis läßt sich besser mit anderen Ausdrücken und anderen Verweisungszusammenhängen wiedergegeben, die ebenfalls in der jüdischen Tradition beheimatet sind: Christus als personale Zusammenfassung jüdischen Lebens und Glaubens, als Schekhina, als Repräsentant des Hinabstieges Gottes zu seinem Volk und zu den Völkern usw.
Damit wird der Weg frei zur vollen Würdigung der vielfältigen jüdischen messianischen Hoffnungen und zum Bedenken des auch heute noch bestehenden messianischen Aspekts des Christentums. Auch nach Christus ist das Christentum messianisch, d.h. mit der Vorbereitung auf die Fülle der Zeiten betraut (vgl. 1 Kor 15,20–28). Diese Vorbereitung ist gott- und menschheitsbezogen. Sie impliziert den Kampf gegen Unterdrückung, Antijudaismus und Intoleranz. In ihrer messianischen Aufgabe kann die Kirche im Sinne einer Ergänzung volle Partnerin der Juden sein. Wie in der Vergangenheit der christliche eruptive, kurzgreifende Messianismus im Kielwasser jüdischer Messianismen schwamm, so könnte der langgreifende christliche Messianismus den jüdischen messianischen Bemühungen nachstreben und umgekehrt.

↗ Apokalyptik; Auferstehung; Christus/Christologie; Eschaton/Eschatologie; Liturgie; Qumran; Schekhina.

Literatur: *N. Cohn*, Das Ringen um das tausendjährige Reich, Berlin 1961; *S. Hurwitz*, Die Gestalt des sterbenden Messias, Zürich 1958; *J. Klausner*, The Messianic Idea in Israel. From its Beginning to the Completion of the Mishnah, London 1956; *W. Nigg*, Das ewige Reich, Zürich [2]1954; *J. J. Petuchowski*, Die messianische Dialektik im Judentum, in: Kairos 23 (1981) 66–74; *G. Scholem*, The Messianic Idea in Judaism, New York 1971; *A. H. Silver*, A History of Messianic Speculation in Israel, Boston [2]1959; *C. Thoma*, Das Messiasprojekt. Theologie Jüdisch-christlicher Begegnung, Augsburg 1994. T

Midrasch

Begriff

Midrasch (wörtlich: „Forschung", „Auslegung", „Hermeneutik") ist ein Zweig der rabbinischen Literatur, der sich darum bemüht, die rabbinischen Lehren in dem biblischen Text zu finden, sie manchmal auch in den biblischen Text hineinzulesen oder sie zumindest an den biblischen Text anzuknüpfen. Darin unterscheidet sich die Midrasch-Literatur von der *Mischna* und der *Gemara*, obwohl einige Midraschsammlungen mit dem talmudischen Schrifttum zeitgenössisch sind. In Mischna und Gemara werden religionsgesetzliche und theologische Fragen oft unabhängig von der Reihenfolge der biblischen Schriftverse diskutiert, wogegen in der Midrasch-Literatur sich die Diskussionen an die zu kommentierenden biblischen Perikopen halten.

Verschiedene Arten von Midrasch

Man unterscheidet zwischen *halakhischen* (d.h. gesetzlichen) Midraschim, die hauptsächlich die gesetzlichen Teile im Pentateuch behandeln (*Mekhilta* zu Ex, *Sifra* zu Lev, *Siphré* zu Num und Dtn), *Auslegungs*-Midraschim, die Kommentare zu ganzen biblischen Büchern bringen (wie zu Gen und den sogenannten „Fünf Schriftrollen": Hld, Rut, Klgl, Koh, Est), und den *homiletischen* Midraschim zu den Perikopen, die aus Pentateuch und Propheten in den Synagogen vorgelesen werden. Letztere enthalten vielfach verkürzte, teilweise aber kunstvoll redigierte Predigten, die in den Synagogen und Lehrhäusern der Spätantike gehalten wurden.
Hat man es bei *halakhischen* Midraschim teilweise mit Texten zu tun, die schon im 3. oder 4. Jahrhundert entstanden sein können (in mündlicher Form vielleicht sogar noch früher), so setzt sich die Sammlung von anderen Midraschim bis in das 10. Jahrhundert und vielleicht noch später fort. Die meisten Texte stammen allerdings aus der talmudischen Zeit und hauptsächlich aus Palästina. Eine besondere Art der mittelalterlichen, sogenannten „Kleinen Midraschim" befaßt sich mit der Apokalyptik.

Midrasch als Quelle der Theologie

Die Midrasch-Literatur enthält viel Material zur Theologie der alten Rabbinen, macht aber bei der üppigen Vielheit der zitierten Meinungen nicht den geringsten Versuch, festzustellen, was hier Einzelmeinung und was die Meinung der Mehrheit ist. Der ungeschulte Leser muß daher vorsichtig sein, nicht aufgrund eines einzelnen Zitats auf „die" Theologie der alten Rabbinen oder gar des gesamten Judentums zu schließen.

Bedeutung im christlich-jüdischen Gespräch

Das „Forschen" in der Heiligen Schrift war auch der frühen christlichen Kirche bekannt (vgl. Joh 5,39). In einem ökumenisch bewußten Zeitalter wäre es zu wünschen, daß Juden den Weg dazu finden, das Neue Testament als christlichen „Midrasch" zur hebräischen Bibel anzusehen, wie auch Christen sich bemühen sollten, in der Midrasch-Literatur des Judentums die „Worte des lebendigen Gottes" zu hören.

↗ Apokalyptik; Bibel; Neues Testament; Talmud.

Literatur: *D. Boyarin*, Intertextuality and the Reading of Midrash, Bloomington & Indianopolis 1990; *G. H. Hartmann* u.a., Midrash and Literature, New Haven/London 1989; *J. Heinemann*, The Proem in the Aggadic Midrashim. A Form-Critival Study, in: J. Heinemann/D. Noy (Hrsg.), Studies in Aggadah and Folk-Literature (Scripta Hierosolymitana, Bd. XXII), Jerusalem 1971, 100–122; *J. Z. Lauterbach*, Midrash and Mishnah, in: ders., Rabbinic Essays, Cincinnati 1951, 163–256; *R. S. Sarason*, Toward a New Agendum for the Study of Rabbinic Midrashic Literature, in: J. J. Petuchowski / E. Fleischer (Hrsg.), Studies in Aggadah, Targum and Jewish Liturgy in Memory of Joseph Heinemann, Jerusalem 1981, 55–73 (wichtige Bibliographie 71–73); *G. Stemberger*,

Midrasch. Vom Umgang der Rabbinen mit der Bibel, Einführung, Texte, Erläuterungen, München 1989; *ders.*, Einleitung in Talmud und Midrasch, München [8]1992; *J. Wachten*, Midrasch – Analyse, Strukturen im Midrasch Qohelet Rabba, Hildesheim 1978; *A. Wünsche*, Aus Israels Lehrhallen, 5 Bde., Leipzig 1907–1910 (Neudruck in 2 Bden.: Hildesheim 1967); *ders.*, Bibliotheca Rabbinica. Eine Sammlung alter Midraschim. Zum ersten Mal ins Deutsche übertragen, 5 Bde., Leipzig 1880–1885 (Neudruck: Hildesheim 1967). P

Minim

Judenchristen

Das Wort *minim* wird im rabbinischen Hebräisch für Häretiker gebraucht. Es wird gelegentlich im heutigen jüdisch-christlichen Gespräch erwähnt, weil man im letzten Jahrhundert und am Anfang des gegenwärtigen Jahrhunderts in der Wissenschaft vielfach angenommen hat, daß in der rabbinischen Literatur unter *minim* durchwegs Judenchristen verstanden werden. So z. B. R. Travers Herford (1903), der behauptete, 1. daß mit nur ganz wenigen Ausnahmen *minim* immer Judenchristen bedeutet und 2. daß der diesen judenchristlichen *minim* zugeschriebene Dualismus in der Gotteslehre sich auf eine Christologie bezieht, die derjenigen des Hebräerbriefes ähnlich war.

Differenzierungen

In jüngster Zeit ist die Wissenschaft von derartigen Pauschaldefinitionen des Wortes *minim* abgekommen. Einige der Stellen, an denen *minim* erwähnt werden, können sich auf Judenchristen beziehen, müssen es aber nicht. Die dualistische Position, die an vielen Stellen von den *minim* vertreten wird, paßt eher zu den Gnostikern (die den Rabbinen wie auch den Kirchenvätern viel zu schaffen machten) als zu den Judenchristen. Und wenn gar *minim* erwähnt werden, die die Auferstehungslehre leugnen, so wird wohl dabei kaum an Judenchristen zu denken sein. Es müßte eine jede Erwähnung von *minim* in der rabbinischen Literatur in ihrem jeweiligen Zusammenhang von der Wissenschaft geprüft werden, um klarzustellen, welche Art von Häretikern an einer bestimmten Stelle gemeint ist; und das ist nicht immer möglich.

Da in der frührabbinischen Quelle (tShab 13,5, hrsg. von Lieberman, 58) ein Unterschied zwischen Götzendienern, die Gott leugnen, ohne ihn erkannt zu haben, und *minim*, die Gott leugnen, obwohl sie ihn erkannt haben, gemacht wird, ist anzunehmen, daß man zunächst nur jüdische Häretiker als *minim* bezeichnet hat – darunter in einigen Fällen gewiß auch Judenchristen. Vom 3. Jahrhundert an aber, als sich das rabbinische Judentum nicht mehr so viel um innerjüdische Häresien zu kümmern brauchte, wird, wie K. G. Kuhn (1960) gezeigt hat, das Wort *minim* für außerjüdische Andersgläubige, darunter auch manchmal Heidenchristen, gebraucht.

↗ Auferstehung; Christus/Christologie; Judenchristen; Ketzersegen; Kirchenväter und Rabbinen.

Literatur: *A. Büchler*, The Minim of Sepphoris and Tiberias in the Second and Third Centuries, in: ders., Studies in Jewish History, London 1956, 245–274; *R. T. Herford*, Christianity in Talmud and Midrash, London 1903, 361–397; *ders.*, The Problem of the „Minim“ Further Considered, in: S. W. Baron/A. Marx (Hrsg.), Jewish Studies in Memory of George Alexander Kohut, New York 1935, 359–369; *K. G. Kuhn*, Giljonim und sifre minim, in: W. Eltester (Hrsg.), Judentum, Urchristentum, Kirche (Joachim-Jeremias-Festschrift) Berlin 1960, 24–61; *J. Maier*, Jesus von Nazareth in der talmudischen Überlieferung, Darmstadt 1978, s. Register 2 („Hebräische/Aramäische Wörter“) s. v. *min, minim, minut*; *ders.*, Jüdische Auseinandersetzung mit dem Christentum in der Antike, Darmstadt 1982. P

Minjan

↗ Frau im Judentum; Liturgie.

Mischehe

Begriff

Als jüdische Ehe gilt im jüdischen Religionsgesetz nur die Ehe zwischen zwei Juden; und eine religiöse Mischehe ist ausgeschlossen. (Dagegen wird die Ehe zwischen Juden und zum Judentum konvertierten Nichtjuden nicht als Mischehe angesehen.) Das Verbot der Mischehe geht auf den Pentateuch zurück, wo die Ehe zwischen Israeliten und der kanaanitischen Bevölkerung Palästinas untersagt wird – mit der Begründung, daß der israelitische Partner vom nichtisraelitischen zum Götzendienst verleitet werden könnte (Dtn 7,3–4). Esra und Nehemia erweiterten dann das Verbot der Mischehe, indem bei ihnen die Ehe mit allen nichtisraelitischen Völkern, und nicht nur die mit den „sieben Völkern Kanaans", als verboten gilt (Esra 9,1–2; 10,10–11; Neh 10,31; 13,23–25). Auch das spätere talmudische Eherecht spricht der Mischehe die Gültigkeit ab (bQid 68b; bYev 45b).

Mischehe in der Neuzeit

Seit dem frühen 19. Jahrhundert und der bürgerlichen Gleichberechtigung der Juden in den Ländern des Westens ist die Mischehe zwischen Juden und Nichtjuden häufig geworden – ohne aber notwendigerweise in allen Fällen zu einer Beteiligung des Rabbinats bei der Trauung zu führen. In den Vereinigten Staaten von Amerika soll jetzt jede dritte von Juden eingegangene Ehe eine Mischehe sein; und in der Bundesrepublik Deutschland ist der Prozentsatz der Mischehen sogar noch höher. Wo Juden bürgerlich gleichberechtigt sind, an der allgemeinen Kultur Anteil nehmen und in einer Welt leben, in der ohnehin der Säkularisierungsprozeß große Fortschritte macht, lassen sich wenige junge Leute von der Religion in der Wahl eines Ehepartners beschränken.

Relativierung des Verbots

Zu dieser konkreten Sachlage gesellen sich auch theoretische Erörterungen, welche die heutige Mischehe in einem anderen Licht erscheinen lassen, als sie im Zeitalter des Deuteronomiums gesehen wurde. War der Grund für das deuteronomische Verbot der Mischehe die Befürchtung, daß der israelitische Partner und die Kinder einer solchen Ehe für den Götzendienst gewonnen werden könnten, so gelten doch nach den maßgebenden religionsgesetzlichen Quellen des Judentums die heutigen Christen nicht als Götzendiener. Daher wollte auch Napoleon Bonaparte von dem von ihm im Jahre 1807 zusammenberufenen „Grand Sanhédrin" wissen, wie sich denn die führenden jüdischen Persönlichkeiten Frankreichs und Italiens zu der Frage über die Gültigkeit der Mischehe stellen. Er erhielt die Antwort, daß Ehen, die zwischen Juden und Christen zivilrechtlich geschlossen werden, ihre Geltung im bürgerlichen Leben haben, daß aber keine jüdisch-religiöse Trauung bei diesen Ehen stattfinden kann – obwohl der jüdische Partner bei einer derartigen Ehe von der Synagoge nicht mit einem Bann belegt wird (Décisions Doctrinales du Grand Sanhédrin, Paris 1812, 26f; dazu: *D. Tama,* Transactions of the Parisien Sanhedrin, ins Englische übersetzt von F. D. Kirwan, London 1807, 154–156).

Das ist bis zum heutigen Tag die Meinung der orthodoxen, der konservativen und der Mehrheit der liberalen Rabbiner geblieben. Ausschlaggebend sind hier folgende Motive: 1. Die Juden sind eine verhältnismäßig kleine Minderheit in der christlichen Umwelt, und bei Eltern mit verschiedenen Religionen können die Kinder leicht dem Judentum verlorengehen; 2. Verschiedene Religionen machen den Bestand der Ehe problematisch; 3. Zweck der jüdischen Ehe ist, daß zwei Menschen sich verpflichten, ein jüdisches Heim zu bauen – was bei einer Ehe, in der ein Partner nicht jüdisch ist, eine Unmöglichkeit sein würde.

Gewissensfrage für Reformrabbiner

Obwohl es schon im 19. Jahrhundert in Europa vereinzelte Reformrabbiner gegeben hat, die bei einer Mischehe die Trauung vollzogen, tun das heute schon mehr als 40% der amerikanischen Reformrabbiner. Viele von ihnen meinen, daß gerade dadurch die Kinder einer derartigen Ehe für das Judentum gewonnen werden können – besonders wenn für die Mitwirkung des Rabbiners bei der Trauung die Bedingung gestellt wird, daß die Kinder der Ehe jüdisch erzogen werden. Darin deckt sich die Haltung dieser Rabbiner mit der neu geregelten Haltung des Codex Iuris Canonici der katholischen Kirche (vgl. Can. 1086, § 1 und § 2; Can. 1125, in: Codex Iuris Canonici, Kevelaer [2]1984, 48 und 497). Die Rabbiner hatten es insofern leichter, ihre Mitwirkung bei Mischehen zu verweigern, als die katholische Kirche und auch einige protestantische Kirchen der Mischehe weit ablehnender gegenüberstanden. Aber die Sorge um das Fortbestehen der eigenen Glaubensgemeinschaft ist bei den christlichen Konfessionen aus guten Gründen geringer als bei der jüdischen Minderheit. Deshalb ist auch das Amtieren von Reformrabbinern bei Mischehen mit ein Grund dafür, daß das reformierte Judentum große Schwierigkeiten hat, im Staat Israel offizielle Anerkennung zu erlangen. Denn für dieses Amtieren gibt es keine Basis im jüdischen Religionsgesetz. Die Mischehen, die von diesen Reformrabbinern als „jüdisch" erklärt werden, sind von den nicht-reformierten Juden (und selbst von vielen reformierten Juden und ihren Rabbinern) nicht als jüdische Ehen anerkannt. Wenn ferner die Mutter keine Jüdin ist, gelten die Kinder, selbst wenn sie „jüdisch erzogen" werden, bei dem nicht-reformierten Teil der Judenheit nicht als Juden. Daher droht das Amtieren von Reformrabbinern bei Mischehen die, trotz Verschiedenheiten in Theorie und Praxis, bislang bestehende Einheit der jüdischen Glaubensgemeinschaft zu gefährden. Die Mischehe ist deshalb zu einer der schwierigsten Gewissensfragen für das reformierte Rabbinat geworden. Denn offiziell und durch Mehrheitsbeschluß lehnt das reformierte Judentum, genau wie die anderen Richtungen im Judentum, die Mischehe ab. Dennoch wird dem einzelnen reformierten Rabbiner die Freiheit gewährt, bei Mischehen zu amtieren.

Literatur: *W. Jacob* (Hrsg.), American Reform Responsa, New York 1983, 445–470; *M. Lamm*, The Jewish Way in Love and Marriage, San Francisco 1980, 48–65; *M. Mielziner*, The Jewish Law of Marriage and Divorce, Cincinnati 1884, 45–54. P

Mischna

↗ Midrasch; Talmud.

Monotheismus

↗ Dreifaltigkeit; Gott; Schemaʿ Jisrael; Schittuf.

Mose

Bibel, Talmud und Midrasch

Mose, die dominante Persönlichkeit der Bücher Exodus bis Deuteronomium der Hebräischen Bibel, nach dem der ganze Pentateuch „Die fünf Bücher Moses" genannt wird (vgl. schon Neh 8,1, wo von dem „Buch der Tora des Mose" die Rede ist), gilt in der Bibel als Gottesknecht (Jos 1,1), als Gottesmann (Ps 90,1), als Priester (Ps 99,6) und als Prophet (Dtn 34,10). Mag auch der moderne Leser der biblischen Literatur die Rollen des Befreiers und Gesetzgebers hinzufügen, so besteht doch im Judentum rabbinischer Prägung die Tendenz, gerade diese Rollen Gott selbst zuzuschreiben. Bei der häuslichen Feier des Seders, die in Erinnerung an den Auszug aus Ägypten stattfindet, wird Mose nur einmal zufällig – in einem zu einem anderen Zweck zitierten Schriftvers – erwähnt. Der Jude dankt Gott, nicht Mose für die Befreiung aus der Sklaverei. Ähnlich tritt die Rolle des Mose als Gesetzgeber in den Hintergrund. Mose soll zwar, wie die alten Rabbinen, aber nicht die moderne Wissenschaft, meinten, den Pentateuch niedergeschrieben haben (bBB 15a), aber der Pentateuch enthält keine selbständige Gesetzgebung des Mose, da Gott selbst als *der* Gesetzgeber gilt, und die etwaige Behauptung, daß ein Vers im Pentateuch nicht von Gott, sondern nur von Mose stamme, macht einen schon zum Häretiker (bSan 99a).

Immerhin gilt für das traditionelle Judentum Mose als der „Vater der Propheten", d.h. als der größte Prophet, größer als seine Vorgänger und seine Nachfolger, wie das Mose ben Maimon im 12. Jahrhundert dann in der siebten seiner dreizehn Glaubenslehren formuliert hat. Ausgangspunkt dieser Auffassung ist Dtn 34,10, wo gesagt wird, daß „niemals wieder ein Prophet wie Mose in Israel aufgetreten ist" – wozu dann im rabbinischen Schrifttum, wahrscheinlich um den universalen Gott nicht ohne Verbindung zu seinen nichtjüdischen Kindern zu belassen, die Bemerkung gemacht wird, daß in der Tat *in Israel* kein Prophet dem Mose ebenbürtig war, daß es aber einen derartigen Propheten unter den *nichtjüdischen* Völkern gegeben hat, und zwar den Bileam, Sohn des Beor (vgl. SifDev 357, hrsg. von Finkelstein, 430).

Was Mose von den anderen hebräischen Propheten unterscheidet, soll die Tatsache gewesen sein, daß er seine Offenbarung von Gott „Mund zu Mund" erhielt, während die anderen Propheten ihre Offenbarungen nur „in Visionen und in Rätseln" empfingen (Num 12,8). „Alle Propheten", so heißt es in bYev 49b, „haben durch ein Glas geschaut, das undurchsichtig war, Mose, unser Meister, aber hat durch ein durchsichtiges Glas geschaut" (zur Terminologie vgl. 1 Kor 13,12).

Die biographischen Einzelheiten, die in der Bibel vorkommen, werden in der rabbinischen Legende weiter fortgebildet, wo dann auch u.a., aufgrund von Ex 3,1ff, Mose als „der treue Hirte" erscheint. Gott hat ihn erst dann zu Israel gesandt, als Mose ein verlorenes Lamm suchte und es bemitleidete. Als er es schließlich bei einem Wasserteich fand, sagte er: „Hätte ich doch nur gewußt, daß du durstig warst!" Er trug dann das Lamm auf seinen Schultern zur Herde zurück, worauf Gott sprach: „Dieser Mann soll mein Volk aus Ägypten führen" (ShemR 2,2).

„Mose, unser Rabbi"

Unter all den Titeln, die für Mose möglich gewesen wären, wählte sich das rabbinische Judentum einen einzigen, den des „Rabbi". Mose ist im Judentum *Moscheh Rabbenu*, „Mose, unser Rabbi". Dadurch kommt nicht nur zum Ausdruck, daß man Mose hoch verehrte, sondern auch, daß man sich –

wie schon die Bibel selbst – seines Menschseins (mit menschlichen Schwächen) stets bewußt war. Schon die Bibel brachte den Tod des Mose, ehe er sein Volk in das Verheißene Land führen konnte, mit seiner Sünde des Jähzorns in Verbindung (Num 20,7–13; 27,12–14). Offensichtlich um das Aufkommen eines jeglichen Mosekultes zu verhindern, heißt es ausdrücklich in Dtn 34,6, daß „bis heute" niemand sein Grab kennt. Mose war – und ist – eben für die Juden „Mose, unser Rabbi", und kein St. Mose oder gar ein übermenschliches Wesen.

Mose und Jesus

Die Worte von Dtn 18,18: „Einen Propheten wie dich will ich ihnen mitten unter ihren Brüdern erstehen lassen", haben im frühen Christentum scheinbar zu der Auffassung geführt, daß Jesus von Nazaret *der* „Prophet wie Mose" war (vgl. Apg 3,19–23). In diesem Zusammenhang ist es interessant, daß in der Eschatologie der Samaritaner die Figur des *Taheb*, d.h. des „messianischen" Wiederherstellers der glücklichen Vorzeit, als ein *Moses redivivus* verstanden wird. Gewiß ist auch die Bergpredigt (Mt 5–7) so angelegt, daß Jesus hier als ein Prophet „wie Mose" erscheint. So wie Mose seinerzeit auf den Berg Sinai stieg, um seine Tora für Israel zu empfangen, so steigt hier Jesus auf *den* Berg, um *seine* neue Tora zu lehren.
Dagegen ist umgekehrt die jüdische Zurückhaltung gegenüber einer Verherrlichung des Mose bei der Sederfeier z.T. vielleicht auch dadurch zu erklären, daß es hier um eine stille Polemik gegen das Christentum geht, indem man bewußt davon Abstand nimmt, einem Menschen von Fleisch und Blut die Ehre zu zollen, die nach jüdischer Auffassung Gott allein gebührt.

↗ Abendmahl/Seder; Pesach/Ostern; Polemik.

Literatur: *M. Buber*, Moses, Heidelberg 1952; *L. Ginzberg*, The Legends of the Jews, Bd. II und III; Philadelphia 1910/1911; *A. Neher*, Moses and the Vocation of the Jewish People, New York 1959; *H. Schmid*, Die Gestalt des Mose, Darmstadt 1986. P

Mystik

↗ Chasidismus; Kabbala.

N

Neues Testament

Name, Anknüpfung und Widerspruch

Der Name *(berît chadascha, kainē diathēkē, novum testamentum,* Neues Testament, Neuer Bund) knüpft besonders an Jer 31,31–33 an und steht nach urchristlicher Tradition im Zusammenhang mit Passion und Tod Jesu als einem – auch an Jes 53,12 anklingenden – Neuanfang „für die Vielen" (Mk 14,24; Lk 22,20; 1 Kor 11,25). In 2 Kor 3,12–18 findet sich die Vorstellung vom Geistbesitz der Nachfolger Christi und von der vergleichsweisen Unvollkommenheit der in den hebräischen Schriften niedergelegten Sinaioffenbarung: „Wir sind sehr kühn und hegen eine solche Hoffnung; nicht wie Mose, der einen Schleier über sein Antlitz legte, damit die Israeliten das Ende des vergänglichen Glanzes nicht sähen. Doch ihre Gedanken wurden verhärtet. Dieser selbe Schleier liegt bis heute auf ihnen, wenn sie das Alte Testament lesen. Der Schleier wird nicht weggenommen, weil er nur durch Christus beseitigt wird. Ja, bis heute liegt, sooft Mose vorgelesen wird, ein Schleier auf ihren Herzen. Wenn aber jemand sich zum Herrn bekehrt, wird der Schleier weggenommen: denn der Herr ist der Geist. Wo aber der Geist des Herrn ist, da ist Freiheit. Wir alle, die wir mit unverhülltem Anlitz die Herrlichkeit des Herrn widerspiegeln, werden umgeformt zu seinem Bild von Herrlichkeit zu Herrlichkeit" (vgl. auch Röm 11,7–10).

Diese befremdliche Stellungnahme zur Hebräischen Bibel und zum jüdischen Lesegottesdienst (und dem damit verbundenen Gebetsgottesdienst) ist nicht die einzige Äußerung des Neuen Testamentes von belastendem jüdisch-christlichem Belang. Auf vielen Seiten der 27 neutestamentlichen Einzelschriften (4 Evangelien, Apostelgeschichte, 14 Briefe des paulinischen Briefcorpus, 7 Katholische Briefe und Offenbarung des Johannes) finden sich Suggestionen und Festlegungen über das Verhältnis zur Hebräischen (und Griechischen) Bibel, zum zeitgenössischen Judentum und seinen Institutionen und zum erhofften Weitergehen des Heils bis an das Ende der Erde und Zeiten. Die Aussagen reichen von Bejahungen alttestamentlichen Glaubensgutes über modifizierte Anknüpfungen und Bekenntnisse zur Kontinuität bis zu Abwertungen, apodiktischen Positionsbezügen, und bitterbösen Äußerungen über das die Christusbotschaft nicht annehmende mehrheitliche Judentum. In vergangenen Zeiten stellte man wegen vieler aggressiv gegen Juden gerichteter neutestamentlicher Aussagen das Trennende extremistisch in den Vordergrund. Der Straßburger Neutestamentler Eduard Reuß (1804–1891) konnte nicht einmal eine „Nuance von Homogenität" zwischen Neuem Testament und Judentum entdecken. Nichts beweise besser die radikale Andersartigkeit des Neuen Testaments „als die Unfähigkeit, in der sich das Judentum befand, einem Anstoß zu folgen, der es hätte fortreißen müssen, wenn es ihm nicht von Grund auf fremd gewesen wäre" (Kümmel 197). Im Wissen um die judenfeindlichen Implikationen solcher Trennungsideologien darf man aber auch nicht ins andere Extrem fallen. Es ist nämlich nicht möglich, das Neue Testament zur Gänze in den alttestamentlich-jüdischen Traditionsstrom einzubetten, auch wenn zuzugeben ist, daß es keine der Hebräischen Bibel und dem zeitgleichen Judentum wesentlich fremde, unerhörte Idee in sich birgt. Vor einer Applanierung des Neuen Testaments aus jüdisch-christlichem Enthusiasmus warnen auch Umdeutungen und abgrenzende Aktualisierungen alttestamentlicher Worte (vgl. Jes 7,14 mit Mt 1,23; Jer 31,15 mit Mt 2,17f; Dtn 30,11–14 mit Röm 10,6–8). Josef Blank (42) drückt die ganze Problematik konzise aus: „Das Neue Testament ist qua heilige Schrift gerade kein Kontinuum zum Alten Testament ... Vom urchristlichen Standort aus war das Neue Testament als neue Schrift zunächst ja gar nicht vorgesehen. Unter eschatologischem Aspekt ist ein Neues Testament als heilige Schrift ein echtes Problem. Auch zeigt die Tatsache, daß das Alte Testament, die Schrift, sowohl vom Judentum wie vom Christentum beansprucht werden kann, und zwar mit diskutablen Gründen, daß das behauptete oder postulierte Kontinuum zumindest nicht eindeutig ist, sondern umstritten. Das Kontinuum von Schrift

und Judentum ist genausogut vorhanden und auf rein historischer Ebene sogar besser zu beweisen als zum Neuen Testament."
Damit das Neue Testament nicht fruchtlos gegen die Hebräische Bibel und die Hebräische Bibel nicht gegen das Neue Testament ausgespielt werden, sind zunächst im Neuen Testament sich findende Bausteine jüdischen Ursprungs in den Zusammenhang der speziellen neutestamentlichen Optiken zu stellen. Dann kann die jüdisch-christliche Relevanz des Neuen Testaments ins Blickfeld gerückt werden.

„Urkunde der jüdischen Glaubensgeschichte"

Am Vorabend des Zweiten Weltkrieges (1938) schrieb der liberale Rabbiner Leo Baeck (1873–1956) ein Buch mit dem aufsehenerregenden Titel „Das Evangelium als Urkunde der jüdischen Glaubensgeschichte". In seinem Sinne werden heute Jesus und die Evangelisten auch von Christen als Juden mit jüdischer Geistigkeit und Ausdrucksweise anerkannt. Das Neue Testament kann weder verstanden noch ausgelegt werden, wenn man seinen jüdischen Mutterboden verdrängt. Es ist ein Teil der jüdischen Geschichte und – als jüdisches Dokument – auch der Anfang der christlichen Geschichte. Dieser Anfang ereignet sich noch innerhalb des Judentums; die Trennung folgt erst danach, wenn auch die Keime zur Trennung schon im urchristlich verkündeten Christus und in den Missionsbemühungen des Paulus liegen. Dabei bleibt zu beachten, daß weder Jesus noch Paulus (und schon gar nicht Jakobus) Spalter Israels sein wollten. Ihnen ging es vielmehr um die endzeitliche Wiederaufrichtung Israels und um die Einbeziehung der Völker in das Heilsangebot Gottes an Israel. Sie bezogen sich dabei z.B. auf Jes 49,6, wo Israel, der Knecht Gottes, so angeredet wird: „Es ist zu wenig, daß du mein Knecht bist, nur um die Stämme Jakobs wieder aufzurichten und die Verschonten Israels heimzuführen. Ich mache dich zum Licht für die Völker, damit mein Heil bis an das Ende der Erde reicht" (vgl. Mal 3,23f; Sir 48,10). In vielen neutestamentlichen Stellen ist von der erhofften Wiederaufrichtung Israels, dem Zustrom der Völker und dem befürchteten Scheitern des Zusammenkommens von Juden und Völkern trotz der einheitstiftenden Tat Jesu die Rede. Mt 2 (Besuch der Magier beim neugeborenen Kind), Lk 2,25–32 (Simeon im Tempel), Mt 8,5–13 par. (Hauptmann von Kafarnaum), Mt 12,38–42; 16,1–4 par. (Zeichen des Jona), Mt 28,18–20 (Missionsbefehl an die Völker) leben von diesen endzeitlich bestimmten Hoffnungen und Befürchtungen. Paulus bringt diese neutestamentliche Botschaft in Röm 1,16 auf die Formel: „Das Evangelium ist eine Kraft Gottes, die jeden rettet, der glaubt, zuerst den Juden, aber ebenso den Griechen." Das Neue Testament ist also in seiner universalen Heilsausrichtung nicht erstschöpferisch, sondern mit den heiligen jüdischen Traditionen verbunden. Dies gilt auch von anderen Glaubenstraditionen. So wird etwa das „Höre, Israel" (Dtn 6,4ff) in Lk 10,25–28; Gal 3,20; 1 Kor 8,4.6; 12,6; Röm 3,30 und Jak 2,19 bejahend und geistvoll bestätigend aufgegriffen. Auch kritisierende Töne im Neuen Testament sind Ausdruck seiner Jüdischkeit. Wenn jüdische Autoritätspersonen Jesus bezüglich seiner Glaubwürdigkeit testen (hebr. *bdq*: Mk 8,11; Lk 11,16; Joh 8,6) und wenn ihnen Jesus vorwirft, sie überträten Gottes Gebot um der Überlieferung der eigenen Gruppe willen (Mt 15,2; Mk 7,8f), dann ist dies als „Streit um des Himmelreiches willen“ (mAv 5,17) zu bezeichnen.

Dialog trotz allem

Das Neue Testament wurde im Verlaufe der Zeit so ausgelegt und geriet so in den Dienst religionspolitischer Interessen, daß es zwar „den Fernen“ (nichtjüdischen Menschen und Völkern) das Bewußtsein vermittelte, durch Jesus zu „Nahen“ (d.h. zu Gliedern des Volkes Gottes) geworden zu sein (vgl. Eph 2,11–22; 1 Petr 2,7–10; Offb 1,4–6). Es vermochte aber die „trennende Wand der Feindschaft“ zwischen Juden und Nichtjuden nicht niederzureißen (Eph 2,14). Bis heute ist der Verdacht nicht entkräftet, es sei in bestimmten Passagen ein Feuerherd des Antijudaismus. Trotzdem bleibt das Neue Testament zusammen mit der Hebräischen Bibel das Grundbuch des zu erhoffenden Gesprächs zwischen Christen und Juden. Dabei sind folgende Punkte besonders zu beachten:

a) In der religiösen Tradition des Judentums war es „nicht der Buchstabe der Tora, der in der Praxis als königlich anerkanntes Recht galt, sondern die vorherrschende Auslegung und Anwendung, die geschichtlich aktuelle Gestalt der Tora“ (Maier 20). Dies gilt auch für die neutestamentlich-christliche Auslegung. Vieles, was als isoliertes Wort des Alten und Neuen Testaments abrupt und abweisend klingt, ist im Zusammenhang mit den zeitgenössischen Auffassungen und Auslegungen zu erklären und kann meistens legitim einen versöhnlicheren Ton erhalten. Die Christen sind in ihren neutestamentlichen Interpretationen auf das jüdische Schrifttum (Talmud, Midrasch, Targum) verwiesen. Desgleichen deuten die Juden die Hebräische Bibel im Lichte ihres „Neuen Testaments“: des Talmuds, ihrer Gebete und der späteren Kommentatoren und Dezisoren. Nur eine ineinander verzahnte christlich-jüdische kontextuelle Bibeldeutung und Bibelakutalisierung ist gesprächseröffnend.

b) Auf die Geschichtlichkeit des Neuen Testaments ist zu insistieren. Der Glaube und der kritische Verstand müssen um den zeitlichen und mentalitätsmäßigen Abstand zwischen uns Heutigen und dem Neuen Testament wissen; andernfalls wird das Neue Testament überideologisiert. Wer z.B. die Barabbas-Perikope (Mk 15,6–15 par.) als eine Erzählung zu dechiffrieren vermag, die *keine historische Episode* im Rahmen der Passion Jesu wiedergibt, der wird weniger versucht sein, judenfeindlichen Emotionen Raum zu geben.

c) Weder die Hebräische Bibel noch das Neue Testament sind abgeschlossene Größen; beiden wohnt ein Drang zur Vollerfüllung inne, in der alles Leid, alle Ungerechtigkeit und alle Sünde dem vollkommenen Geborgensein in Gott weichen und in der „ganz Israel“ und die „Fülle der Völkerwelt“ in voller Einheit existieren werden (Jes 60–66; Ez 37,15–28; 38–39; Dan 2; Sach 12–14; Röm 8; 9–11; 1 Kor 15,20–28; Offb 7; 12; 21–22; vgl. auch Achtzehngebet). Das Neue Testament fordert die Menschen auf – ähnlich wie dies die Hebräischen Schriften tun –, an der Zukunft Israels und der Menschheit mitzubauen.

↗ Antijudaismus; Apokryphen; Bibel; Bund; Erwählung; Gesetz; Jesus von Nazaret; Judenchristen; Offenbarung; Paulus; Pharisäer; Reich Gottes; Vaterunser; Volk Gottes.

Literatur: Verschiedene „Einleitungen“ ins Neue Testament. – *L. Baeck*, Das Evangelium als Urkunde der jüdischen Glaubensgeschichte, Berlin 1938; *J. Blank*, Erwägungen zum Schriftverständnis des Paulus, in: Rechtfertigung, FS Ernst Käsemann, Tübingen 1976; 37–56; *D. Flusser*, Entdeckungen im Neuen Testament, Bd. 1: Jesusworte und ihre Überlieferung, Neukirchen 1987; *W. G. Kümmel*, Das Neue Testament. Geschichte der Erforschung seiner Probleme, Freiburg i. Br. 1958; *J. Maier*, Geschichte der jüdischen Religion, Berlin 1973; *K. Müller*, Das Judentum in der religionsgeschichtlichen Arbeit am Neuen Testament, Judentum und Umwelt, Bd. 6, Frankfurt a. M. 1983; *A. Vögtle*, Offenbarungsgeschehen und Wirkungsgeschichte. Neutestamentliche Beiträge, Freiburg i. Br. 1985. T

Neujahrsfest

Jüdische Tradition

Die Juden feiern ihr Neujahrsfest am ersten Tag des Monats Tischri (traditionelle Juden feiern auch den nächsten Tag als zweiten Feiertag), ein Termin, der gewöhnlich auf Ende September oder Anfang Oktober des bürgerlichen Kalenders fällt. Es ist der Tag, der in der Bibel selbst (Lev 23,24) als „erster Tag des *siebten* Monats", und nicht als Neujahrstag, bezeichnet wird, da ja, laut Ex 12,2, der Frühlingsmonat (biblisch: Abib; rabbinisch: Nissan) als Jahresanfang gilt. Überhaupt ist in den Festkalendern der Bibel von einem Neujahrsfest keine Rede, und der erste Tag des siebten Monats wird nur als „Ruhetag, in Erinnerung gerufen; durch Lärmblasen wird an ihm eine heilige Versammlung" aller einberufen (Lev 23,24–25), ohne daß es dort oder in den Parallelen zu einer weiteren Sinngebung – etwa als Neujahrsfest – kommt.

Es scheint aber im biblischen Zeitalter verschiedene Kalender und daher auch verschiedene Jahresanfänge gegeben zu haben; und auch im rabbinischen Zeitalter war man sich verschiedener Jahresanfänge bewußt – wie etwa ein Jahresbeginn für die Zählung der Regierungsjahre der Könige, ein anderer Jahresbeginn für die Zählung der Jahre von Bäumen usw. Vier verschiedene Jahresanfänge werden aufgeführt, worunter der 1. Tischri nur einer ist (mRHSh 1,1). Aber der 1. Tischri galt auch als der Tag, an dem Gott die ganze Menschheit (Nb.: nicht nur Juden) richtet (ebd. 1,2). Diese Vorstellung gab dem „ersten Tag des siebten Monats", neben seinem Charakter als Festtag, auch einige ernste Züge, da er auch der erste der „zehn Bußtage" ist, die am 10. Tischri, am Versöhnungstag, ihren Höhepunkt erreichen. So ist er zwar Familienfest und wird durch gutes Essen und Trinken und besondere süße Speisen (als Symbol für ein gutes und süßes neues Jahr) ausgezeichnet, aber er ist dennoch „Tag des Gerichts", und das Blasen des Widderhorns während des synagogalen Gottesdienstes, ein Charakteristikum dieses Festes, soll die Menschen an ihre Sünden erinnern und sie zur Buße ermuntern.

Dieses Neujahrsfest gilt auch als „Geburtstag der Welt", und die jüdischen Jahre werden seit vielen Jahrhunderten (es war nicht immer so) nach dem angenommenen Jahr der Weltschöpfung gezählt. Zur Schriftvorlesung am zweiten Tag des Neujahrsfestes (im reformierten Judentum am ersten und einzigen Tag) gehört das 22. Kapitel der Genesis, dessen Thematik auch teilweise die Liturgie des Neujahrsfestes beeinflußt hat.

Christliche Tradition

Obwohl Jesus und seine Jünger den „ersten Tag des siebten Monats" (wenn vielleicht auch nicht gerade als Neujahrstag) gewiß gefeiert haben, wird dieses Fest im Neuen Testament nicht erwähnt. Die Kirche scheint daher diesen jüdischen Feiertag nicht übernommen zu haben. Aber auch das römische Neujahrsfest am 1. Januar ist zunächst – wegen seiner Saturnalia im römischen Heidentum – von der Kirche vermieden worden. Es wurden sogar besondere Messen „ad prohibendum ab idolis" zelebriert, um die christliche Ablehnung des heidnischen Neujahrsfestes zu unterstreichen. Im Mittelalter begann das neue Jahr für die Christen in Deutschland mit dem Weihnachtsfest, in Frankreich mit Ostern und in England mit dem 25. März, dem „Fest der Ankündigung des Herrn". Seit der im Jahre 1582 von Papst Gregor XIII. unternommenen Kalenderreform feiert die europäische Christenheit das Neujahrsfest (aber nicht liturgisch!) am 1. Januar, was sich aber in England erst seit 1752 durchgesetzt hat. In der orthodoxen Ostkirche wird das Neujahrsfest am 1. September mit vielen Hymnen gefeiert. In der Westkirche dagegen wird liturgisch vom Neujahrstag als solchem keine Notiz genommen, da der 1. Januar seit dem 13./14. Jahrhundert (in Gallien und Spanien schon im 6. Jh.) als „Fest der Beschneidung des Herrn" gefeiert wird und auch als „Hochfest der Mutter des Herrn" seinen liturgischen Niederschlag findet. Die Messe „zum Jahresbeginn" in dem Meßbuch von 1978 soll laut der vorangehenden Rubrik „nicht am 1. Januar, dem Hochfest der Mutter des Herrn, genommen werden" (Meßbuch 1978, S. 1061). So ist, im Grunde genommen, der Neujahrstag am 1. Januar nicht nur für die Juden, sondern auch für die Christen nur ein „bürgerlicher", aber kein religiöser Neujahrstag.

↗ Akeda; Liturgie; Sünde und Vergebung; Versöhnungstag.

Literatur: *A. Adam/R. Berger*, Pastoralliturgisches Handlexikon, Freiburg i.,Br. [4]1986, 553f, s.v. „Weihnachtsoktav"; *J. J. Petuchowski*, Feiertage des Herrn, Freiburg [2]1987, 70–81; *F. Thieberger* (Hrsg.), Jüdisches Fest – Jüdischer Brauch, Königstein/Ts. [2]1979, 145–152, 187–189. P

Noachidische Gebote

Rabbinische Deutung

Der Bund, den Gott mit Noach und seinen Söhnen, also mit den Ahnen der gesamten überlebenden Menschheit, geschlossen hat (Gen 9,8–17), wird in der rabbinischen Literatur so verstanden, daß Gott der Menschheit sieben Gebote auferlegte. Sechs davon waren negative Gebote, d.h. Verbote, die folgende Missetaten untersagten: Götzendienst (und auch Vielgötterei), Mord, Unzucht, Blasphemie, Raub und Brutalität gegen Tiere. Das einzige positive Gebot war die Pflicht, Gerichtshöfe einzusetzen, (tAZ 8[9], 4, hrsg. von Zuckermandel, S. 473; bSan 56a,b; BerR, Noach, 34,8 hrsg. von Theodor-Albeck, Bd. I, S. 316f).

Die rabbinische Lehre, daß die Frommen unter den nichtjüdischen Völkern einen Anteil an der kommenden Welt haben (tSan 13,2, hrsg. von Zuckermandel, S. 434), wurde von Mose ben Maimon in den Zusammenhang mit dem Begriff von den Noachidischen Geboten gebracht, indem er als „Frommen unter den nichtjüdischen Völkern" denjenigen definierte, der die Noachidischen Gebote auf sich nimmt und sie auch hält (Mischne Tora, Hilkhoth Melakhim 8,11).

Christen als „Söhne Noachs"

Bei der strikten Auffassung des Monotheismus, die dem Judentum eigen ist, mußte die Frage aufkommen, ob sich die Verehrung, die Christen dem Christus zollen, mit dem „noachidischen" Verbot der Vielgötterei vereinbaren läßt. Die mittelalterliche jüdische Antwort darauf war die Behauptung, daß es Nichtjuden nicht verboten ist, dem wahren Gott auch „Beisassen" zuzugesellen (so Rabbenu Jerucham, Spanien, 14. Jh., in: Toledoth Adam Wechawwa 17,5 und auch die Entscheidung einiger Talmudkommentatoren, zusammengefaßt in Mose Isserles' Glosse zum Schulchan 'Arukh, Orach Chajjim 156,1). Daher gelten im modernen Judentum Christen auch nicht als Heiden, sondern als „Söhne Noachs", die, wenn sie die Noachidischen Gebote halten, genauso ihren Anteil an der kommenden Welt haben werden wie die frommen Juden. Ob allerdings heutige Christen sich damit zufriedengeben können, daß ihre Art des Monotheismus von jüdischer Sicht aus nur als „Monotheismus mit Beisassen" gewertet wird, ist eine andere Frage, deren theologische Klärung auf der Tagesordnung des christlich-jüdischen Gesprächs zu stehen hat. Dabei wird es auch darauf ankommen, wie Christen ihre Dreifaltigkeits-Lehre definieren.

Ursprüngliche Naturgesetze?

Interessant ist, daß sich fünf der Noachidischen Gebote (Götzendienst, Mord, Unzucht, Blasphemie und Raub) mit denjenigen Geboten decken, die nach einer rabbinischen Lehre von den Menschen selbst erlassen worden wären, würden sie nicht in der Tora geschrieben stehen (Sifra, Acharê, 13,10, hrsg. von Weiß, S. 86a; bYom 67b). Das bringt den Begriff von den Noachidischen Geboten in die Nähe des Begriffs von einem ursprünglichen Naturgesetz, obwohl in der rabbinischen Behandlung der Noachidischen Gebote der Hinweis auf eine göttliche Offenbarung derselben nie fehlt. Immerhin, als John Selden im Jahre 1640 sein Werk „De jure naturali et gentium juxta disciplinam Hebraeorum" veröffentlichte, ließ er in hebräischen Lettern den hebräischen Ausdruck für die Noachidischen Gebote auf die Titelseite setzen. Möglicherweise gehen sowohl der Begriff von den Noachidischen Geboten als auch der Begriff von dem *jus naturale* auf einen ursprünglichen griechischen Begriff von dem „ungeschriebenen Gesetz" *(agraphos nomos)* zurück. Die Verpflichtungen, die laut Apg 15 heidnische Konvertiten zum Christentum auf sich nehmen mußten, scheinen auch mit den Noachidischen Geboten in Verbindung zu stehen.

Bedeutung für das Judentum

Wenn sich – allerdings mit bemerkenswerten Ausnahmen – das Judentum allgemein wenig um die Anwerbung von Proselyten gekümmert hat, so hat gewiß – neben politischen Faktoren – der Begriff von den Noachidischen Geboten bei dieser Zurückhaltung eine Rolle gespielt. Nach jüdischer Ansicht braucht man nicht Jude zu sein, um das ewige Heil zu erlangen.

↗ Christus/Christologie; Dreifaltigkeit; Proselyten; Schittuf.

Literatur: *D. Flusser*, Noachitische Gebote, TRE 24, 582-587; *M. Guttmann*, Das Judentum und seine Umwelt, Berlin 1927; *I. Heinemann*, Die Lehre vom ungeschriebenen Gesetz, in: HUCA 4 (1927) 149–171; *A. Lichtenstein*, The Seven Laws of Noah, New York 1981; *D. Novak*, The Image of the Non-Jew in Judaism, New York/Toronto 1983; *A. Pallière*, Das unbekannte Heiligtum, Berlin 1927; *J. J. Petuchowski*, Melchisedech – Urgestalt der Ökumene, Freiburg 1979. P

O

Offenbarung

Bibel und rabbinisches Judentum

Zwei Arten der Offenbarung sind der Hebräischen Bibel bekannt. Sie kennt die „Vision“ oder die „Erscheinung“ (heb.: *mar'eh*, vgl. Ex 3,1ff; Ez 11,24 u.ö.); und sie redet vom „Worte Gottes“ (*debhar YHWH*, vgl. Dtn 5,5 u.ö.) oder der „Tora“ (vgl. Jes 2,3 u.ö.), worunter die göttliche Weisung zu verstehen ist, die sowohl aus Lehren als auch aus Gesetzen besteht. Das rabbinische Judentum blieb daher dem biblischen Vorbild treu, wenn es das zweideutige Wort „Offenbarung“ vermied und statt dessen, dem Zusammenhang entsprechend, entweder von *gilluj schekhina*, der Epiphanie der Anwesenheit Gottes, oder von *mattan tôra*, dem Geschenk der göttlichen Weisung, sprach. Ein jeder Empfang von göttlicher Weisung setzt eine Epiphanie Gottes voraus; aber nicht jede Epiphanie Gottes muß unbedingt in einer Gesetzgebung münden.

Für das rabbinische Judentum war der Pentateuch das Offenbarungszeugnis *par excellence*. Ihm wurde eine größere Autorität als den Propheten und den Hagiographen zugeschrieben. Jedoch führte diese Autorität des Pentateuchs die Rabbinen nicht zu einem buchstabengläubigen Fundamentalismus. Dieselben Rabbinen, die den Pentateuch zur höchsten Autorität in Glaubens- und Praxisfragen erhoben hatten, bestanden dennoch darauf, daß sich die volle Offenbarung Gottes nicht auf den Pentateuch und noch nicht einmal auf die Bibel als Ganzes beschränke. Sie lehrten nämlich das Dogma von der „zweifachen Tora“. Zusätzlich zu der „geschriebenen Tora“ soll Gott auch eine „mündliche Tora“ geoffenbart haben, die schließlich in der rabbinischen Literatur ihren – teilweisen – schriftlichen Niederschlag gefunden haben soll und durch die allein die „geschriebene Tora“ richtig verstanden werden kann. Man vergleiche damit etwa die Rolle, welche die Tradition und das Lehramt in der katholischen Kirche oder die *Hadith* im Islam spielen.

Christentum

Im christlichen Glaubensverständnis erreicht die Offenbarung Gottes ihren Höhepunkt in Gottes Inkarnation in Jesus Christus. Da aber auch für das rabbinische Judentum die Tora mehr bedeutete als nur das auf Pergament geschriebene Wort (die Tora war z.B. auch das Werkzeug, mit dem, oder der Plan, nach dem Gott die Welt erschuf; vgl. BerR 1,1), ist vieles, was im Prolog zum Johannesevangelium steht, Juden und Christen gemeinsam. Allerdings spalten sich die Wege beim 14. Vers („Und das Wort ist Fleisch geworden“), der im Johannesevangelium das charakteristisch Christliche ausdrückt, während die jüdische Theologie einerseits mit ihrem Begriff von der Schekhina nie so weit ging, in einem einzelnen Menschen die volle Verkörperung Gottes zu sehen, und auch anderseits in der Lehre von der „mündlichen Tora“ den Ausdruck für die fortdauernde Offenbarung der göttlichen Weisung gefunden hat.

Mittelalter

Im Mittelalter wurde das Verhältnis zwischen Offenbarung und Vernunft Gegenstand einer sich durch Jahrhunderte ziehenden Diskussion. Da aber schon von den frühen Rabbinen die menschliche Entdeckung von Vernunftwahrheiten als Gnadentat Gottes angesehen wurde, kam es zu der weitverbreiteten Behauptung, daß ein Konflikt zwischen Offenbarungs- und Vernunftwahrheiten an und für sich gar nicht bestehen kann. Warum dann also überhaupt Offenbarung? Auf diese Frage antwortete Saadja Gaon im 10. Jahrhundert, daß die Offenbarung eine Methode ist, die Gott bei der Erziehung der Menschen anwendet. Nicht alle Menschen sind klug genug, zur gleichen Zeit zu den Geboten zu gelangen, die sich die Vernunft erarbeiten kann. Um aber diese Gebote allen gleichzeitig zugänglich zu machen, wurden sie von Gott auf übernatürlichem Wege offenbart. Und die zeremoniellen Gebote, obwohl sie der Vernunft nicht widersprechen, sind durch die reine Vernunft nicht erreichbar und bedurften daher der Offenbarung. Nach Mose ben Maimon (1135–1204) sind etwaige Widersprüche zwischen Vernunft und Offenbarung nur scheinbar, und sie sind dadurch zu schlichten, daß man entweder die vermeintlichen Schlüsse der Vernunft nochmals streng überprüft oder daß man, nach stattgefundener Überprüfung, die bezügliche Bibelstelle anders als zuvor auslegt, denn „die Pforten der Deutung sind uns ... nicht verrammelt und verboten" (More Nebhukhim II,25).

Neuzeit

Gerade das wurde aber von den Denkern der Neuzeit bestritten. So wendet sich im 17. Jahrhundert z.B. Baruch Spinoza besonders scharf gegen die Versuche des Mose ben Maimon, eine Harmonie zwischen der Bibel und der Vernunft herzustellen, da es ja eben Spinozas Anliegen war, die Bibel dem gemeinen Volk zu überlassen, während die Bedürfnisse der Philosophen allein durch die Vernunft gedeckt werden können. Als dann im 18. und 19. Jahrhundert (übrigens nicht zuletzt einer Anregung Spinozas folgend) das wissenschaftlich-kritische Studium der Bibel aufkam, in welchem man die mosaische Autorschaft des Pentateuchs verneinte und auch andere biblische Bücher einer radikalen Quellenkritik unterzog, meinte man in fortschrittlichen christlichen und jüdischen Kreisen, dadurch den Offenbarungsglauben widerlegt zu haben. (Daß das ein Trugschluß war, wurde erst im 20. Jahrhundert entdeckt.) Im Hintergrund stand der philosophische Idealismus mit seinem immanenten Gottesbegriff, während das biblische Zeitalter, die Spätantike und das Mittelalter an einen transzendenten Gott glaubten und es ein transzendenter Gott ist, der die Voraussetzung für eine „von außen" an den Menschen herankommende Offenbarung bildet.

20. Jahrhundert

Das 20. Jahrhundert, in dem der philosophische Idealismus von einem religiösen Existentialismus überholt wurde, hat den Zugang zu dem transzendenten Gott wieder frei gemacht. Das hat auch zu einer theologischen Unterscheidung zwischen dem Offenbarungsglauben einerseits und dem kritischen Studium der Bibel anderseits geführt. Denker wie Martin Buber (1878–1965) und Franz Rosenzweig (1886–1929) lassen das wissenschaftlich-kritische Studium gelten, entwickeln aber einen Offenbarungsglauben, der von der wissenschaftlichen Rekonstruktion der alten hebräischen Literaturgeschichte unabhängig ist. Gott offenbart nur sich selbst, aber keine gesetzlichen Schriften und auch keine theologischen Systeme. Was schriftlich von Menschen in der Bibel und in der traditionellen Literatur festgehalten worden ist, ist nicht die Offenbarung als solche, sondern die menschliche Reaktion auf Erlebnisse der Offenbarung, d. h. also: die menschliche *Interpretation* der Offenbarung, die dann die Form von Lehren und Geboten annimmt. Wie weit aber die in der Schrift festgehaltenen Interpretationen der Offenbarung wahr und berechtigt sind, führt zu Meinungsunterschieden bei den modernen Theologen und stand auch schon zwischen Buber und Rosenzweig selbst zur Debatte.

↗ Autorität; Bibel; Dogma; Inkarnation; Liberales Judentum/Reformjudentum; Liturgie; Schekhina.

Literatur: *J. Baillie*, The Idea of Revelation in Recent Thought, New York 1956; *S. Mosès*, System und Offenbarung, Die Philosophie Franz Rosenzweigs, München 1985; *J. J. Petuchowski*, The Dialectics of Reason and Revelation, in: *A. J. Wolf* (Hrsg.), Rediscovering Judaism, Chicago 1965, 29–50, 271–273; *ders.*, Der Offenbarungsglaube im neuzeitlichen Judentum, in: *A. Falaturi/J. J. Petuchowski/W. Strolz* (Hrsg.), Drei Wege zu dem Einen Gott, Freiburg i. Br. 1976, 61–74; *ders./W. Strolz* (Hrsg.), Offenbarung im jüdischen und christlichen Glaubensverständis (QD 92), Freiburg i. Br. 1981; *R. Schaffner / B. Casper / S. Talmon / Y. Amir*, Offenbarung im Denken Franz Rosenzweigs, Essen 1979. P

Opfer

↗ Heiliges Land / Heiliger Ort / Heilige Zeit; Tempelkult.

Orthodoxes Judentum

Bezeichnung

Als im 19. Jahrhundert das Reformjudentum aufkam, bildete sich unter den Verteidigern der angefochtenen Traditionen die moderne Richtung des orthodoxen Judentums. Die Bezeichnung stammt ursprünglich von der gegnerischen Seite, da es ja im orthodoxen Judentum eher um das rechte Tun (Orthopraxie) als um den rechten Glauben (Orthodoxie) geht, und sie wird auch von vielen orthodoxen Juden abgelehnt, da sie es vorziehen, sich als „toratreu“ oder „gesetzestreu“ zu bezeichnen.

Selbstverständnis

Das orthodoxe Judentum behauptet von sich, mit *der* jüdischen Tradition der Jahrtausende identisch zu sein. Das mag man als Glaubensbekenntnis des orthodoxen Judentums gelten lassen. Vom historischen Standpunkt aus betrachtet, sieht es etwas anders aus; und deshalb ist auch die ambivalente Haltung des orthodoxen Judentums gegenüber der modernen Wissenschaft des Judentums sehr verständlich. Diese Wissenschaft hat nämlich gezeigt, daß es innerhalb der jüdischen Tradition immer verschiedene Richtungen und auch geschichtlich bedingte Entwicklungen gegeben hat. Dagegen behauptet die jüdische Orthodoxie, daß authentischer jüdischer Glaube und jüdisches Tun seit der sinaitischen Offenbarung stets gleichgeblieben sind. Um diese Gleichheit auch in der Gegenwart aufrechterhalten zu können, mußte – bewußt oder unbewußt – im 19. Jahrhundert eine gewisse Auswahl aus den Traditionen getroffen werden. Man einigte sich daher mehr oder weniger auf die im 16. Jahrhundert im *Schulchan 'Arukh* kodifizierten Religionsgesetze und auf die von Mose ben Maimon im 12. Jahrhundert formulierten Glaubenslehren – obwohl im 12. Jahrhundert und noch später Mose ben Maimon selbst von den damaligen Verteidigern „*der* Tradition“ stark angegriffen wurde.

Das orthodoxe Judentum glaubt, daß der Pentateuch – in seiner heutigen Form – von Gott selbst dem Mose offenbart wurde und daß, zusammen mit dieser „schriftlichen Lehre", zur gleichen Zeit eine „mündliche Lehre" von Gott offenbart wurde, die dann später ihren teilweisen schriftlichen Niederschlag in der rabbinischen Literatur fand. Die Aufgabe der biblischen Propheten war daher nicht eine Fortentwicklung der mosaischen Religion, sondern lediglich das „Zurückrufen" zum ursprünglichen sinaitischen Bund; und die späteren Rabbinen haben keine neuen Gesetze geschaffen, sondern lediglich als Ausleger des geoffenbarten Toragesetzes fungiert. Daraus folgt, daß, was einmal in das Religionsgesetz aufgenommen wurde, ewige Verbindlichkeit besitzt – wenn auch Teile dieses Gesetzes (z.B. Opferkult, Monarchie usw.) zeitweilig, bis zur Messiaszeit, „aufgeschoben", aber nicht „aufgehoben" worden sind. Auch Observanzen, die nicht in der Bibel begründet sind, und Lokalbräuche haben dauernde Gültigkeit, da „selbst die Lokalbräuche unserer Väter Tora sind" (Tosaphot ad bBer 20b, s.v. *niphsal*). So erklärt sich z.B. auch die Opposition des orthodoxen Judentums seit dem 19. Jahrhundert gegen den jüdischen Gottesdienst in der jeweiligen Landessprache, obwohl gerade der von der Orthodoxie als Autorität anerkannte Talmud den Gebrauch der Landessprache beim Gebet – mit ganz wenigen Ausnahmen – freigibt. Aber im 19. Jahrhundert war es schon lange universaler jüdischer Brauch, den Gottesdienst in hebräischer Sprache abzuhalten.

Neben dem Glauben an die direkte göttliche Offenbarung der schriftlichen und der mündlichen Tora hält das orthodoxe Judentum auch an dem Glauben an einen Messias und an die endzeitliche körperliche Auferstehung der Toten fest.

Positionen und Stellung im modernen Judentum

Innerhalb des orthodoxen Judentums gibt es, trotz Übereinstimmung in Fragen des Glaubens und der Observanz, erhebliche Meinungsunterschiede. So unterscheidet sich z.B. die Orthodoxie des Westjudentums von der des Ostjudentums, indem erstere die Teilnahme von Juden an der allgemeinen Kultur und Wissenschaft durchaus bejaht (mit Ausnahme der Bibelkritik), letztere sie aber im großen und ganzen verbietet. Ein anderer Streitpunkt innerhalb des orthodoxen Judentums ist die Einstellung zum Zionismus, obwohl die orthodoxe Opposition gegen den Zionismus heutzutage auf verhältnismäßig kleine Kreise beschränkt ist und im Staate Israel das orthodoxe Judentum auch als nationalistisch-klerikale politische Partei (und politisch einflußreicher Koalitionspartner) auftritt. Auch zum jüdisch-christlichen Gespräch nimmt die jüdische Orthodoxie keine einheitliche Stellung ein. Während jüdisch-christliche Zusammenarbeit auf sozialem Gebiet befürwortet wird, haben sich die größten von der Orthodoxie anerkannten modernen Autoritäten wiederholt gegen das theologische Gespräch von Juden und Christen ausgesprochen. Aber einzelne orthodoxe Juden nehmen an theologischen Gesprächen zwischen Juden und Christen teil. Ein weiterer Meinungsunterschied innerhalb des orthodoxen Judentums besteht über die Frage, ob orthodoxe Juden auf Gebieten, die nicht direkt religiöse Angelegenheiten betreffen, mit nicht-orthodoxen Juden gemeinsame Arbeit leisten dürfen.

Innerhalb des modernen Judentums bilden die orthodoxen Juden eine Minderheit, die vielleicht noch kleiner ist, als die Orthodoxie selbst zugibt, da Juden, die sich vom reformierten und konservativen Judentum distanzieren wollen, sich oft „orthodox" nennen, ohne aber die religionsgesetzlichen Pflichten der Orthodoxie auf sich zu nehmen. So entsteht dann der Typus des „nichtpraktizierenden orthodoxen Juden", der, vom orthodoxen Standpunkt aus gesehen, eine *contradictio in adiecto* ist. Immerhin hat das orthodoxe Judentum gerade heute eine gewisse Anziehungskraft, besonders unter jüdischen Studenten, die aus nichtreligiösen Familien kommen und eine religiöse Bindung suchen.

↗ Chasidismus; Liberales Judentum/Reformjudentum; Messias; Schulchan 'Arukh; Talmud; Zionismus.

Literatur: *H. M. Graupe*, Die Entstehung des modernen Judentums, Hamburg 1969, 204–230; *P. P. Grünewald*, Eine jüdische Offenbarungslehre – Samson Raphael Hirsch, Bern 1977; *N. H. Rosenbloom*, Tradition in an Age of Reform, Philadelphia 1976. P

Orthodoxe Kirchen

↗ Kirche/Kirchen; Liturgie.

P

Papst

↗ Autorität; Dogma; Vatikan; Zionismus.

Partikularismus und Universalismus

Begriffe

Unter „Partikularismus" versteht man – wenn es sich um die Beschreibung von Religionen handelt – die Besorgnis einer Religionsgemeinschaft um sich selbst und ihre eigenen Interessen, unter totalem oder teilweisem Ausschluß der übrigen Menschheit. „Universalismus" dagegen bedeutet die Besorgnis um und das Interesse an der nicht zur eigenen Religionsgemeinschaft gehörigen Menschheit. Da es sich bei den heiligen Schriften der verschiedenen Religionen zunächst um Schriften handelt, die für die eigene Religionsgemeinschaft bestimmt sind, überrascht es nicht, daß sich in diesen Schriften Stellen finden lassen, in denen der Partikularismus zum Ausdruck kommt. Man sollte das als selbstverständlich betrachten und sich eher um den Grad des Universalismus kümmern, der oft in „partikularistischen" Religionen anzutreffen ist. Dazu kommt, daß, wenn man z.B. die monotheistischen Religionen betrachtet, von einem „reinen" Partikularismus oder einem „reinen" Universalismus, historisch gesehen, nicht die Rede sein kann. Diese Religionen – Judentum, Christentum, Islam – haben alle ihre partikularistische Basis und auch, da sie ja an den einen Gott der ganzen Menschheit glauben, ihren universalistischen Ausblick.

Spannungen im Judentum

Der Gebrauch von den Begriffen „Partikularismus" und „Universalismus" setzt auch oft ein Werturteil voraus („Partikularismus" ist schlecht, „Universalismus" ist gut), das eher der religiösen Polemik als dem religiösen Verständnis dient. So lassen sich z.B. in der Hebräischen Bibel Stellen finden, in denen von der intimen Beziehung zwischen Gott und Israel die Rede ist. Dennoch hat der biblische Gott Beziehungen zu Adam und Eva, zu Noach und Ijob, die alle keine Israeliten waren, und kümmern sich die Propheten (z.B. Amos, Jona, Deutero-Jesaja) auch um nichtisraelitische Völker. Dieses fruchtbare Wechseln zwischen Partikularismus und Universalismus läßt sich auch im rabbinischen und im modernen Judentum weiterverfolgen, wobei eine zweifache Entwicklung zu beachten ist, die oft von den politischen Umständen, unter denen die Juden leben, abhängig ist. Werden Juden verfolgt, findet der Partikularismus eine neue Betonung. Können Juden in Frieden mit ihren Nachbarn leben, wird der Universalismus gestärkt. Trotzdem hat es nie ein Judentum gegeben, das entweder aus einem „reinen" Partikularismus oder aus einem „reinen" Universalismus bestand. Typisch für das Nebeneinander von Partikularismus und Universalismus im Judentum ist das ʿAlenu-Gebet, das an den jüdischen hohen Feiertagen von allen Juden gesprochen, in seiner vollen Form etwa seit dem 14. Jahrhundert das Schlußgebet eines jeden Gottesdienstes im aschkenasischen (d.h. deutsch-polnischen) Ritus bildet. Es besteht aus zwei Abschnitten. Im ersten wird Gott deshalb gepriesen, weil er den Juden ein anderes Schicksal hat zuteil werden lassen als den götzendienerischen Völkern. Im zweiten Absatz wird die Hoffnung ausgesprochen, daß bald die ganze Welt durch das Reich des Allmächtigen verbessert werde und alle Bewohner der Erde das Joch der göttlichen Herrschaft auf sich nehmen. Das Judentum ist sich also seiner besonderen Rolle im Heilsplan Gottes bewußt, sehnt sich aber danach, daß die gesamte Menschheit zu Gott in demselben Verhältnis stehen möge wie es selbst.

Spannungen im Christentum

Das Christentum, das sich oft in seiner polemischen Stellung dem Judentum gegenüber (mit Bezug auf Mt 28,19ff; Lk 2) für weit „universalistischer" hielt, hat auch seine „partikularistischen" Bibelverse aufzuweisen, in denen das Heil allein den Christusgläubigen vorbehalten ist (vgl. z.B. Mt 12,30; Joh 14,6). Kirchenväter wie Irenäus und Origenes lehrten, daß es außerhalb der Kirche kein Heil gibt, eine Lehre, die später (1215) von dem 4. Laterankonzil als offizielle Lehre der Kirche proklamiert worden ist (DS 802). Dagegen nimmt die „Erklärung über das Verhältnis der Kirche zu den nichtchristlichen Religionen" des Zweiten Vatikanischen Konzils eine etwas versöhnlichere und weitherzigere Stellung ein, indem sie darlegt, daß die katholische Kirche nichts von alldem ablehnt, was in den nichtchristlichen Religionen „wahr und heilig" ist; obwohl sie auch in dieser Erklärung weiter darauf besteht, daß die Kirche „unablässig" Christus verkündet und verkünden muß (Nostra aetate Nr. 2). Was das Verhältnis zu den Juden betrifft, verlangt diese Erklärung sogar, daß „die gegenseitige Kenntnis und Achtung" zu fördern sei, „die vor allem die Frucht biblischer und theologischer Studien sowie des brüderlichen Gesprächs ist" (ebd. Nr. 4).

Ökumenische Perspektiven

Im christlich-jüdischen Gespräch wird darauf zu achten sein, daß bei aller Bejahung des beiderseitigen Universalismus die Berechtigung des Partikularismus nicht geleugnet wird, denn ohne den Partikularismus könnten die einzelnen Religionen nicht fortbestehen und keine Träger des Universalismus sein. Ohne den Universalismus würde der Gottesglaube beider Religionen ebenfalls geschmälert und verzerrt werden. Das Aushalten der Spannung zwischen Partikularismus und Universalismus, und nicht ihre Auflösung in einem religiösen Synkretismus, gehört zu den Anforderungen, die ein ökumenisches Zeitalter an die Juden wie auch an die Christen stellt.

↗ Autorität; Eschaton/Eschatologie; Gott, Paulus; Polemik; Reich Gottes; Volk Gottes.

Literatur: *L. Baeck*, Das Wesen des Judentums, Darmstadt [6]1966, 64 ff; „Das Zweite Vatikanische Konzil", in: LThK. E. II, [2]1986; *M. Guttmann*, Das Judentum und seine Umwelt, Berlin 1927; *R. Loewe*, Potentialities and Limitations of Universalism in the *Halakhah*, in: ders. (Hrsg.), Studies in Rationalism, Judaism and Universalism, London 1966, 115–150; *J. J. Petuchowski*, Bekannte und unbekannte Gottesbünde, in: *A. Falaturi/J. J. Petuchowski/W. Strolz* (Hrsg.), Universale Vaterschaft Gottes, Freiburg i. Br. 1987, 11–31; *ders.*, Melchisedech – Urgestalt der Ökumene, Freiburg i. Br. 1979; *S. Talmon*, Partikularismus und Universalismus aus jüdischer Sicht, FrRu 28 (1976) 33–36. P

Passionsspiele

Ursprünge

Passionsspiele sind ihrer Herkunft nach geistliche Mysterienspiele bzw. Verkündigungsspiele, die Leiden, Sterben und Auferstehung Jesu zum Inhalt haben. Damit sind sie auf ein christlich-gläubiges Publikum abgestimmt und werden ihrer genuinen Bestimmung entfremdet, wenn sie als bloße Schauspiele für die Allgemeinheit aufgefaßt werden.

Den frühesten Impuls gab Melito von Sardes (ca. 120–185 n. Chr.), indem er die religiös-dramatisierende Gattung „Improperium" schuf. Es handelt sich um literarisch hochstehende Gottes- oder Heilandsklagen über die das Erlösungsangebot abweisenden Juden und um die Hervorhebung des bundestreuen Christentums. Noch bevor die liturgische Dramatik des Karfreitagsgottesdienstes im Mittelalter durch die Einführung von Improperien verstärkt wurde, gab es bereits die Osterspiele, die in der Nacht vom Karsamstag zum Ostersonntag in christlichen Zentren (Nürnberg, Luzern, Wien usw.) aufgeführt wurden. Ab der Mitte des 14. Jahrhunderts kann von Passionsspielen gesprochen werden: Das Palmsonntags-, Karfreitags- und Ostergeschehen wurde der liturgischen Beschränkung entzogen, mit reicher Szenerie versehen und in den Dienst der Besserung der verweltlichten christlichen Gesellschaft gestellt. Typische Figuren wurden eingeführt: Wucherer, Teufel, Juden, anrüchige Frauen usw. traten gegen die Christusgetreuen auf und wurden zuschanden. Damit war der Sieg der Ecclesia gegenüber der Synagoge gegeben. Den mittelalterlichen Mysterienspielen haftete damit der Antijudaismus an. Die Passionsspiele wurden darüber hinaus zu Brutstätten einer sich verstärkenden Judenfeindschaft.

Heutige Situation

Im deutschsprachigen Raum gibt es heute ca. zehn Passionsspielorte in vorwiegend katholischen Gegenden. Am berühmtesten und umstrittensten sind die Oberammergauer Passionsspiele, die alle zehn Jahre aufgeführt werden. Sie entstanden im Gefolge eines Gelöbnisses im Pestjahr 1633. Seit Ende des Zweiten Weltkrieges wurden im Rahmen der jüdisch-christlichen Bewegung intensive Versuche unternommen, die Passionsspiele entweder als antisemitische Veranstaltungen zum Verschwinden zu bringen oder sie von menschenverachtenden Antisemitismen zu reinigen.

Es ist eine Utopie, die Passionsspiele aus der Welt schaffen zu wollen. Die heute mit den Ausdrucksmitteln indischer Tanzkunst dargestellten Jesus-Dramen, aber auch einzelne gereinigte Passionsspiele zeigen, daß antisemitismusfreie Passionsspiele möglich sind, ja daß sie der Verstärkung jüdisch-christlicher Solidarität dienen können. Voraussetzung dafür ist, daß in ihnen die zeitgeschichtliche Situation der Passion Jesu und die christliche Theologie des Judentums entsprechend dem heutigen Erkenntnisstand (im Sinne von „Nostra aetate“ Nr. 4) aufgearbeitet sind. Es darf keine Typisierungen von Juden geben, die das Judentum als solches negativ verzeichnen. Die Herkunft der Passionsspiele aus der Liturgie sollte schließlich auch eine Warnung zurück an die Liturgien, Liturgen und Verkünder sein: Dem am Karfreitag und an Ostern repräsentierten Erlösungsgeschehen mit glücklichem Ausgang dürfen keine judenfeindlichen Schlacken anhaften. Die Verkünder sind zu größter Wachsamkeit und Feinfühligkeit aufgerufen.

Literatur: *N. Bremer*; Das Bild der Juden in den Passionsspielen und in der bildenen Kunst des deutschen Mittelalters, Bern 1986; *Schaller / Eckert / Limbeck / Thoma / Schubert / Österreicher*, Passionsspiele heute? Notwendigkeiten und Möglichkeiten, Meitingen 1973; *R. Pesch*, Passionsspieltext 1990 (Oberammergau), Begründung der Änderungen gegenüber 1984. T

Paulus

Widerstreit der Meinungen

Paulus (ca. 1–63 n. Chr.) ist wegen seiner Polemiken gegen das jüdische Gesetz, seiner Disqualifizierungen des jüdischen Glaubens und jüdischer Institutionen und wegen der judenfeindlichen Wirkungsgeschichte dieser Elemente seiner Verkündigung zu einer Judentum und Christentum auseinanderreißenden Figur geworden. Er wird von den einen als böser Apostel und von anderen als größter Theologe des Christentums gewertet. Seit der Aufklärung gilt Paulus geradezu als der Stifter des Christentums, insofern er dieses durch seine Theologie der „Freiheit vom Gesetz“ aus den Fesseln der partikulären Gesetzesreligion herausgeführt und zu einer elektiven, universalen Gesinnungsgemeinschaft von Christusgläubigen aus allen Völkern gemacht habe. Nach Hans Joachim Schoeps mißverstand Paulus das jüdische Gesetz, weil er Bund und Gesetz auseinanderriß. Immer wieder leitete man aus der paulinischen Theologie schiefe Urteile über das Judentum ab: Nomismus, Fleischlichkeit, Legalismus, Leistungsideologie, Werkgerechtigkeit, verstocktes, irdisch denkendes Volk u. ä. Unter dem Stichwort „Gesetz und Evangelium“ wurde unter Berufung auf Paulus bis weit ins 20. Jahrhundert hinein ein extremer christlich antijüdischer Konfessionalismus betrieben. Erst in jüngster Zeit wird versucht, Paulus und seine polemische Botschaft von Jesus und dessen auch von Paulus diesem zugestandenen Gesetzesgehorsam her (Gal 4,4f; Röm 15,8) in eine andere Perspektive zu rücken (P. Fiedler in: Kertelge). Daneben laufen Tendenzen weiter, Paulus entweder als einen guten Juden oder als wesentlichen Urheber für antijüdische Züge im Christentum zu bezeichnen. Ein jüdisch-christlich brauchbares (jedoch nicht harmonisiertes) Paulusbild tut also not.

Problematische Verkündigungsthemen

Es wäre ein unfruchtbares und ungeschichtliches Positionsdenken, wenn man heute Paulus von christlicher oder jüdischer Seite her nur *moralisch* beurteilen würde. Es gibt aber Abschnitte in seinen Briefen, die für Juden aller Schattierungen unakzeptabel sind. Andere sind auch für Christen schwer zu deuten oder einzuordnen. Daneben ist Paulus aber auch ein origineller, wenn auch oft überspitzender Deuter von jüdischen (targumisch-midraschischen) und christlichen Traditionen.

Juden können aus ihrer Glaubensüberzeugung heraus ihr Judentum (Gesetz, Beschneidung, kommunale Verfaßtheit) nicht von Christus her deuten, wie dies Paulus tut. Ebensowenig können sie den christologischen Begründungen des Paulus für die Gleichsetzung oder Bevorzugung der Völkerwelt gegenüber Israel zustimmen. Folgende Paulussätze sind Grenzmarken zwischen Judentum und Christentum: „Es hat nichts mehr zu sagen, ob einer Jude ist oder Nichtjude, ob er Sklave ist oder frei, ob Mann oder Frau. Durch eure Verbindung mit Jesus Christus seid ihr zu *einem* Menschen geworden" (Gal 3,28; ähnlich 6,15). „Was sollen wir nun sagen? Daß Völker, die nicht nach Gerechtigkeit trachteten, Gerechtigkeit erlangt haben, jedoch die Gerechtigkeit aus dem Glauben. Israel dagegen, das dem Gesetz der Gerechtigkeit nachstrebte, ist nicht zum Gesetz gelangt. Weshalb? Weil es nicht vom Glauben ausging, sondern es von den Werken aus versuchte" (Röm 9,30–32). „Denn die wirklich Beschnittenen sind wir, die der Geist Gottes befähigt hat, Gott in der rechten Weise zu dienen. Denn wir verlassen uns nicht auf menschliche Vorzüge, sondern auf Jesus Christus" (Phil 3,3).

Der härteste in einem Paulusbrief stehende Satz ist nicht nur jüdisch, sondern auch christlich abzulehnen: „(Die Juden, die schon die Propheten und den Herrn getötet haben,) mißfallen Gott und sind allen Menschen gegenüber feindlich" (1 Thess 2,15). Wegen seines (aus der paganen Spätantike übernommenen) antisemitischen Grundtones darf dieser Satz in keiner Kirche und in keinem Religionsunterricht als christliche Botschaft vorgelesen werden. Er weist aber darauf hin, daß man Paulus nicht bedenkenlos und ohne jede Einschränkung als den großen Theologen und systematischen Durchdenker des christlichen Glaubens sehen kann. In vielen Passagen war er von Emotionen und von sprunghaften Intuitionen bewegt. Eine kritische Betrachtung bzw. eine Relativierung des Paulus zugunsten von Jesus und dessen Stehen zum jüdischen Volk bis zur Hingabe des Lebens würde dem Christentum aller Schattierungen guttun. Paulus und seine Botschaft dürfen nicht als „Kanon im Kanon" des Neuen Testamentes gelten, sonst droht Antijudaismus oder mindestens die Ideologie „Gesetz und Evangelium".

Die Frage nach der Einstellung des Paulus zum jüdischen Gesetz wird die Gelehrten wohl bis zum Ende der Tage erhitzen; ein Konsens scheint nicht in Sicht. „Wenn man bei Paulus das Wort Gesetz hört, gibt es immer Vorbehalte" (D. Flusser in: Jud. 43, S. 32). Mit Gesetz ist bei Paulus nur an wenigen Stellen die bloße Tora (Fünf Bücher Moses) gemeint. Diese Stellen haben einen positiven Sinn: „Das Gesetz ist an sich heilig, gerecht und gut" (Röm 7,12). „Heben wir also das Gesetz auf durch den Glauben? Das sei ferne, wir richten es vielmehr auf" (Röm 3,31). Paulus ist also kein die Tora verachtender Gnostiker. Nicht nur für Juden problematisch sind aber jene vielen paulinischen Stellen, in denen mit Gesetz das jüdische Religionssystem als Ganzes bzw. das praktizierte Gesetz mit seinen schriftlichen und mündlichen Erklärungen gemeint ist. Diese Stellen haben einen auf Christus hin zugespitzten und das Leben nach dem Judentum abweisenden Sinn: „Denn das Gesetz, das durch den Geist und in der Verbindung mit Jesus Christus zum Leben führt, hat euch befreit vom Gesetz, das durch die Sünde in den Tod führt" (Röm 8,2). „Das Gesetz kündet, daß die ganze Welt vor Gott schuldig wird. Kein Mensch hat getan, was das Gesetz fordert; darum kann keiner vor Gott bestehen. Durch das Gesetz wird die Macht der Sünde sichtbar. Nun ist aber ohne Gesetz Gottes Gerechtigkeit offenbar geworden, bezeugt vom Gesetz und den Propheten" (Röm 3,19–21). Es geht auch bei diesen Stellen darum, sie auf ihren Nennwert zu prüfen, ohne in eine übertreibende paulinistische Ideologie zu verfallen. „Was Paulus am Gesetz auszusetzen hat, ist ganz einfach die Tatsache, daß das Gesetz nicht Christus ist" (J. Lambrecht in: Kertelge 104). Kritik an der Praxis, an den Traditionen, an den Lehrern des Gesetzes ist auch im gesetzeskonformen Judentum der Zeit Jesu eine Selbstverständlichkeit. Ebenso augenscheinlich ist das Vorhandensein einer Menge frühjüdischer Gesetze, die sich kaum aus der Tora ableiten lassen. Die Singularität des Paulus für die Ausfaltung der Theologie in der Geschichte des Christentums besteht einmal in der Überpointierung und Exklusivität seiner Gesetzeskritik. Außerdem ist Paulus der einzige Jude und der einzige neutestamentliche Autor, der eine Rechtfertigung *allein* aus Glauben vertritt (Röm 4,5; vgl. dagegen Jak 2,14–26) und der mit Hilfe von Verheißungen gegen Gesetz und Judentum stritt: „Alle, die Gott ebenso vertrauen wie Abraham, werden mit Abraham zusammen gesegnet. Wer dagegen durch Erfüllung des Gesetzes bei Gott Anerkennung zu finden sucht, lebt unter einem Fluch" (Gal 3,9f).

Heilsgeschichtliche Zugeständnisse

In den paulinischen Schriften gibt es verschiedene Positionen zu Juden und Judentum; Paulus hat seine Einstellung zu Juden und Judentum mehrmals geändert, besonders als Reaktion gegen feindliche Vorgangsweisen von Juden gegen ihn und gegen judaisierende Neuchristen. Hoch anzurechnen ist ihm sein Wachwerden gegen einen in Rom aufkeimenden Antisemitismus mit christlichen Motivationen. In Röm 9–11 weigert er sich dezidiert, einer heilsgeschichtlichen Ablösungs- oder Überlegenheitstheorie zuzustimmen. Er warnt die Christen vor antijüdischer Überheblichkeit (Röm 11,18) und betont die Bundestreue Gottes zum jüdischen Volk: „Gott hat das Volk, das er am Anfang erwählte, nicht verstoßen" (Röm 11,2). Gott ist der Sünde und dem Abfall überlegen und hat seine Erwählung nicht widerrufen (Röm 11,29). Paulus deutet auch an, daß das jüdische Volk eine eigenständige Größe sei, die von Gott auf eine ihm vorbehaltene Weise (nicht durch Konversion zum Christentum) gerettet werde (Röm 11,26). Damit ist der durch die Polemik gereifte Paulus der urchristliche Kronzeuge für die Notwendigkeit jüdisch-christlicher Solidaritätsbemühungen bei Anerkennung der jeweiligen Andersheit. Er bezeugt aber auch, daß die Versöhnung zwischen Judentum und Christentum menschlich nicht manipulierbar ist, sondern allein in Gottes Ratschluß liegt (Röm 11,33–36).

↗ Antijudaismus; Bibel; Christus/Christologie; Erwählung; Gesetz; Gnade; Israel; Jesus von Nazaret; Neues Testament; Pesach/Ostern; Pharisäer; Synagoge und Kirche.

Literatur: *M. Barth*, u.a., Paulus – Apostat oder Apostel. Jüdische und christliche Antworten, Regensburg 1977; *K. Kertelge*, (Hrsg.), Das Gesetz im Neuen Testament (QD 108), Freiburg i.Br. 1976; *H. Räisänen*, Paul and the Law, Tübingen

1983; *K. H. Rengstorf* (Hrsg.), Das Paulusbild in der neueren deutschen Forschung, Darmstadt 1969; *E. P. Sanders*, Paulus und das palästinensische Judentum. Ein Vergleich zweier Religionsstrukturen, Göttingen 1985; *ders.*, Paul, the Law and the Jewish People, Philadelphia 1983; *H. J. Schoeps*, Paulus, Tübingen 1959 [2]1985; *R. Smend / U. Luz*, Gesetz, Stuttgart 1981; *K. Stendahl*, Der Jude Paulus und wir Heiden. Anfragen an das abendländische Christentum, München 1978; *H. Venetz / S. Bieberstein*, Im Bannkreis des Paulus. Hannah und Rufus berichten aus seinen Gemeinden, Würzburg 1995; *E. Lohse*, Paulus. Eine Biographie, München 1996. T

Pesach/Ostern

1. Jüdisch

Biblische Traditionen

Strenggenommen ist an sich nur die Nacht vom 14. auf den 15. Tag des „ersten Monats" (später Nissan genannt) als Pesach zu bezeichnen (vgl. Lev 23,5, im Gegensatz zu Lev 23,6), ein altes Frühlingsfest, an dem die Hirten ihren Dank für die neuen Lämmer in ihren Herden ausdrückten. *P-s-ch* bedeutet eigentlich „hüpfen", „springen", wie bei jungen Lämmern. Bei der – schon in der Bibel stattgefundenen – „Historisierung" des Frühlingsfestes gab dann das Wort von Gottes „Überschreitung" der israelitischen Häuser in Ägypten, Ex 12,23, dem Fest eine neue Sinnrichtung. Da aber im Laufe der Entwicklung der verschiedenen biblischen Festkalender das Bauernfest der „Ungesäuerten Brote" *(mazzoth)* immer mehr in die Nachbarschaft des Pesachfests rückte, bis schließlich die Pesachnacht als Anfang des „Fests der Ungesäuerten Brote" betrachtet wurde, wird im rabbinischen und im heutigen Sprachgebrauch der Name Pesach auf alle sieben (bei orthodoxen und vielen konservativen Juden außerhalb des Heiligen Landes: acht) Tage des Fests der Ungesäuerten Brote angewendet. (Dagegen wird in der Liturgie das ganze Fest, einschließlich der Pesachnacht, weiterhin als „Fest der Ungesäuerten Brote" bezeichnet.) Die beiden zusammengelegten Feste werden schon in einigen Teilen der Bibel als *ein* Fest, an dem der Auszug aus Ägypten gefeiert wird, gedeutet (vgl. Dtn 16,1–4). So wurde das herkömmliche Lammopfer, d.h. das eigentliche *pesach*, als Erinnerung an das Lamm, das die Israeliten beim vermeintlichen „ersten Pesachfest" in Ägypten schlachteten (Ex 12,1–12), verzehrt, während die ungesäuerten Brote des Bauernfests – wahrscheinlich das erste Brot, das mit Mehl von dem neu geernteten Weizen gebacken wurde – sowohl in Erinnerung an das „Brot der Bedrängnis" (Dtn 16,3) als auch an die Befreiung, die so eilig stattfand, daß kein gewöhnliches (d.h. gesäuertes) Brot gebacken werden konnte (Ex 12,39), gegessen wurde.

Befreiungsfest

Das Pesachfest wird von den Juden als *das* Befreiungsfest *par excellence* gefeiert, wobei besonders die häusliche Feier am ersten Abend – bei orthodoxen und vielen konservativen Juden außerhalb des Heiligen Landes auch am zweiten Abend – eine der beliebtesten Feiern im jüdischen Familienkreis bis zum heutigen Tag geblieben ist. Bei dieser Feier wird nicht nur durch Gebet, Erzählung, Gesang und durch symbolische Erklärung von verschiedenen Speisen der Befreiungstat Gottes in der fernen Vergangenheit gedacht, sondern es wird auch der Hoffnung auf die noch zu erwartende messianische Befreiung in der Zukunft Ausdruck gegeben. Die Natur ist von den Fesseln des Winters befreit und erwacht zum neuen Leben, die Israeliten sind von der ägyptischen Sklaverei befreit, und die Hoffnung auf die messianische

Wiedergeburt wird durch die Erinnerung an die Befreiung in der Vergangenheit gestärkt. Das ist die Botschaft des Pesachfests. Daher gehört auch, neben den biblischen Berichten über den Auszug aus Ägypten und der Errettung am Schilfmeer, Ez 37,1–14 mit seiner Anspielung auf eine Auferstehung zu den Perikopen in der Heiligen Schrift, die am Pesachfest in der Synagoge zur Vorlesung gelangen. Auch das Hohelied wird am Pesachfest gelesen. Zwar wurde es von den alten Rabbinen allegorisch als das Liebesverhältnis von Gott und Israel verstanden, wie ja auch die christliche Kirche das Hohelied im Sinne der Liebe von Christus und Kirche deutete, jedoch spielt bei vielen modernen Juden der wörtliche Sinn des Hohenliedes, der auf die Frühlingssaison, in der Pesach gefeiert wird, bezug nimmt (vgl. Hld 2,11–13), eine größere Rolle. Pesach ist auch durch eine erhebliche Erweiterung der Speisegesetze gekennzeichnet, da während der Pesachwoche nicht nur statt gewöhnlichen Brotes ungesäuertes Brot *(mazza)* gegessen wird, sondern auch, weil jegliche Beimischung von „Gesäuertem" selbst bei anderen Nahrungsmitteln und Getränken strengstens untersagt ist. Besonderes Geschirr und Besteck wird am Pesachfest in traditionellen jüdischen Haushalten benutzt.

In der christlichen Kirche wird Pesach durch Ostern, an dem die Auferstehung Jesu vom Tode gefeiert wird, ersetzt. Bemerkenswert ist, daß sich in den romanischen Sprachen das hebräische Wort *pesach* bzw. das griechische Wort *pascha* erhalten hat. Vgl. z.B. das französische Wort *Pâques* und das spanische Wort *Pascua*. Nach Beda Venerabilis (672–735) soll der Name „Ostern" (englisch: „Easter") auf den Namen einer angelsächsischen Frühlingsgöttin, „Eostre", zurückgehen. Das würde dann bedeuten, daß, so wie beim Pesachfest alte semitische Frühlingsfeste sozusagen, „judaisiert" wurden, beim Osterfest ein altes vorchristliches Frühlingsfest „christianisiert" worden ist. P

2. Christlich

Pesach und Ostern

Auf die Verbindungsstränge des christlichen Osterfests zum Pesach ist – bei aller Neuheit, auf der christlicher Glaube beruht – zu insistieren. Andernfalls wird das christliche Osterfest der Bodenlosigkeit preisgegeben. Der Pharisäerschüler Paulus stellte sie in der Urzeit des Christentums her und wurde dadurch zum entscheidenden christlichen (Auferstehungs-)Theologen. Er ging von der pharisäischen Lehre von der Auferstehung der Toten (Ant 18,14; 2. Berakha des Achtzehngebets; vermutlich ist bereits 2 Makk 7 pharisäisch) aus. Im betonten Gegensatz zu den Sadduzäern verstanden die Pharisäer diesen Glauben als unvergängliche, leidlose postmortale Existenz (Mt 22,23–33) und als Distinctivum wahrer Gläubigkeit (mSan 10,1; Apg 23,6–9). Paulus setzte diesem Glauben das „Christologische Plus" voran, d.h., er verstand Christus als Erstling der Entschlafenen und Auferstandenen (1 Kor 15,20–28). In 1 Kor 15,13–15 wandte er seinen mitgebrachten pharisäischen Glauben für den Glauben an den auferstandenen Christus an: „Wenn es keine Auferstehung der Toten gibt, ist auch Christus nicht auferweckt worden. Ist aber Christus nicht auferweckt worden, dann ist unsere Verkündigung leer und euer Glaube sinnlos. Wir werden dann auch als falsche Zeugen Gottes entlarvt …" Paulus stellt die Verbindung mit dem Pesach u.a. dadurch her, daß er Christus als „unser Osterlamm" und die Gläubigen als „ungesäuerte Brote" bezeichnet (1 Kor 5,7). Der an Ostern und durch Ostern bezeugte Glaube ist demnach das Grunddatum des christlichen Glaubens, ähnlich wie der Glaube an die Auferstehung der Toten ein pharisäisches Grunddogma und das Pesachfest ein jüdisches Hauptfest ist. Da der auferstandene Christus aber historischer Greifbarkeit und Beschränkung entzogen ist, sich vielmehr durch seinen alle Räume und Konfessionen sprengenden Heiligen Geist verwirklicht, kann er nach christlichem Verständnis nicht als *exklusiver Besitz* der Christusgläubigen bezeichnet werden. Vielmehr wirkt er auch unabhängig vom Christentum in alle Menschen, vor allem aber ins jüdische Volk mit seiner biblischen Bindung hinein. Denn: „Innerhalb des Neuen Testaments sind sowohl die alttestamentlichen Vorstellungen, wie die alttestamentlichen Begriffe, als auch der geschichtliche Rückbezug auf das Alte Testament in Gestalt des Schriftbeweises die Mittel, durch die die Tat Gottes in Jesus Christus in den Zusammenhang der Geschichte Israels – und durch die die ‚eschatologische' Gottesgemeinde in den Zusammenhang des Volkes Israel gestellt werden" (Marquardt 34).

Vermeidung von Mißbräuchen

Die vielen Verbindungsfäden des christlichen Osterfestes mit dem Pesach dürfen christlich nicht mißbraucht werden. In jüdischer Optik ist Ostern keine Überhöhung, sondern eine Abbiegung des Pesachs. Es ging dem Judentum in der Spätantike und im Mittelalter darum, bei der weiteren Ausgestaltung des Pesachs alles zu vermeiden, was bei den jüdischen Gläubigen den Eindruck naher Verwandtschaft der beiden Feste machen könnte. Kein jüdischer Glaubender sollte sagen können, Pesachtraditionen seien christlichen Ostertraditionen ähnlich, und man könne daher zur Abwechslung in der Pesachzeit auch einmal eine Kirchenfeier besuchen. In der Dualität Pesach/Ostern zeigt sich neben vielen Ähnlichkeiten die größte Unähnlichkeit zwischen jüdischem und christlichem Glauben. Auch heute muß allen christlich-naiven Vorstellungen entgegengewirkt werden, als ob Gottes „Übergang" beim Auszug aus Ägypten sich mit dem „Übergang" Christi vom Tod zum Leben vermischen ließe. An Ostern sind höchste christliche Diskretion und sensible Hochachtung für jüdische Pesachtraditionen an den Tag zu legen sowie ein spezifisch-christliches Stehen allein in christlichem Glauben. Alle Besserwisserei ist dem christlichen Osterfest zuwider.

↗ Abendmahl/Seder; Auferstehung; Christus/Christologie; Erlösung; Liturgie; Messias.

Literatur: *T. H.Gaster*, Passover, New York 1949; *F. W. Marquardt*, Die Gegenwart des Auferstandenen bei seinem Volk Israel. Ein dogmatisches Experiment, München 1983; *J. J. Petuchowski*, Feiertage des Herrn, Freiburg i. Br. 21987, 25–38; *K. Richter*, Was ich vom Kirchenjahr wissen wollte, Freiburg i. Br. 31984, 55–83; *J. B. Segal*, The Hebrew Passover, London 1963; *E. Testa*, La settimana santa dei giudo-cristiani e i suoi influssi nella Pasqua della grande Chiesa, Liber Annuus, Jerusalem 35 (1985) 163–203. *F. Thieberger* (Hrsg.), Jüdisches Fest, Jüdischer Brauch, Königstein/Ts. 21979, 198–279; *C. Thoma / Hp. Ernst*, Die Gleichnisse der Rabbinen, Dritter Teil: Von Isaak bis zum Schilfmeer, JudChr 16, Bern 1996. T

Pfingsten

↗ Wochenfest/Pfingsten.

Pharisäer

Bedeutung und Lehre

Die Pharisäer (hebr.: *peruschim*; gr.: *pharisaioi*) waren eine Gruppe von Juden – ob religiöse Sekte, politische

Partei oder beides, ist in der Wissenschaft umstritten –, die im 2. Jahrhundert v. Chr. entstand und ein Zwischenglied (zwischen der Hebräischen Bibel und dem rabbinischen Schrifttum) in der Entwicklung des Judentums bildet. Aus dem Neuen Testament, wo sie eine große Rolle als Widersacher Jesu spielen, stammt die Identifizierung von Pharisäern mit Heuchlern und Vertretern der Werkheiligkeit, eine Identifizierung, die allerdings von der neueren NT-Wissenschaft hauptsächlich auf die Konkurrenz der Frühkirche mit dem zeitgenössischen Frühjudentum zurückgeführt wird.

Da von den Pharisäern selbst keine Dokumente vorliegen, sind wir auf Zeugnisse über sie angewiesen. Sie werden in den Schriften des Josephus Flavius, in den Evangelien, der Apostelgeschichte und bei Paulus wie auch in rabbinischen, vor allem tannaitischen, Schriften erwähnt. Bei deren Interpretation ist sorgfältig auf die Darstellungsweise und ihre literarischen Vorbilder zu achten und jeweils zu prüfen, wen der mit dem Namen Pharisäer Bezeichnete meint: die Pharisäer selbst oder irgendwelche Abweichler, *perûschîm* kann beides bedeuten.

Abgesehen von seiner Darstellung von der sich wandelnden politischen Einstellung der Pharisäer gegenüber der hasmonäischen Dynastie, berichtet Josephus folgende Einzelheiten über die pharisäische Religionslehre: 1. Die Pharisäer hielten viele religiöse Gebräuche als „Tradition von den Vätern“, obwohl sie nicht im mosaischen Gesetz geschrieben stehen (Ant 13, 297f; vgl. Mk 7,3). 2. Sie glauben, daß das menschliche Tun teilweise prädestiniert ist, teilweise aber der menschlichen Willensfreiheit überlassen ist (Ant 16,395–398; 18,11–13). 3. Sie glauben an die Unsterblichkeit der Seele und an die Auferstehung der Toten (Ant 18,14,3). Ferner berichtet er, daß die Pharisäer der Vernunft folgen, die Ältesten respektieren und zur Askese neigen (ebd.), daß, wenn sie richterliche Ämter bekleiden, sie keine harten Strafen verhängen und daß sie, als Gesetzeskundige geschätzt, einen großen Einfluß auf das Volk ausüben (Ant 13,294; 18,15).

Christliche Angriffe und jüdische Apologetik

Die Identifizierung von Pharisäern mit Heuchlern und bitteren Jesusfeinden wie auch die neutestamentliche Ablehnung der „Überlieferung der Alten“ (Mt 15,3ff; Mk 7,6ff) haben auf christlicher Seite dazu geführt, daß man die neutestamentlichen Verurteilungen auf das ganze rabbinische Judentum als „Altes Testament plus rein menschliche (d. h. nicht-göttliche) ‚Überlieferung der Alten‘“ aus christlicher Sicht betrachtete.

Diese christliche Vorstellung vom Judentum hat dann in der Neuzeit, angefangen mit Abraham Geiger (1810–1874), auf jüdischer Seite und zum Teil auch unter christlichen Wissenschaftlern (z. B. George Foot Moore, 1851–1931; Robert Travers Herford, 1860–1950) wiederholte Ehrenrettungsversuche für die Pharisäer verursacht, nicht zuletzt deshalb, weil mit der Beurteilung der Pharisäer die Beurteilung des ganzen Judentums (und auch der Juden) mit auf dem Spiel zu stehen schien. So wurde z. B. geltend gemacht:

1. daß im neutestamentlichen Zeitalter die Pharisäer die „Fortschrittspartei“ waren, die – gerade mit Hilfe der „Überlieferung der Alten“ – das religiöse Leben von einem Hängen am

Buchstaben des religiösen Gesetzes befreite,
2. daß die Pharisäer, als im technischen Sinn Laien, d.h. nicht der Priesterschaft zugehörig waren, das priesterliche Monopol auf die Schriftauslegung bestritten,
3. daß, im Gegensatz zu den Sadduzäern, sie für nicht im Pentateuch verankerte Lehren, wie Unsterblichkeit und Auferstehung, aufgeschlossen waren und schließlich
4. daß Jesus selbst mehr mit den Pharisäern als mit irgendeiner anderen jüdischen Gruppe gemeinsam hatte; ja daß selbst die Disputationen, die Jesus mit „den Pharisäern" hatte, hauptsächlich *interne* „pharisäische" Diskussionen waren.

Differenzierungen

Was bis etwa zur zweiten Hälfte des 20. Jahrhunderts sowohl in christlichen Angriffen auf das rabbinische Judentum wie auch in der jüdischen Apologetik als vorausgesetzt erschien, war die Annahme, daß es sich bei dem rabbinischen Judentum tatsächlich um *das* pharisäische Judentum handelt, daß man also die dürftigen zeitgenössischen Mitteilungen über die Pharisäer und ihren religiösen Standpunkt mit – zum großen Teil Jahrhunderte später formulierten – rabbinischen Lehren ergänzen kann.
Eine derartige Annahme wird aber vom jüngsten Stand der Wissenschaft aus bestritten. Ausschlaggebend ist hier die Tatsache, daß die Pharisäer im rabbinischen Schrifttum nur selten erwähnt werden und daß sich die rabbinischen Lehrer selbst nie als Pharisäer bezeichnen. Die Pharisäer werden als Gegner der Sadduzäer genannt (mYad 4,6f), welch letztere aber nach der Zerstörung des Tempels im Jahre 70 n.Chr. im jüdischen Leben keine Rolle mehr spielten. Es handelt sich eben bei der Erwähnung von Pharisäern und Sadduzäern in der rabbinischen Literatur um historische Erinnerungen, nicht um aktuelle religiöse Fragen. Noch wichtiger ist die Tatsache, daß in der rabbinischen Literatur von sieben Arten von Pharisäern die Rede ist (ySot 5,5/20c; yBer 9, 7/14b; bSot 22b), von denen nur *eine* positiv beurteilt wird und mindestens *eine* der Heuchelei beschuldigt wird. Daß es unter den Pharisäern Heuchler gegeben hat, wird also vom Talmud nicht bestritten. Daß sich die Mehrheit der Rabbinen als Pharisäer betrachtete, ist aus den Quellen nicht ersichtlich, wenn es auch feststeht, daß einige – nicht alle – der frühen Rabbinen aus pharisäischen Kreisen stammten, wie das auch für einige der ursprünglichen Christen im Neuen Testament (Apg 15,5; 26,5; Phil 3,5) belegt ist.

Geschichtliche Bedeutung

Wir haben es also bei den Pharisäern mit einer religiösen Gruppe zu tun, unter der es – wie in *allen* Religionsgemeinschaften – gewiß auch Heuchler gab. Das war aber nicht ihr Hauptmerkmal. Letzteres bestand eher darin, daß das Pharisäertum die Fortentwicklung des Judentums in zwei spannungsgeladenen Richtungen förderte.
Auf der einen Seite steht ihre Aufgeschlossenheit gegenüber Elementen der Religion, die nicht unbedingt aus dem Buchstaben der Bibel zu folgern waren. Auf der anderen Seite legten die Pharisäer einen gewissen religiösen Rigorismus an den Tag, indem sie auch die Laien auf die Beobachtung von priesterlichen Reinheitsvorschriften verpflichteten und gleichzeitig die biblischen Vorschriften über die Abgaben an die Priester nicht nur weiter beobachteten, sondern sie sogar noch

über die Bibel hinausgehend im Detail definierten. Dieser religiöse Rigorismus, der sich auch auf andere Gebiete des Lebens erstreckte, führte notwendigerweise zu einer „Absonderung" der Pharisäer von dem gewöhnlichen Volk wie auch zu der Vermeidung einer Tischgemeinschaft von Pharisäern und Juden, die bei der Beobachtung von Reinheitsvorschriften und Priesterabgaben weniger penibel waren. Es ist nicht unmöglich, daß selbst der Name „Pharisäer" auf diese „Absonderung" hinweist.

Das Pharisäertum und das rabbinische Judentum sind daher nicht nur nicht identisch, sondern es kann sogar behauptet werden (so P. Sigal), daß sich das rabbinische Judentum zum Teil in bewußter Opposition zu dem Rigorismus der Pharisäer entwickelte, wenn auch, wie bereits bemerkt, einige der frühen Rabbinen aus pharisäischen Kreisen stammten und, nach dem Jahre 70, die rabbinische Religion, um das ganze Volk nach Tempel- und Staatszerstörung zusammenzuhalten, verschiedene Elemente des Pharisäertums in sich aufnahm.

↗ Gesetz; Midrasch; Sadduzäer; Talmud.

Literatur: *J. Bowker*, Jesus and the Pharisees, Cambridge 1973; *F. Dexinger*; Die Geschichte der Pharisäer BiKi 1980/4 113–117; *L. Finkelstein*, The Pharisees, Philadelphia 1966; *A. Guttmann*, Studies in Rabbinic Judaism, New York 1976, 206–219; *J. Maier/J. Schreiner* (Hrsg.), Literatur und Religion des Frühjudentums, Würzburg 1973, bes. 254–272; *J. Neusner*, The Rabbinic Tradition about the Pharisees before 70, 3 Bde., Leiden 1971; *ders.*, The Pharisees, Rabbinic Perspectives, Hoboken (NJ) 1985; *E. Rivkin*, A Hidden Revolution, Nashville 1978; *P. Schäfer*, Der vorrabbinische Pharisäismus, in: M. Hengel u. a., Paulus und das antike Judentum, Tübingen 1991, 125–175; *P. Sigal*, The Halakha of Jesus of Nazareth According to the Gospel of Matthew, Lanham (MO) 1986; *G. Stemberger*, Pharisäer, Sadduzäer, Essener, SBS 144, Stuttgart 1991; *C. Thoma*, Das Messiasprojekt. Theologie Jüdisch-christlicher Begegnung, Augsburg 1994; *H.-F. Weiss*, Der Pharisäismus im Lichte der Überlieferung des Neuen Testaments, in: *R. Meyer*, Tradition und Neuschöpfung im antiken Judentum, Berlin(-Ost) 1965, 91–132. P

Polemik

Hintergrund und Zwecke

In einem Zeitalter, in dem eine jede Religion einen Absolutheitsanspruch stellt – und dieses Zeitalter hat ja seit der Antike bis vor kurzem angedauert und dauert mancherorts immer noch an –, kann nur *eine* Religion völlig im Recht sein, und das bedeutet, daß die anderen notwendigerweise falsch sind. Wenn die „falschen" Religionen angegriffen werden, dann heißt das Polemik. Diese Polemik kann als Ziel haben, die Anhänger einer anderen Religion von der „Falschheit" ihrer angestammten Religion zu überzeugen, um sie dann leichter zur Religion des Polemikers bekehren zu können. Oft hat aber die religiöse Polemik noch einen anderen Zweck. Sie dient nämlich der Selbstvergewisserung des Polemikers, besonders wenn in der „falschen" Religion des anderen etwas Anziehendes zu stecken scheint. Dann wird nach den schwachen Punkten in der anderen Religion gesucht, und diese schwachen Puntke werden angegriffen, um die ganze Religion zu diskreditieren.

Besonders scharf wird die Polemik, wenn verschiedene Religionen eine gemeinsame Basis haben, die sie aber verschieden interpretieren. Gibt sich nun diese gemeinsame Basis als Gottes Wort aus, dann kommt – von der Perspektive der einen Religion aus gesehen – eine unterschiedliche Interpretation dieses göttlichen Wortes beinahe einer Gottesleugnung gleich.

Antijüdische Polemik

So sah in der Tat das Verhältnis zwischen Judentum und Christentum aus. Beide basieren auf der Hebräischen Bibel, legen aber diese Bibel auf ganz verschiedene Weisen aus. So kam es zu gegenseitigen Angriffen, die viel schärfer waren, als das Verhältnis zwischen zwei Religionen zu sein braucht, gerade *weil* man von einer gemeinsamen Basis ausging.

Das zeigt sich schon im Neuen Testament. Wissen die Synoptiker von Meinungsunterschieden zwischen Jesus und den Pharisäern und Schriftgelehrten zu berichten, so werden diese Meinungsunterschiede immerhin noch als innerjüdische Streitereien dargestellt und passen als solche recht gut in den zeitgenössischen Rahmen. Dagegen sieht das Johannesevangelium Jesus und seine Jünger nicht mehr als eine jüdische Partei, die mit anderen jüdischen Parteien argumentiert, sondern Jesus und seine Jünger sind die Christen, deren Gegner „*die* Juden" sind (z.B. Joh. 8,22). Und als man jüdischerseits anfing, die Judenchristen zusammen mit den anderen Häretikern im Ketzersegen zu erwähnen, schloß man sie gleichfalls von der Gemeinschaft der Rechtgläubigen aus und praktizierte Polemik.

Fast jeder Kirchenvater fühlte sich dazu verpflichtet, einen Traktat „Adversus Iudaeos" („Gegen die Juden") zu verfassen, eine Tradition, die dann im Mittelalter mündlich in Disputationen und schriftlich in einer ausgiebigen polemischen Literatur von Predigern und Mönchen – darunter auch oft bereits zum Chrsitentum konvertierte Juden – fortgesetzt wurde.

Antichristliche Polemik

Soweit es ihnen möglich war, reagierten die Juden darauf mit einer antichristlichen Polemik. Schon im 8. Jahrhundert existierte eine jüdische Parodie auf das in den Evangelien dargestellte Leben Jesu *(Toledot Jeschu)*, in dem die neutestamentlichen Wunder zwar nicht verneint wurden, Jesus selbst aber als ein Zauberer, der sich gesetzeswidrig des göttlichen Namens bemächtigt hatte, dargestellt wurde. Diese jüdische Parodie auf das Leben Jesu war und blieb Volksliteratur, in der sich die niederen Schichten der jüdischen Gemeinschaft psychologisch – d.h. für den eigenen Gebrauch – gegen die von Christen unternommenen Verfolgungen und Unterdrückungen „wehren" konnten.

Ernster zu nehmen sind diejenigen jüdischen Polemiken, die sich entweder gegen die christliche Auslegung der Hebräischen Bibel wehren oder die – oft auf rationalistischer Basis – darauf aus sind, die christliche Glaubenslehre anzugreifen. Charakteristisch für diese Art von Polemik ist die folgende Auswahl von Büchertiteln: *Kelimath Haggojim* („Die Schande der Heiden"), im Jahre 1397 von Isaak ben Moses Ephodi in Spanien verfaßt; *Bittul 'Iqqarê Dath Han-nozerim* („Aufhebung der Dogmen der christlichen Religion"), 1397/98 von Ḥasdai ben Judah Crescas in Spanien verfaßt; und die Bücher *Sepher Nizzaḥon* („Buch der Widerlegung"), im 13. oder 14. Jahrhundert im Rheinland entstanden, und das von dem Karäer Isaak ben Moses Halevi Troki 1593 in Litauen veröffentlichte Buch *Ḥissuq Emunah* („Stärkung des Glaubens"). In ihnen wird die christologische Auslegung von Versen der Hebräischen Bibel bekämpft, und hier wird teilweise auch Kritik am Neuen Testament geübt.

Neue Situation

Aber mit dem Aufkommen des Dialogs, der die mittelalterlichen Disputationen verdrängte, sind Judentum und Christentum in ein neues Verhältnis zueinander getreten, das die Polemik in die Vergangenheit verbannt.

↗ Absolutheitsanspruch; Bibel; Dialog; Disputationen; Judenchristen; Karäer; Ketzersegen; Kirchenväter und Rabbinen; Maria.

Literatur: *D. Berger* (Hrsg.), The Jewish-Christian Debate in the High Middle Ages. A critical edition of the Nizzaḥon Vetus with an introduction, translation and commentary, Philadelphia 1979; *B. Blumenkranz*, Juifs et Chrétiens dans le Monde Occidental 430–1096, Paris 1960; *S. Krauß*, Das Leben Jesu nach jüdischen Quellen, Berlin 1902; *J. Lasker*, Jewish Philosophical Polemics against Christianity in the Middle Ages, New York 1977; *O. Sh. Rankin*, Jewish Religious Polemic, Edinburgh 1956; *J. Rosenthal*, Siphruth hawikku-aḥ ha-anti-nozrith 'ad soph hamme'ah haschemoneh-esreh, in Arescheth II (1960) 130–179 (Hebr.); *H. Schreckenberg*, Die christlichen Adversus-Judaeos-Texte und ihr literarisches und historisches Umfeld 3 Bde., Bern 1982 (2. Aufl. des 1. Bd. 1995), 1988, 1994; *A. L. Williams*, Adversus Judaeos – A Bird's-Eye View of Christian Apologiae until the Renaissance, Cambridge 1935; *I. Willi-Plein/Th. Willi*, Glaubensdolch und Messiasbeweis, Neukirchen-Vluyn 1980. P

Polytheismus

↗ Bild/Bildverbot/Bilderverehrung; Dreifaltigkeit; Götzendienst, Schittuf.

Priestertum

↗ Liturgie; Melchisedek, Sadduzäer.

Propheten/Prophetie

Biblische und jüdisch-christliche Streitpunkte

Der häufige Satz „Judentum und Christentum sind prophetische Religionen" ist eine bloße Leerformel, wenn nicht beachtet wird, daß Prophet/Prophetie *(navî'/nevû'a)* in den heiligen Schriften vieles besagt und in nachbiblischer Zeit in Judentum und Christentum unter verschiedenen Deutungen und Wertungen stand. Nicht nur in der Hebräischen Bibel und im Neuen Testament gab es erbitterte Auseinandersetzungen um wahres und lügnerisches Prophetentum (Jer 23,9–32; Mt 24,24; 2 Petr 2,1–3; 1 Joh 4,1). Der Streit setzte sich in nachbiblischer Zeit zwischen Judentum und Christentum gegeneinander fort: Das Judentum verdränge die Propheten und mache die Gesetzeslehrer zu Über-Propheten. Dieser christliche Pauschalvorwurf knüpfte an jüdische Tendenzen an. Nach rabbinischer Auffassung waren die fünf Bücher Moses „die lichtvolle" Offenbarung (vgl. den rabbinischen Beweis *„deorayyeta"*: bBer 46b; bSahb 14b). Die Propehtenbücher galten demgegenüber als bloße Deutungen der fünf Bücher Moses (bMeg 14a). Die Schriftgelehrten (Ältesten, Weisen, Rabbinen) verstanden sich außerdem spätestens seit der Zeit der Pharisäer als Wahrer und Ausleger von mündlichen Traditionen, „die unsere Väter überlieferten und die im Glauben anzunehmen sind" (ARN A 15). Der rabbinische Weise ist daher mehr als der Prophet. Besonders deutlich drückt dies yBer 1,4(3b) aus: „Die Worte der Ältesten sind gewichtiger als die Worte der Propheten" (auch yHor 3 (48b); bShab 119a; bPes 66b u.ö.). Damit verstanden sich die rabbinischen Gremien als auf (fast) gleicher religiös-autoritativer Stufe wie Mose befindlich; ihre Vorschriften hatten eine ähnliche Verbindlichkeit wie jene der fünf Bücher Moses. – Auch der gegenläufige Vorwurf der Juden des Mittelalters und der Neuzeit war nicht ohne Grund: Das Christentum werte die Propheten gegenüber den fünf Büchern Moses zu hoch und degradiere sie gleichzeitig, indem es sie zu Vorläufern und Ankündigern Christi verfälsche. Mt 1,22f; 2,5.17f.23; 11,13; Lk 1,70; 4,24; Joh 4,19; Eph 2,20 usw. wurden in der Tat in diesem Sinne überinterpretiert. Daß die christlich-jüdische Auseinandersetzung mit Hilfe des Motivs wahrer und falscher Prophetie auch judenfeindliche Ausmaße annehmen konnte, zeigt sich am Beispiel des mittelalterlichen religiösen Philosophen und Dichters

Jehuda Hallevi (ca. 1075–1141). Mit Blick auf die aggressive christliche Welt klagt er: „Mein Name, der mir lieblicher Harfenklang war, wurde im Munde Fremder verdreht zur Schmach. Sie prahlten über mich hinweg mit (angeblich besserer) Prophetie" (Zionslieder).

Verschiedene Ausprägungen von Prophetie

Unter den Begriff Propheten/Prophetie fällt in der jüdischen Tradition zunächst der zweite Teil der Hebräischen Bibel. Als „frühere (oder vordere) Propheten" gelten die Bücher Jos, Ri 1 und 2 Sam, 1 und 2 Kön, als „spätere (oder hintere) Propheten" die Bücher Jes, Jer, Ez sowie das Zwölfprophetenbuch. Es geht hier nur nebenbei um diesen kanongeschichtlichen Prophetenbegriff. Vielmehr geht es besonders um Gestalten, die sich im Verlaufe der israelitisch-jüdisch-christlichen Geschichte in verschiedener Nuancierung als Propheten, als „Ansager" (*propheteúein* bedeutet heraussagen, ansagen) des Willens Gottes in sich wandelnden, von Sünde und Hoffnung gezeichneten Situationen des Volkes Gottes verstanden. Die Propheten als von Gott berufene und ausgestattete Mahner und Förderer des Volkes Gottes waren nicht nur Künder des Wortes, sondern auch „Menschen des Zeichens" (vgl. Sach 3,8), daß Gott sein Volk letztlich nicht in Sünde und Elend verkommen lasse, sondern es seiner Heilsbestimmung entgegenzuführen vermöge.

In frühisraelitischer Zeit begegnen uns Einzelgestalten, „Männer Gottes", die als „Seher" *(ro'eh)* bezeichnet werden (1 Sam 9,7.9: Samuel). Neben ihnen gab es Gruppen, die in gemeinschaftliche Ekstase gerieten (*mit-nabbe'îm*: 1 Sam 10,10). Sie können in heutiger Sprachregelung als enthusiastische religiöse Animatoren des Volkes bezeichnet werden. Ihr Charakteristikum war die charismatische Verbindung mit dem Geist des Ewigen (1 Sam 10,6). Auch ekstatische Prophetinnen sind aus frühisraelitischer Zeit belegt (Ex 15,20f: „Mirjam und die anderen Frauen"). Der Prophet Elija im 8. Jahrhundert v.Chr. war eine Höhepunktfigur des ekstatischen Prophetismus (1 Kön 19; 21; 2 Kön 1–2). Eine auch im frühisraelitischen Horizont sich exotisch ausnehmende Prophetengestalt war der nichtisraelitische Wahrsager *(qôsem)* Bileam (bes. Num 22–24), dem Gott das richtige Wort zum Segen Israels in den Mund legte (Num 22,38; 23,12), der (nachts) dem Ewigen begegnete (Num 23,3.16) und der sich Gottes Weisung zwar widerstrebend, aber letztlich gehorsam beugte.

Ab dem 8. Jahrhundert v.Chr. gibt es die sogenannten Wort- oder Schriftpropheten: vornehme, mutige, nonkonformistische Gestalten, die dem Volk Gottes Gericht und Heil, Segen und Fluch, Verwerfung und Trost verkündeten. Sie wußten sich von Gott berufen und gesandt (Jes 6,1–13; Jer 1,4–10). Auch die nichtisraelitischen Völker wurden (teilweise) in den Bannkreis ihres Wirkens hineingenommen: Jes 2,1–5; Jer 1,10; Sach 2,12. Um sich vom inzwischen entarteten ekstatischen Prophetismus abzuheben, sprachen die Propheten der Zeit vor dem babylonischen Exil nur selten (eine Ausnahme ist Mi 3,8; „Ich bin voller Kraft, ich bin erfüllt mit dem Geist des Herrn") von dem über ihnen und in ihnen wirkenden Geist des Ewigen. Erst in exilisch-nachexilischer Zeit kam dieses Motiv zur Begründung des prophetischen Auftrags wieder zum Vorschein. Dies hängt u.a. damit zusammen, daß der höchste, über die Prophetie hinausragende Würdetitel, der in der Hebräischen Bibel an Menschen verliehen wurde, jener des „Knechtes Gottes" (Num 12,6–8: Mose), seit Deuterojesaja mit der Prophetie verbunden wurde. In Jes 42,1 wird die Autorisierung des prophetischen Knechtes Gottes mit dem Satz umschrieben: „Ich (= Gott) habe meinen Geist über ihn gelegt." Tritojesaja, ein anonym gebliebener prophetischer Schüler Deuterojesajas, bekannte dementsprechend von sich: „Geist des Ewigen ruht über mir. Der Ewige hat mich nämlich gesalbt. Er hat mich gesandt, den Bedrückten die frohe Botschaft zu bringen, den im Herzen Gebrochenen eine heilende Binde umzulegen" (Jes 61,1f). Die Entwicklung vom Gottesknecht Mose zum prophetischen Gottesknecht geriet bei Tritojesaja in die Nähe eines messianischen Bewußtseins in Anlehnung an Jes 11,2: „Der Geist des Ewigen ruht auf ihm" (vgl. Joh 3,1f). Von daher ist es offenbarungsgeschichtlich begreiflich, daß das Neue Testament in Jesus den eigentlichen (messianischen) „Tritojesaja" sieht (Lk 4,16ff, wo Jes 61,1f zitiert und auf Jesus gedeutet wird) und daß auch die rabbinische Tradition vom Messias spricht, der an den Toren Roms die Wunden der mit Krankheiten behafteten Armen verbindet (bSan 98a).

Jüdisch-christliche Identität

Judentum und Christentum ließen sich im Verlaufe der Geschichte von prophetischen Gestalten inspirieren und weiterführen. Beide Bewegungen hatten aber auch Schwierigkeiten mit Propheten. In spät- und nachneutestamentlicher Zeit erschwerten apokalyptisch gestimmte Wanderprediger die ruhige Entwicklung der jungen Gemeinden. Im Staat Israel wird heute gegen mißbrauchte Prophetie polemisiert. Dies zeigt etwa das israelische Volkssprichwort: „Wehe, wenn Propheten zu Kleinbürgern werden." In Judentum und Christentum mußte sich das religiöse Gemeinde-Establishment immer wieder mit prophetischen Infragestellungen auseinandersetzen. Solche Propheten waren z.B. Franz von Assisi, Martin Luther, Abraham Abulafia, Franz Rosenzweig, Martin Buber u.a. Judentum und Christentum können nur dann ihre Jugendfrische behalten bzw. zurückgewinnen, wenn das Amt sich stets prophetischer Kritik stellt. Wie Mal 3,23f; Sir 48,10 und viele rabbinische Stellen am Beispiel des Propheten Elija zeigen, ist der Prophet jemand, der die familiären und sozialen Verkrustungen und Feindschaften auflöst, damit das Volk Gottes der endzeitlichen Herrschaft Gottes entgegenwandern und entgegenblicken kann.

Es ist zu dünn gedacht, wenn die Prophetie als Charisma und damit als ein religiös-soziales Sonderphänomen bezeichnet wird. Prophetie ist vielmehr dem Judentum und der Kirche inhärent. Beide haben ein *„munus propheticum"*. Das heißt, jede jüdische und jede christliche Bewegung ist weder jüdisch noch christlich, wenn sie nicht auch prophetisch ist. Auch die moderne jüdisch-christliche Bewegung ist nur dann echt, wenn sie dem Judentum, dem Christentum und der ganzen modernen Gesellschaft gegenüber prophetisch wirkt.

↗ Bibel; Dialog; Messias.

Literatur: *M. Buber*, Der Glaube der Propheten, Heidelberg ²1984; *K. Koch*, Die Propheten, 2 Bde., Stuttgart 1978–1980; *A. J. Heschel*, The Prophets, Philadelphia 1962; *J. Levinger*, Die Prophetie als gesamt-menschliche Erscheinung nach der Lehre des Moses Maimonides, Jud. 42 (1986) 80–88. T

Proselyten

Bibel

Proselyt, griech.: *proselytos*, ist das Wort, das die Septuaginta, die griechische Bibelübersetzung, für das hebräische Wort *ger* gebraucht. Während aber in der Hebräischen Bibel das Wort *ger* „Fremdling" im politischen Sinn bedeutet, etwa der Nichtisraelit, der als Schützling unter Israeliten wohnt, bezeichnet der griechische Ausdruck den Konvertiten zur jüdischen Religion.
Wie auch die Zukunftserwartungen im vorexilischen Israel ausgesehen haben mögen, so ist es immerhin klar, daß man im nachexilischen Judentum auf eine Zeit hoffte, in der die ganze Menschheit den einen, schon jetzt von Israel verehrten Gott anbeten würde. Das babylonische Exil lehrte die Judäer nicht nur, daß sich, trotz Vermutung des Gegenteils „das Lied des Herrn auf fremdem Boden singen" ließ (Ps 137). Das babylonische Exil ließ es auch als möglich erscheinen, daß sich Heiden „dem Herrn anschließen" werden (Jes 56,1–8). Im hellenistischen Judentum entwickelte sich eine griechische Propagandaliteratur für den jüdischen Monotheismus (z.B. Arist, Sib), die auch Erfolg gehabt haben muß. So kam es dazu, daß die alten biblischen Forderungen der Liebe und Gerechtigkeit in der Behandlung des politischen Fremdlings (z.B. Lev 19,33; Dtn 27,19 u.ö.) auf den Konvertiten zum Judentum bezogen wurden. Eine gleiche Wandlung machte das hebräische Wort *ger* im palästinischen Judentum durch, was seinerseits zur Schaffung von einem neuen Terminus, *ger toschabh*, im rabbinischen Judentum führte, um das auszudrücken, was das Wort *ger* ursprünglich einmal in der Bibel bedeutet hatte, nämlich den Fremdling, der, ohne die Religion Israels anzunehmen, eine geschützte Stellung in der israelitischen Gesellschaft hatte.

Rabbinische Praxis

Das rabbinische Judentum verlangte bei der Aufnahme des Proselyten ein Opfer (was nach der Zerstörung des Tempels wegfiel), die Beschneidung im Falle eines männlichen Proselyten und das Tauchbad für männliche und weibliche Proselyten. Der Proselyt wurde bezüglich seiner Vergangenheit als „neugeborenes Kind" (bYev 62a; vgl. Mt 18,3) betrachtet. Von den Proselyten wurde erwartet, daß sie sich völlig von ihrer angestammten Religion lossagten und die Glaubenslehre und die Gebote des Judentums ohne Vorbehalte auf sich nahmen. Das geschah vor einem aus drei Mitgliedern bestehenden Tribunal, das dann auch die Übertrittsurkunde unterschrieb.
Während die Bibel (Dtn 23,4–5) die Mitglieder gewisser antiker Völker von der Möglichkeit ausschloß, der Glaubensgemeinschaft Israels beizutreten, wurden diese Einschränkungen schon ziemlich früh im rabbinischen Zeitalter aufgehoben (bBer 28a), wie auch bereits der Verfasser des Buches Rut gegen diese Einschränkungen zu opponieren scheint, indem er die Moabiterin Rut als Urgroßmutter des Nationalhelden, d.h. des Königs David, darstellte (Rut 4,21f).

Verschiedene Einstellungen im rabbinischen Judentum

Die Einstellung den Proselyten gegenüber ist im rabbinischen Judentum nicht einheitlich. Auf der einen Seite werden Abraham und Sara, die selbst als die ersten Proselyten gelten (BemR 8,9), als prototypische Missionare für das Judentum dargestellt (BerR 39,5, hrsg. von Theodor-Albeck, S. 378f), während einige hervorragende Rabbinen als Nachkommen von Heiden beschrieben werden (bYom 71b; bGit 56a) und sogar der Satz aufgestellt wird, daß Gott nur deshalb Israel unter die Völker zerstreute, damit ihnen Proselyten beitreten (bPes 87b). Auf der anderen Seite gibt es auch die Meinung, daß Proselyten für Israel so unangenehm sind wie Aussatz (bYev 47b). Enttäuschungen mit der Motivation von einigen Proselyten wie auch die sich oft verschlechternde politische Lage der Juden (der manche Proselyten nicht standhalten konnten) mögen für die vereinzelten negativen Beurteilungen der Proselyten verantwortlich sein. Es bleibt Tatsache, daß in allen Perioden der nachbiblischen Geschichte Proselyten in das Judentum aufgenommen wurden und daß – bis zum heutigen Tag – Proselyten oft zu den besten und aktivsten Mitgliedern der jüdischen Glaubensgemeinschaft gehören.

Es hat im hellenistischen Zeitalter sogar Perioden gegeben, in denen hasmonäische Herrscher Judäas eroberten Völkern das Judentum aufgezwungen haben (vgl. Josephus, Ant 13, 257f; 13, 314–319). Aber das geschah eher aus politischen als aus religiösen Gründen; und daß der von den Pharisäern so gehaßte Herodes der Große gerade als Idumäer einem auf diese Art „judaisierten" Volk entstammte, mag als Warnung gegen ähnliche Versuche gewirkt haben. Im neutestamentlichen Zeitalter scheint eine aktive jüdische Mission betrieben worden zu sein (vgl. Mt 23,15).

Es gibt aber zwei entscheidende Gründe, warum es neben der Aufnahme von sich aus eigenen Stücken meldenden Proselyten seit dem 4. Jahrhundert keine *organisierte* jüdische Mission mehr gegeben hat. Erstens wurde, nachdem das Christentum zur Staatsreligion des Römischen Reiches wurde, der Versuch, Nichtjuden für das Judentum zu gewinnen, oft bestraft. Zweitens entwickelte das rabbinische Judentum recht früh die Lehre, daß die Gerechten unter den Nichtjuden auch ohne Übertritt zum Judentum einen Anteil an der kommenden Welt haben, d. h., daß sie – christlich ausgedrückt – „gerettet" werden (tSan 13,2, hrsg. von Zuckermandel, S. 434). In Anbetracht dieser Lehre fehlte im Judentum der Enthusiasmus zu aktiven Missionsbestrebungen, wie ihn etwa die Kirche in Anbetracht der Lehre „*Salus extra ecclesiam non est* – außerhalb der Kirche ist kein Heil" (Augustinus, De bapt. IV, 17,24) aufbringen konnte. Daher ist auch nach der modernen Trennung von Kirche und Staat in der westlichen Welt keine ernst zu nehmende neue jüdische Missionsbewegung aufgekommen, obwohl das Schwert des Staates die christlichen Ansprüche nicht mehr schützt. Immerhin ist die Wiederbelebung der jüdischen Mission eine *theoretische* Möglichkeit, die aber, sollte sie je praktisch werden wollen, zunächst einmal viele innerjüdische Hemmnisse überwinden müßte.

Probleme der Neuzeit

Besondere Probleme hat die Neuzeit mit sich gebracht. Die meisten Übertritte zum Judentum finden heute bei Mischehen statt, in Fällen, wo sich der nichtjüdische Partner für das Judentum als die Religion der Familie entscheidet. Aber im jüdischen Religionsgesetz gilt die Heirat nicht als ausreichender Grund für die Aufnahme eines Proselyten. Daher vermeiden orthodoxe Rabbiner die Aufnahme von Proselyten soweit wie möglich, oder sie komplizieren die zum Übertritt zum Judentum notwendigen Formalitäten. Das führt nun so manchen Kandidaten für die Aufnahme in das Judentum zu reformierten oder konservativen Rabbinern, die das Religionsgesetz weniger rigoros auslegen, deren Kompetenz in diesen Fällen aber weitgehend von der Orthodoxie nicht anerkannt wird. Die Situation wurde noch dadurch vom amerikanischen Reformjudentum mit zusätzlichen Schwierigkeiten belegt, daß es im letzten Jahrhundert die Beschneidung und das Tauchbad für Proselyten abgeschafft hat und sich mit der bloßen Erklärung des Proselyten, das Judentum anzunehmen, und dem dazu erforderlichen Wissen begnügt. Haben auch inzwischen manche reformierte Rabbiner die Beschneidung und das Tauchbad zur Aufnahme von Proselyten wieder eingeführt, so gibt es dennoch ununterbrochenen Streit im Staate Israel über die von reformierten (und auch konservativen) Rabbinern ins Judentum aufgenommenen Proselyten, deren Konversion zum Judentum vom orthodoxen Rabbinat, das in diesen und ähnlichen Fällen ein staatliches Monopol genießt, nicht anerkannt wird.

Übertritte zum Judentum aus ehrlicher Überzeugung oder um in der Mischehe der Kinder wegen eine einheitliche Religion zu haben, werden gewiß in absehbarer Zeit nicht seltener werden. Aber an eine aktive jüdische Missionsbewegung ist wohl kaum zu denken. Denn gerade in den liberaleren jüdischen Kreisen will man genausowenig dem Christen gegenüber als „Missionar" auftreten, wie man sich den Christen dem Juden gegenüber als Judenmissionar wünscht. Hier gilt die Ansicht Franz Rosenzweigs (1886–1929), daß der Gott, der Juden und Christen zu ihren verschiedenen Positionen im göttlichen Heilsplan berufen hat, auf dem sie ihm dienen sollen, es nicht will, daß sie sich gegenseitig dazu verleiten, die ihnen angewiesenen Positionen zu verlassen.

↗ Beschneidung; Israel; Judenmission; Liberales Judentum/Reformjudentum; Mischehen; Noachidische Gebote; Orthodoxes Judentum; Pharisäer.

Literatur: Traktat *Gerim* (= „Proselyten") in englischer Übersetzung, in: A. Cohen (Hrsg.), The Minor Tractates of the Talmud, London 1965, Bd. II, 603–613; *B. J. Bamberger*, Proselytism in the Talmudic Period, Cincinnati 1939; *W. G. Braude*, Jewish Proselyting in the First Five Centuriers of the Common Era, Providence (R. I.) 1940; *A. Pallière*, Das unbekannte Heiligtum, Berlin 1927. P

Protestantismus

↗ Kirche/Kirchen; Liturgie, christlich.

Q

Qaddischgebet

Das Qaddischgebet, das in verschiedenen – kürzeren und längeren – Formen existiert, ist die Doxologie par excellence in der jüdischen Liturgie. Es dient als Abschluß verschiedener Rubriken ein und desselben Gottesdienstes. Allen Ausprägungen gemeinsam ist das Responsum der Gemeinde: „Sein großer Name sei gepriesen in Ewigkeit und in der Ewigkeit der Ewigkeiten!" (vgl. Ps 113,2; Dan 2,20), das auf die Aufforderung des

Vorbeters folgt: „Erhoben und geheiligt werde sein großer Name in der Welt, die er nach seinem Willen erschaffen hat. Er lasse sein Reich kommen usw."

Das Vorhandensein des Qaddischgebets ist zuerst in der Mitte des 2. Jahrhunderts belegt (SifDev, *pisqa* 306, hrsg. von Finkelstein, S. 342), in einer Stelle, die, wie auch bBer 3 a, beweist, daß es einmal eine hebräische Fassung des Qaddischgebets gegeben haben muß, obwohl alle überlieferten Formen des Qaddischgebets in aramäischer Sprache (mit einigen hebräischen Einfügungen) gehalten sind. Aus bSot 49 a ist ersichtlich, daß die ursprüngliche Funktion des Qaddischgebets der liturgische Abschluß eines Lehrvortrags im rabbinischen Lehrhaus war. Später wurde das Qaddischgebet in den Synagogengottesdienst aufgenommen.

Etwa im 13. Jahrhundert entstand in Deutschland der Brauch, der sich dann unter den Juden der ganzen Welt verbreitete, daß eine Fassung des Qaddischgebets, in der übrigens die Toten und ihr Seelenheil nicht erwähnt werden, von den Hinterbliebenen eines nahen Verwandten ein Jahr lang (oder elf Monate) täglich und dann immer am Jahrestag des Todes in der Synagoge gesprochen wird. Der ursprüngliche Gedanke dabei mag gewesen sein, daß gerade diejenigen, die von dem Tode am meisten betroffen sind, sich nicht gegen Gott auflehnen, sondern, im Gegenteil, das *Lob* Gottes aussprechen (vgl. Ijob 1,21; mBer 9,5). Dies führte im Volksglauben (vielleicht sogar unter christlichem Einfluß?) dazu, das Qaddischgebet als *Gebet für die Toten* aufzufassen. Die Folge davon war, daß in den traditionellen Gottesdienst viele Wiederholungen des *„Qaddisch* der Leidtragenden" eingeführt wurden, von denen erst wieder das Reformjudentum den Gottesdienst befreite.

Die Reihenfolge: Heiligung des göttlichen Namens, Erwähnung des göttlichen Willens, Bitte um das Kommen des Gottesreiches, legt den Vergleich mit dem Vaterunser nahe. Von einer Abhängigkeit des einen Gebets von dem anderen (ganz gleich in welcher Richtung) kann aber wissenschaftlich nicht gesprochen werden. Daß das Qaddischgebet schon zur Zeit Jesu bestand, ist zwar nicht unmöglich, läßt sich aber aus den erhaltenen Quellen nicht beweisen. Daß sich die frühe Synagoge durch ein im Neuen Testament zitiertes Gebet liturgisch beeinflussen ließ, ist höchst unwahrscheinlich. Eher ist anzunehmen, daß sowohl das Vaterunser als auch das Qaddischgebet die Verbindung von dem Kommen des Gottesreiches mit der Heiligung des göttlichen Namens aus einer gemeinsamen Quelle, nämlich der palästinischen jüdischen Frömmigkeit, geschöpft haben. Schließlich ist ja diese Gedankenverbindung auch schon in Ez 38,23 enthalten, dem übrigens die zwei Anfangsworte des Qaddischgebets entlehnt sind.

↗ Liberales Judentum/Reformjudentum; Liturgie; Vaterunser.

Literatur: *D. de Sola Pool*, The Old Jewish-Aramaic Prayer, the Kaddish, Leipzig 1909; *I. Elbogen*, Der jüdische Gottesdienst in seiner geschichtlichen Entwicklung, Hildesheim [4]1962, 92–98; *J. Heinemann/J. J. Petuchowski*, Literature of the Synagogue, New York 1975, 81–84; *J. J. Petuchowski*, Gottesdienst des Herzens, Freiburg 1981, 50–54. P

Qeduscha/Sanctus

Bestandteile und Verwendung in der Synagoge

Die *Qeduscha* (hebr. für „Heiligkeit") ist eine Proklamation der Heiligkeit Gottes, die in verschiedenen Fassungen bei allen jüdischen Gottesdiensten mit Ausnahme des Abendgottesdienstes gesprochen oder gesungen wird. Der tägliche Morgengottesdienst enthält drei verschiedene Fassungen, über drei verschiedene Rubriken verteilt. Was allen Fassungen gemeinsam ist und diesem Gebet seinen Namen gibt, ist der Vers Jes 6,3, in dem die Engel Gott dreimal „heilig" erklären. Jes 6,3 wird mit Ez 3,12 („Gelobt sei die Herrlichkeit Adonais von seinem Orte her") verbunden. Die verschiedenen Fassungen unterscheiden sich im Wortlaut der Einleitungsformeln, in den liturgischen Verbindungstexten zwischen den Bibelzitaten und auch darin, daß in der sog. *Qeduscha deJozer* auf Ez 3,12 kein weiterer Bibeltext folgt, in der sog. *Qeduscha da'Amida* Ps 146,10 hinzugefügt wird, während in der sog. *Qeduscha deSidra* auf Ez 3,12 – statt Ps 146,10 – Ex 15,18 folgt. In der *Qeduscha da'Amida* des zusätzlichen *(mussaph)* Gottesdienstes an Sabbat und Feiertagen werden zwischen Ez 3,12 und Ps 146,10 auch noch Dtn 6,5 und die letzten Worte von Num 15,41 eingeschoben. Da dies die Anfangs- und Endworte des *Schema' Jisrael* sind, wird von einigen Liturgieforschern angenommen, daß hier vielleicht einmal das ganze *Schema' Jisrael* gestanden hat – eine Hypothese, die nicht zu beweisen ist.

Der Grundgedanke

Der Grundgedanke der Qeduscha ist, daß die auf Erden versammelte Gemeinde Israels die Heiligkeit Gottes so verkündet, wie es die Chöre der Engel in den himmlischen Höhen tun. So lautet z.B. eine Einleitungsformel: „Wir wollen deinen Namen auf Erden heiligen, so wie sie es in den höchsten Himmeln tun." Eine andere Einleitungsformel lautet: „Rühmen wollen wir dich, und deine Heiligkeit wollen wir verkünden nach dem geheimnisvollen Gesang der heiligen Serafim, die da in Heiligkeit deinen Namen heiligen." Der zuletzt zitierten Formel, die im Ritus der deutschen und polnischen Juden üblich ist, entspricht im Ritus der spanischen und protugiesischen Juden die Formel: „Dir, Herr, unser Gott, sollen die Menge der Engel in der Höhe und dein auf Erden versammeltes Volk Israel eine Krone reichen. Zusammen sollen sie dreimal deine Heiligkeit verkünden."

Entstehungszeit

Eine Form der Qeduscha hat es nachweisbar (tBer I, 9, hrgs. von Lieberman, S. 3f). schon im 2. Jahrhundert gegeben – obwohl sich moderne Liturgiewissenschaftler nicht darüber einig sind, um welche der verschiedenen Formen es sich dabei handelt. Als Bestandteil der Liturgie scheint die Qeduscha aus den Kreisen der jüdischen Mystiker zu stammen und hat wahrscheinlich ihren Ursprung in Palästina. Dennoch wurde sie in Palästina zunächst nur für den Gottesdienst an Sabbaten und Feiertagen verwendet, während sie bei den Juden Babyloniens auch an Wochentagen üblich war. Später wurden die verschiedenen Fassungen der Qeduscha von allen Juden bei allen Gottesdiensten – bis auf das Abendgebet – gesprochen, etwa vom 4. Jahrhundert an.

Christliche Fortentwicklung

Das dreimalige „Heilig" von Jes 6,3, wenn auch in einem etwas veränderten Wortlaut, ist schon früh von der christlichen Kirche verwendet worden (vgl. 1 Clem 34,6). In den „Apostolischen Konstitutionen" (VII, 35,3) erscheint Jes 6,3 sogar in Verbindung mit Ez 3,12, ganz wie in allen jüdischen Formen der Qeduscha. Was die Qeduscha in der Synagoge ist, das ist das Sanctus in der Kirche. Eingeleitet, so wie in der Qeduscha, mit einer Erwähnung der himmlischen Chöre („Darum preisen wir dich mit allen Engeln und Heiligen und singen vereint mit ihnen das Lob deiner Herrlichkeit" oder ähnlichen Formen), besteht das Sanctus aus Jes 6,3, einem *„Hosanna in excelsis"*, einem *„Benedictus qui venit"* und einem wiederholten *„Hosanna in excelsis"* und kommt am Ende der Präfation vor. In den Improperien der Karfreitagsliturgie kommt eine erweiterte Fassung des Sanctus, das sog. Trishagion, vor: *„Sanctus Deus, Sanctus Fortis, Sanctus Immortalis"*, dreimal gesprochen.

Unterschiedliche Exegese

Sind sich auch Juden und Christen ähnlich in der Form, in der sie die Heiligkeit Gottes in ihren respektiven Gottesdiensten verkünden, so ist es doch anderseits der Wortlaut von Jes 6,3 selbst, der in der Vergangenheit dazu benutzt wurde, das Unterschiedliche dieser beiden Religionen zu betonen. Das dreimalige „Heilig" eignete sich vorzüglich dazu, als „Beweistext aus der Hebräischen Bibel" für die christliche Dreifaltigkeits-Lehre zu dienen. Dennoch wurde die Beweiskraft von Jes 6,3 für die Dreifaltigkeitslehre von den Juden nicht akzeptiert. Sie hatten nämlich ihre eigene Erklärung für die dreimalige Erwähnung der Heiligkeit Gottes; und diese Erklärung findet ihren Ausdruck – vielleicht sogar mit bewußter Ablehnung des christlichen Versuchs, die Dreifaltigkeitslehre in Jesaja zu finden – in der aramäischen Paraphrase von Jes 6,3, die in der oben erwähnten *Qeduscha deSidra* den hebräischen Bibelzitaten folgt: „Heilig ist Gott in den höchsten Himmeln, ... Heilig ist Gott auf Erden, ... Heilig ist Gott in alle Ewigkeit."

Diese Exegese des dreimaligen „Heilig" wird gewiß von den meisten heutigen Juden ohne irgendwelche polemische oder apologetische Seitenblicke gesprochen, wie ja auch überhaupt der „Kampf um die Schriftbeweise" von Juden wie auch von Christen immer mehr als ein überwundenes Stadium in den gegenseitigen Beziehungen zwischen Judentum und Christentum betrachtet wird. Viel wichtiger ist heute die Anerkennung der Tatsache, daß sowohl Synagoge als auch Kirche in Jes 6,3 einen geeigneten Text für die Verkündung der Heiligkeit Gottes finden.

↗ Dreifaltigkeit; Gott; Liturgie; Schema' Jisrael.

Literatur: *A. Baumstark*, Trishagion und Qeduscha, in: JLW 3 (1923) 18–32; *I. Elbogen*, Der jüdische Gottesdienst in seiner geschichtlichen Entwicklung, Hildesheim [4]1962, 61–67. 520–522. 586–587; *D. A. Fiensy*, Prayers Alleged to be Jewish, Chico 1985; *D. Flusser*, Sanktus und Gloria, in: O. Betz u. a. (Hrsg.), Abraham unser Vater, Leiden/Köln 1963, 129–152; *ders.*, Entdeckungen im Neuen Testament, Bd. I, Neukirchen 1987; *J. J. Petuchowski*, Gottesdienst des Herzens, Freiburg 1981, 52. 54–58; *E. Werner*, The Doxology in Synagogue and Church, in: HUCA 19 (1945/46) 276–328. P

Qumran

Entdeckungen

Chirbet Qumran (wörtlich etwa: graue Ruine) besteht aus Überresten eines spätantiken festungsartigen Gebäudekomplexes am Nordwestufer des Toten Meeres. Die Stätte war ca. 180 v. Chr. – 68 n. Chr. von einer in erregter Naherwartung auf die Endherrschaft Gottes lebenden, quasimonastischen, sektiererischen jüdischen Priestergruppe bewohnt, die heute meistens der essenischen und/oder der sadduzäischen Bewegung zugeordnet wird. Seit 1947 wurden tausende kleinster, kleiner und größerer Fragmente von etwa 800 Schriftrollen und Röllchen entdeckt, die aramäisch, hebräisch und griechisch geschrieben worden sind. Nur sieben Handschriften sind ganz oder fast ganz erhalten geblieben. Die bedeutendsten davon sind 1QJes[a] und die Tempelrolle (11QTR). Über 80% der Fragmente mit biblischen Texten und über 70% mit außerbiblischen Texten sind bis heute wissenschaftlich bearbeitet. Die Schriften können nach Inhalt folgendermaßen eingeteilt werden: Sektenschriften, Schriften mit messianischem Inhalt, Pescharim, Bibelfragmente, Tora für die Qumran-Zeit, Pseudepigraphen, Targume und Gottesdienst-Esoterik.

Identität der Qumrangruppe

Die dominante Persönlichkeit der Qumrangruppe war der priesterliche Lehrer der Gerechtigkeit (1QpHab 1,13; 4QpPs 37: 3,15). Seine nur verschlüsselt genannten Opponenten waren der „Frevelpriester" (1QpHab 7,8; 9,9 u.ö.) und die „nach glatten Dingen Suchenden" (4QpNah 1,2) bzw. die als „Abtrünnige am Bund" qualifizierten „Männer der Lüge" (1QpHab 2), die ihrerseits sowohl mit den Qumranleuten als auch mit dem Frevelpriester und seinem Anhang verfeindet waren. Dieses Feindschaftsgeflecht wird als totale Distanzierung der Qumranleute sowohl gegenüber den Hasmonäern, ihren Kultfreveln (Vereinigung des Hohenpriester- und Fürstenamtes in einer Person) und ihrer Staatsideologie als auch gegenüber den mit den Hasmonäern trotz prinzipieller Gegnerschaft in wichtigen Fragen (vgl. Josephus, Ant 13,288–297) zu Kompromissen neigenden Pharisäern und Sadduzäern gedeutet.

Die Qumranleute verstanden sich gemeinschaftlich als wahrer Tempel und ihr Leben als gottgefälligen Tempeldienst (1QS 8,4–10). Ihrer Überzeugung nach war ihr von rigoroser Reinheitsauffassung geprägtes Leben (1QS 5,13f; 6,25; 7,1–20; CD 15,15–17) die Vorwegnahme des reinen, endzeitlichen Tempelkultes (1QM 2,1–9; 4QFlor 1,3–7). Als Tempelgemeinschaft standen die Qumranleute besonders in ihren Gottesdiensten mit den Engeln in Verbindung (1QSb 3,25f; 4,24–26; 4QShirShab) und lebten spirituell bereits im Himmel (1QH 3,19–24; 11,10–14; 1QS 11,7f). Man kann vorsichtig vom Bewußtsein einer präsentischen Eschatologie bzw. von einer inneren Realisation der Erlösung in Qumran sprechen, wobei aber die futurische Dimension und Offenheit nie außer acht blieb.

Auswirkungen der Funde

Das Qumranschrifttum ist für die Erforschung des Frühjudentums, des Neuen Testaments, der Liturgiegeschichte, der hebräisch-aramäischen Sprachgeschichte, der Geschichte des Bibeltextes und der Ideengeschichte von hohem Wert. Auf das Frühjudentum und das Neue Testament hat u. a. das Szenarium messianischer Vorstellungen neues Licht geworfen. Die Qumranleute erwarteten zwei endzeitliche Heilsgestalten: einen übergeordneten endzeitlichen Hohenpriester und einen untergeordneten Laienfürsten; beide werden von einem Vorläufer angekündigt (1Qs 9,11; CD 12,32; 19,10; 20,1). An anderen Stellen wird der Messias zusammen mit dem „Gesetzesausleger" (4QFlor), oder nur ein Messias (4Qpatr 1–4) oder eine himmlische Gestalt (11QMelch) erwartet. Die qumranischen Messiasvariationen spiegeln sich im Neuen Testament und im frühen Judentum wider (vgl. Mt 16; 13f; Apk 11,3–14; Christus als endzeitlicher Hoherpriester im Hebräerbrief; Vorstellungen von zwei Heilsgestalten zur Zeit der Tempelzerstörung und des Bar-Kochba-Aufstandes). Qumran kann aber nicht auf seine messiasgeschichtliche Bedeutung reduziert werden. Detailfragen über die sich in den redaktionellen Teilen des Neuen Testamentes findenden „essenischen Verbindungen" (D. Flusser), über die qumranische Thronmystik *(ma'ase merkava)* u.a. sind ebenso wichtig. Für den Dialog zwischen Christen und Juden ist Qumran von untergeordneter Bedeutung, da die qumranische Mentalität sich im Judentum nie durchsetzen konnte und da auch das Christentum weitab vom sektiererischen Exklusivismus und dem kultischen Reinheitsrigorismus steht. Qumran hilft aber, viele immer wieder sporadisch aufkommende Tendenzen zur „Verschärfung der Tora" bis hin zur Menschenfeindlichkeit einzuordnen und zu relativieren.

↗ Apokryphen; Gesetz; Messias; Neues Testament; Reinheit/Reinheitsgesetze.

Literatur: *S. Fujita*, A Crack in the Jar. What Ancient Jewish Documents Tell us about the New Testament, New York 1986; *P. Kobelski*, Melchizedek and Melchiresa', Washington 1981; *K. E. Grözinger* (u.a.), Qumran, Wege der Forschung 160, Darmstadt 1981; *E. Lohse*, Die Texte aus Qumran, Hebräisch und Deutsch, München 1964; *J. Maier*, Die Qumran-Essener: Die Texte vom Toten Meer, Bde. 1–3, München 1995-1996; *C. Newsom*, Songs of the Sabbath Sacrifice. A Critical Edition, in: Harvard Semitic Studies 27, Atlanta 1985; *H. Stegemann*, Die Essener, Qumran, Johannes der Täufer und Jesus, Freiburg [2]1993. T

R

Rabbiner

↗ Autorität; Kirchenväter und Rabbinen.

Rechtfertigung

↗ Gesetz; Gnade; Paulus; Sünde und Vergebung.

Reformjudentum

↗ Liberales Judentum/Reformjudentum.

Reich Gottes

Begriffe und ideologische Verfälschungen

Mit Reich Gottes, Herrschaft Gottes, Reich der Himmel u.ä. verbinden sich jüdische und christliche Vorstellungskomplexe, die besonders von den in Schrift und Tradition vorfindlichen Begriffsinhalten von *malkhut schamayim/basileia tou theou* (Reich des Himmels/Reich Gottes), *jeschu'a/sōtēria* (Heil), *ge'ûlla/lytrōsis* (Erlösung), *cherut/eleutheria* (Freiheit) u.ä. abgeleitet werden. Reich-Gottes-Vorstellungen und -Erwartungen haben in Judentum und Christentum höchsten Stellenwert; ohne sie wären Judentum und Christentum undenkbar. Sie sind jedoch jüdisch-christlich und auch innerjüdisch und innerchristlich in all ihren Deutungsaspekten umstritten. Leider kamen im Verlaufe der jüdisch-christlichen Religionsgeschichte solche Reich-Gottes-Ideologien zum Tragen, die sich menschenverachtend und schöpfungsfeindlich auswirkten. Selbst das Hitlerreich adaptierte Reich-Gottes-Begriffe. Der Hinweis auf historische Verfälschungen der Reich-

Gottes-Erwartung ist notwendig, damit der Weg für genuine jüdische und christliche Reich-Gottes-Vorstellungen bereitet werden kann.
Im 1. Jahrhundert n. Chr. vertraten die Zeloten, d. h. militant-religiöse jüdische Gruppen mit revolutionär eschatologischer Ausrichtung, die Idee, man müsse das endzeitliche Reich Gottes mit „Waffengewalt herbeidrängen" (ShirR 2,7: bezüglich des Zelotenführers Eleazar ben Dinai; vgl. Josephus, Ant 2,232–236). Die beiden ersten Gebote des Dekalogs (Ex 20,2–7) und die Taten der biblischen „Eiferer" (= Zeloten) Pinchas (Num 25) und Elija (1 Kön 18) müßten so interpretiert werden, daß die heidnischen Römer aus dem Lande zu jagen und ihre jüdischen Kollaborateure umzubringen seien (Josephus, Ant 18,1–10; Bell 2,117f). Erst nach der Ausrottung von Frevel und Frevlern aus Israel könne Gott bewogen werden, sein endzeitliches Reich zu errichten. Das entsetzliche Ergebnis der zelotischen Reich-Gottes-Wahnidee waren Zehntausende von Toten, die Zerstörung des Tempels, der Verlust des Landes und die Abführung sehr vieler Juden in die heidnische Gefangenschaft. Die mittelalterlichen christlichen Kreuzfahrer und Ketzer- und Judenbekämpfer sind als unselige Nachfahren der Zeloten zu bezeichnen. Die Kreuzfahrer wollten dem Reich Gottes im Lande Israel mit Waffengewalt zum Durchbruch verhelfen, indem sie es von den „Gottlosen" reinigen und mit einer christlichen Herrschaft beglücken wollten. Die Ketzer- und Judenbekämpfer waren der Ansicht, puristische Rechtgläubigkeit sei das Fundament des Reiches Gottes. Sie übersahen, daß Jesus das Wachsen des „Unkrauts mitten unter dem Weizen" in der historischen Zeit des Reiches Gottes tolerierte (Mt 13,24–30; vgl. 5,43–48; Gebot der Feindesliebe) und daß auch das rabbinische Judentum sich damit abfand, daß „das Licht des Bösewichts Esau in der Welt strahlt" (PesK 5,14: Gleichnis von den zwei Lichtern). Das Sich-nicht-Abfinden mit dem Bösen in Welt und Geschichte bzw. der eigenmächtige Wille zur Vernichtung der als böse betrachteten Menschen ist die größte Perversion der jüdisch-christlichen Reich-Gottes-Hoffnung.
Andere Reich-Gottes-Ideologien ketteten die Herrschaft Gottes zu eng mit menschlicher Herrschaft und Herrschaftsansprüchen zusammen, oder sie identifizierten die Religion in ihrer geschichtlichen Form mehr oder weniger total mit dem Reich Gottes. Wenn aber irdische Herrschaft mit zu starker Gloriole der himmlischen Herrschaft versehen wird, dann droht die Verfallenheit an die unterdrückerischen und mordenden Potentaten. Einer der stärksten jüdischen Vorwürfe gegen die Kirche ging in diese Richtung: Sie habe dem antiimperialistischen Charakter des Reiches Gottes sträflich zu wenig Rechnung getragen (vgl. Dan 2). Wenn die Kirche sich undifferenziert als Reich Gottes definiert oder wenn die Gründung des Staates Israel als Anfang des Reiches Gottes gewertet wird, dann gibt es kaum noch Toleranz und Rücksicht auf Arme, Abgefallene, Kritiker und Gegner. Und wenn Religion und Staat sich in ihrem *Zusammenspiel* als Reich Gottes sehen (vgl. die Devise „Thron und Altar"), dann droht auf christlicher Seite ein „Cäsaropapismus" und auf jüdischer Seite das „Hohepriester-Königtum" (wie zur Zeit des hasmonäischen Frevels: 2./1. Jh. v. Chr.).
Auch einseitig übernatürliche, einseitig jenseitige oder einseitig asketische Reich-Gottes-Ideologien sind nicht

offenbarungskonform. Wer z. B. meint, nur die Gerechten, nur die gesellschaftskonformen Frommen seien Anwärter für das Reich Gottes, während die Sünder und Ungläubigen eine *massa damnata* seien, der vergißt, daß das Reich Gottes in der Hebräischen Bibel (vgl. Tritojesaja: Jes 56–66) und im Neuen Testament (Bergpredigt) besonders den Unterdrückten, Gefallenen, Sündern zugesprochen wird. Das Reich Gottes ist von seinen Anfängen beim Exodus aus Ägypten an als eine „Kontrastgesellschaft gegenüber allen im Orient und Okzident üblichen Gesellschafts- und Herrschaftsformen verstanden worden" (Lohfink). Allen supernaturalistischen metahistorischen oder einseitig spirituellen Reich-Gottes-Ideologien ist der auch irdische, auch leibliche, auch soziologische, auch historische, u. U. auch subversive Charakter des Reiches Gottes entgegenzuhalten.

Jüdisch-christlicher Konsens und Dissens

Das Reich Gottes ist eine verheißene Wirklichkeit, die mit irdischen Kategorien nicht voll erfaßt und durch irdische Gesellschaften nicht adäquat repräsentiert werden kann, obwohl es sich ins Irdische hineinwurzeln soll. Die Menschen und Religionen müssen sich also gemeinschaftlich ringend auf das irdisch-göttliche Reich Gottes hinbewegen – ja auch miteinander wegen des Reiches Gottes streiten. Je mehr Menschen mitringen, mitstreiten, desto besser ist es für das Reich Gottes. Nach mAv 5,17 hat einzig „der Streit, der um des Namens des Himmels willen geführt wird, zuletzt bleibenden Bestand". Die moderne jüdisch-christliche Bewegung hat nur dann bleibenden Bestand, wenn sie eine Bewegung auf das Reich Gottes hin ist. Ihr obliegt die Aufgabe, das jüdisch-christlich Gemeinsame und Trennende in ringendem Streit zur ausgewogenen Darstellung zu bringen.

Folgende Punkte sind für die jüdisch-christliche Diskussion entscheidend. a) Ein Christ darf nicht exklusiv auf die Reich-Gottes-Botschaft des Neuen Testaments blicken und die jüdischen Reich-Gottes-Überzeugungen als unerheblich wegschieben, etwa weil der Begriff *„basileia tou theou"* im zeitgleichen Judentum kaum vorkomme. Er muß vielmehr die neutestamentliche Reich-Gottes-Verkündigung in den Kontext der Hebräischen Bibel und der jüdischen Tradition hineinstellen. b) Der Jude und der Christ können in der Reich-Gottes-Frage nicht nur von ihren Offenbarungen und Traditionen her argumentieren, sondern müssen die schöpfungstheologische Komponente einbeziehen. Das Reich Gottes gründet zuerst in der Erschaffung der Welt und des Menschen und hat erst seine zweite Basis in der wegweisenden Offenbarung und im Wirken der zukünftigen Vollendung in die Gegenwart hinein. Diese gemeinsame Ausweitung wird Juden und Christen vor menschen- und lebensfeindlichen Ideologien und Agitationen nach dem Muster der Zeloten und Kreuzzügler bewahren. Zugleich anerkennen Juden und Christen damit die Maxime, daß der Mensch nicht um der Religion willen da ist, sondern die Religion um der Menschen willen (vgl. 2 Makk 5,19; Mk 2,27; MekhY, Schabbatha I, hrsg. von Horowitz-Rabin, 340 f). c) Es gibt nur zwei schwerwiegende jüdisch-christliche Differenzen bezüglich des Reiches Gottes. Die erste betrifft die menschliche Gemeinschaft, die in die Verantwortung für das Reich Gottes hineingerufen wurde; die zweite berührt die Bestimmung der heilsgeschichtlichen Stunde, in der wir leben. Zur ersten Differenz: Nach jüdischer Auffassung wurzelt die Herrschaft Gottes bzw. das Königtum Gottes in jener menschlichen Gemeinschaft, die vom Berge Sinai herkommt, die sich nach der Sinai-Satzung um Recht und Gerechtigkeit müht und die sich in ihrer Wanderung durch die Geschichte um den präsenten Gott Israels herum gruppiert. Im Christentum wird dies bejaht und ausgeweitet. Das christliche Distinktivum besteht nur darin, daß der Gott Israels und seine Herrschaft in Jesus Christus voll repräsentiert geglaubt wird, und daß das Reich Gottes in jene Menschen – welcher soziologischen, volksmäßigen und sprachlichen Herkunft sie auch sein mögen – hineinreicht, die Jesus nachfolgen und in ihm die präsente Gottheit sehen. Zur zweiten Differenz: Nach Jesu Auffassung dauerte die alte Zeit des Reiches Gottes bis Johannes dem Täufer. Mit Johannes begann der Durchbruch des Reiches Gottes (Mt 11,12). In und mit Jesus, seiner Verkündigung und seinem Wunderwirken ist die neue entscheidende Endphase des Reiches Gottes, die in die Endvollendung *(syntheleia)* hineinmünden wird, bereits da: „Wenn ich mit dem Finger Gottes die Dämonen austreibe, so ist das Reich Gottes schon über euch gekommen“ (Lk 11,20–23). Jesus wehrt sich aber gegen apokalyptische und zelotische Vorstellungen, als ob man das Ende der Tage berechnen, wissen, beschleunigen oder prophezeien könnte: „Den Tag und die Stunde kennt niemand, auch nicht die Engel des Himmels, auch nicht der Sohn, sondern allein der Vater“ (Mt 24,36). Die Endvollendung, da „Gott alles in allem“ sein wird (1 Kor 15,28), liegt in undatierbarer Zukunft. Das in und durch Jesus realisierte und repräsentierte Reich „durchsäuert“ auf dieses Enddatum hin die ganze irdische Wirklichkeit, wie der Sauerteig das Mehl durchsäuert (Mt 13,33), und es wächst allmählich zum Baum heran wie ein Senfkorn (Lk 13,18f). Im Judentum wurde dagegen die Auffassung, die Zeit der Realisierung und die Ausbreitung des Reiches Gottes auf alle Völker (zum Heil oder zum Verderben) sei gekommen, nur von Radikalisten in einigen messianisch erhitzten Stunden vertreten: z.B. von den Zeloten in den Jahren 66–73 n.Chr., von Bar Kochba (132–135) und von Schabbetai Zevi (1626–1676). Im breiten Strom des Judentums aber wurden solche Auffassungen stets als gemeindezerstörend aufgefaßt und bekämpft. Danach leben wir in der Zeit der vormessianischen Phase des Reiches Gottes. Im Danielbuch (168–164 v.Chr.) werden das gegenwärtige und das kommende Reich Gottes einander gegenübergestellt. In Dan 4,31 ist vom präsenten Reich die Rede: „Ich pries und ehrte den, der ewig lebt, dessen Herrschaft ewig ist und dessen Reich alle Generationen überdauert“ (ähnlich Dan 6,27). In Dan 2,44 ist demgegenüber vom künftigen Reich die Rede. „Zur Zeit jener Könige wird der Gott des Himmels ein Reich errichten, das nicht korrumpiert, dieses Reich wird keinem anderen Volk überlassen.“

Transzendent-immanente Wirklichkeit

Gott rettet, führt, verzeiht, herrscht mitten unter seinem erwählten Volk; dieses Volk anerkennt Gott und seine Herrschaft und versucht, dem Wirken Gottes in seiner Mitte Raum zu geben (Ex 15,18; Num 9,15–23; Dtn 20,4; 33,29; Jes 7,14; Ez 11,16; Dan 3,15–18). Das ist der Kern der biblischen Reich-Gottes-Auffassung. Dieser transzendent-immanente Vorgang kann durch keine politische oder religiöse Gruppe und durch keinen Landstrich voll transparent gemacht werden. Das Reich Gottes ist keine irdische Organisation, irdische Gruppen reichen aber ins Reich Gottes hinein. Es ist nicht von dieser Welt (Joh 18,36), es ist ein Geheimnis (Mt 13,11), es ist im Innern des Menschen (Lk 17,21), und doch werden Menschen die Schlüssel des Reiches Gottes anvertraut (Mt 16,19), Menschen werden dazu verpflichtet, das Joch des Reiches Gottes auf sich zu nehmen (mBer 2,2) und um sein Kommen zu beten (Mt 6,10). Die menschliche Rolle im Reich Gottes und die menschliche Entscheidung angesichts des Reiches Gottes werden erstaunlich wichtig genommen: Die Israeliten glauben nicht nur an Gott, sondern auch an Mose (Ex 14,31). Das Reich Gottes wird den einen genommen und anderen, „die Früchte bringen", gegeben (Mt 21,43). Die Teilnahme am Reich Gottes hängt davon ab, ob der Mensch sich im Geiste Gottes resp. Christi den Armen und Schwachen zuwendet (Jes 54,6; 61,1; Ps 18,28; Mt 10,8f; 19,16–26; 25,31–46; Lk 4,18 u.ö.). Der transzendente und immanente, der gegenwärtige und zukünftige, der Gott und Menschen anhaftende Charakter des Reiches Gottes kann nur von einem Blickwinkel des Glaubens aus gesehen und nur metaphorisch umschrieben werden. Eine der schönsten Metaphern findet sich im MekhY zu Ex 18,12: „Die (unter den Israeliten weilende) Schekhina bedient die Menschen, ... denn zu jeder Stunde reicht sie allen Weltbewohnern gemäß deren Bedürfnis Nahrung dar und sättigt alles Lebendige mit Wohlgefallen, aber nicht nur die frommen und gerechten Menschen, sondern auch die Frevler und Götzendiener" (vgl. Mt 5,43–48).

↗ Antijudaismus; Erwählung; Eschaton/Eschatologie; Inquisition; Kirche/Kirchen; Schekhina.

Literatur: *P. Fiedler*, Das Judentum im katholischen Religionsunterricht, Analysen, Bewertungen, Perspektiven, Düsseldorf 1980; *D. Flusser*, Das Königreich des Himmels breitet sich aus, in: Entschluß 43 (1988) 26–28; *E. Gilson*, Die Metamorphosen des Gottesreiches, Paderborn 1959; *E. Hirsch*, Die Reich-Gottes-Begriffe des neueren europäischen Denkens, Göttingen 1921; *N. Lohfink*, Das Jüdische am Christentum. Die verlorene Dimension, Freiburg i.Br. 1987; *W. Pannenberg*, Theologie und Reich Gottes, Gütersloh 1971; *M. Seckler*, Reich Gottes als Thema des Denkens. Ein philosophisches und ein theologisches Modell (E. Bloch u. J. S. Drey), in: *H. Gauly / M. Schulte* u.a. (Hrsg.), Im Gespräch der Mensch, Düsseldorf 1981, 53–62; *V. Strom / E. Zenger / L. Jacobs / A. Lindemann / R. Man / M. Beintker / Ch. Walther*, Herrschaft Gottes/Reich Gottes, in: TRE 15, Berlin 1986, 172–244. T

Reinheit/Reinheitsgesetze

Levitische Terminologie und hygienische Begrifflichkeit

Unter den ausführlichsten Bestimmungen der biblischen Religion, die dann noch von den Pharisäern und den Rabbinen weiterentwickelt wurden, befinden sich die Gesetze über „rein" *(tahor)* und „unrein" *(tame)*, wie sie besonders in den Büchern Levitikus und Numeri des Pentateuchs, also in der sog. „Priesterschrift" der hebräischen Bibel, stehen. So gelten z.B. einige Tiere als „rein", andere wiederum als „unrein" (Lev 11). Mann und Frau werden durch den Beischlaf „unrein" (Lev 15,16–18). Der Blutfluß der menstruierenden Frau (Lev 15,19–24), der Wöchnerin (Lev 12), wie überhaupt jeglicher Blutfluß bei Mann und Frau führen zur „Unreinheit" (Lev 15). Das tut auch der Aussatz (Lev 13–14), worunter wahrscheinlich die Schuppenflechte gemeint ist. Hauptquelle der „Unreinheit" ist aber der Leichnam (Num 19). Diese „Unreinheit" ist auch übertragbar und kann nur durch verschiedene Reinigungsrituale (vgl. z.B. Num 19), bei denen immer das Wasser eine Rolle spielt, beseitigt werden.

Um überhaupt einem Verständnis dieser Bestimmungen nahezukommen, muß zunächst einmal begriffen werden, daß sich die biblischen und rabbinischen Begriffe von „rein" und „unrein" mit einer hygienischen Vorstellung von „sauber" und „unsauber" absolut nicht decken. Nicht nur kann von einigen Tieren, die als „unrein" gelten, nicht behauptet werden, daß sie etwa unsauberer wären als Tiere, die als „rein" gelten. Nicht nur vermißt man neben dem „Aussatz" die Erwähnung von anderen Krankheiten. Der rein levitisch-kultische Sinn ist aber daraus erkenntlich, daß der rabbinische Fachausdruck für „kanonisch" (bei der Beschreibung von biblischen Schriften) lautet: „Sie verunreinigen die Hände", während nichtreligiöse Schriften „die Hände nicht verunreinigen" (mYad 3,4; 4,6). Damit sollte gewiß nicht gesagt werden, daß die biblischen Schriften „unsauber" sind! (Zur Erklärung dieser merkwürdigen Terminologie vgl. *J. Levy*, Wörterbuch über die Talmudim und Midraschim, Bd. II, Darmstadt ^{3}1963, 163 f.)

Tabus in der biblischen Religion

So verschieden die modernen wissenschaftlichen Theorien über die biblischen Reinheitsgesetze auch sind, es scheint doch festzustehen, daß diese Gesetze in ihrem Ursprung auf archaische Tabus zurückgehen. Einige der „unreinen" Tiere mögen in der polytheistischen Welt Opfertiere gewesen oder sogar als Gottheiten verehrt worden sein. Gegenüber geheimnisvollen Vorgängen, die mit Zeugung und Geburt in Verbindung standen, wie bei der regelmäßigen Menstruation, reagierte man mit Ehrfurcht und Scheu. Bei ungewöhnlichen körperlichen Ausscheidungen witterte man eine die Regelmäßigkeit bedrohende Gefahr; und vor dem Tod und dem, was mit ihm zusammenhängt, fürchtete man sich.

Die Ursprünge dieser Tabus, so interessant sie auch für die Anthropologie sein mögen, sind für den religiösen Menschen und für die Religionswissenschaft weniger wichtig als die Rolle, welche diese Bestimmungen in der biblischen und in der rabbinischen Religion spielen. Hier dienen sie nämlich der Selbstvergewisserung des Gottesvolks, als Merkmale des Unterschieds von den Andersgläubigen und als Zeichen der Selbstheiligung (vgl. Lev 11,43–47). Auch ist nicht zu übersehen, daß der in der antiken Welt weitverbreitete Totenkult im biblischen Israel dadurch unmöglich gemacht wurde, daß gerade von den Priestern ein höherer Grad der levitischen Reinheit verlangt wurde, der ihnen etwa den Aufenthalt in demselben Raum mit einem Toten strengstens untersagte (Lev 21,1).

Pharisäisches und rabbinisches Judentum

Die Pharisäer und die Rabbinen haben dann die levitischen Reinheitsgesetze bis in die allerletzten Konsequenzen ausgearbeitet, wobei sie auch bewußt Reinheitsgesetze, die von der Bibel nur für die Priesterschaft bestimmt waren, als für das ganze Volk verbindlich betrachteten. Es schwebte ihnen hier das Ideal von Ex 19,6 vor, das ganze Volk zu „einem Reich von Priestern" zu machen. Eine ganze Ordnung der Mischna ist den Reinheitsgesetzen gewidmet. Dagegen wird von allen zwölf Traktaten der Mischna-Ordnung „Reinheiten" nur ein einziger, nämlich der von der Menstruation handelnde Traktat *Niddah*, im Talmud selbst weitergeführt und kommentiert. Da die meisten Reinheitsgesetze irgendwie mit dem Tempelkult in Verbindung standen (vgl. J. Neusner), hätte es der rabbinischen Absicht, das Judentum unabhängig von der Existenz eines Tempels aufrechtzuerhalten, entgegengewirkt, wenn der Glaubensgemeinschaft weiterhin die auf den Tempel bezogenen Reinheitsvorschriften für die gewöhnlichen Mahlzeiten und die täglichen Gebete auferlegt worden wären.

Ablehnung der Reinheitsgesetze im Neuen Testament

Im Neuen Testament zeigen Stellen wie Mt 15,1–20; 23, 25–26; Mk 7,1–13 und Lk 11,37–41, an denen Jesus gegen die rabbinischen Reinheitsgesetze polemisiert, daß man sich in der frühen Kirche bereits über die Reinheitsgesetze hinweggesetzt hatte. Allerdings verlangt der Jesus der Synoptiker noch von dem geheilten Aussätzigen, daß er die levitischen Reinheitsvorschriften einhält (Mt 8,1–4; Mk 1,40–45; lk 5,12–16), aber es ist doch aus seiner ganzen, im Neuen Testament wiedergegebenen Einstellung klar, daß ihm die Verinnerlichung der Religion wichtiger war als das von den Pharisäern dem Priestertum entlehnte Händewaschen vor den Mahlzeiten.

Moralisierung levitischer Vorstellungen

Diese Verinnerlichung der Religion – bei aller Bejahung des Zeremonialgesetzes! – war übrigens auch der Fall bei den Rabbinen, die dabei eine Richtung einschlugen, die schon in der Hebräischen Bibel selbst vorgezeichnet ist – wenn etwa die levitischen Begriffe von „rein" und „unrein" auf moralische, d.h. mit dem Kult nicht zusammenhängende Vergehen, angewandt wurden (vgl. A. Büchler). So wurde dann auch der Versöhnungstag, der in der Bibel selbst (Lev 16) einen levitischen Reinigungskult darstellte, in seiner späteren rabbinischen Entwicklung zu einem Tag der moralischen Besinnung.

Gegenwärtiges Judentum

Bei den heutigen Juden der orthodoxen Richtung spielen nur noch die mit den Reinheitsgesetzen verbundenen Speisegesetze, die Vorschriften, die mit der Menstruation zusammenhängen, das Händewaschen vor den Mahlzeiten und das Verbot für die von den ehemaligen Tempelpriestern Abstammenden, an Beerdigungen (außer im Fall von nahen Verwandten, siehe Lev 21,1–4) teilzunehmen, eine Rolle im religiösen Leben. Von vielen konservativen Juden und einigen liberalen und reformierten Juden werden die Speisegesetze entweder total oder teilweise gehalten, aber die anderen von den orthodoxen Juden noch eingehaltenen Reinheitsvorschriften finden in diesen Kreisen keine weitere Beachtung.

↗ Frau; Gesetz; Phariäser; Talmud; Versöhnungstag; Zeremonialgesetz.

Literatur: *A. Büchler*, Studies in Sin and Atonement, London 1928; *M. Douglas*, Purity and Danger, Baltimore 1973; *W. Eichrodt*, Theologie des Alten Testaments, Teil I, Göttingen [6]1959, 78–83; *M. Joseph*, Reinheitsgesetze, in: JL IV/1, Berlin 1930, 1316–1320; *J. Neusner*, A History of the Mishnaic Law of Purities, 22 Bde., Leiden 1974/77. P

Ringparabel

↗ Erwählung.

S

Sabbat

Biblische Sinngebung

Der Sabbat (hebr.: *schabbath* – Ruhetag) ist der siebte Tag der Woche, der vom biblischen Israel wie auch von den heutigen Juden und allen dazwischenliegenden Generationen von Israeliten und Juden als Tag der Ruhe und des Gottesdienstes gefeiert wurde und wird. Er gilt als Zeichen des Bundes zwischen Gott und Israel wie auch als „Zweck“ *(takhlith = telos)* der Schöpfung (Gen 2,1–3 als Fortsetzung von Gen 1,1–31, und nicht als Anfang einer neuen Erzählung gelesen). Den Hinweis auf die Weltschöpfung enthält das Sabbatgebot in Ex 20,8–11, während das Sabbatgebot in Dtn 5,12–15 mit dem Auszug aus Ägypten motiviert und somit die soziale Dimension des Sabbats betont wird („Dein Diener und deine Magd sollen sich ausruhen wie du“). Liturgisch wird der Sabbat daher sowohl „Andenken an das Werk der Weltschöpfung“ als auch „Erinnerung an den Auszug aus Ägypten“ benannt. Der Sabbat wird von der Abenddämmerung am Freitag bis zum Sonnenuntergang bzw. dem Sichtbarwerden von drei Sternen am Samstag gefeiert. Eingeleitet und verabschiedet wird der Sabbat mit besonderen synagogalen und häuslichen Gebeten; und am Sabbat selbst sind die Gottesdienste länger als an Wochentagen und enthalten am Morgen und am Nachmittag Vorlesungen aus der Bibel.

Das Arbeitsverbot

War auch schon zur Tempelzeit der Sabbat durch zusätzliche Opfer gekennzeichnet (Num 28,9–10), so ist doch in der Bibel und auch im rabbinischen Schrifttum das Hauptmerkmal des Sabbats das Vermeiden der Arbeit, obwohl die Bibel selbst sich nicht viel auf die Definition von „Arbeit“ einläßt. Diese Definition wurde von den Pharisäern und den späteren Rabbinen nachgeholt, indem 39 Hauptkategorien von verbotenen Arbeiten aufgestellt wurden, die dann ihrerseits zur Definition von Subkategorien verbotener Arbeit führten (mShab 7,2). Dazu kommen noch die Verbote, die man als „Zaun“ aufstellte, um die Übertretung der verbotenen Hauptkategorien zu verhindern. Grundgedanke scheint hier gewesen zu sein, daß man den Sabbat als Feiertag der Schöpfung begeht, sich total der Anerkennung Gottes als Weltenschöpfer widmet – und sich daher selbst als „nur Geschöpf“ betrachtet, das am Sabbat seine eigenen „schöpferischen“ Eingriffe in die Natur unterlassen soll. Anderseits galt aber die gebotene Arbeitsruhe auch als etwas Positives. Der Sabbat war eben die allwöchentliche Gelegenheit zur *geistigen* Neuschöpfung (Raschi ad Gen 2,2: „Was fehlte der Welt noch? Ruhe! Mit dem Kommen des Sabbats kam auch die Ruhe. Erst dann war das Werk der Schöpfung vollendet“).

Der rabbinische Sabbat

Von christlicher Seite ist oft die strikte Sabbatruhe des Judentums verhöhnt worden – nicht zuletzt, weil die Evangelien von wiederholten Argumenten Jesu mit den Pharisäern über die Beobachtung des Sabbatgesetzes berichten (Mt 12,9–14; Mk 3,1–6; Lk 6,6–11; 13,10–17). Dabei wird gewöhnlich vergessen, daß zur Zeit Jesu – und noch viel später – unter den Pharisäern bzw. den Rabbinen die Ausmaße des sabbatlichen Arbeitsverbots immer noch Gegenstand von Debatten waren, so daß man unter Umständen (so Sigal) Jesus selbst als an diesen *innerjüdischen* Debatten beteiligt betrachten kann. Die Rabbinen waren sich klar darüber, daß – im Vergleich zu den eigentlichen biblischen Aussagen über das sabbatliche Arbeitsverbot – die vielen rabbinischen Vorschriften „wie Berge, die an einem Haar hängen", sind (mHag 1,8). Aber neben den von ihnen verhängten Erschwerungen konnten es sich die Rabbinen auch erlauben, eine allzu strikte Konstruktion einiger Verbote der Bibel zu vermeiden. So heißt es z. B. in Ex 16,29: „Am siebten Tag verlasse niemand seinen Platz." In der rabbinischen Auslegung bezog sich „Platz" nicht nur auf die ganze Stadt, sondern sogar noch 2000 Ellen hinter der Stadtgrenze gehörten zu dem Bereich, in dem sich der Jude frei am Sabbat bewegen durfte. Gemeint ist hier der sog. „Sabbatweg", der in Apg 1,12 erwähnt wird. Ferner – im Anklang an Jes 58,13 – machten die Rabbinen einen Unterschied zwischen menschlichen Geschäften, die am Sabbat verboten sind, und „göttlichen Geschäften", wie das Retten von Menschenleben, die Besprechung von Gemeindeangelegenheiten, die Planung von Wohlfahrtspflege usw., die am Sabbat *nicht* verboten sind (bShab 150a). In einem ähnlichen Zusammenhang heißt es dann auch noch: „Der Sabbat wurde euch übergeben, aber ihr wurdet nicht dem Sabbat übergeben!" (MekhY, Schabbatha I, hrsg. von Horovitz/Rabin, S. 340f; vgl. den Ausspruch Jesu in Mk 2,27). Von Juden selbst, jedenfalls bis zum Anfang der Neuzeit, wurde der Sabbat absolut nicht als Last und Bürde empfunden. Im Gegenteil, er wurde – und wird – im Gottesdienst als „Braut" und als „Königin" begrüßt (vgl. Heinrich Heines Gedicht „Prinzessin Sabbath"). Der Tag wird als „Tag des Lichts und der Freude" gefeiert, besonders im Familienkreis und bei den besonders vorbereiteten Sabbatmahlzeiten.

Die Problematik der Neuzeit

Die Prägung, die der Sabbat im rabbinischen Judentum erhalten hatte, kam mit den Bedürfnissen der Neuzeit, in der die Juden in die allgemeine bürgerliche Gesellschaft eingegliedert wurden, vielfach in Konflikt. Wo der Samstag als Arbeits- und Geschäftstag gilt, bedeutet die traditionelle jüdische Sabbatruhe ein erhebliches finanzielles Opfer, das allerdings von vielen, die dem orthodoxen Judentum angehören, gottergeben gebracht wird. Es ist aber ein Opfer, das viele nicht-orthodoxe Juden entweder nicht bringen können oder nicht bringen wollen. Man hatte im 19. Jahrhundert in verschiedenen Kreisen des Reformjudentums versucht, den Sabbatgottesdienst auf den Sonntag zu verlegen, ein Versuch, von dem man aber wieder abgekommen ist, da er im jüdischen Bewußtsein nie richtig Wurzel gefaßt hat. Heutzutage wird in nicht-orthodoxen Gemeinden der Freitagabendgottesdienst vielfach zum Hauptgottesdienst des Sabbats umgestaltet, und es wird versucht, die Menschen, die am Sabbat selbst arbeiten, dazu zu bewegen, so viel vom Sabbat zu „retten", wie sie können. Wo die Fünf-Tage-Woche eingeführt ist, fallen allerdings die Entschuldigungen, warum man am Sabbat arbeiten „muß", größtenteils wieder fort. Ein anderer Konflikt mit der Neuzeit bleibt aber bestehen. Für Juden, die nicht dem orthodoxen Judentum angehören, hat die rabbinische Erweiterung der Sabbatgesetze viel von ihrer religiösen Bedeutung verloren, besonders dann, wenn ein sabbatliches Verbot einem als höher betrachteten religiösen Ziel im Wege zu stehen scheint. Weil z. B. das Autofahren am Sabbat als verbotene „Arbeit" gilt, betet der orthodoxe Jude, der zu weit von der Synagoge wohnt, um dorthin zu Fuß zu gehen, in seinem eigenen Haus. Der konservative Jude, laut Beschluß seines Rabbinats, hält den Synagogenbesuch für wichtig genug, um das Autofahren zur Synagoge als erlaubt anzusehen. Der religiös-liberale oder reformierte Jude gestattet sich das Autofahren am Sabbat auch zu anderen Zwecken, die ihm als mit dem Geist des Sabbats vereinbar gelten. Die Begriffe „verbotene Arbeit" und „Ruhe", wie sie von den alten Rabbinen definiert wurden, decken sich nicht ganz mit den Begriffen „Arbeit", „Muße" und „Freizeit", die dem modernen Leben zugrunde liegen. Das orthodoxe Judentum versucht sich mit den Erfindungen der modernen Technik zu helfen, wie z. B. mit elektrischen Uhren, die das Licht automatisch an- und ausschalten, weil das Lichtanmachen als „verbotene Arbeit" gilt. Aber in nicht-orthodoxen religiösen Kreisen bemüht man sich – vielleicht sogar ganz im Sinne der alten Rabbinen –, das Sabbatgesetz den Bedingungen von Zeit und Ort und dem modernen religiösen Empfinden anzupassen. Im Staat Israel dagegen versucht die politisch organisierte Orthodoxie durch staatliche Gesetzgebung (z. B. keine öffentlichen Verkehrsmittel am Samstag, keine Theater- und Kinovorstellungen) das orthodoxe Verständnis der Sabbatruhe auch der nicht-orthodoxen Bevölkerung vorzuschreiben – was dann oft eine anti-religiöse Opposition hervorruft.

Der Sabbat im Christentum

Daß man im Urchristentum – so wie Jesus selbst – den jüdischen Sabbat gefeiert hat, scheint festzustehen (vgl. Mt 24,20). Aber schon im Zeitalter des Neuen Testaments hat man neben dem Sabbat auch den Sonntag gefeiert (vgl. Apg 20,7; 1 Kor 16,2). Spätestens im 4. Jahrhundert ist dann für das Christentum der Sonntag an die Stelle des Sabbats getreten. Dabei wurde der Sonntag hauptsächlich als „Tag des Herrn" und „Tag der Auferstehung Christi" gefeiert und nicht unbedingt als „Ersatz" für den jüdischen Sabbat, da ja der Sabbat als Bestandteil des „Gesetzes" seine Gültigkeit für das Christentum verloren hatte. Trotzdem klingt in der christlichen Sonntagsfeier immer noch etwas von dem jüdischen Sabbat mit, obwohl zu verschiedenen Graden in verschiedenen Gruppierungen der Christenheit. So befahl z. B. Kaiser Konstantin I. im Jahre 321 die Unterlassung der Arbeit am Sonntag für Stadtbewohner, aber nicht für Bauern. Der Begriff der Sonntagsruhe wurde in späteren Jahrhunderten noch strenger aufgefaßt, besonders vom 16. Jahrhundert an in gewissen Strömungen des Protestantismus. Letztere beriefen sich bewußt auf das biblische Arbeitsverbot am Sabbat, wußten aber nichts von der rabbinischen Sabbat*freude* („Tag des Lichts und der Freude"), die dem jüdischen Sabbat seinen besonderen Charakter gab. In der letzten Zeit hat die sich immer mehr verbreitende Fünf-Tage-Woche einige Christen zu der Überlegung gebracht, ob man nicht – *neben dem Sonntag* – wieder, wie im Urchristentum, so etwas wie Sabbatruhe und Sabbatfeier am Samstag in das Christentum einführen könnte, da Sabbat und Sonntag verschiedene Aspekte des religiösen Lebens zum Ausdruck bringen. Es ist bis jetzt bei bloßen Überlegungen geblieben – die übrigens nichts zu tun haben mit dem am Samstag gefeierten „Tag des Herrn", wie er bei einigen Adventisten und Sabbatariern schon lange üblich ist.

↗ Israel; Liberales Judentum/Reformjudentum; Liturgie; Pharisäer; Orthodoxes Judentum.

Literatur: *A. J. Heschel,* Sabbat. Seine Bedeutung für die heutigen Menschen, Neukirchen-Vluyn 1990; *E. Petuchowski,* Sabbat, in: R. Walter (Hrsg.), Das Glück liegt auf der Hand, Freiburg i. Br. [3]1985, 235–237; *J. J. Petuchowski,* Gottesdienst des Herzens, Freiburg i. Br. 1981, 36–42; *ders.*, Die Stimme vom Sinai, Freiburg i. Br. 1981, 67–79; *Ph. Sigal*, The Halakhah of Jesus of Nazareth According to the Gospel of Matthew, Landham (MD) 1986, 119–153; *F. Thieberger* (Hrsg.), Jüdisches Fest, Jüdischer Brauch, Königstein/Ts. [2]1979, 71–144; *M. Zobel,* Der Sabbat, Berlin 1935. P

Sadduzäer

Geschichtlicher Hintergrund, Lehre

Über die Sadduzäer hören wir zuerst aus Nachrichten, die das Leben in Judäa im 2. Jahrhundert v. Chr. beschreiben. Sie waren eine Partei oder Sekte unter den palästinischen Juden, die sich hauptsächlich aus der höheren Priesterschicht (Apg 5,17) und den Wohlhabenden (Josephus Ant 13,293–298) zusammensetzte, die Tempelverwaltung innehatte und oft im Hohen Rat die Oberhand hatte. Bekannt sind sie als Widersacher der Pharisäer, deren Behauptung von der Verbindlichkeit der „Tradition von den Vätern" neben den Gesetzen des Pentateuchs sie leugneten (Josephus Ant 13, 297). Auch die pharisäische Lehre von der Auferstehung der Toten leugneten sie (Josephus Ant 18, 14) und befanden sich daher auch im Widerspruch zu der diesbezüglichen Lehre Jesu (Mt 22,23; Mk 12,18; Lk 20,27; Apg 23,7f). Sie glaubten an die absolute Willensfreiheit des Menschen (Josephus Ant 13, 173) und leugneten die Existenz von Engeln und Geistern (Apg 23,8).

Die rabbinische Literatur berichtet von Meinungsunterschieden zwischen Pharisäern und Sadduzäern in der Auslegung pentateuchischer Gesetze. So sollen z. B., im Gegensatz zu den Pharisäern, die Sadduzäer darauf bestanden haben, daß das Wochenfest immer auf einen Sonntag fällt (bMen 65a). Des weiteren verlangten die Sadduzäer auch, daß eine Privatperson die Kosten für das tägliche Opfer im Jerusalemer Tempel spenden darf, während die Pharisäer verlangten, daß die Kosten für das tägliche Opfer von der Gesamtheit getragen werden (ebd.). Diese und ähnliche Auseinandersetzungen zwischen Pharisäern und Sadduzäern haben moderne Wissenschaftler dazu bewogen, in soziologischer Analyse die Sadduzäer als aristokratische Schicht und die Pharisäer als Volkspartei darzustellen.

Ursprung und Verwendung des Namens

Was den Ursprung des Namens „Sadduzäer" (hebr.: *zeduqim*) betrifft, so wird in ARN A 5,1 berichtet, daß Antigonos von Sokho (2. Jh. v. Chr.), der lehrte: „Seid nicht wie Knechte, die dem Herrn des Lohnes wegen dienen!" (vgl. Av 1,3), zwei Schüler hatte, die ihn mißverstanden und meinten, daß es keinen himmlischen Lohn gäbe. Einer von diesen beiden Schülern soll Zadok geheißen haben, und die Sekte derer, die nicht an Unsterblichkeit und Auferstehung glaubten, wurde nach diesem Zadok benannt. Das wird wohl eine ätiologische Legende gewesen sein, um den Namen „Sadduzäer" zu erklären. Die moderne Wissenschaft ist eher geneigt, den Namen auf den *biblischen* Zadok zurückzuführen, der

Oberpriester zur Zeit Davids und Salomos war (1 Kön 1,34ff usw.) und als dessen Nachkommen die diensttuenden Jerusalemer Priester späterer Jahrhunderte sich betrachteten (vgl. Ez 44,15 usw.). Das würde besser zu den Sadduzäern als Partei des priesterlichen Adels passen. Da die Sadduzäer als Priestergruppe, die sich an den Wortlaut des Pentateuchs hielt und auf den Opferkult im Tempel den Schwerpunkt legte, mit der Tempelzerstörung des Jahres 70 n. Chr. ihre Basis im jüdischen Leben verloren hatten, existieren sie in den folgenden Jahrhunderten auch nicht mehr. Nichtsdestoweniger ist der Name „Sadduzäer" (hebr.: *zeduqi*) im rabbinischen Schrifttum zum Synonym von „Häretiker" geworden. Wenn sich auch ein direkter Zusammenhang von Sadduzäern und viel späteren Leugnern der rabbinischen Tradition, wie z. B. den Karäern, historisch nicht unbestreitbar nachweisen läßt, so gelten doch in rabbinischer Sicht die Traditionsleugner eines jeglichen Zeitalters als „Nachkommen" der Sadduzäer.

↗ Auferstehung; Karäer; Pharisäer; Qumran; Tempelkult/Tempelzerstörung; Tradition.

Literatur: *E. Meyer*, Ursprung und Anfänge des Christentums II, Stuttgart [6]1962, 279–305; *K. Schubert*, Die jüd. Religionsparteien in ntl. Zeit. SBS 13, Stuttgart 1970; *G. Strecker/J. Maier*, Neues Testament – Antikes Judentum, Grundkurs Theologie 2, Stuttgart 1989; *A. J. Saldarini*, Pharisees, Scribes and Sadducees in Palestinian Society. A Sociological Approach, Wilmingon DE 1988; *S. Zeitlin*, Studies in the Early History of Judaism II, New York 1974, 259–291. P

Sakramente

Begriff

Sacramentum ist die (von Tertullian initiierte) Übersetzung des griechischen *„mysterion":* Geheimnis. Dieser semantisch schillernde Begriff ist zur Umschreibung des Gemeinten nur beschränkt brauchbar, da der mysteriale Charakter nicht das Wesen des Sakramentes ausmacht. Im christlichen Sinn ist mit Sakrament eine auf Christus zurückgehende Zeichen- oder Symbolhandlung gemeint, bei deren Vollzug es zu einem kommunikativen Akt zwischen dem gebenden (dreifaltigen) Gott und der gläubigen Empfängergemeinschaft kommt; es ist ein sinnenfälliges Zeichen der sich vollziehenden unsichtbaren Heilszuwendung, es enthält, was in der Zeichenhandlung angedeutet wird, und ist heilshinführend (DS 1601. 1604). Die Zahl der Sakramente ist innerchristlich umstritten. Zwei oder drei (Protestanten), sieben (Katholiken), sieben oder mehr (Orthodoxe).

Jüdisch-christlicher Zusammenhang

Zwar hat das Konzil von Trient erklärt, daß sich die Sakramente des Neuen Bundes von jenen des Alten Bundes unterscheiden (DS 1602). Es wird aber nicht deutlich, worin der Unterschied – außer in der Einsetzung durch Christus – besteht. Da es außerdem jüdische Strömungen gibt, nach denen dem Judentum jegliche Sakramentalität zuinnerst fremd ist (Dienemann), entstanden Theorien, wonach die Sakramente ausschließlich neutestamentliche und neuplatonische Wurzeln hätten. In diesem Zusammenhang entstand auch der Vorwurf des „christlichen Sakramentalismus". (Zur Frage, ob und in welchem Sinne es im Judentum Sakramente gebe und wie sie evtl. mit christlichen Sakramenten zusammenhängen, vgl. die Beiträge von David Flusser, Robert Hotz und Jakob J. Petuchowski in Judaica [39] 1983). Flusser kommt aufgrund von Untersuchungen im Neuen Testament und im Qumran-Schrifttum zum Ergebnis, „daß die christlichen Sakramente nicht heidnischen, sondern jüdischen Ursprungs sind. Doch wir wollen die Unterschiede nicht verwischen, schon nur um des lieben Friedens willen" (16). Hotz weist darauf hin, daß „bereits die Kirchenväter Mühe hatten, die Sakramente des Alten und Neuen Bundes bezüglich ihrer Heilsvermittlung klar und unmißverständlich voneinander zu scheiden" (26). Petuchowski nimmt etwa dieselbe Position wie Flusser ein, warnt aber vor einer christlich-jüdischen Generalisierung: In bestimmten Richtungen des Judentums gibt es keine sakramentalen Dimensionen, während z.B. in talmudischer Zeit die mündliche Tora die Beschneidung und das Pesachopfer mit *mysterion (mîstorîn)* wiedergegeben worden sind (28). Bereits Martin Buber (1878–1965) war der Ansicht, man könne beweisen, daß „es kaum ein christliches Sakrament gibt, das nicht eine sakramentale oder halbsakramentale jüdische Vorgestalt hatte" (359). Im Sakrament ereignet sich nach Buber „der Bund des Absoluten mit dem Konkreten ... Wo der Bund sich erweist, ist's wie Spiegelbild eines Unsichtbaren, wo der Bund sich ereignet, ist's wie Hand in Hand" (352).

Verwurzelungen in den Hebräischen Schriften und im Judentum

Die den Sakramenten zugrundeliegende Idee ist in der Tat keine neutestamentliche Erfindung, sondern wurzelt stark in den Hebräischen heiligen Schriften: Gott wirkt mit menschlicher Teilnahme und für die Menschen sichtbar und auf Zukunft hin im Rahmen seines Volkes zur Rettung und Versöhnung: *Rettung*: „Als die Israeliten sahen, daß der Ewige mit starker Hand an den Ägyptern gehandelt hatte, fürchteten sie den Ewigen. Sie glaubten an den Herrn und an seinen Knecht Mose" (Ex 14,31). Das Pesach wurde als augenfälliges Zeichen von Gottes Willen zur Rettung seines bedrängten Volkes aus pharaonischer Versklavung geglaubt. Spätere israelitsch-jüdische Generationen feierten das Pesachopfer und das Pesachmahl, um den Ewigen an seine wirksame und sichtbare Heilstat in Ägypten und am Roten Meer zu erinnern *(sikkaron, memoria)* und sie so mit Gottes Gnade zu vergegenwärtigen und zu aktualisieren. Ähnlich ist die Eucharistie (Abendmahl) eine Erinnerung an die durch Christus geschehene Heilstat Gottes und eine Vergegenwärtigung Christi in der Gemeinde. Sie ist ein effizienter Ruf an Gott, Christus und seine Heilstat in der Gegenwart und im einzelnen Menschen wirksam werden zu lassen. *Versöhnung:* Das Schreiten des Hohenpriesters am Versöhnungstag in das Allerheiligste des Tempels und sein Sühnegebet wurden als qualifizierter sündentilgender Akt verstanden (Lev 16; mYom 3,8; bYom 39b; tSot 13,8 usw.). Es ist nicht zu übersehen, daß das Sakrament der Sündenvergebung (Buße, Verzeihung) Anleihen beim jüdischen Neujahrsfest und Versöhnungstag gemacht hat, an denen sich Reue und Verzeihung in der jüdischen Gemeinde ereignen (Joh 20,21–23).

Im Verlaufe der Offenbarungsgeschichte und der nachbiblischen Zeit entwickelte sich der jüdische Glaube, daß alle entscheidenden Lebensstadien des Mitgliedes des Volkes Gottes von sichtbaren und wirksamen Gotteszeichen zur Rettung, Versöhnung und Ausrichtung auf das endgültige Heil geprägt sind. Das Christentum hat sein Sakramentsverständnis – in Anknüpfung und Widerspruch – auch daraus entwickelt. So deuteten die Hilleliten etwa zur Zeit des Neuen Testamentes die Beschneidung als äußeres Zeichen des inneren Überganges vom Tod zum Leben. „Wer sich von seiner Vorhaut trennt, ist wie einer, der sich vom Grab trennt" (mPes 8,8). In der Glaubens-Analogie zur Beschneidung wurde die christliche Taufe (als Initiationsritus der Gemeinde Christi) als Neu- und Wiedergeburt, ja als Auferstehung, also als Eintritt ins Leben, gedeutet (Joh 3,1–13; 1 Petr 1,3–25). Die offenbarungskonforme Ehe wurde von Rabbinen als Repräsentanz des speziell anwesenden Schöpfergottes gedeutet, dessen Abbild die Eheleute in ihrer Einheit sind: „Wenn Mann und Frau würdig sind, ist die Schekhina zwischen ihnen" (bSot 17a). Ähnlich wird im Neuen Testament die Ehegemeinschaft als unverbrüchliche Einheit und Hinweis auf den Schöpfer (Mt 5,27–32; 19,3–9) und auf das Mysterium von Christus und der Kirche (Eph 5,21–32) verstanden. Auch das Sakrament des Erwachsenwerdens, die Firmung bzw. Konfirmation, in der zur Taufe bewußt ja gesagt und in der der Heilige Geist für das eigenverantwortliche Leben gegeben wird, hat Seitenbeziehungen zur Bar-Mizwa, in der der jüdische Jugendliche am Ende des 13. Lebensjahres seine vollen Pflichten als Erwachsener übernimmt. Allerdings behauptet wohl niemand im Judentum, bei der Bar-Mizwa-Feier ereigne sich eine Art Sakramentalität. Wohl aus diesem Grunde gilt die Konfirmation bei den Protestanten im allgemeinen nicht als Sakrament. Ähnliches ist zur Krankensalbung zu sagen. Sie verleiht dem Kranken die Kraft (im äußeren Zeichen der Salbung) zur Bewältigung seiner letzten Lebensstrecke. Seitenblicke auf die religiöse Pflicht der Juden, Kranken und Sterbenden beizustehen, sind auch hier vorauszusetzen (Jak 5,14f).

Von besonderer jüdisch-christlicher Problematik ist das Sakrament des Ordo bzw. der Priesterweihe, die in der Bischofsweihe ihre Vollendung erhält. Die kirchlichen Amtsträger betrachteten sich zwar in Opposition zu den Kultämtern im Jerusalemer Tempel (Hoherpriester, Priester, Leviten) als Laien und leiteten ihre Würde vor allem von den *zekenîm/presbyteroi* ab, die laut Num 11 dem Mose zur Unterstützung beigegeben wurden. Sekundär wurde aber bald auf den „gesalbten Hohenpriester" zur christlichen Amtsbegründung zurückgegriffen, dessen „Amtscharakter ein unauslöschlicher" gewesen war (mNaz 7,1). So wurde das Christentum in dieser Frage kultischer als das Judentum, das die Amtsträger in nachtemplischer Zeit nicht mit dem hohepriesterlichen Signum bei der Ordination *(semikha)* ausstattete. Jenseits dieser Divergenz aber verstand man das Amt im Judentum und Christentum als Dienst am Volk Gottes: Armenbetreuung, Verkündigung, Pastoral, richterliche Entscheidungen (Apg 6,1–6; mYom 7,5; yYev 12,6; bHag 5a).

Möglichkeiten zur teilweisen Konvergenz

Kein Gespräch über die Sakramente ist möglich, wenn damit irgendwelche Magie verbunden wird. Magie ist als Manipulation zur Indienstnahme göttlicher Macht für menschliche Zwecke unsakramental, unchristlich und unjüdisch. Ebenso ist kein Gespräch möglich, wenn die Einsetzung durch Christus als Merkmal der Sakramente ohne Relation zu den heiligen Schriften und Traditionen der Juden gesehen wird. Das Wort „Sakrament" bereitet im jüdisch-christlichen Kontext Mühe. Für Juden verständlicher wären die Ausdrücke „wirksame Heiligung" *(qiddûsch)*, wirksame Rettung *(ge'ûlla)* und „wirksame Versöhnung" *(kappa-*

ra). Diese Ausdrücke gäben die Möglichkeit, die in der hebräischen Bibel berichteten und im talmudischen Schrifttum gedeuteten Heilsereignisse (Sinaioffenbarung, Einwohnung Gottes im Stiftszelt, im Tempel, mitten unter dem Volk, Beschneidungsgebot, Sabbatgebot usw.) neu zu aktualisieren und ihre Effizienz durch den Juden Jesus auch für das Christentum hervorzuheben. Selbstverständlich könnte dann die Siebenzahl der Sakramente keine obere Grenze sein. Heil ereignete sich durch Christus in vielfältigster Weise, wobei aber immer darauf zu achten ist, daß und wie dieses Heil von Christus aufgegriffen, bekräftigt und auf die Völker ausgedehnt wurde. Ihren Vollsinn werden die wirksamen Heiligungen, wirksamen Rettungen, wirksamen Kräftigungen und wirksamen Versöhnungen erst erhalten, wenn auch der jüdische Glaube im Christentum rezipiert sein wird (Barth). Die Sakramente weisen auf das von Judentum und Christentum vorzubereitende universale Endheil hin und verwirklichen dieses schon jetzt kernhaft.

↗ Dogma; Erwählung; Neues Testament; Neujahrsfest; Pesach/Ostern; Qumran; Reich Gottes.

Literatur: *M. Barth*, Das Mahl des Herrn. Gemeinschaft mit Israel, mit Christus und unter den Gästen, Neukirchen 1987; *M. Buber*, Sinnbildliche und sakramentale Existenz im Judentum, in: ErJb 2, Zürich 1934; *M. Dienemann*, Sakrament, in: JL IV/2, Berlin 1930, 45–47; *D. Flusser*, Die Sakramente und das Judentum, in: Jud. 39 (1983) 3–18; *R. Hotz*, Die „heiligen Handlungen“ im Alten und Neuen Bund, in: Jud. 39 (1983); 19–26; *H. J. Klauck*, Gemeinde, Amt, Sakrament. Neutestamentliche Perspektiven, Würzburg 1989; *J. Petuchowski*, Jüdische Gedanken zum Sakramentsbegriff, in Jud. 39 (1983) 27–33; *ders.*, Judaism as ‚Mystery‘. The Hidden Agenda, in: HUCA 52 (1981) 141–152; *C. Thoma*, Amt, Ämter, Amtsverständnis im Judentum, in: TRE 2, Berlin 1978, 504–509. T

Samaritaner

↗ Bibel; Frau; Messias; Mose; Pesach/Ostern.

Schekhina

Jüdische Traditionen

Mit Schekhina ist von Wort *(škn)* und Inhalt her die „Einwohnung“ Gottes im Volk Israel und in seinen Institutionen gemeint, d. h. die *praesentia Dei specialis* in Heiligtum und Gemeinschaft und die heilvolle Begleitung Israels durch die Geschichtszeit hindurch bis zur endzeitlichen Fülle von seiten des sich herabneigenden Gottes Israels. Der Ausdruck Schekhina taucht zum ersten Mal im Gebet „Zum Zion kommt der Erlöser“ im frühen 1. Jh. v. Chr. auf. Für die Rabbinen war er das Stichwort für ihren Glauben an die bleibende Gegenwart Gottes inmitten seines Volkes Israel. Die Schekhina-Traditionen stützen sich auf viele biblische Aussagen, wonach Gott sich stets zu Israel hin bewegt und im Bundeszelt, im Tempel und im Kreis der sündigen, bangenden und hoffenden Israeliten Wohnung nimmt. Im Anschluß an den sich in Jes 7,14 findenden „Zeichen-Namen“ *'immanû-'El* (mit uns ist Gott) sprechen die Rabbinen in bHag 14b von *'immanû-šeḵîna* (mit uns ist die Schekhina). Sie verstanden also die Schekhina als den Israel zugewandten, mit Israel Gemeinschaft pflegenden und Israel ins Heil führenden Aspekt Gottes. Gott ist der Mit-Seiende, Mit-Gehende, Mit-Leidende, der Erlöser Israels. Im MekhY zu Ex 12,41 heißt es: „Immer wenn die Israeliten geknechtet wurden, wurde die Schekhina – wenn man so kühn reden darf – zusammen mit ihnen geknechtet. [Dann folgt eine Aufzählung der israelitischen Exile: Ägypten, Babylon, Elam, Edom = Rom; immer sei auch die Schekhina exiliert und geknechtet gewesen] ... Und wenn die Israeliten am Ende der Tage zurückkehren werden, wird auch die Shekhina mit ihnen (aus dem Exil) zurückkehren." Die schekhinatische Gegenwart Gottes läßt sich auch durch die Sünde Israels nicht vertreiben: Im Zusammenhang mit Lev 16,16 wird in bYom 56b–57a gesagt: „Auch wenn die Israeliten verunreinigt sind, ist die Schekhina mit ihnen." Von welch religiös-existentialem Gewicht die Vorstellung von der Schekhina war, deutet ein Ausspruch in bSahb 63a an: „Wenn zwei Tora-Gelehrte nicht aufeinander hören, verursachen sie, daß sich die Schekhina von Israel entfernt" (hitp. v. *slq*). Nach mAv 3,2 ist die Schekhina „zwischen" bzw. „mitten unter" jenen, die sich um die Tora bemühen; sie ist sogar anwesend, wenn sich einer allein mit der Tora beschäftigt. Im Zusammenhang mit der Schekhina werden im allgemeinen keine Befürchtungen vor unziemlichen Anthropomorphismen laut. So ist vom Antlitz (yBer 5,1; yHag 1,1; bBB 10a), den Schwingen (bShab 31a) und den Füßen der Schekhina (bBer 43b; bHag 16a) die Rede. Da ja „die Hauptsache der Schekhina unten ist" (BerR 19.13; Tan naśśo 12 zu Num 7,1; Schäfer 233), geht es den Rabbinen darum, Erd- und Israelzugewandtheit auch plastisch zum Ausdruck zu bringen.

Die Rabbinen warnen anderseits immer wieder vor gefährlichen, zur Überheblichkeit führenden Gottesspekulationen (mHag 2,1). Der Mensch soll auch vor der Schekhina Respekt und Abstand behalten und nicht hinter sie gelangen und in die Gottheit hineinschauen wollen. In bKet 111b wird warnend auf Dtn 4,24 hingewiesen: „Denn der Ewige, dein Gott, ist ein verzehrendes Feuer." Dann wird gefragt: „Ist es denn möglich, der Schekhina anzuhangen *(ledabbeq baššekîna)*?" Statt einer Antwort wird gesagt, man solle jene Menschen fördern, die sich um die Tora bemühen. Dies werde einem angerechnet, „wie wenn man der Schekhina anhangen würde". Die rabbinische Scheu vor dem spekulativen Schauen hinter die Schekhina ins innergöttliche Leben hinein wird in der Kabbala vielfach fallengelassen. Die Schekhina wird nun zur untersten, erdnächsten Sefira. Sie wird auch „Herrschaft" genannt und mit David, dem Sabbat, dem Heiligen Geist und der mündlichen Tora verbunden. Der die Tora in ihrem zuinnerst gemeinten Sinn erfüllende Kabbalist pflanzt den Sefirôt-Baum in die Erde, wobei die Schekhina/Herrschaft als unterste Sefira zum Wurzelwerk wird. Diese Vorstellung kommt der Herrschaft-Gottes-Verkündigung Jesu nahe (vgl. Mk 4,26–29.30–32).

Anwendung für die christologische Ausdrucksweise

Die von den Rabbinen schekhinatisch gedeuteten Stellen der hebräischen Bibel weisen auf die Kondeszendenz Gottes hin. Damit wird Schekhina zu einem möglichen Interpretament der christlichen Theologie und Verkündigung. Num 11,17 und seine targumische Deutung können eine mögliche Adaptation aufzeigen. Num 11,17 steht im Zusammenhang mit der Erwählung der 70 Ältesten zu Gehilfen des Mose. Gott befiehlt, sie vor das Bundeszelt zu bringen, und sagt dann zu Mose: „Dann werde ich herniedersteigen *(yrd)* und dort mit dir reden. Ich werde etwas vom Geist nehmen, der über dir ist, und werde ihn auf sie legen ..." Der Targum PsJ aktualisiert dies so: „Dann werde ich mich offenbaren in der Pracht meiner Schekhina und dort mit dir reden. Ich werde den Geist der Prophetie vermehren und ihn auf sie legen ..." Die Verwandtschaft zwishen Schekhina-Vorstellungen und Traditionen über den Heiligen Geist, die Gabe der Prophetie (teilweise auch mit dem „Wort“ und der „Herrlichkeit“ Gottes) sind auch an anderen Stellen belegt, besonders in Targum-Stellen über das Bundeszelt, dieses „Haus der Schekhina“ (so TPsJ zu Num 11,24 u.ö.). Aus diesen Voraussetzungen heraus kann man die Schilderung des urkirchlichen Pfingstfestes (Apg 1,15–26: Wahl des Matthias; Apg 2,1–42; Herabkunft des Geistes, Predigt des Petrus) schekhinatisch deuten. Wo immer im Neuen Testament von der Herabkunft oder dem Ruhen des Geistes Gottes die Rede ist, kann man von Schekhina reden. Wenn Jesus sich in der Synagoge von Nazaret auf den laut Jes 61,1f auf dem Gesalbten ruhenden Geist beruft, dann ist seine Predigt schekhinatisch interpretierbar. In 2 Kor 3,17 heißt es bezüglich des erhöhten Christus: „Jetzt ist der Herr der Geist!“ In targumischer Diktion würde der Vers lauten: „Jetzt ist der Herr die Schekhina.“ Damit ist der Weg frei, die Christologie und Pneumatologie von den Schekhina-Traditionen der Rabbinen her zu deuten bzw. die Schekhina-Traditionen für die Christologie und Pneumatologie in Dienst zu nehmen. Diese Zugänge vom rabbinischen Schekhina-Verständnis her müssen jedoch vorsichtig und ohne synkretistische oder das jüdische Glaubensverständnis vereinnahmende Nebenabsichten betreten werden.

↗ Bund; Christus/Christologie; Dreifaltigkeit; Gott; Inkarnation; Wochenfest/Pfingsten.

Literatur: *Hp. Ernst*, Die Schekhina in rabbinischen Gleichnissen, JudChr 14, Bern 1994; *A. Goldberg*, Untersuchungen über die Vorstellung von der Schekhinah in der frühen rabbinischen Literatur (SJ 5), Berlin 1969; *P. Kuhn*, Gottes Selbsterniedrigung in der Theologie der Rabbinen, München 1968; *M. E. Lodahl*, Shekhinah/Spirit, Divine Presence in Jewish and Christian Religion, New York 1992; *Peter Schäfer*, Die Vorstellung vom Heiligen Geist in der rabbinischen Literatur, München 1972. T

Schema' Jisrael

Inhalt und Bedeutung

Schema' Jisrael sind die zwei hebräischen Anfangsworte von Dtn 6,4: „Höre, Israel! Der Herr ist unser Gott, der Herr ist einzig“, mit denen eine Zusammenstellung von drei biblischen Perikopen (Dtn 6,4–9; 11,13–21; Num 15,37–41), die in der jüdischen Liturgie das Glaubensbekenntnis im täglichen Morgen- und Abendgebet darstellen, anfängt. Die erste Perikope wird auch im Nachtgebet gesprochen, und es ist der Wunsch eines jeden frommen Juden, auf dem Sterbebett mit Dtn 6,4 auf den Lippen seinen Geist aushauchen zu können. Denn das Schema' Jisrael wird sozusagen als Losung des ethischen Monotheismus und als Erklärung von Israels Treue zu Gott verstanden. Im rabbinischen Schrifttum wird das zweimal tägliche Sprechen des Schema' Jisrael – wegen Dtn 6,7 – als biblisches Gebet aufgefaßt. Die drei Bestandteile werden aufgrund ihres Inhalts mit folgenden Namen belegt: Dtn 6,4–9; „Das Aufsichnehmen des Jochs der göttlichen Herrschaft“; Dtn 11,13–21: „Das Aufsichnehmen des Jochs der Gebote“; Num 15,37–41: (Die Erinnerung an den) Auszug aus Ägypten“ (mBer 2,2; 1,5).

Geschichte

Zur Zeit des zweiten Tempels, bei dem Wortgottesdienst, den die Jerusalemer Priester zusätzlich zu dem Opferdienst des Morgens abhielten, waren auch die Zehn Gebote (Ex 20,1–17) ein Bestandteil des Schema' Jisrael (mTam 5,1). Dem Wunsch, diesen Brauch auch in den Synagogen außerhalb des Tempels einzuführen, traten die Schriftgelehrten entgegen mit der Begründung, daß eine derartige Hervorhebung der Zehn Gebote die Häresie derjenigen Minim unterstützen würde, die behaupteten, daß nur die Zehn Gebote, nicht aber die anderen Gebote der Tora, von Gott am Berge Sinai offenbart wurden (bBer 12a; yBer I,8/3c). Das tägliche Sprechen des Schema' Jisrael wird auch von Flavius Josephus (Ant 6,212f) auf Mose zurückgeführt, genau wie es im Talmud als biblisches Gebot vorausgesetzt wird. Dabei ist vom wissenschaftlichen Standpunkt aus mit einer allmählichen Entwicklung dieser Rubrik zu rechnen. So ist z.B. aus bBer 14b ersichtlich, daß, während in den ersten christlichen Jahrhunderten Num 15,37–41 ein Bestandteil des abendlichen Schema' Jisrael bei den babylonischen Juden war, die palästinischen Juden diese Perikope nur beim Schema' Jisrael des Morgens sprachen. *Terminus a quo* des Schema' Jisrael ist immer noch ein Thema der wissenschaftlichen Diskussion. Immerhin scheint zur Zeit Jesu Dtn 6,4–9 schon lange eine hervorragende Stelle im jüdischen Leben eingenommen zu haben (vgl. Mk 12,28–30).

Liturgischer Rahmen

In volkstümlichen Beschreibungen der jüdischen Liturgie wird oft das Schema' Jisrael als „wichtigstes Gebet" des Judentums dargestellt. Diese Beschreibung trifft nicht ganz zu, weil ein Gebet etwas ist, das der Mensch zu Gott spricht, während das Schema' Jisrael etwas ist, das nach traditioneller Auffassung Gott zu den Menschen gesprochen hat. Richtig wäre es zu sagen, daß das Schema' Jisrael, das selbst kein Gebet ist, innerhalb des Morgen- und des Abendgottesdienstes in einem liturgischen Rahmen gesprochen wird, der tatsächlich aus Gebeten besteht, und zwar aus Segenssprüchen *(berakhoth)*, in denen Gott als Schöpfer, Offenbarer und Erlöser gepriesen wird.

In der Apologetik

Das das Schema' Jisrael in seinem biblischen Sitz im Leben als israelitische Absage an den Polytheismus verstanden wurde, ist wahrscheinlich. Klar ist, daß von mittelalterlichen und modernen jüdischen Apologeten (so noch der britische Oberrabbiner Joseph H. Hertz in seinem 1941 erschienenen Kommentar zum jüdischen Gebetbuch) das Schema' Jisrael als Absage an die christliche Dreifaltigkeitslehre aufgefaßt wurde. Was weniger bekannt sein dürfte, ist die Tatsache, daß christliche Apologeten Dtn 6,4 gerade als *Beweis* für die Dreifaltigkeitslehre angeführt haben (vgl. z.B. Novatian, De Trinitate, Kap. XXX; siehe auch De Fide Cath. I, 4,11; PL 83,457). Ob nun Juden Dtn 6,4 als zwingenden Beweis gegen die Dreifaltigkeitslehre anerkennen oder nicht, braucht Christen, etwa bei einem Synagogenbesuch, nicht zu verunsichern.

↗ Dreifaltigkeit; Liturgie; Minim; Mose; Talmud.

Literatur: *I. Elbogen*, Der jüdische Gottesdienst in seiner geschichtlichen Entwicklung, Hildesheim [4]1962, 16–26. 99–105; *H. H. Henrix* (Hrsg.), Jüdische Liturgie, Geschichte – Struktur – Wesen, QD 86, Freiburg i. Br. 1979; *J. J. Petuchowski*, Gottesdienst des Herzens, Freiburg i. Br. 1981, 15–25. P

Schittuf

Begriff

Schittuf ist ein halakhischer Begriff, der die Art und Weise der Gottesverehrung wertet. Wörtlich: Verbindung, Zugesellung, Assoziierung, Vermischung, Vergesellschaftung. Seit dem frühen Mittelalter wird der Schittuf-Begriff zur Typisierung nichtjüdischer Religionen, besonders des Christentums und des Islams, benützt. Es geht um Religionen, die in jüdischer Beurteilung nicht als Götzendienst zu bezeichnen sind, in denen sich vielmehr Israelitisches und Heidnisches, Wahres und Falsches so miteinander verbunden haben, daß man von einer Abschwächung, Verdunkelung, Verunreinigung der wahren, absolut monotheistisch und monolatrisch aufgefaßten Sinaioffenbarung sprechen muß. Weil andererseits eine Schittufreligion nicht zu Polytheismus und Götzendienst entartet ist, ist sie nicht zu verurteilen, und es sind (Handels-)Kontakte mit ihren Vertretern möglich. Es ist nach mittelalterlicher halachischer Sicht begreiflich, daß nichtisraelitische Religionen Wahres und Falsches in sich bergen, da ihre Vertreter ja nicht auf dem Berge Sinai waren und nicht die Generationen überschreitende Verpflichtung unverfälschter israelitischer Gottesverehrung und Gebotserfüllung auf sich genommen haben. Das jüdische Volk muß demgegenüber ohne Abstriche auf die Verwirklichung des unverdunkelten sinaitischen Monotheismus bedacht sein und darf keine Zugeständnisse an heidnisch-religiöse Elemente in der Gottesverehrung machen.

Geschichtliche Herkunft

Die hinter dem Schittuf-Begriff befindliche religionsphilosophische Idee ist keine jüdische Erfindung. Der Kirchenvater Origenes (184–254) redete z.B. mit Respekt über den griechischen Philosophen Plato, tadelte ihn aber auch, weil er seine wahre Gottesverehrung mit Idolatrie vermengt habe (de Lange 66f). In der Spätantike war die Kategorisierung von Fremdreligionen als Amalgame von Wahrem und Falschem allgemein verbreitet. Sie fand besonders im Zusammenhang mit der rabbinischen Bibelauslegung (Midrasch) über die Geschichte von der Anbetung des goldenen Kalbes (Ex 32) Eingang in das religiöse jüdische Denken. Die Israeliten verehrten nach Ex 32,5.8 den Gott Israels in der Wüste auf falsche Weise, indem sie ein goldenes Kalb als sein Symbol werteten. Dazu sagte Rabbi Schimon bar Yochay: „Wer den Namen des Heiligen, gelobt sei er, mit einem Fremdkult vermischt *(sch-t-p)*, wird auf schwerste Weise schuldig" (Yalq 1,867). Israel muß sich demnach vor allen Formen des Synkretismus (Theokrasie, Baalismus) hüten und darf keinen synkretistischen Religionsformen zustimmen. Als besonders abzulehnen gilt die Vorstellung, Gott habe beim Schöpfungswerk die Hilfe eines Schuttaf, eines Gefährten, Begleiters, in Anspruch genommen. Dadurch werde die Allmacht und Einzigartigkeit des Schöpfers und der Schöpfung desavouiert (BerR 1,3: Gleichnis vom geteilten Ruhm).

Für die Beurteilung des Christentums wurde im Mittelalter besonders der in bHul 13b sich findende, auf Rabbi Yochanan von Tiberias (gest. 279 n.Chr.) zurückgehende Spruch wichtig: „Die Fremden *(nokhrîm)* außerhalb des Landes sind keine Götzendiener, sie halten sich vielmehr an das Brauchtum *(minhag)* ihrer Vorfahren." Die *nokhrîm* wurden in der Folgezeit als Vertreter nichtjüdischer Religionen und ihr *minhag* als ihre Glaubensüberzeugungen gedeutet. Während Mose ben Maimon (1135–1204) das Christentum als idolatrische Religion wertete (Ḥilkhot Avodat Kokhavim 9,4: nicht zensurierte Ausgabe), betrachtete Rabbi Menachem Meïri von Perpignan (1249–1316) die Christen (und die Muslime) nicht als Götzendiener, sondern als Menschen, die an Gottes Existenz, Einheit und Kraft glauben, wenn sie auch einige Punkte des jüdischen Glaubens mißverstehen (Katz 33–36. 121ff).

Bedeutung für den Dialog

Es ist für Christen notwendig zu wissen, daß sie von jüdischen halachischen Autoritäten nicht als Götzendiener und nicht als Polytheisten eingestuft, daß sie aber von jüdischer Seite an ihrer Treue zur Sinaioffenbarung gemessen werden. Damit erweist sich der Schittuf-Begriff als wichtiger Ausgangspunkt jedes weiterführenden jüdisch-christlichen Gesprächs. Beiden Gesprächspartnern kommt zustatten, daß auch die jüdische Religion vor der dauernden Gefahr steht, in eine Schittuf-Mentalität abzugleiten. Diese Gefahr war den rabbinischen Autoritäten bei ihren Predigten und Diskussionen bewußt. Auch im Christentum weiß man, daß sich im Verlauf der Geschichte zuviel an *„sacro Paganismo"* im christlichen Lehr- und Verkündigungsgebäude eingenistet hat. Rückkehr zu den „israelitischen Konturen" tut also not. Die dem Christentum aufgetragene Verkündigung an alle Völker (Mt 28,16–20) erforderte eine dauernde Anpassung an religiöse Vorstellungen dieser Völker. Diese Inkulturation muß den Rückbezug zum Sinaiereignis bewahren. Juden und Christen bleibt trotz verschiedenem heilsgeschichtlichem Auftrag die Verpflichtung, die Offenbarung am Berge Sinai nicht durch zu weitgehende Kompromisse zu veruntreuen. Christliche Theologen müssen auch in ihrer christologischen Wortwahl auf der Hut sein. Die Aussage, Christus sei „der Gefährte Gottes" (Schûttaf) bei der Schöpfung der Welt gewesen, erweist sich als mißverständlich und falsch.

↗ Bilder/Bilderverbot/Bilderverehrung; Dialog; Gesetz; Gott; Götzendienst; Noachidische Gebote; Offenbarung.

Literatur: *J. Katz*, Exclusiveness and Tolerance, Oxford 1961; *N. R. M. de Lange*, Origen and the Jews, Cambridge 1966; *C. Thoma*, Die theologischen Beziehungen zwischen Christentum und Judentum (Grundzüge 44), Darmstadt 1982. T

Scho 'a

↗ Holocaust.

Schöpfer/Schöpfung

Jüdisch-christliche Gemeinsamkeiten

In der jüdischen und in der christlichen Tradition geht es in fundamentaler Glaubensaussage darum, die Schöpfung (Kosmos, Pflanzen, Tiere, Menschen, himmlische Wesen) nicht autonom und absolut zu betrachten, sondern bezogen auf den allmächtigen und allgütigen Schöpfergott. Folgende Punkte sind beiden Traditions- und Glaubensgruppen unentbehrlich:

a) Die ganze Schöpfung verdankt ihr Dasein restlos der freien überragenden Tat Gottes, der dafür zu preisen ist. Vgl. z.B. Offb 5,11: „Würdig bist du, Herr, unser Gott, zu empfangen Ruhm, Ehre und Kraft, denn du hast das All erschaffen, und durch deinen Willen wurden alle Wesen ins Dasein gebracht." Der Gott Israels und der Christen „strahlt" also „von reiner Weltlichkeit" (Gottfried Keller). Nach BerR 5,1 wird der Schöpfer bisweilen von der stummen Natur *mehr* gepriesen als von den redenden Menschen.

b) Als Produkt Gottes ist die Schöpfung vom Ursprung und von ihrem Wesen her gut, ja sehr gut (Gen 1,1–2,4; Ps 8; 19; 24; 33; 93; 96; 104; Sir 42,15–43,8). Wer den Ursprung und die Zustände der Welt von Grund auf als verdorben und schlecht einschätzt, der begeht die Blasphemie, auch den Schöpfer als schlecht zu werten.

c) Die ganze Schöpfung – inklusive die himmlischen Geister – ist auf den

Menschen hin angelegt, und der Mensch selbst ist auf Gott hin ausgerichtet. Die Schöpfung hat also eine vom Schöpfer gewollte Sinn- und Zielrichtung. Als „Bild“ Gottes (Gen 1,26f; 9,6) ist der Mensch der Gott gegenüber verantwortliche Sachwalter, der seine Herrscherfunktion nicht absolutistisch wahrnehmen darf (vgl. 2 Kor 4,4). Wenn er die Schöpfung verdirbt und zerstört, wird er verworfen. Gott werde im Eschaton alle Diener belohnen, die seinen Namen ehren, und er werde „alle verderben, die die Erde verderben“, lautet Offb 11,18. Wie dringlich und wie weit verzweigt die Aktualisierung aller angedeuteten Relationen zwischen Schöpfer und Schöpfung ist, ergibt sich vor allem daraus, daß Gott keine fertige, abgeschlossene und unbewegliche Welt erschuf, sondern eine zu bearbeitende, eine werdende, eine zu verbessernde, eine zur Vollendung zu führende Welt. In der Hebräischen Bibel und im Judentum wird die Glaubensüberzeugung von der vom Menschen stets neu zu gestaltenden, von den Unheilsfolgen der menschlichen Sünde zu reinigenden und stets besser auf das Wohl des Menschen hinzuordnenden Welt besonders deutlich zum Ausdruck gebracht. Die heiligen Schriften seien für die weltlich-humanen Aufgaben das maßgebliche, zur „Textualität“ gebrachte, verpflichtende Modell (Fishbane). Nach den Hilleliten (einer Schule der Pharisäer zur Zeit des Neuen Testaments) führte Hillel (gest. ca. 20 v.Chr.) deswegen den Prosbul (eine Adaptierung biblischer Vorschriften zu dem Zwecke, daß den Armen daraus kein Nachteil erwächst) ein, „um die Welt wiederherzustellen“ (mGit 4,3). Nach der lurianischen Kabbala ist der *tiqqûn ha-ʿôlam* (die Wiederherstellung und Vervollkommnung der Welt) die besondere, heilsgeschichtlich-dringende Aufgabe des Volkes der Juden, damit Gott das Endheil herbeiführe.

Antignosis

Die Kirchenväter betrachteten nicht das Judentum als Hauptfeind des Christentums, sondern die Gnosis, die sich ab dem 1./2. Jahrhundert n.Chr. als „Weltreligion“ und als „Sekte“ in Syrien, Kleinasien, Ägypten und Mesopotamien etabliert hatte. Ähnlich betrachteten die Rabbinen die Gnosis und gnosisähnliche Strömungen als höchste Gefahr für den jüdischen Glauben; vom Christentum nahmen sie in den ersten drei Jahrhunderten nur wenig Notiz. Jedenfalls kam es zu keiner antignostischen Koalition zwischen Rabbinen und Kirchenvätern. Aber die Gründe gegen die Gnosis waren jüdischer- und christlicherseits dieselben: Es ging um die Verteidigung des Schöpfers, der Schöpfung, des Menschen und der Heilsgeschichte gegen radikale Pervertierungen. Unter Gnosis verstehen wir eine in der Spätantike dominante Protest-Weltanschauung, nach der die Welt böse und unter der Herrschaft feindlicher Mächte stehend gewertet wurde. Die Gnostiker unterschieden ferner zwischen dem unbekannten, absolut transzendenten und von keiner geschichtlichen Religion erreichbaren Gott der Fülle *(plērōma)* und dem mehr oder weniger bösen, tückischen und überheblichen Schöpfer (Demiurg), der meistens mit dem Gott der Hebräischen Bibel gleichgesetzt wurde. Sich selbst betrachteten die Gnostiker als mit dem Gott der Fülle naturhaft verbunden. Es gehe darum, zur eigenen Göttlichkeit zu erwachen bzw. den göttlichen Funken in sich zu spüren, dann sei diese „Erkenntnis“ die Erlösung bzw. die Vereinigung mit dem plērōma. Unentbehr-

lich für die Gnostiker war u.a. ein Mythos, der von einem vorweltlichen Fall der Himmelsmächte und Menschen erzählt, der es dem Demiurgen oder mehreren Archonten (Herrscher der Welt) ermöglichte, den Menschen und die Zielhaftigkeit der menschlichen Geschichte von innen heraus zu depravieren (Rudolph).
Die frühkirchlichen Häresiologen (Irenäus von Lyon: um 180 n.Chr.; Tertullian: um 200 n.Chr.; Eusebius von Cäsarea: 264–340 u.a.) beschäftigten sich hauptsächlich mit der Abwehr gegen die Gnosis. Ähnlich gibt es eine Fülle von rabbinischen Midraschim, Gleichnissen und Anekdoten, deren Hauptton antignostisch ist (Thoma). Im Judentum sah man in der Gnosis vor allem das Wiederaufleben des gott- und judentumfeindlichen Dualismus, den schon Deuterojesaja als Hauptgefahr für das Volk Gottes erkannt hatte (Jes 45,7). Um diese Gefahr täglich zu bannen, heißt es im jüdischen Morgengebet: „Weltenherrscher, Bildner des Lichts und Schöpfer der Finsternis. Stifter des Friedens und Schöpfer des Alls, der in Barmherzigkeit das Licht leuchten läßt für die Erde und ihre Bewohner und der in seiner Güte jeden Tag beständig das Werk der Schöpfung erneuert. ‚Herr, wie groß sind deine Werke' (Ps 92,6)! Sie alle hast du mit Weisheit geschaffen. Voll ist die Erde von deinen Gütern" (Petuchowski 17).

Judentum und Christentum als Religionen der Weltlichkeit

Unserer Zeit ist die theologische, religiöse und ökologische Aufgabe übertragen, die Hebräische Bibel, das Neue Testament, die Kirchenväter und die Rabbinen nach ihrer Schöpfungsethik und nach ihrer Haltung gegen die Feinde des Schöpfers und der Schöpfung zu befragen und daraus Schlüsse für heute zu ziehen. Die daraus gewonnenen Erkenntnisse können hellhörig machen, die Bewahrung der Welt und die Humanisierung des menschlichen Lebens als primäre jüdisch-christliche Aufgabe zu betrachten. Das jüdische und das christliche Denken muß von Welthaftigkeit geprägt sein. Zuerst sind wir alle Menschen und Geschöpfe Gottes und erst dann Vertreter verschiedener religiöser Traditionen. Wir dürfen uns daher nicht weiterhin in Religionsrivalitäten erschöpfen, sondern müssen uns die jüdisch-christliche Maxime vor Augen halten, daß der Mensch nicht um der Religion willen da ist, sondern die Religion um des Menschen willen (2 Makk 5,19; Mk 2,27). Die Gnosis, dieser „metaphysische Antijudaismus und Antichristianismus", deren Verästelungen bis in die moderne Zeit hineinreichen, zeigt uns, daß die Verächter von Schöpfer und Schöpfung die zentralen Feinde von Judentum und Christentum sind. Hinter der Rassentheorie Hitlers verbargen sich gnostische Denkweisen.

↗ Antijudaismus; Neues Testament; Partikularismus und Universalismus; Pharisäer.

Literatur: *M. Fishbane*, Biblical Interpretation in Ancient Israel, Oxford 1985; *J. J. Petuchowski*, Gottesdienst des Herzens. Eine Auswahl aus dem Gebetsschatz des Judentums, Freiburg i.Br. 1981; *K. Rudolph*, Die Gnosis. Wesen und Geschichte einer spätantiken Religion, Leipzig 1977; *G. Scholem*, Studien zur jüdischen Mystik (Judaica 3), Frankfurt a.M. 1970; *C. Thoma*, Rabbinische Reaktionen gegen die Gnosis, in: Jud. 44 (1988) 2–14; *ders. / S. Lauer*, Die Gleichnisse der Rabbinen. Zweiter Teil. Von der Erschaffung der Welt bis zum Tod Abrahams: BerR 1–63, JudChr 13, Bern 1991. T

Schulchan 'Arukh

Begriff

Der *Schulchan 'Arukh* (wörtlich: „Gedeckter Tisch") ist ein im 16. Jahrhundert von Rabbi Joseph Karo (geb. 1488 in Spanien, gest. 1575 in Palästina)

verfaßter Gesetzeskodex, der für die jüdische Orthodoxie bis zum heutigen Tag im Prinzip als entscheidend gilt, in der Praxis aber oft von den autoritativen Kommentatoren nicht ganz im Sinn seines Verfassers behandelt wird.

Anordnung

Weder Bibel noch Talmud bringen die in ihnen enthaltenen Gesetze in völlig thematischer Anordnung; und im Talmud werden viele Fragen offengelassen. Der von R. Isaak Alfasi im 11. Jahrhundert verfaßte Kodex folgte noch der Anordnung des Talmuds, wenn er auch die Entscheidungen seines Verfassers enthielt. Mose ben Maimon im 12. Jahrhundert wich von der talmudischen Reihenfolge der Gesetze ab und schuf in seinem 14bändigen Kodex „Mischne Tora" eine logische und thematische Anordnung der gesamten Vorschriften von Bibel und Talmud, wobei er sowohl die zu seiner Zeit noch anwendbaren wie auch die auf biblische (und messianische?) Zeiten beschränkten Gesetze aufnahm. R. Jakob ben Ascher, ein von Deutschland nach Spanien eingewanderter Rabbi im 13. und 14. Jahrhundert, verfaßte in Anlehnung an den Kodex des Mose ben Maimon, sich aber auf die zu seiner eigenen Zeit noch anwendbaren biblishen und rabbinischen Gesetze beschränkend, einen nach einem neuen Schema aufgebauten Kodex, den er *Arba'ah Turim* („Vier Reihen", nach den vier Reihen von Edelsteinen auf dem Brustschild des biblischen Hohenpriesters) nannte. Diese „vier Reihen" sind: 1. *Orach Chajjim* („Weg zum Leben", Ps 16,11), in dem hauptsächlich liturgische Vorschriften enthalten sind; 2. *Joreh De'ah* („Lehrer der Erkenntnis", Jes 28,9), wo die Speisegesetze, die levitischen Reinheitsgesetze und andere rituelle und moralische Vorschriften behandelt werden; 3. *Ebhen Ha'eser* („Stein der Hilfe", 1 Sam 4,1), in dem die Ehe- und Scheidungsgesetze dargestellt werden; und 4. *Choschen Mischpat* („Brustschild des Rechts", Ex 28,15), das dem Zivilrecht gewidmet ist. Zu diesen „Vier Reihen" des R. Jakob ben Ascher schrieb nun im 16. Jahrhundert Rabbi Joseph Karo einen recht ausführlichen Kommentar, den er *Beth Joseph* („Das Haus des Joseph") nannte.

Der Kommentar „Beth Joseph" war für die Gelehrten bestimmt und ist den Laien nicht leicht verständlich. Um aber auch die Laien zu berücksichtigen, damit sie nicht – wie es im Vorwort zum „Schulchan 'Arukh" heißt – bei jeder kleinen praktischen Frage gleich zum Rabbiner laufen, verfaßte R. Joseph Karo einen volkstümlichen Auszug aus dem Kommentar „Beth Joseph" und nannte diesen Auszug „Schulchan 'Arukh" („Gedeckter Tisch"). Dieser „Gedeckte Tisch" folgt daher in seiner Anordnung und in seiner Kapiteleinteilung den „Vier Reihen" des R. Jakob ben Ascher, obwohl Karos eigene Entscheidungen teilweise von denen des R. Jakob ben Ascher abweichen. Karo machte es sich nämlich zum Entscheidungsprinzip, sich bei Meinungsunterschieden bei seinen Vorgängern Alfasi, Mose ben Maimon und Jakob ben Ascher immer der Mehrheit gegen die Minorität anzuschließen.

Bedeutung

Während der Schulchan 'Arukh als volkstümliches Handbuch für die Laien bestimmt war, verlangte Karo von den Gelehrten, daß sie gesetzliche Fragen nicht nach seinem Kodex entscheiden, sondern ihre Entscheidungen nur nach erneutem Studium der klassischen Quellen fällen. Dennoch haben viele orthodoxe Rabbiner der Neuzeit diesen Wunsch Karos nicht erfüllt und haben im Gegenteil oft den Schulchan 'Arukh – wie es manchmal im 19. Jahrhundert von den reformierten Gegnern der jüdischen Orthodoxie behauptet wurde – zum „papierenen Papst" gemacht. Ganz stimmte diese Bezeichnung nie, denn selbst in der jüdischen Orthodoxie gilt der Schulchan 'Arukh nicht als allerletztes Wort. Zunächst ist zu beachten, daß in liturgischen und rituellen Angelegenheiten viele Verschiedenheiten zwischen der Praxis der deutschen und polnischen Juden (der sog. Aschkenasim) und der Praxis der spanischen und portugiesischen Juden (der sog. Sephardim) bestehen. Karo kodifizierte die Praxis der Sepharadim. Für die aschkenasischen Juden wurde Karos „Gedeckter Tisch" erst durch den Kommentar *„Mappah"* (d.h. „Tischdecke") des Krakauer Rabbiners Mose Isserles (ca. 1510 – ca. 1572) brauchbar gemacht. In diesem Kommentar heißt es oft zu den von Karo gefällten Entscheidungen: „Aber in diesen Ländern (d.h. bei den Aschkenasim) wird es nicht so gemacht." Dazu kommt, daß, wenn ein heutiger orthodoxer Rabbiner behauptet, nach dem Schulchan 'Arukh zu entscheiden, er nicht nur den Kommentar von Isserles mit einbezieht, sondern seine Entscheidungen auch noch von weiteren autoritativen Kommentatoren abhängig macht. Die Dialektik der fortlaufenden talmudischen Diskussion ist daher durch den Schulchan 'Arukh zu keinem Stillstand gebracht worden. Da sich aber seit dem 19. Jahrhundert die Gegner aller vorgeschlagenen Neuerungen im religiösen Leben der Juden stets auf den Schulchan 'Arukh berufen haben, gilt er in religiös-liberalen jüdischen Kreisen als Symbol des religiösen Stillstands, so daß man bis jetzt im reformierten Judentum von einer Aufstellung von Vorschriften für die religiös-liberale Praxis Abstand genommen hat – aus Furcht, „einen neuen Schulchan 'Arukh heraufzubeschwören".

Polemik und Apologetik

Erfreut sich der Schulchan 'Arukh im religiöse-liberalen Judentum keiner großen Popularität, so haben sich anderseits Antisemiten oft auf ihn berufen, um mit gefälschten oder aus dem Zusammenhang gerissenen Zitaten zu „beweisen", daß das Judentum moralisch minderwertig und menschenfeindlich ist. Eine ganze polemische und apologetische Literatur ist somit in der Neuzeit auf der Basis des Schulchan 'Arukh entstanden – wobei bemerkt werden soll, daß sich bei der Verteidigung des Schulchan 'Arukh gegen antisemitische Angriffe die religiös-liberalen jüdischen Gelehrten ganz auf die Seite der orthodox-jüdischen Verteidiger des Schulchan 'Arukh stellen.

↗ Antijudaismus; Autorität; Gesetz; Liberales Judentum/Reformjudentum; Orthodoxes Judentum; Reinheit/Reinheitsgesetze; Speisegesetze; Zeremonialgesetz.

Literatur: *S. Bäck*, Die religionsgesetzliche Literatur der Juden; Trier 1893; *J. S. Bloch*, Israel und die Völker, Wien 1923; *D. Hoffmann*, Der Schulchan-Aruch und die Rabbinen über das Verhältnis der Juden zu Andersgläubigen, Berlin ²1894; *Ch. Tschernowitz*, Die Entstehung des Schulchan-Aruch, Würzburg 1915. P

Septuaginta

↗ Apokryphen; Bibel; Hellenismus.

Speisegesetze

Bedeutung

Unter den Observanzen des Judentums spielt die Einhaltung der biblischen und rabbinischen Speisegesetze eine erhebliche Rolle, da diese Gesetze die Religion in das alltägliche Leben der gesetzestreuen Juden bringen.

Biblische Speisegesetze

Abgesehen von den Anordnungen, die mit dem Opferkult und der landwirtschaftlichen Gesetzgebung verbunden waren, haben die biblischen Speisegesetze, wie aus Lev 11 und Dtn 14 ersichtlich ist, folgende Bestandteile:

a) Unter den Säugetieren sind nur die Wiederkäuer mit gespaltenen Hufen zum Genuß erlaubt. Diese Tiere müssen *beide* Eigenschaften haben. Hat ein Tier gespaltene Hufe, ist aber kein Wiederkäuer, wie z.B. das Schwein, gilt es als verboten.

b) Fische müssen Schuppen und Flossen haben, um zum Essen erlaubt zu sein. Andere Seetiere, wie z.B. Hummern und Austern, gelten als verboten.

c) Bei Geflügel werden die verbotenen Arten, größtenteils Raubvögel, aufgezählt. Erlaubt sind z.B. Hühner, Enten und Gänse.

d) Streng verboten ist jeglicher Blutgenuß (Lev 3,17; 17,10ff; Dtn 12,16).

e) Der Genuß von Aas (d.h. Tiere, die tot aufgefunden werden) und „Zerrissenem" (d.h. von anderen Tieren getötete Tieren) ist untersagt (Ex 22,30; Lev 17,15; 22,8).

f) Dreimal (Ex 23,19; 34,26; Dtn 14,21) wird in der Bibel das Kochen eines Böckleins in der Milch seiner Mutter verboten.

g) Am alljährlichen Pesachfest darf nur ungesäuertes Brot gegessen werden. Auch heißt es, daß bei den Israeliten nichts Gesäuertes und kein Sauerteig während der sieben Tage des Festes gesehen werden darf (Ex 13,7).

h) Der in Gen 32,33 erwähnte altisraelitische Brauch, den Muskelstrang über dem Hüftgelenk eines Tieres nicht zu essen, wird im traditionellen Judentum als biblisches Verbot verstanden.

Rabbinische Speisegesetze

Die Rabbinen im klassischen Zeitalter des Rabbinismus hätten gewiß verneint, daß sie die biblischen Speisegesetze durch zusätzliche Erschwerungen erweitert haben. Sie hielten sich für bloße Ausleger und Interpreten der biblischen Speisegesetze. Immerhin kann der unbefangene Leser in der rabbinischen Literatur Bestandteile der Speisegesetze finden, die in den biblischen Schriften nicht ausdrücklich erwähnt sind. Es handelt sich um:

a) die Forderung, daß das erlaubte Tier auf besondere Art (*schechitah* genannt) geschlachtet wird, so daß das Tier so schnell und schmerzlos wie möglich stirbt und auch eine große Ausblutung gleich bei der Tötung erfolgt. Diese Methode soll nach rabbinischer Auffassung (bHul 28a) bereits in den biblischen Worten „wie ich dir befohlen habe" (Dtn 12,21) angedeutet sein. Wird ein Tier auf andere Art getötet, dann gilt es als ein „Zerrissenes" (Hebr.: *terephah*) und darf von Juden nicht gegessen werden. (Zum Essen geeignetes Fleisch heißt *kascher* oder im Volksmund: *koscher*.)

b) Nach dem Schlachten muß das Tier, besonders die Lungen, untersucht werden, um festzustellen, ob es ein gesundes oder ein krankes Tier war, das auch ohne die *schechitah* bald gestorben wäre. Im letzteren Fall würde es *terephah* sein.

c) Bevor das Fleisch gekocht oder gebraten werden kann, muß eine weitere Entfernung des Blutes stattfinden, die durch Salzen und wiederholtes Waschen mit Wasser erreicht wird.

d) Weitreichend ist die rabbinische Auslegung des Verbots, ein Böcklein in der Milch seiner Mutter zu kochen.

Da das Verbot dreimal geschrieben steht, lehrten die Rabbinen, daß es sich hier nicht nur um ein in der Milch seiner Mutter gekochtes Böcklein handelt, sondern um jede Mischung von irgendwelchem Fleisch mit Milch. Eine solche Mischung darf weder hergestellt noch gegessen werden. Ist sie unbeabsichtigt entstanden, darf man keinen Nutzen von ihr haben. Auch dürfen Fleisch- und Milchspeisen nicht bei derselben Mahlzeit serviert werden. In einem rituell geführten jüdischen Haushalt gibt es verschiedene Töpfe, Geschirr und Bestecke für Fleisch- und Milchspeisen, wie auch eine Wartezeit zwischen dem Essen einer Fleischspeise und dem Essen einer Milchspeise (aber nicht umgekehrt) verlangt wird.

e) Die Vorsicht, am Pesachfest nichts Gesäuertem ausgesetzt zu sein, führt zu der Forderung, daß man für das Pesachfest besonderes Geschirr, Töpfe und Bestecke (für je „fleischig" und „milchig") hat, wie auch, daß die am Pesachfest zu genießenden Eßwaren unter besonderer rabbinischer Aufsicht hergestellt werden, damit nichts „Gesäuertes" versehentlich beigemischt wird.

Motive und Entwicklung

Die verschiedensten Theorien über die Entstehung der Speisegesetze sind im Umlauf – von der Annahme hygienischer Gründe (es soll doch im Nahen Osten so heiß sein; vom Schweinefleischessen bekommt man Trichinosis usw.) bis zur psychoanalytischen Vermutung, daß es sich bei den verbotenen Tieren um die ehemaligen Totemtiere der primitiven israelitischen Stämme handelt. Diese Theorien, mögen einige von ihnen auch das Richtige treffen, übersehen den Stellenwert der Speisegesetze in der jüdischen Religion. Was immer auch der Ursprung – oder besser: die Ursprünge – der Speisegesetze sein mag, der einzige Grund, den die Bibel selbst für diese Gesetze angibt, ist die Forderung, daß die Israeliten „heilig" sein sollen, wobei „heilig" gleichbedeutend mit „abgesondert" und z.T. auch mit „asketisch" ist. Die Israeliten sollen sich vom Heidentum „absondern" und sich auch in der Selbstdisziplin üben. Speisegesetze gab es übrigens auch bei den Priestern verschiedener anderer Völker in der Antike. Was die jüdischen Speisegesetze einzigartig macht, ist die Tatsache, daß sie dem ganzen Volk auferlegt wurden, das ja „ein Reich von Priestern und ein heiliges Volk" (Ex 19,6) sein soll. Vielleicht gab es sogar auch in Israel Speisegesetze, auf die zunächst nur die Priesterschaft verpflichtet war, die dann aber als Verpflichtung für das ganze Volk verstanden wurden (vgl. Ez 44,31 mit Lev 17,15).

Die Tendenz, priesterliche Weihe für das ganze Volk zu beanspruchen, ist besonders im rabbinischen Zeitalter bemerkbar, in dem vielleicht auch die Angst vor Mischehe und Polytheismus die gesellschaftliche Abgrenzung von dieser Umwelt als Notwendigkeit erscheinen ließ. Das mag zu einigen Erschwerungen der biblischen Speisegesetze geführt haben. Immerhin waren sich die Rabbinen des Heiligungszwecks der Speisegesetze bewußt, so wenn z.B. der babylonische Rabh (3. Jh. n.Chr.) lehrte: „Die Gebote wurden nur deshalb gegeben, um die Menschen zu läutern. Denn warum sollte sich Gott darum kümmern, wie man ein Tier schlachtet? ... Du siehst also, daß diese Gebote nur den Zweck haben, die Menschen zu läutern" (BerR 44,1, hrsg. von Theodor-Albeck, S. 424f).

Bedeutung für heutige Juden

Im orthodoxen Judentum gelten sowohl die biblischen wie auch die rabbinischen Speisegesetze als von Gott geoffenbart und daher als ausnahmslos verbindlich. Im Prinzip gelten sie auch im konservativen Judentum amerikanischer Prägung, obwohl sich das konservative Rabbinat bemüht hat, in gewissen Einzelheiten einige Erleichterungen zu schaffen. Das radikale Reformjudentum hat bereits im 19. Jahrhundert die Verbindlichkeit der Speisegesetze abgelehnt, da es sich bei ihnen – nach der reformierten Auffassung – um einen Begriff der priesterlichen Heiligung handelt, der dem modernen religiösen Bewußtsein nicht mehr entspricht und es bei dem sog. „Zeremonialgesetz“ ohnehin um menschliche, nicht von Gott selbst geoffenbarte Institutionen geht. In weniger radikalen Richtungen innerhalb des reformierten Judentums wird es dem einzelnen überlassen, ob und wie weit er die Speisegesetze beobachtet, weil, selbst vom modernen Standpunkt aus gesehen, sich doch manches zur Befürwortung der Speisegesetze sagen läßt – wie z.B. das Positive der Selbstdisziplin, das Bewußtsein der geschichtlichen Tradition, die alle Juden verbindet, die Verklärung einer tierischen Funktion zu einem religiösen Akt, die Bereitschaft, einen Haushalt zu führen, in dem Juden aller religiösen Richtung zu Gast kommen können usw. Doch wird es dem einzelnen nicht vorgeschrieben, wie er die Speisegesetze zu beobachten hat, und er kann seine eigene Auswahl treffen. Es gibt liberale Juden, die alle traditionellen Speisegesetze auf sich nehmen sowohl im eigenen Haus wie auch auswärts. Andere beschränken sich auf die biblischen Speisegesetze. Wieder andere halten die biblischen und rabbinischen Speisegesetze nur im eigenen Haus, beschränken sich aber auswärts auf die biblischen Gesetze. Diese Auswahl wird heutzutage nicht nur von bewußt liberalen Juden getroffen, sondern auch von vielen Juden, die sich offiziell „orthodox“ oder „konservativ“ nennen mögen. Jedoch ist anzunehmen, daß sich die Mehrheit der nicht-orthodoxen Juden an gar keine Speisegesetze hält – obwohl hier und da eine gewisse Scheu vor Schweinefleisch weiterbestehen mag. Zwar ist das Schwein nur eins der vielen von der Bibel verbotenen Tiere, aber in der langen jüdischen Geschichte – auch schon zur Makkabäerzeit (vgl. 2 Makk 6,18–31) – ist die Abstinenz vom Schweinefleisch oftmals zum Kriterium der Treue zum monotheistischen Glauben geworden und hat auch wiederholt zum Martyrium geführt.

Christlich-jüdisches Gespräch

In der frühchristlichen Polemik gegen das pharisäisch-rabbinische Judentum scheinen die Speisegesetze eine große Rolle gespielt zu haben, weil das Beharren auf den Speisegesetzen für die Judenchristen und die Dispensierung der Heidenchristen von diesen Gesetzen eine Tischgemeinschaft der beiden Arten von Christen unmöglich gemacht hätte. So wurden schließlich die Speisegesetze aufgehoben (vgl. Mt 15,1–20; Apg 10,9–15), was ja auch ohnehin mit der allgemeinen christlichen „Befreiung vom Gesetz“ geschehen wäre. Jedoch sollten Perikopen wie Mt 15,1–20, in denen die Pharisäer angegriffen werden, weil sie die Speisegesetze höher als die moralischen Gesetze einschätzen, von heutigen Christen als geschichtlich bedingte Polemik der damaligen Zeit verstanden werden, in der Christen und Pharisäer einen Konkurrenzkampf führten, und nicht als objektive Beschreibung der pharisäischen Religion.

Vom jüdischen Standpuntk aus gesehen, begeht der heutige Christ (und der damalige Heidenchrist!) keine Sünde, wenn er Schweinefleisch und andere verbotene Speisen ißt, weil ja der rituelle Teil der sinaitischen Offenbarung gar nicht für die nichtjüdische Welt bestimmt war. Wird aber unter christlicher Ägide, etwa bei Gelegenheit eines christlich-jüdischen Gesprächs, eine gemeinsame Mahlzeit von Juden und Christen veranstaltet, empfiehlt es sich für die christlichen Gastgeber, den Anweisungen des Paulus in Röm 14,13–23 zu folgen und den jüdischen Gästen am besten eine vegetarische oder eine Fischmahlzeit zu bereiten.

↗ Abendmahl/Seder; Autorität; Bibel; Gesetz; Israel; Judenchristen; Liberales Judentum/Reformjudentum; Pesach/Ostern; Offenbarung; Orthodoxes Judentum; Tradition; Zeremonialgesetz.

Literatur: *S. Dresner / S. Siegel*, The Jewish Dietary Laws, New York 1959 (konservativ); *I. Grunfeld*, The Jewish Dietary Laws, 2 Bde., London / Jerusalem / New York 1972 (orthodox); *A. Wiener*, Die jüdischen Speisegesetze, Breslau 1895 (liberal). P

Staat Israel

Rang im Dialog

Ein Staat kann an sich nicht Thema eines innerreligiösen Dialogs sein. Daß der Staat Israel, ein am 14./15. Mai 1948 ausgerufener und von der UNO-Mehrheit (inkl. UdSSR) sanktionierter („Teilungsbeschluß" vom 29. Nov. 1947) jüdischer Staat im Land Israel, ein Thema des jüdisch-christlichen Dialogs ist, hängt zunächst damit zusammen, daß sowohl seine Ausmaße als auch seine soziale und religionsrechtliche Gestaltung Streitobjekte sind, über die sich Juden und Nichtjuden mit religiösen, historischen und politisch-sozialen Argumenten engagieren. Die Auseinandersetzungen werden durch Beiziehung biblischer Landverheißungen, durch arabische Besitz- und Rechtsansprüche, durch internationale Konflikte und durch das vom Holocaust mitgeprägte jüdische Selbstverständnis verschärft. Bei jüdisch-christlichen Begegnungen wird der Staat Israel oft (neben dem Holocaust) zum Schibbolet erklärt, an dem abgelesen werden könne, ob die Teilnehmer ernsthaft an der Sache Judentum – Christentum – Weltverantwortung interessiert seien. Um klärend wirken zu können, sind neben zeitgeschichtlichen Fragen auch historische und theologische Überlegungen in die Debatte zu bringen.

Historische Zusammenhänge

In seiner langen Geschichte existierte das jüdische Volk in der weitaus größeren Zeitspanne ohne selbständigen jüdischen Staat, nie jedoch ohne Bezug zum politischen Handeln und auch fast nie ohne Hoffnung auf eine unabhängige politisch-religiöse Existenz des Gesamtvolkes rund um Jerusalem herum. Als ideales Vor- und Leitbild allen jüdischen religiös-politisch-utopischen Denkens galt in allen Epochen der jüdischen Geschichte von der biblischen Zeit an bis ins 20. Jahrhundert hinein die davidisch-salomonische Monarchie (1000–920 v.Chr.). Der *erste* unabhängige jüdische Staat – wenn man Judentum als Gemeinschaft der Nachfahren des Stammes Juda mit dem Auftrag, ganz Israel in der Geschichte und vor Gott zu vertreten, auffaßt – wurde 142 v.Chr. vom Hasmonäer-Hohenpriester-Fürsten Simon ausgerufen (1 Makk 13–16). Die Unabhängigkeit konnte bis 63 v.Chr. (Eroberung Jerusalems durch Pompeius) bewahrt werden. Von da an bis zur Tempelzerstörung (70 n.Chr.) standen Judäa, Samarien und

Galiläa unter römischer Botmäßigkeit, wobei den Juden beschränkte politische und richterliche Rechte zugestanden wurden. Von 70–1948 n. Chr. hatten die Juden keinen Staat. Das sich ab 70 n. Chr. formierende und allmählich normativ werdende rabbinische Judentum war darauf bedacht, den Juden in Palästina und in der Diaspora ein ruhiges Gemeindeleben in tempel- und staatsloser Zeit zu ermöglichen. Als *Chavûra* (Genossenschaft) und *Yeschîva* (Lehrer-Schüler-Kreis) wollte es eine von der Halakha bestimmte „Gelehrtenrepublik" sein. Die Tora wurde – um ein Wort von Heinrich Heine zu gebrauchen – zum „transportablen Vaterland der Juden". Neben dieser Selbstbestimmung lief aber in Spätantike, Mittelalter und Neuzeit innerhalb des jüdischen Volkes immer das Bestreben einher, politisch tätig zu sein bzw. die eigene Gemeinschaft von den politischen entscheidenden Mächten und Religionsvertretern zur Geltung zu bringen. Als dann im 19./20. Jahrhundert der Zionismus um die Verwirklichung eines eigenen jüdischen Staates kämpfte, gab es immer auch prominente Juden (z. B. Walter Rathenau, 1867–1922, und Franz Rosenzweig, 1886–1929), die a-zionistisch oder antizionistisch dachten. Erst nach dem Holocaust wurde die Gründung eines jüdischen Staates als unausweichliche Notwendigkeit allgemein im Judentum erkannt und anerkannt, damit ein sicheres Refugium vor dem mörderischen Antisemitismus bestehe. Dennoch gibt es unter den heutigen Juden immer noch ultra-orthodox, konsequent reformierte und auch linkspolitisch ausgerichtete Gruppen, die – jede aus ihrer eigenen Ideologie heraus – den Staat Israel nicht als „Lösung", sondern eher als „Problem" betrachten. Unmittelbar nach seiner Ausrufung wurde das Staatsgebiet im Gefolge des Unabhängigkeitskrieges (1948) beträchtlich erweitert. Seine größte Ausdehnung erreichte es nach dem Sechs-Tage-Krieg (1967). Im Camp-David-Abkommen (1979) wurde ein Frieden mit Ägypten durch Abtretung südlicher Gebiete erreicht. Ein zermürbender Kleinkrieg (Intifada) fand mit den Verträgen von Oslo und der Unterzeichnung des Gaza-Jericho-Abkommens am 13. Sept. 1993 in Washington, einem Friedensabkommen mit Jordanien und beginnenden Friedensverhandlungen mit Syrien ein leider nur vorläufiges Ende. Terroranschläge und die Ermordung des Ministerpräsidenten Rabin im Herbst 1995 zeigen, wie schwer der Weg zu einer gemeinsamen und friedlichen Koexistenz zwischen Israel, den Palästinensern und den arabischen Nachbarstaaten ist.

Positionen

Die erste, von der Geschichte und der religiösen Tradition mitgebrachte Einstellung sieht im Staat Israel eine teilweise göttlich-menschliche Einlösung biblischer *Landverheißungen.* Landverheißungstexte sind in der Hebräischen Bibel sehr zahlreich (Gen 12,1–3; 18,18; 22,17f; 26,4f; Jes 2; 19,18–25; Ez 37; Mi 4; Zef 3,19f; Ps 137 usw.) In prophetischen Texten spielt Jerusalem als Zeichen *(nes)* unter den Völkern und für die Völker (Jes 5,26; 11,12; 62,10 usw.) und als Stadt des exemplarischen Wohnens Gottes mitten im Volk Gottes (Jes 60–62; Sach 2,5–17; 8; 12) eine herausragende Rolle. Wer heute biblisch-religiös denkt, sagt etwa, der Staat Israel sei ein Zeichen der Treue Gottes zu seinem Volk und ein Symbol der Kontinuität des Gottesvolkes. Jerusalem gehörte von der Offenbarung her den Juden. Fundamentalistische Bibelinterpreten gehen noch weiter. Die einen schreiben dem Staat Israel eine messianische Funktion zu, während andere den Staat als messianische Anmaßung bezeichnen. Das in vielen Synagogen gebetete Sabbatgebet für den Staat Israel wird bisweilen ebenfalls fundamentalistisch gedeutet, da es darin heißt, der Staat Israel sei „der Beginn des Aufstrahlens unserer Erlösung". Historisch-kritisch ist darauf hinzuweisen, daß die biblischen Landverheißungen keinen unabhängigen modernen jüdischen Staat im Blickpunkt haben, sondern nur das sichere Wohnen im Nahen Osten zum Inhalt haben, damit Israel dort seine religiöse Erwählung und Verantwortung wahrnehmen könne. Außerdem werden die Grenzen des Landes Israel ganz verschieden angegeben: Gen 15,18ff: „vom Strom Ägyptens bis zum Eufrat"; Dtn 1,7f; 11,24: „von der Wüste bis zum Libanon, vom Eufrat bis zum Meer".

Die hauptsächlichste Einstellung zum Staat Israel ist eine *ethisch-realpolitische*. Israel ist ein moderner demokratischer Staat, der von der Völkergemeinschaft anerkannt ist. Als Heimat der Überlebenden des Holocaust ist er zu unterstützen und zu schützen. Von dieser Position ergeben sich oft schwere innere Konflikte mit den rabbinischen und halachisch-heilsgeschichtlich eingestellten Frommen, die die Tora und das rabbinische Religionsrecht als Konstituenten des Staates betrachten.

In zunehmendem Maße verschaffen sich auch *kritische Positionen* innerhalb und außerhalb des Staates Geltung. Die innerisraelische Auseinandersetzung wird mit großer Schärfe geführt: Das Judentum kann nicht auf ein Staatsvolk reduziert werden. Damit ist auch der Staat nicht das höchste Gut des Judentums. Die Kommission der französischen Bischöfe formulierte am 16. April 1973 eine kritische Position in vornehmer Weise: „Durch diese Rückkehr (der Juden in ihr Land) und ihre Folgen wurde die Gerechtigkeit einer harten Probe unterworfen. Es handelt sich, politisch gesehen, um ein Aufeinanderprallen mehrerer Forderungen der Gerechtigkeit" (Rendtorff/Henrix 154). In einem päpstlich-diplomatisch-apostolischen Schreiben vom 20. April 1984 beschwor Johannes Paul II. die jüdischen, christlichen und muslimischen Traditionen Jerusalems als Friedensstadt: „Die Heilige Stadt birgt deshalb eine tiefe Aufforderung zum Frieden in sich, die sich an die ganze Menschheit und besonders an die Verehrer des einzigen großen Gottes, des barmherzigen Vaters der Völker, richtet. Aber leider muß man feststellen, daß Jerusalem Anlaß zu fortdauernder Rivalität, zu Gewalt und Ausschließlichkeitsansprüchen ist ..." Natürlich muß in diesem Zusammenhang erwähnt werden, daß in der Region seit Jahrzehnten zwei Völker, das israelische und das palästinensische, in einem Gegensatz stehen, der unlösbar scheint" (Rendtorff/Henrix 84f). Solche und ähnliche Suggestionen und Ratschläge sind notwendig. Sie scheitern aber vorläufig an der unheimlich angespannten politischen und militärischen Situation des Staates Israel und seiner arabischen Nahbarn.

Neben diesen grundsätzlichen bejahenden Positionen stehen politische und ideologische Kräfte, die den Staat ganz oder teilweise *verwerfen*. Eine Zustimmung zu den Verwerfungstheorien ist angesichts der normativen Kraft des faktisch Geschehenen christlich nicht möglich.

Beurteilungen

Christlich-jüdisches Gespräch würde zur Farce, wenn die Christenheit in den

Chor der Israelfeinde einstimmen würde. Man kann auch nicht behaupten, es gebe in Jerusalem oder im Staat Israel unverzichtbare *christliche* Besitzrechte. Christlich-dialogische Argumentationen im Zusammenhang mit dem Staat Israel können nur dienenden Charakter haben und müssen von Zurückhaltung gezeichnet sein. Für den Staat Israel ist (in der Identifikation und in der Kritik) in erster Linie das jüdische Volk zuständig. Anderseits kann und muß auch kritisch auf ideologische Überlagerungen geachtet werden, da ja auch die christliche Religion in die Politik hineinreicht. Der Staat Israel kann auch vom Christentum her nicht als eschatologischer, theokratischer oder sakraler Staat gefeiert werden. Weder romantische Vorstellungen noch biblisches Nostalgiedenken sind angebracht. Verfehlt sind auch solche Theorien, die davon ausgehen, daß die biblischen Landverheißungen unter dem Zeichen des Kreuzes Christi aufgehoben wurden (so W. D. Davies). Es darf auch nicht geschwiegen werden, wenn versucht wird, großisraelische Träume („der Staat Israel mit dem Jordan in seiner Mitte") zu realisieren, verbunden mit harter Unterdrückung und Verachtung der nichtjüdischen Bevölkerung. Wenn hier helfend mitgedacht und mitgewirkt wird, dann ist der Staat Israel ein – nicht das einzige – Zeichen der Treue Gottes Israels zu seinem jüdischen Volk in der Diaspora und im Staat Israel.

↗ Antijudaismus; Israel; Reich Gottes; Vatikan; Volk Gottes; Zionismus.

Literatur: *M. Buber*, Israel und Palästina. Zur Geschichte einer Idee, Zürich 1950; *W. D. Davies*, The Gospel and the Land, Berkeley 1973; *Eaford/Ajaz* (Hrsg.), Judaism or Zionism? What Difference for the Middle East? London 1986; *M. Heß*, Rom und Jerusalem. Die letzte Nationalitätsfrage, Leipzig 1862; Art. Israel, State of, in: EJ 9, Jerusalem 1971, 301–1045; *W. Laqueur*, Der Weg zum Staat Israel, Wien 1972; *F. Lorenz* (Hrsg.), Gerechtigkeit in Nahost, Stuttgart/Berlin 1969; *F. W. Marquardt*, Die Juden und ihr Land, Hamburg 1975; *J. J. Petuchowski*, Zion Reconsidered, New York 1966; *ders.*, Drei Stadien im christlich-jüdischen Gespräch, in: Orientierung 49/6 (1985); *R. Rendtorff/H. H. Henrix* (Hrsg.), Die Kirchen und das Judentum. Dokumente von 1945–1985, Paderborn 1988; *F. Rosenzweig*, Zweistromland. Kleinere Schriften zu Glauben und Denken, hrsg. von R. u. A. Mayer, Ges. Schriften 3, Dordrecht 1984; *H. M. Sachar*, A History of Israel, New York 1976; *C. Thoma*, Der Staat Israel – eine crux theologiae, in: BiKi 29 (1974) 48–50; *M. Thorpe jr.* (Hrsg.), Prescription for Conflict – Israel's West Bank Settlement Policy, Washington D.C. 1984. T

Sünde und Vergebung

Begriffe und Erfahrungen

Die in Spannung zueinander stehenden Begriffsinhalte von Sünde *(cht'/chet', 'awôn, psch'/peschi'a)* und Verzeihung (*mchl/mechila, slch/selicha*; z.T. auch *kpr/kappara, rchm/rachmanut, pdh/pediya*) wurden im Verlaufe der Geschichte im Volk Gottes und in den Gemeinden Christi mit äußerst verletzlichen theologischen, individuellen und sozialen Erfahrungen erfüllt. Die Spitze dieser Erfahrung bildeten angespannte Situationen, die auf die existentiale Frage hinausliefen, ob Gott die Sünden des widerborstigen Volkes Gottes zum Anlaß für die Entlassung aus Erwählung und Verantwortung nehme, oder ob sein Verzeihungswille aller Sünde und allem Abfall überlegen sei. Zum ersten Mal wurde dies nach der Verehrung des goldenen Kalbs durch die Israeliten akut (Ex 32,1–6). Durch die engagierte Fürbitte des Mose bewogen, überkam den Ewigen Reue über das Böse, „das er seinem Volk angedroht hatte" (Ex 32,14). Seit damals gehört es zum Identitätsbewußtsein des Volkes Gottes, daß Gott seinem Volk verzeiht, wenn es umkehrwillig ist („Er wird Israel erlösen von all seinen Sünden": Ps 130,8), und daß er demgegenüber die Feinde

Israels unter das harte Gericht bis hin zur Vernichtung stellt (Jes 13,11; 14,22f; 16,4f). Für einen radikalen Flügel des Urchristentums (Stephanushellenisten) war es ausgemacht, daß Israel seit der Verehrung des Kalbes seiner Erwählung verlustig war und daß einzig die Jesusjünger die wahre Erbschaft Israels besitzen (Apg 7,35–53). Demgegenüber betonten die Rabbinen, daß Gott seinem Volk die Sünde mit den goldenen Kalb verziehen hat, daß Israel das von der Verzeihung gezeichnete Volk Gottes ist und daß sich die Judenfeinde umsonst über die (nicht erfolgte) Zurückweisung Israels freuen (PesK 14,4; 16,9; bBer 32a).

Sünde ist ein vom Menschen ausgehender Konflikt mit Gott, ein Bundesbruch, eine schuldhafte Zurückweisung Gottes. Der provozierte Bruch liegt auch dann vor, wenn der Mensch – das erschaffene Abbild Gottes – und die Lebensordnung des Menschen frevlerisch angetastet, zurückgewiesen, im Stiche gelassen und zerstört werden. *Vergebung* ist demgegenüber die von Gott frei und ungeschuldet bewirkte Heilung des Risses, die Bereinigung des Konfliktes, die Restituierung der Bundesbeziehungen, das erneute Schenken des Heiles Gottes. Da sich der Mensch nicht selbst aus Sünde und Sündenverflochtenheit befreien kann, Gottes Vergebung aber nicht fordernd beanspruchen darf, sucht er – von der Offenbarung und Tradition begleitet – nach Möglichkeiten, sich Gottes Verzeihungswillen anzunähern: durch Opfer, Fasten, Gebet, gute Werke, geduldiges Ertragen des Leids u.ä. Da Gott einerseits „viele Möglichkeiten zur Verzeihung eröffnet“ (6. Beracha des Achtzehngebetes), anderseits den Menschen als verantwortlichen Partner ernst nimmt (Gen 32,23–33), werden diese und andere „Sühnemittel“ in der Hebräischen Bibel und im Neuen Testament verschieden beurteilt (vgl. die biblische Opferkritk: 1 Sam 15,22; Ps 40,7; Jes 1,11; Mt 9,13; Hebr 10,5). Die Vaterunser-Bitte „Vergib uns unsere Schuld, wie auch wir vergeben unsern Schuldigern“ (Mt 6,12 par.) weist aber auf jene ethische Voraussetzung zur Verzeihung hin, die jüdisch und christlich am deutlichsten verkündigt wird: Wer dem Menschen nicht vergibt, dem vergibt auch Gott nicht; wer aber dem Menschen vergibt, der findet einen verzeihenden Gott für seine eigenen Verfehlungen (Spr 10,12; Mt 6,15; 18,23–35; 24,45–51; Jak 2,13; 5,20; 1 Petr 4,8). Über die Gott und dem Nächsten zugewandte Umkehr als Voraussetzung für die Verzeihung heißt es in bBer 5a: „Jeder, der sich mit Tora und Liebeswerken befaßt, dem werden alle seine Sünden vergeben“ (vgl. bGit 36b; Mt 5,21–26). Daß Gottes Verzeihung *über* allen menschlichen Bemühungen ein Geschenk Gottes (*gratis data, chinnam* = umsonst) ist, wird im Christentum u.a. im Zusammenhang mit der sakramentalen Vergebung und im Judentum anläßlich der Konversion und Übernahme eines schweren Amtes betont: „Wie einem Proselyten alle seine Sünden vergeben werden, so werden auch einem Gelehrten, der zum Oberhaupt ernannt wurde (und der dieses Amt annimmt), alle seine Sünden vergeben“ (yBik 3/65d).

Gemeinsamkeiten

Juden und Christen gemeinsam ist die Glaubensüberzeugung, daß Gott *allein* Sünden vergeben kann (Jes 44,22; Mk 2,7). Gott setzt im Verlaufe der Geschichte Zeichen seines Willens zur unverdienten Vergebung. Die ganze Geschichte des Volkes Gottes ist auf den im Eschaton endgültig heilenden und vergebenden Gott hin angelegt. Es gibt Zeiten (Neujahrsfest, Versöhnungstag, Osterzeit) und Ereignisse (Kult), an denen der Mensch sich besonders bemühen soll, sich durch Umkehr *(teschuva)* für die Vergebung zu bereiten. Ein weiterer jüdisch-christlicher Konsens im allgemeinen liegt darin, daß beide Gruppen einer partiell verwirklichten Verzeihung bzw. Erlösungssituation das Wort reden. Seit der Erscheinung Gottes im Dornbusch (Ex 3) und der Toraverleihung am Sinai (Ex 20) gibt es Erleichterungen, Huld, Verzeihung, Erlösung mitten in Israel. Diese realisierte Verzeihung wird z.B. aktuell, wenn der Jude das Schema' Jisrael betet. Ein antithetisches Gleichnis der Rabbinen drückt dies so aus: „Gleich einem König, der sein Edikt in der Provinz erließ. Was taten alle bewohner der Provinz? Sie nahmen es an, entblößten ihr Haupt und lasen es in Angst und Furcht, mit Zittern und Schweiß. – Der Heilige, gelobt sei er, sagte aber zu den Israeliten: Meine Söhne, die Lesung des Schema' (Dtn 6,4–9; 11,13–21; Num 15,37–41) ist mein Edikt. Ich habe euch nicht Belastungen ausgesetzt! Ich habe euch nicht gesagt, daß ihr es stehend und entblößten Hauptes lesen sollt, sondern: ‚wenn du in deinem Hause sitzest und wenn du auf dem Wege gehst' (Dtn 6,7)." (PesK 9,5)

Unterscheidendes

Die Christen unterscheiden sich von allen jüdischen Auffassungen über Sünde und Vergebung dadurch, daß sie in Jesus Christus jene vom Gott Israels bevollmächtigte, endgültig wirkende Person sehen, durch die Vergebung der Sünden im Namen Gottes geschieht (Mt 1,21). Er wirkte Wunder als Hinweise auf die Vergebung der Sünden. Er begleitete die Heilung eines Gelähmten (Mt 9,1–8; Mk 2,1–12; Lk 5,17–26) mit dem Satz: „Ihr aber sollt erkennen, daß der Menschensohn die Vollmacht hat, auf Erden Sünden zu vergeben." Sein Leiden und Sterben wurde von ihm und der Gemeinde als Bundesgeschehen zur Vergebung der Sünden verstanden (Mt 26,28 par.). Paulus deutete Christus in Röm 3,25 als „Sühnezeichen" zur Vergebung der Sünden (vgl. Hebr 9,5). In 2 Kor 5,21 schrieb er, Gott habe „den, der keine Sünde kannte, für uns zur Sünde gemacht, damit wir durch ihn zur Gerechtigkeit Gottes würden". Diese Deutungen von Person und Werk Christi wurden – wie auch der neutestamentliche Hebräerbrief zeigt – in Anlehnung an die Sühneliturgie am großen jüdischen Versöhnungstag (Lev 16) geschrieben. In Mk 10,45 par. steht das sogenannte „Lösegeldwort", wonach Jesus den Rekordpreis, den Höchsteinsatz, nämlich sein Leben, als Kautionssumme für die Sünder bezahlt hat.

Differenzierungen

Das Neue Testament versteht seine Vergebungsbotschaft nicht als Opposition gegen die Vergebungsbotschaft der Hebräischen Bibel. Paulus fragt rhetorisch: „Setzen wir nun durch den Glauben das Gesetz außer Kraft?" Und er gibt selbst die Antwort: „Im Gegenteil, wir richten das Gesetz auf", d.h., wir bringen es durch die Christusbotschaft von der Versöhnung (bzw. Rechtfertigung) zur vollen Effizienz (Röm 3,31). Differenzen und Gemeinsamkeiten zwischen jüdischen und christlichen Glaubensauffassungen ausgewogen zur Darstellung zu bringen, ist jedoch keine leichte Sache. Die Verwiesenheit des Neuen Testaments, besonders der Person Jesu, auf die Hebräische Bibel und auf die endzeitliche

Vollvergebung ist stets mitzuwägen; andernfalls kommen feindliche Antinomien heraus. Es wäre ferner bloße Kontroverstheologie, wenn die (angeblich pessimistische) christliche Erbsünden-Lehre der (angeblich optimistischen) jüdischen Lehre vom guten und bösen Trieb *(yezer hat-tôv, yezer ha-ra')* oppositionell gegenüber gestellt würde. Wenn man die Erbsündenlehre von ihren historischen Schlacken befreit, besagt sie nur, daß wir Menschen in einer historischen und existentialen Sündenverflochtenheit leben und daß dies durch Christus und das Christusereignis unzweideutig offenbar wurde (Röm 5; Weismayer 281ff). Falsch wäre schließlich auch die Unterstellung, im Christentum gebe es mehr und leichtere (gar billigere!) Verzeihung als im Judentum. Vielmehr hat Gott alle – Juden, Christen und andere – im Ungehorsam zusammengeschlossen, „um sich aller zu erbarmen" (Röm 11,32). Die rabbinische Freude über die Vergebung ist ebenso stark wie die neutestamentliche.

↗ Erbsünde; Erlösung; Erwählung; Eschaton/Eschatologie; Gesetz; Neues Testament; Paulus; Pesach; Sakramente; Schema' Jisrael.

Literatur: . *Blank / J. Werbick* (Hrsg.), Sühne und Versöhnung, Düsseldorf 1986; *A. Büchler*, Studies in Sin and Atonement, London 1928; *Hp. Heinz* u.a., Versöhnung in der jüdischen und christl. Liturgie, QD 124, Freiburg i. Br. 1990; *J. J. Petuchowski*, Erlösung – Sünde – Vergebung. Eine dialogische Erkundung christlich-jüdischer Konvergenzen und Widersprüche in: H. H. Henrix / W. Licharz, Welches Judentum steht welchem Christentum gegenüber? Frankfurt a.M. 1985, 9–18; *C. Thoma*, Erlösung – Sünde – Vergebung: Christliche Perspektiven, in: ebd. 36–44; *J. Weismayer* (Hrsg.), Ist Adam an allem schuld?, Innsbruck 1971.

T

Synagoge und Kirche

Problemaufweis

Es geht um zwei Begriffe, die im Verlauf der Geschichte in Theologie, Verkündigung, Literatur und Kunst als typologische Symbole für Judentum und Christentum verwendet wurden. Die meist als Frau beschriebene und dargestellte *Synagoge* gilt Kirchenvätern, mittelalterlichen und neuzeitlichen Lehrern der Kirche, aber auch vielen christlichen Literaten und Künstlern als Kürzel für das aus der Offenbarungsverantwortung verdrängte Judentum. Der bisweilen dämonische Züge annehmenden „Frau Synagoge" steht die „Frau Kirche" idealtypisch als Erwählte, Begnadete, Herrscherin und Triumphatorin gegenüber. Sie steht meist unter dem Kreuz Christi und bildet mit dem Gekreuzigten eine mystische Einheit, während ihre besiegte Rivalin „Synagoge" vom Kreuze weg verstoßen wird. Da Typus- und Symboldenken im Judentum und Christentum teilweise unverzichtbar sind – Glaubensinhalte lassen sich nur verkürzt, in irdisch-beschränkte Bilder umgesetzt und approximativ wiedergeben –, ist das Kirche-Synagoge-Motiv historisch aufzuarbeiten und sind auch Fragen bezüglich heutiger Verwendbarkeiten zu streifen.

Typologien in den heiligen Schriften

Die folgenreichste Umsetzung einer Person zu einem Typus in biblischer Zeit ist in Gen 32,29 bezeugt. Der nachts mit einem überirdischen Wesen ringende Jakob erhält den Namen Israel („denn du hast mit Gott und Menschen gerungen und hast den Sieg davongetragen"). Jakob wird dadurch zum idealtypischen Vorbild, zum Darstellungsmodell des israelitisch-jüdischen Volkes. Er verkörpert sowohl die Eigenschaften des Volkes als auch sein historisches Schicksal. Die Streitpartner Jakobs/Israels sind Gott und der Jakobsbruder Esau, der seinerseits zum Typus der Israel bedrängenden Weltvölker wird. Ähnlich folgenreich wurde auch die Charakterisierung Jerusalems/Zions als anredbare Person besonders als Frau (Tochter, Jungfrau, Braut, Mutter, verstoßene Frau, Dirne, Witwe (vgl. Jes 1,21; 29,1; 40,2; 52,1f; 54; 60; Jer 2,1–4; 3; 22,20–23; Ez 16; Klgl 1,1; Sach 2,14f; 9,9 u.ä.). Das Neue Testament, die Targume und Midraschim haben diese und andere Typisierungen übernommen und in den Dienst ihrer heilsgeschichtlichen Erwartungen gestellt (vgl. Lk 19,41–44; Gal 4,21–31; Offb 12; 17; 21,1–4; Targumim und Midraschim zu Gen 4: Kain und Abel; zu Gen 21; Israel und Ismael; zu Gen 25,19–26. Esau und Jakob; zu Gen 49: Israel und Weltvölker). Auch im paganen Bereich war es üblich, Götter und Völker als menschliche Personen zu typisieren. Auf Münzen des Kaisers Hadrian wurde die Erde *(gaia)* als erhabene Frau dargestellt. Auch unterjochte Völker wurden als Frauen dargestellt (vgl. Münzen, „Hierosolyma capta" aus der Zeit 70–138 n.Chr.).

Weiterführungen und Ideologisierungen in nachbiblischer Zeit

Im neutestamentlichen *Jakobusbrief* werden die judenchristlichen Adressaten als „die zwölf Stämme (Iraels), die in der Zerstreuung leben" (Jak 1,1), angeredet, und ihre Versammlungen werden als Synagogen bezeichnet (Jak 2,2). Jüdische Terminologie wird so zum Ausdrucksmittel für die christliche Verkündigung. Im Neuen Testament ist häufig von Synagogen (der Juden) die Rede, in denen die jesuanische und die urchristliche Verkündigung stattfand (Mt 12,9–14; Mk 1,39; Lk 4,14–37; 6,6 par.; Apg 9,2.20; 13,5.14.43; 14,1; 16,13; 17,1.10.17; 18,4.19.26 u.a.).

Der frühen Kirche stand also ein reiches, einprägsames biblisches Typusmaterial zur Verfügung, so daß ihr Weiterführungen leicht von der Hand gingen. Sie verstand unter dem Begriff Synagoge nicht (oder nur nebenbei) den Versammlungsraum zur Abhaltung des jüdischen Gemeindegottesdienstes (*synagogê* ist die Übersetzung des hebräischen *bêt hak-keneset*: Versammlungshaus), sondern das Judentum insgesamt als Volk und als Religion. Sich selbst sah die Kirche als das wahre Judentum, die wahre Synagoge, die anstelle des Judentums in die Offenbarungsverantwortung eingetreten sei. Um bei den Adressaten ihrer Verkündigung aber keine Verwechslung aufkommen zu lassen, wählte die Frühkirche für ihre eigene Typisierung meistens den von der Septuaginta als Übersetzung des hebräischen *qahal* gewählten Begriff *ekklêsia/ecclesia* = Volksversammlung (Apg 7,38). Die zuerst literarisch und ab dem 9. Jahrhundert auch in der Kunst durchgeführte Typisierung von Synagoge und Ecclesia diente sowohl der Verkündigung der inneren Einheit *(concordantia)* von Altem und Neuem Testament als auch der Hervorhebung der anhaltenden Konfliktsituation zwischen Judentum und Kirche (vgl. Joh 16,1–4). So weit, so gut! Verhängnisvoll wurde die Typisierung von Ecclesia und Synagoge aber von dem Moment an, als sie in den Strudel des kirchlichen Antijudaismus geriet. Dieser Abfall ereignete sich da und dort und mit dem Fortgang der Zeit zunehmend ab dem 2. Jahrhundert (erstmals deutlich im Barnabasbrief, 140 n.Chr.). Vom 9. Jahrhundert an stellte sich auch die Kunst in den Dienst der kirchlichen Judenfeindlichkeit. Die Frau Ecclesia wurde in vielen Variationen mit Strahlenkranz und Siegesfahne unter dem Kreuz Christi dargestellt, die Frau Synagoge mit herunterfallender Krone und zerbrochenem Herrschaftsstab. Oft wurde die Synagoge im Anschluß an 2 Kor 3,12–18 mit verbundenen Augen (blind, verblendet) dargestellt, denn „bis heute liegt ein Schleier auf ihrem Herzen, wenn Mose vorgelesen wird" (V. 15). Den ideologischen Hintergrund für diese Abschätzungen lieferte u. a. Augustinus von Hippo (354–430). Zu Ps 44 bemerkte er: „Ecclesia ist die neue Braut, Christus ist der Bräutigam ... Die Menschen, die den Juden glauben, wenden sich gegen die der Synagoge ursprünglich zugedachte Rolle." Die ca. 750–850 entstandene „Altercatio Ecclesiae et Synagogae" vergröberte diesen Ansatz des Augustinus noch weiter (PL 42, 1131–1140), ähnlich der etwas spätere „Sermo contra Judaeos, Paganos et Arianos, de Symbolo" (PL 42, 1123 ff). Besonders krasse judenfeindliche Darstellungen sind uns aus der beginnenden Kreuzzugszeit (11./12. Jh) bekannt. Theologische Traktate, poetisch-religiöse Stücke und verzerrte Darstellungen der Frau Synagoge in Gebetbüchern und Kathedralen heizten die Pogromstimmung an.

Aufgaben

Judentum und Christentum können ihre Botschaft teilweise nur verständlich machen, wenn sie dieselbe typologisch umsetzen. Die transzendente Offenbarung kann durch Bildzeichen und Metaphern dem immanenten Bereich angepaßt werden. Welche Wege die beiden Bewegungen zukünftig in Theologie, Literatur und Kunst einschlagen werden, kann noch nicht erkannt werden. Dabei ist darauf zu achten, daß Metaphern lügen können und daß sie folglich dringend einer Revision zu unterziehen sind. In den Typologien der Zukunft darf es aber keine Darstellungen geben, die Judentum und Christentum gegeneinander ausspielen. Auch ist darauf zu achten, daß das Kreuz kein geeignetes Symbol ist, unter das Christentum und Judentum gemeinsam gestellt werden können. Es sind nur solche Typologien vertretbar, die Juden und ihre gemeinsame und je eigene Vergangenheit verdeutlichen und die beiden Hoffnung auf Heil, Erlösung und größere humane Verwirklichung spenden können.

↗ Antijudaismus; Bibel; Bilder/Bilderverbot/Bilderverehrung; Erwählung; Israel; Kirche/Kirchen; Neues Testament; Offenbarung; Passionsspiele; Polemik.

Literatur: *H. Liebeschütz*, Synagoge und Ecclesia. Religionsgeschichtliche Studien über die Auseinandersetzung der Kirche mit dem Judentum im Hochmittelalter, Heidelberg (Nachdr. d. Ausgabe 1938) 1983; *K. H. Rengstorf/S v. Kortzfleisch* (Hrsg.), Kirche und Synagoge, Handbuch zur Geschichte von Christen und Juden, 2 Bde., Stuttgart 1968–1970; *H. Schreckenberg*, Die Juden in der Kunst Europas, Göttingen/Freiburg 1996; *W. Seiferth*, Synagoge und Kirche im Mittelalter, München 1964. T

Synkretismus

↗ Gott; Hellenismus; Mischehen; Reinheit/Reinheitsgesetze; Schittuf.

T

Talmud

Bedeutung

Der Talmud (= hebr.: „Studium“, „Lehre“) ist das Hauptwerk des rabbinischen Judentums und gilt bis zum heutigen Tag für das orthodoxe Judentum und im gewissen Sinne auch für das konservative Judentum als die autoritative Quelle der Religionslehre und des Religionsgesetzes. Die Bibel wird sozusagen durch die Brille des Talmuds gelesen. Selbst das Reformjudentum versucht in letzter Zeit, die liberale religiöse Praxis irgendwie in Einklang mit den Traditionen des Talmuds zu bringen oder Abweichungen von ihnen „talmudisch“ – jedenfalls teilweise – zu rechtfertigen.

Bestandteile

Der Talmud besteht aus zwei Teilen: aus der *Mischna* (Hebr.: „Wiederholung“, „Lehre“) und aus der *Gemara* (= aramäisch für „Vollendung“, „das Gelernte“). Die *Mischna* ist eine Sammlung von religionsgesetzlichen Vorschriften und zivilrechtlichen Regeln, die zum Teil auf die Traditionen der Pharisäer zurückgehen, zum Teil von den Rabbinen der ersten zwei Jahrhunderte n. Chr. stammen. Sie wurde Anfang des 3. Jahrhunderts von Rabbi Judah dem Patriarchen in Palästina redigiert. Die *Gemara* enthält die Diskussionen, die in den rabbinischen Akademien Palästinas und Babyloniens über die Mischna in späteren Jahrhunderten geführt wurden. Es gibt daher sowohl einen palästinischen als auch einen babylonischen Talmud. Der palästinische (oft auch – ungenau – „Jerusalemer“ genannte) Talmud wurde etwa gegen Ende des 5. Jahrhunderts redigiert, der babylonische dagegen erst Ende des 6., Anfang des 7. Jahrhunderts, wobei auch noch mit Zusätzen aus dem 8. Jahrhundert zu rechnen ist. Der babylonische Talmud ist viel umfangreicher als der palästinische und wurde auch im mittelalterlichen Judentum als autoritativere Quelle betrachtet. Im heutigen orthodoxen Judentum darf man sich nach dem palästinischen Talmud nur dann richten, wenn ihm der babylonische Talmud nicht widerspricht. Hebräisch ist die Sprache der Mischna; verschiedene Dialekte des Aramäischen sind die Hauptsprache der beiden Talmude.

Charakter

Zu beachten ist, daß der Talmud nicht das Format von einem Gesetzeskodex hat, sondern eher das eines stenographischen Berichts über Diskussionen, die sich über Jahrhunderte hinzogen. Fast zu jedem Thema gibt es Meinungsunterschiede, wobei jede Position bis ins kleinste motiviert wird. Wo der Talmud Entscheidungen enthält, stammen diese von den sog. Saboräern, d. h. den letzten Redaktoren, durch deren Hände der Talmud noch nach seiner Abfassung ging. Das Fällen von Entscheidungen ist den Rabbinern jeder Generation überlassen, die, ideal gesehen, in jedem an sie herantretenden Fall die ganze Dialektik der talmudischen Diskussion in Anbetracht des neuen Sachverhalts nochmals aufrollen müssen. Beim Fehlen von Präzedenzfällen soll die Entscheidung aufgrund von analogen Fällen erreicht werden. In der Praxis hat sich dann im Mittelalter, neben dem Talmud und den vielen Kommentaren zu ihm, eine Literatur von rabbinischen Rechtsgutachten und von Gesetzeskodizes entwickelt.

Halakha und Aggada

In vielen im Talmud aufgezeichneten Diskussionen hatte man sich nicht immer streng an den Ausgangspunkt der Diskussion gehalten, d. h. an die Perikope der *Mischna*, die zur Diskussion stand. Es wurden auch Assoziationen – teilweise gesetzlicher, teilweise nichtgesetzlicher Art – in die Diskussion eingeflochten, die oft mit dem eigentlichen Thema wenig oder nichts zu tun hatten. Daher unterscheidet man zwischen der *Halakha* (= hebr.: „der einzuschlagende Weg"), dem gesetzlichen Teil des Talmuds, und der *Aggada* (= aramäisch: „Erzählung", „Verkündung"), dem nicht-gesetzlichen Teil, in dem Anekdoten, Legenden, Theologie, Astronomie, Gleichnisse, Anatomie, Medizinkunde, Reiseberichte, Psychologie, (nicht-gesetzliche) Bibelexegese usw. enthalten sind. Dazu ist zu bemerken, 1. daß ein und dieselbe Seite des Talmuds Halakha und Aggada enthalten kann, ohne daß ihre respektiven Grenzen markiert werden, und 2. daß nur die Halakha, nicht aber die Aggada strenggenommen als verpflichtend gilt – wurde ja auch die Halakha in vielen Fällen durch Mehrheitsbeschluß festgelegt, während bei Fragen der Aggada es fast nie zu einer Abstimmung kam.

Talmud als autoritative Quelle

Daher gibt es auch gar keinen Sinn, wenn oft behauptet wird: „Der Talmud sagt dies oder jenes." *Der* Talmud sagt nämlich überhaupt nichts; er registriert nur. Richtiger würde es heißen: „Rabbi X, der dann und dann, dort und dort gelebt hat und der die Lehren des Rabbi Y tradierte, hat unter den und den Umständen dies und jenes gesagt, wie es an der und der Stelle im Talmud verzeichnet steht." (Allerdings gibt es im Talmud auch viele anonyme Sprüche, und es wird auch manche talmudische Attribution von der modernen Wissenschaft bezweifelt.) Im Talmud steht nämlich fast alles, und bei späteren Meinungsunterschieden im Judentum über theologische und religionsgesetzliche Fragen haben sich dann auch oft beide Seiten – mit Recht – auf den Talmud berufen.

Bedeutung für jüdisch-christliche Beziehungen

In den Beziehungen zwischen Judentum und Christentum spielt der Talmud eine erhebliche Rolle. Er enthält in der Tat einige Stellen, die offensichtlich eine antichristliche Tendenz merken lassen, obwohl nach der Ansicht von neueren christlichen Wissenschaftlern (z. B. Johann Maier) viel weniger derartige Stellen als antichristlich anzusehen sind, als in der Vergangenheit angenommen wurde. Aber ob berechtigt oder unberechtigt, diese Stellen waren im Mittelalter Veranlassung genug für die Kirche, die Juden wegen des Talmuds zu verfolgen, den Talmud zu zensieren und ihn gelegentlich auch öffentlich zu verbrennen. Noch der Antisemitismus der Neuzeit verwandte gern – oft aus dem Kontext herausgerissene – Talmudzitate, um die Menschenfeindlichkeit der Juden und des Judentums zu „beweisen". Anderseits versuchten einige christliche Polemiker, den Juden die Wahrheit des Christentums aus dem Talmud selbst zu beweisen, was dann die jüdische Antwort hervorrief: „Wenn die Rabbinen des Talmuds tatsächlich an die Messianität Jesu geglaubt haben, warum sind sie denn keine Christen geworden?" Wahrscheinlich aber war es die Tatsache, daß die Entwicklung des Judentums vom Alten Testament durch den Talmud und nicht durch das Neue Testament lief, daß es also Schuld des Talmuds sei, wenn die Juden ihren Weg nicht zum Christentum finden, die eine kirchliche Gegenposition gegen den Talmud bedingte. (Aus etwas ähnlichen Gründen haben ja auch einige Wortführer des Reformjudentums im 19. Jahrhundert dem Talmud den Kampf angesagt.)

In der neueren Wissenschaft ist man von derartigen Gedankengängen abgekommen. Heute ist der Talmud auch für christliche Wissenschaftler von Interesse, weil einige Bestandteile des Talmuds (aber nicht alle, denn viele stammen aus späteren Jahrhunderten) ein Licht auf die soziale, politische und geistige Umgebung werfen, in der Jesus von Nazaret lebte und in der das Frühchristentum entstand. Auch sind für jüdische wie für christliche Forscher die Parallelen von Interesse, die, bei allen zugestandenen Unterschieden, zwischen den Lehren des Talmuds und den Lehren des Neuen Testaments bestehen. So kann auch ein Jude durch seine Kenntnis des Talmuds einen positiven (wenn auch nicht gerade einen christlichen) Zugang zum Neuen Testament finden, wie es etwa Bücher dokumentieren wie: „Das Evangelium als Urkunde der jüdischen Glaubensgeschichte" (Leo Baeck, 1938) oder: „Die rabbinischen Gleichnisse und der Gleichniserzähler Jesus" (David Flusser, 1981).

↗ Jesus von Nazaret; Liberales Judentum/Reformjudentum; Orthodoxes Judentum; Pharisäer; Schulchan ʿArukh; Tradition.

Literatur: *A. Corré* (Hrsg.), Understanding the Talmud, New York 1975; *J. Fromer*, Der Talmud, Berlin 1920; *A. Guttmann*, Enthüllte Talmudzitate, Berlin 1930–1933; *J. Maier*, Jesus von Nazareth in der talmudischen Überlieferung, Darmstadt 1978; *ders.*, Jüdische Auseinandersetzung mit dem Christentum in der Antike, Darmstadt 1982; *F. Manus*, Pour lire la Mishnah, Studium Biblicum Franciscanum, Anal. 21, Jerusalem 1984; *Ch. Merchavia*, The Church versus Talmudic and Midrashic Literature 500–1248 (hebr.), Jerusalem 1970; *G. Stemberger*, Der Talmud, München 1982; *ders.*, Einleitung in Talmud und Midrasch, München [8]1992; *J. Wachten*, Midrasch-Analyse, Strukturen im Midrasch Qohelet Rabba, Hildesheim 1978. P

Taufe

↗ Sakramente.

Tempelkult/ Tempelzerstörung

Das Wesen des Tempelkults

Die Hauptform der Gottesverehrung im biblischen Israel war der Opferkult. Obwohl König Salomo ein Nationalheiligtum in Jerusalem baute, schloß die Existenz des Jerusalemer Tempels bis zur „deuteronomischen Reform" unter König Joschija (ca. 621 v. Chr.) mit ihrer Zentralisierung des Opferkults in Jerusalem (2 Kön 22–23) nicht die Möglichkeit aus, daß das Volk weiterhin die Opfer zu den Lokalheiligtümern, den sog. „Kulthöhen" (*bamoth*, 1 Kön 3,2), brachte. Opfer wurden gebracht aus Dankbarkeit gegen Gott, zur Sühne von Sünden, zur Reinigung von ritueller Unreinheit, zur Erfüllung von Gelübden und auch, ursprünglich, um die Gottheit an Familienfesten teilnehmen zu lassen – ein Brauch, der sich nach der Zentralisierung in Jerusalem nicht mehr aufrechterhalten ließ (vgl. Dtn 12,15 mit Lev 17,4).

Der Tempelkult war aber nicht nur ein rein „äußerlicher" Gottesdienst. Auch Gebete wurden dabei gesprochen (vgl. Dtn 26,1–10), Schuldopfer wurden von Sündenbekenntnissen begleitet (vgl. Lev 5,5; 16,21). Das Buch der Psalmen, das als „das Gesangbuch des zweiten Tempels" angesehen werden kann, enthält Ausdrücke höchster Spiritualität. Wenn daher viele der biblischen Propheten gegen den Tempelkult predigten, dann war es wohl nicht so sehr gegen den Kult *per se*, wie das oft von der protestantischen bibelkritischen Wissenschaft im 19. Jahrhundert (und ihren Nachfolgern im 20. Jahrhundert, samt einigen Vertretern des radikalen liberalen Judentums) angenommen wurde, sondern eher gegen eine Form der Religiosität, die sich mit dem Tempelkult begnügte und die moralischen Gebote vernachlässigte. Jesaja verwirft ja das Gebet (Jes 1,15) ebenso wie die Tieropfer (Jes 1,11–14), solange das Volk sich nicht auf der moralischen Ebene gebessert hat (Jes 1,16–17).

Gewiß hat man schon im biblischen Zeitalter mit dem Problem gerungen, wie ein Gott, dessen Herrlichkeit Himmel und Erde füllt, in einem von Menschenhand erbauten Tempel seinen Wohnsitz einnehmen kann. Dieser Gedankengang wurde schon dem König Salomo in den Mund gelegt und in dem Gebet ausgedrückt, das Salomo bei der Einweihung seines Tempels gesprochen haben soll (1 Kön 8,27). Das Problem wurde auf die Art gelöst, daß man zwar nicht annahm, Gott brauche eine irdische Wohnstätte, daß aber der Mensch ein Heiligtum benötigt, um sich Gottes Gegenwart bewußt zu werden und sich auf sein Gebet konzentrieren zu können (vgl. Jes 66,1f).

Nachdem der salomonische Tempel im Jahre 587 v.Chr. von den Babyloniern zerstört worden war, fand ein Wiederaufbau des Tempels unter persischer Herrschaft um 520–515 v. Chr. statt. Dieser Tempel wurde von Herodes dem Großen (1. Jh. v.Chr.) renoviert und vergrößert, aber im Jahre 70 n.Chr. von den Römern zerstört.

Tempel und Synagoge

Zur Zeit des zweiten Tempels gesellte sich neben den Tempel die Synagoge. War der Opferkult das Hauptanliegen des Tempels, so wurde in der Synagoge nicht geopfert, sondern das Gebet und das Studium der Tora gepflegt. Während im Tempel der Dienst von einem erblichen Priestertum versehen wurde und das Volk nur als „Zuschauer" anwesend war, entwikkelte sich der Wortgottesdienst der Synagoge als Ausdruck einer Laienreligion, da jeder Laie, der vorbeten, aus der Heiligen Schrift vorlesen oder predigen konnte, diese Funktionen in der Synagoge ausüben durfte. So beliebt wurde der synagogale Wortgottesdienst, während der Tempel noch bestand, daß selbst die Priester im Jerusalemer Tempel ihren täglichen Opferkult am Morgen mit einem kurzen Wortgottesdienst gerne unterbrachen (mTam 4,3 Ende – 5,1). Mit der Entwicklung des synagogalen Gottesdienstes schuf sich das Judentum auch die Möglichkeit, die Zerstörung des Tempels im Jahre 70 zu überleben.

Trauer um die Tempelzerstörung

Das Judentum begeht den 9. Tag des Monats Av (Juli oder August) als Fasttag, der der Erinnerung an die Zerstörung des ersten wie auch des zweiten Tempels geweiht ist. Beim Gottesdienst wird das Buch der Klagelieder vorgelesen und auch andere Trauergesänge rezitiert, die im Laufe der Jahrhunderte entstanden sind und sich nicht unbedingt auf die Tempelzerstörung beschränken. Jedoch gilt die Tempelzerstörung als Anfang des „Exils", in dem Juden und Judentum vielfache Verfolgungen erlitten haben. (Daß die Diaspora älter ist als Tempelzerstörung

und „Exil“, macht im Volksbewußtsein keinen Unterschied.)
Es ist klar, daß die Tempelzerstörung des Jahres 70 von den jüdischen Zeitgenossen als äußerst schmerzlich empfunden wurde, und diese schmerzliche Erinnerung lebt im täglichen Gottesdienst des orthodoxen Judentums bis zum heutigen Tage fort. Jeder orthodoxe Gottesdienst enthält Gebete für den Wiederaufbau des Tempels. Schließlich gelten ja im orthodoxen Judentum die vielen Opfervorschriften der Bibel als Teile der göttlichen Offenbarung, und der orthodoxe Jude ist sich bewußt, daß er ohne den wiedererbauten Tempel diese von Gott geoffenbarten Pflichten nicht erfüllen kann. Als Zeichen der Trauer um die Tempelzerstörung soll der orthodoxe Jude z. B. auch einen Flecken an der Wand seines Hauses unangestrichen lassen. Auch die Tatsache, daß in orthodoxen Synagogen keine instrumentale Musik erlaubt ist, wird jedenfalls zum Teil mit der „Erinnerung an die Tempelzerstörung“ motiviert (Schulchan 'Aruch, Orach Chajjim, Kap. 560). In nichtorthodoxen jüdischen Kreisen hat man sich größtenteils von diesen Bestimmungen befreit.

Wertung des Tempelkults

Bei der Wertung des ehemaligen Tempelkults ist eine eigenartige Dialektik im Spiele. Einerseits wird von der Tradition ein großer Wertunterschied zwischen dem Jerusalemer Tempel mit seinem von Gott befohlenen Opferkult und der Synagoge, die nur als „kleines Heiligtum“ (vgl. Ez 11,16) gilt, gemacht – in dem Sinne, daß sich die Synagoge ihres „niedrigeren“ Status bewußt bleiben soll und daher die Architektur des Tempels und die Form seiner Kultgeräte nicht imitieren darf (bMen 28b), weshalb es auch in streng orthodoxen Synagogen keinen siebenarmigen Leuchter gibt (sechs-, acht- oder neunarmige Leuchter, da sie den Tempelleuchter nicht imitieren, sind dagegen erlaubt). Anderseits läßt sich aber in der Entwicklung der Synagogenarchitektur seit der Antike eine Tendenz beobachten, die soweit wie möglich versucht, den Tempel nachzuahmen. Wenn es z. B. selbst in orthodoxen Synagogen eine „heilige Lade“ (*'aron haq-qodesch*, vgl. 2 Chr 35,3) gibt, in der die Torarollen aufbewahrt werden und vor der ein Vorhang hängt, der *parokhet* (vgl. Ex 26,31) genannt wird, so ist das, bewußt oder unbewußt, eine Nachahmung von Tempeleinrichtungen, denn in den frühen Synagogen gab es nur einen tragbaren „Kasten“ (*tebha*, vgl. mTaan 2,1), in dem man die Torarollen in den Gebetsraum brachte, wenn eine Toravorlesung stattfand. Rabban Jochanan ben Zakkai (1. Jh.) hat auch bewußt Zeremonien, die dem Tempelkult eigen waren, nach der Tempelzerstörung außerhalb Jerusalems praktizieren lassen (mRHSh 4,1,3). Zwar hatte er das als „Erinnerung an den Tempel“ motiviert, aber trotzdem schuf er dadurch eine weitere Möglichkeit für das Judentum, ohne einen zentralisierten Tempelkult auszukommen.
Zweifellos lebte im rabbinischen Judentum die Hoffnung, daß der Tempel bald wiedererbaut, und daß mit dem Kommen des Messias der Opferkult wieder eingeführt wird. Er war nach rabbinischer Ansicht nur zeitweilig aufgeschoben, aber nicht aufgehoben. Trotzdem gab es nach rabbinischer Lehre verschiedene Ersatzmöglichkeiten für die ausfallenden Opfer, wie etwa das Gebet, die Wohltätigkeit und das Studium der Tora. Rabbi Levi (3. Jh.) lehrte sogar, daß der Opferkult überhaupt nur eine „Konzession“ war,

die Gott dem Volk Israel gemacht hatte. Da das aus Ägypten befreite Israel nur den Opferkult als Gottesverehrung kannte, wollte Gott verhindern, daß die Israeliten an heidnischen Opferriten teilnehmen, und er befahl ihnen daher, ihre Opfer nur ihm dazubringen (WaR 22,8, hrsg. von Margulies, S. 517f). Dieser Gedanke wurde von Mose ben Maimon im 12. Jahrhundert weiter ausgeführt, indem Maimon behauptete, daß, wenn man den Israeliten zur Zeit des Mose gesagt hätte, man könnte Gott ohne Opfer dienen, es ihnen so unglaubhaft vorgekommen wäre, wie es uns vorkommen würde, wenn jemand es wagen wollte, uns das Beten auszureden (Maimon, Moreh Nebhukhim III, 32).

Moderne jüdische Tendenzen

Obwohl Mose ben Maimon selber keine praktischen Konsequenzen aus dieser Beurteilung des Tempelkults zog und statt dessen die Opfergesetzgebung in seinem *Mischneh Torah* systematisch kodifizierte und auch die traditionellen Gebete für die Wiedereinführung des Opferkults in sein Gebetbuch aufnahm, haben sich dennoch die Gründer des liberalen Judentums der Neuzeit, die in dem Tempelkult eine überwundene Form der Gottesverehrung sahen, stets auf Maimon als theologischen Vorgänger in dieser Beziehung berufen. Einige liberale und konservative jüdische Gebetbücher enthalten noch Erinnerungen an den ehemaligen Tempelkult, aber kein derartiges Gebetbuch im 20. Jahrhundert enthält Bitten um die Wiedereinführung der Tieropfer. In Amerika – wie schon in Hamburg im Jahre 1818 – haben viele konservative und liberale Gemeinden ihre Synagogen bewußt „Tempel" genannt, weil ihnen ihr eigenes Gotteshaus so wichtig und auch ausreichend für ihre religiösen Bedürfnisse zu sein schien, wie einst in der grauen Vergangenheit der Jerusalemer Tempel es für ihre Vorfahren war. Ein Verlangen nach dem alten Tempelkult bestand nicht mehr.

Konsequenzen im Christentum

Im Neuen Testament stellt der Hebräerbrief den Tempelkult nur als schattenhaften Prototyp des erlösenden Opfers Jesu dar. Schon die frühe Kirche betrachtete die Tempelzerstörung des Jahres 70 nicht nur als Wahrheitsbeweis der Prophezeiung Jesu in Mt 24,1f, sondern auch als Beweis dafür, daß die Juden von Gott wegen ihrer Ablehnung des bereits erschienenen Christus bestraft und verworfen worden sind (vgl. nur, im 2. Jh. Tertullian, Adversus Iudaeos, Kap. 13). Möglicherweise sind einige (aber bestimmt nicht alle) Vorbehalte, die manche Christen dem Zionismus gegenüber an den Tag legen, auf diese Anschauung zurückzuführen.

↗ Christus/Christologie; Diaspora; Heiliges Land/Heiliger Ort/Heilige Zeit; Jerusalem; Jesus von Nazaret; Liberales Judentum/Reformjudentum; Liturgie; Messias; Orthodoxes Judentum.

Literatur: *S. G. F. Brandon*, The Fall of Jerusalem and the Christian Church, London 1957; *R. de Vaux*, Das Alte Testament und seine Lebensordnungen II, Freiburg i. Br. ²1966, 85–321; *S. Lauer / Hp. Ernst*, Tempelkult und Tempelzerstörung, JudChr 15, Bern 1995; *R. Patai*, Man and Temple in Ancient Jewish Myth and Ritual, London 1947; *J. J. Petuchowski*, Zur Geschichte der jüdischen Liturgie, 1. Tempel und Synagoge – zwei Formen des frühjüdischen Gottesdienstes, in: H. H. Henrix (Hrsg.), Jüdische Liturgie (QD 86), Freiburg i. Br. 1979, 13–20; *H. J. Schoeps*, Aus frühchristlicher Zeit, Tübingen 1950; *H. Schwier*, Tempel und Tempelzerstörung. Untersuchungen zu den theologischen und ideologischen Faktoren im ersten jüdisch-römischen Krieg (66–74 n. Chr.), NTOA 11, Freiburg 1989. P

Tod

↗ Auferstehung; Unsterblichkeit.

Toledot Jeschu

↗ Polemik.

Toleranz

↗ Absolutheitsanspruch; Dialog.

Tora

↗ Bibel; Gesetz; Talmud; Tradition.

Tradition

Tradition als Erkenntnisquelle

Saadja Gaon (10. Jh.), der erste jüdische systematische Theologe, nennt die „glaubhafte Überlieferung" neben Sinneswahrnehmung, Vernunftevidenz und rationaler Folgerung aus Sinneswahrnehmung und Vernunft als Quelle der Erkenntnis. Sie ist zwar auf Sinneswahrnehmung, Vernunft und rationaler Folgerung aufgebaut, besitzt aber dennoch eine selbständige Bedeutung. Das gilt als ganz allgemeines Prinzip bei Saadja Gaon, unabhängig von spezifisch religiösen Belangen. Ohne das Vertrauen auf glaubhafte Berichte würde jede Orientierung in der Wirklichkeit unmöglich sein. Aber – und darum ging es ihm ja – die „glaubhafte Überlieferung", d.h. die Tradition, spielt eine ganz besondere Rolle in der Religion, wenn es sich um den Glauben an die Offenbarung handelt; und hier macht Saadja Gaon zunächst einmal keinen Rangunterschied zwischen der in der Heiligen Schrift festgehaltenen Offenbarung und der neben der Schrift laufenden „mündlichen Tradition" (Sepher ha-Emunot weha-De'ot, Einleitung und Kap. 3). Was Saadja Gaon hier im 10. Jahrhundert philosophisch ausdrückte, läßt sich in rein religiöser Formulierung bis zurück in das neutestamentliche Zeitalter im Judentum verfolgen (vgl. die „Überlieferung der Alten" in Mk 7,3), ist ein Charakteristikum des rabbinischen Judentums geblieben und wirkt auch noch (mit unterschiedlichen Autoritätsansprüchen) bei dem Offenbarungsverständnis der verschiedenen religiösen Strömungen im heutigen Judentum mit. Dahinter liegt eine zweifache (oft vielleicht nur unbewußte) Überzeugung: a) daß kein einziges geschriebens Buch, nicht einmal die Bibel, die Offenbarung Gottes in ihrer ganzen Vollkommenheit enthalten kann, und b) daß je näher eine Generation dem Zeitalter der sinaitischen Offenbarung stand, desto klarer ihr Verständnis dieser Offenbarung gewesen sein muß und desto autoritativer ihre Deutung der Offenbarungsdokumente.

Leugnung des Traditionsprinzips

Das heißt nun nicht, daß das Traditionsprinzip nicht ab und zu in Frage gestellt wurde. Bekanntlich haben die Sadduzäer in der Spätantike die Verbindlichkeit der „Überlieferung der Alten" geleugnet (Ant 13,297). Das taten im Mittelalter auch die Karäer; und in der Neuzeit gab es Strömungen innerhalb des liberalen oder Reformjudentums, die sich zwar an die göttlich offenbarte Bibel halten wollten, aber die „rein menschliche" Tradition der Rabbinen nicht als autoritativ anerkannten. Im Kampf gegen die Karäer hat dann auch das rabbinische Judentum manches Argument der katholischen Kirche gegen das reformatorische *„sola scriptura"* vorweggenommen. So schreibt z.B. der jüdische Bibelexeget Abraham Ibn Ezra (gest. 1164): „Es besteht kein Unterschied zwischen den beiden Torot (d.h. der „schriftlichen" und der „mündlichen" Tora), denn durch die Hände unserer Ahnen sind uns beide überliefert worden" (Einleitung zum Pentateuchkommentar, 2. Abschnitt). Man vergleiche damit etwa die Erklärung des Konzils von Trient (1546) über die Gleichwertigkeit von Bibel und Tradition (*„pari pietatis affectu ac reverentia suspicit et veneratur“:* DS 1501; Wiederholung durch das Erste Vatikanische Konzil: DS 3006).

Tradition im Judentum und in der Kirche

So wie man im klassischen rabbinischen Judentum gern von Traditionen sprach, die auf Mose selbst zurückgehen sollen, war man in der christlichen Kirche darauf bedacht, Lehren und Institutionen auf die „apostolische Tradition“ zurückzuführen. Tradition im Judentum und in der Kirche besteht aus der „richtigen“ Art der Schrifterklärung und aus Lehren und Gesetzen, die teilweise in der Bibel „angedeutet“ sein mögen, teilweise aber auch ohne Stützpunkte im biblischen Text neben der Bibel tradiert und von einem autoritativen Lehramt formuliert worden sind. Sowohl der Talmud als auch das „Corpus Iuris Canonici“ sind als schriftliche Niederschläge der jüdischen und der christlichen Tradition zu betrachten. In der Kirche wie auch im Judentum hat die Tradition eine dem Fortschritt freundliche Rolle gespielt, die viele Laien, die in der Tradition nur die Treue zur Vergangenheit sehen, vielleicht gar nicht von einem Traditionsbegriff erwarten. Die Tradition hat nämlich das rabbinische Judentum und die katholische Kirche vor einem Hängenbleiben am Buchstaben des biblischen Textes bewahrt und Interpretationsmöglichkeiten geschaffen, die eine Harmonisierung von Bibel und Wissenschaft, Bibel und Philosophie und Bibel und veränderten wirtschaftlichen oder politischen Umständen möglich machten. Die Tradition wurde sozusagen zum Träger des religiösen Fortschritts, ob sich nun die kirchlichen Behörden oder die Rabbinen dieser Tatsache bewußt waren oder nicht.

Wenn das Zweite Vatikanum das Wesen der Tradition in der „Offenbarung als ein integrales Geschehen“ sieht, „das nicht durch zwei Quellen, sondern durch zwei Weisen der Weitergabe vermittelt wird: Leben, Lehre und Kult bilden zusammen die Tradition, die aufgrund ihres apostolischen Ursprungs und der gesamtkirchlichen Rezeption in der Kirche vergegenwärtigt werden muß“ (Beinert), und wenn Beinert von der heutigen weitgehenden Übereinstimmung spricht, daß Schrift und Tradition „nicht zwei Quellen mit unterschiedlichen Inhalten, sondern sich gegenseitig bedingende und stützende Mittel der Offenbarungsvermittlung sind, wobei historisch Tradition die umfassendere Wirklichkeit ist“, so ist das zunächst einmal eine Tatsache, die sich aus rein wissenschaftlichen Erwägungen heraus ergibt. Hebräische Bibel und Neues Testament sind doch schließlich nur Bruchstücke oder Fragmente einer israelitischen oder einer frühchristlichen Religion, die als Glaube und Praxis weit umfassender war als das, was im jüdischen oder im christlichen biblischen Kanon festgehalten wurde. Das israelitische wie auch das christliche Schrifttum entstand aus und innerhalb einer lebendigen Tradition, die teilweise schon von diesem Schrifttum vorausgesetzt ist. Das hatte auch bereits ein Lehrer der talmudischen Zeit eingesehen, als er sagte: „Der größere Teil der Tora wurde mündlich gegeben und nur der kleinere Teil schriftlich“ (bGit 60b).

Der traditionelle Brauch

Im traditionellen Judentum wird der *minhag*, d.h. die religiöse Gewohnheit, der nicht in der Heiligen Schrift oder selbst nicht in der rabbinischen Literatur verankerte religiöse Brauch, der oft genug nur ein Lokalbrauch ist, hoch eingeschätzt. Es heißt z. B.: „Der Brauch hebt das Gesetz auf" (yBM VII, 1/11b), obwohl das nur auf ganz vereinzelte Fälle zutrifft. Im Mittelalter heißt es dann sogar: „Selbst der bloße Brauch unserer Vorfahren ist Tora" (Tossaphot ad bMen 20b, s. v. *niphsal*). Besonders in der jüdischen Liturgie haben sich die verschiedensten Lokalbräuche so sehr beheimatet, daß selbst das liberale Judentum in Deutschland, als es im Jahre 1929 ein „Einheitsgebetbuch" für die liberalen jüdischen Gemeinden Deutschlands herausgab, dieses „Einheitsgebetbuch" in drei verschiedenen Ausgaben erscheinen lassen mußte: eine für Berlin, eine zweite für Frankfurt a. M. und eine dritte für Breslau.

Aber nicht alle Lokalbräuche wurden immer von allen rabbinischen Autoritäten gern gesehen. Es gab auch Bräuche, die von den Rabbinen als *minhag schetut* („dummer Brauch") betrachtet wurden, und um deren Abschaffung sich verschiedene Rabbinen – oft genug mit wenig Erfolg – bemühten. Aus diesen Bemühungen stammt auch das Wortspiel, schon im 12. Jahrhundert von Rabbenu Tam belegt, das behauptet: Wenn man die Konsonanten des hebräischen Wortes *minhag* rückwärts liest, entsteht das hebräische Wort für die Hölle, *gehinnom*. Immerhin ist in vielen der frommen Lokalbräuche zu erkennen, daß die religiöse Schöpfungskraft im Judentum weder mit der Kanonisierung der Bibel noch mit dem Abschluß des Talmuds erloschen ist.

↗ Bibel; Karäer; Liberales Judentum/Reformjudentum; Liturgie; Mose; Offenbarung; Orthodoxes Judentum; Sadduzäer; Talmud.

Literatur: *W. Beinert*, Tradition, in: ders. (Hrsg.), Lexikon der katholischen Dogmatik, Freiburg i. Br. ^{2}1988, 513–516; *J. R. Geiselmann*, Die lebendige Überlieferung als Norm des christlichen Glaubens, Freiburg i. Br. 1959; *B. S. Jacobson*, Tora und Tradition, Gesammelte Aufsätze, Israel 1985; *J. J. Petuchowski*, The Theology of Haham David Nieto – An Eighteenth-Century Defense of the Jewish Tradition, New York ^{2}1970; *S. Safrai / P. J. Tomson* (hrsg.), The Literature of the Sages, CRI 2/1: Oral Tora, Halakha, Mishna, Tosefta, Talmud, External Tractates, Assen 1987. P

Trennung/Schisma

↗ Judenchristen; Ketzersegen; Liturgie.

Trinität

↗ Dreifaltigkeit.

Trishagion

↗ Qeduscha/Sanctus.

U

Universalismus

↗ Absolutheitsanspruch; Partikularismus und Universalismus.

Unsterblichkeit

Pharisäisches und rabbinisches Judentum

Im pharisäischen und im rabbinischen Judentum wurde eher konkret als abstrakt gedacht. Wenn man daher dem Gedanken Ausdruck verleihen wollte, daß der Tod nicht das endgültige Schicksal des Menschen ist – etwa als Teillösung des Problems der Theodizee, als Axiom des moralischen Handelns oder als Verinnerlichung und Individualisierung der prophetischen Hoffnung auf eine nationale Wiedergeburt –, dann sprach man von der Auferstehung der Toten und nicht von einer Unsterblichkeit der Seele. Körperlose Seelen konnte man sich wohl kaum vorstellen, und wenn der Mensch den Tod überwinden soll, dann mußte der *ganze* Mensch, der ja laut Gen 2,7 aus Körper und Seele besteht, wieder aus dem Tode erwachen. Hatte es aber dem palästinischen Judentum zunächst an Anschauungs- und Sprachkraft gefehlt, von körperlosen Seelen zu reden, so war das für das hellenistische Judentum, das sowohl in der Bibel als auch in der griechischen Philosophie seine Wurzeln hatte, kein Problem. So mag zwar der palästinische Autor des vor dem Beginn des 2. Jahrhunderts v. Chr. entstandenen Buches Kohelet fragen: „Wer weiß, ob der Geist des Menschen wirklich nach oben steigt?" (Koh 3,21); aber der hellenistisch-jüdische Autor der Weisheit Salomos, der wahrscheinlich in der zweiten Hälfte des 1. Jahrhunderts v. Chr. lebte, kann überzeugt erklären: „Die Seelen der Gerechten sind in Gottes Hand" (Weish 3,1).

Josephus Flavius, der römisch-hellenistischen Lesern auf griechisch den Glauben der Pharisäer erklären wollte, schrieb, daß die Pharisäer sowohl an die Auferstehung der Toten als auch an die Unsterblichkeit der Seele glaubten (Ant 18,14).

Allmählich hat sich dann auch im rabbinischen Judentum der Gedanke durchgesetzt, daß schon der Auferstehungsglaube *per se* einen Glauben an die Unsterblichkeit der Seele vorauszusetzen scheint. Denn der Körper verwest ja im Grabe, und irgendwie oder irgendwo mußte doch die Seele „aufgehoben" werden, um bei der Auferstehung mit dem wiederhergestellten Körper vereint werden zu können. Das führte zu der Auffassung, daß, bis es zu der Auferstehung kommt, die Seelen der Gerechten bei Gott sind (d. h. im Paradies oder in einer mit „dieser Welt" schon parallellaufenden „kommenden Welt"), während die Seelen der Frevler einen Läuterungsprozeß in der Hölle (Gehinnom) durchmachen müssen, bis sie entweder den reinen Zustand erworben haben, der ihnen nach der Auferstehung und dem Letzten Gericht das „ewige Leben" sichert, oder, bei hoffnungslosen Frevlern, bis sie die allerschwerste Strafe, nämlich der Zustand des absoluten Nichtseins, überkommt. Dogmatisch festgehalten wurde allerdings nur der Glaube an die Auferstehung (mSan 10,1), obwohl es für die Einzelheiten dieser Vorstellung keine dogmatische Fixierung gab und die rabbinische Literatur viele Meinungsunterschiede enthält. Der Glaube an die Unsterblichkeit der Seele wurde von den Rabbinen überhaupt nicht dogmatisch fixiert.

Paulus und das Christentum

Der Apostel Paulus bemüht sich offensichtlich, den Glauben der Pharisäer an eine körperliche Auferstehung mit dem hellenistischen Begriff einer seelischen Unsterblichkeit zu harmonisieren. So erklärt er in 1 Kor 15,35–55, daß der „irdische Leib" tatsächlich im Grabe verwest, während es sich bei der Auferstehung um einen „überirdischen Leib" handelt, der dann die ewige Seligkeit genießt. D.h. also, daß Paulus den Auferstehungsglauben „geistig" deutet (vgl. auch Mt 22,30). Obwohl der Auferstehungsglaube von Anfang an ein wichtiger Bestandteil des Christentums war, erfolgen kirchliche Lehräußerungen über die Unsterblichkeit erst im Mittelalter und sind, wie die entsprechenden jüdischen Äußerungen, stark von der griechischen Philosophie abhängig.

Mittelalterliche Theologie

In der mittelalterlichen jüdischen Theologie hat die Unsterblichkeit der Seele eine erhebliche Rolle gespielt. Die Wiederentdeckung der klassischen griechischen Philosophie durch die Araber hat auch die jüdischen Denker dazu veranlaßt, die jüdischen Glaubenslehren in philosophischer Ausdrucksweise darzustellen. Zwar wurde der Glaube an die Auferstehung weiterhin in der Liturgie bejaht, und nicht alle jüdischen Denker gingen so weit wie Mose ben Maimon im 12. Jahrhundert, der in seiner Aufstellung der dreizehn Glaubenslehren des Judentums die Auferstehung zwar erwähnte, aber – anders als bei den anderen Glaubenslehren, die er zu beweisen versuchte – nur dadurch motivierte, daß er auf die rabbinische Forderung hinwies, an die Auferstehung zu glauben. Dagegen ließ aber Mose ben Maimon auch keinen Zweifel darüber bestehen, daß ihm die Unsterblichkeit der Seele weit mehr bedeutete als die Auferstehung des Körpers. Das mag im Mittelalter ein Extremfall gewesen sein; aber auch die anderen mittelalterlichen jüdischen Denker befaßten sich mindestens soviel mit der Unsterblichkeit wie mit der Auferstehung.

Beachtenswert bei der Behandlung der Unsterblichkeitslehre durch die jüdischen und auch einige von den christlichen Denkern des Mittelalters ist, daß diese Lehre nicht so sehr zu ihrer Anthropologie gehört, als ob etwa die Unsterblichkeit zur Definition des Menschen gehöre, sondern daß man über die Unsterblichkeit – wie auch über die Auferstehung – als Bestandteil der Lehre von „Lohn und Strafe" sprach. Die Unsterblichkeit mußte sozusagen durch den rechten Lebenswandel des Menschen erst „verdient" werden.

Neuzeit

In der Neuzeit hält das orthodoxe Judentum weiter an dem Glauben an eine körperliche Auferstehung fest und daher auch an den mit ihm verbundenen, die Unsterblichkeit betreffenden Voraussetzungen. Dagegen hat man im liberalen wie auch im amerikanischen konservativen Judentum die spiritualisierenden Tendenzen des mittelalterlichen Denkens konsequent weitergeführt und die Unsterblichkeit der Seele an die Stelle der Auferstehung des Körpers als verbindliche Glaubenswahrheit gesetzt. Dabei behalten die konservativen Juden die traditionellen liturgischen Formulierungen des Auferstehungsglaubens bei und deuten sie als Metaphern für die Unsterblichkeit der Seele, während man im liberalen

Judentum – besonders im amerikanischen Reformjudentum – die Hinweise auf die Auferstehung durch Hinweise auf die Unsterblichkeit in der Liturgie ersetzte.

↗ Auferstehung; Liberales Judentum/Reformjudentum; Liturgie; Orthodoxes Judentum; Paulus; Pharisäer.

Literatur: *G. W. E. Nickelsburg Jr.*, Resurrection, Immortality, and Eternal Life in Intertestamental Judaism, Cambridge (MA) 1972; *L. Olan*, Judaism and Immortality, New York 1971; *J. J. Petuchowski*, „Immortality – Yes; Resurrection – No!" Nineteenth-Century Judaism Struggles with a Traditional Belief, in: PAAJR Bd. 50, Jerusalem 1983, 133–147; *K. Stendahl* (Hrsg.), Immortality and Resurrection, New York 1965; *P. Volz*, Die Eschatologie der jüdischen Gemeinde im neutestamentlichen Zeitalter, Tübingen 1934. P

V

Vaterunser

Parallelen

Mehrere jüdische Gebete aus der ungefähren Zeit Jesu klingen teilweise ähnlich wie das Vaterunser (Unser Vater) (Mt 6,9–13 par). Dies wird einsichtig, wenn man z. B. einzelne Sätze des Qaddischgebets und des Achtzehngebets mit Preisungen und Bitten des Vaterunsers vergleicht.

Qaddisch und	*Vaterunser*
Geheiligt werde sein	Geheiligt werde
machtvoller Name	dein Name.
in der Welt,	
die er schuf	
nach seinem Willen.	Dein Wille
Sein Reich	geschehe,
führe er herbei.	Dein Reich
Er lasse sprießen	komme,
seine Erlösung:	wie im Himmel,
in eurem Leben	
in euren Tagen	so auf Erden
und im Leben des	
ganzen Hauses Israel.	

Achtzehngebet und	*Vaterunser*
Unser Vater (4. Ber.)!	Unser Vater.
Vergib uns, Vater!	Vergib uns
Bringe uns zurück	unsere Schuld,
zu dir,	
und wir werden	wie auch wir
umkehren (5. Ber.).	vergeben
	unsern Schuldigern.
Segne, Herr,	Gib uns heute
unser Gott,	
für uns dieses Jahr	
in allen Erträgen.	unser tägliches Brot.
Das Endjahr der	Erlöse uns
Erlösung	von dem Bösen.
bring schnell herbei.	

Formung durch Jesus

Diese parallelen Ausdrücke und Sätze zeigen, daß Jesus bei der Komposition des Vaterunsers sich beim jüdischen Gebetsschatz umschaute. Das Vaterunser ist keine absolute Neuschöpfung Jesu (und schon gar nicht der Evangelisten). Zwar sind die Vorformen des erst im 2. Jh. n. greifbaren Qaddischs und auch des Achtzehngebets größtenteils im historischen Dunkel, und es ist nicht auszumachen, ob sich Jesus schon auf eingespielte Formulierungen stützen konnte. Aber einzelne (Satz-)Teile weisen bis in die biblische Zeit zurück: Neh 9,5; Dan 2,20; yPea 1,1. In formaler Hinsicht ist das Vaterunser ein von Jesus neu zusammengesetztes jüdisches Gebet mit signifikanten Änderungen, die auf eine hochstehende Spiritualität Jesu hinweisen. Jesus unterließ z. B. alle im Qaddisch vorkommenden Adjektive und verwendete statt der Rede von Gott in der dritten Person die Du-Anrede. Im Hinblick auf diese Straffungen bzw. auf die durchgefeilte Form des Vaterunsers könnte man das Qaddisch als ein „Vaterunser im Wildwuchs" bezeichnen und dadurch auch die in ihm steckende Gebetsgenialität hervorheben. Mit dem Achtzehngebet hat das Vaterunser vor allem den erfrischenden Wechsel zwischen Bitten um Irdisches und Endgültiges gemeinsam.

Halakhische Exemplarität

Das Vaterunser ist auch in halakhischer Hinsicht ein exemplarisches Gebet. Laut bBer 40b sollen in jedem Lobpreis Gottes (Berakha, Benediktion) der Name Gottes und die Herrschaft Gottes genannt werden, sonst könne man nicht von einem wirklichen Lobpreis Gottes sprechen (De Sola Pool 26). In der Weiterführung dieser Halakha wurde gesagt, daß jedes Bittgebet auch ein Lobpreis Gottes sein soll. Wie das gemeint ist, ist etwa aus der achten Berakha des Achtzehngebetes ersichtlich, wo die Bitte um Heilung eingehüllt ist in den Lobpreis des Arzt-Gottes: „Heile uns, Ewiger, und wir werden geheilt sein. Bringe uns Heil, und wir werden Heil besitzen. Verleihe vollkommene Heilung all unseren Krankheiten, denn du bist ein heilender, barmherziger Gott. Gelobt seist du, Ewiger, Arzt der Kranken seines Volkes Israel." Auch im Vaterunser bilden Preisungen Gottes eine harmonische Einheit mit Bitten. Daß der Preis Gottes auch außerhalb des Vaterunsers für Jesus bedeutsam war, ergibt sich z. B. aus dem Jubelruf in Mt 11,25–27.

Vater-Anrufung

In der vierten und in der sechsten Berakha des Achtzehngebets wird Gott wie im Vaterunser „Vater" genannt. Auch diese Anrufung Gottes ist nichts mehr als ein hilfloser Versuch, den Unbegreiflichen zu uns herabzuziehen und ihn für den täglichen Hausgebrauch begreiflich und ansprechend zu machen. Im Judentum hat man das immer auch gesehen und deshalb die Anrufungen Gottes als König, Richter, Herr, Hilfreicher usw. so oft wie möglich neben die Vateranrufung gestellt. Anderseits galt die Anrufung Gottes als *Vater* als etwas Selbstverständliches, da ja jeder Berufene und Erwählte *Sohn* Gottes ist (vgl. Dtn 14,1; Jes 63,8 u.ö.). Jesus liebte die Anrufung des Vaters ganz besonders. Wie einige jüdische Charismatiker seiner Zeit (z. B. Chanina ben Dosa aus Galiläa) verband er mit dieser Anrufung eine innere und äußere Herzlichkeit: Vater, Väterchen, lieber Vater, Abba! Jesus verstand sich selbst als Sohn, d. h. als in intimem, ja exklusiv-intimem Verhältnis zum Vater stehend.

Kurzgebet

Bei einem Vergleich mit Qaddisch, Achtzehngebet und anderen rabbinischen Gebeten fällt ferner auf, daß die Jesus-Lobpreisungen und Jesus-Bitten außerordentlich kurz gehalten sind. Jesus war ein Meister prägnanter Formulierungen. Das Bemühen um Kürze der Gebete wird auch im Judentum gepflegt. Um ca. 200 n. Chr. wurde innerhalb des rabbinischen Judentums die Frage diskutiert, was man denn beten müsse, wenn man unter die Räuber oder sonst in eine schwere Situation gerate und nicht mehr in der Lage sei, das ganze lange Achtzehngebet zu beten. Man einigte sich schließlich für solche Notfälle auf folgendes Gebet: „Tue deinen Willen oben, und gib die Ruhe des Geistes denen, die dich fürchten auf der Erde. Und tue das in deinen Augen Gute. Gepriesen sei Gott, der Gebete erhört" (bBer 29b). Aus dem Neuen Testament wissen wir, daß Jesus das Vaterunser als kurzes Gebet verstanden haben wollte (Mt 6,7). Aus der eben zitierten jüdischen Parallele kann man vielleicht schließen, daß Jesus die Bitte „Dein Wille geschehe wie im Himmel, so auf Erden" als die wichtigste Bitte betrachtete. Er hat ja auch am Ölberg in seiner größten Not an den Willen des Vaters appelliert (Mt 26,39). Jesus scheint auch der Ansicht gewesen zu sein, die Unterwerfung unter den Willen des Vaters sei jene Gebetshaltung, auf die es vor allem ankomme. Viele Worte sind unnütz. Wenn man in letzter Not aber kaum noch Worte hervorbringen könne, solle man den Willen Gottes anzuerkennen versuchen. Dies sei das größte innere Heldentum des Menschen. In seinem Bemühen um Kürze des Gebets hat sich Jesus auch vom Tempel-Responsorium inspirieren lassen, das u.a. die Antwort des Volkes auf das Bußgebet des Hohenpriesters am Versöhnungstag und auf die Bitten um Regen an Fasttagen war (mYom 3,8; 4,1f; bTaan 16b; yBer 9,5/14c u.ö.). Es lautete: „Gepriesen sei der Name der Herrlichkeit seines Reiches für immer und ewig." Dieser Zustimmungsruf bezog sich bejahend auf alles, was vom Hohenpriester und den Priestern gebetet und bereut wurde. Da auch das Vaterunser an diesen Volksruf anknüpft (übrigens auch das Qaddisch), wird man sagen können, daß auch das Vaterunser ein bestätigendes, viele Anliegen einschließendes Kurzgebet ist – ein ausgedehntes Amen.

Bedeutung

Gewiß sind formkritische Fragen über die beiden neutestamentlichen Fassungen des Vaterunsers (Mt 69,–13; Lk 11,2–4) für die Forschung notwendig. Weit wichtiger aber ist der Vergleich mit jüdischen Gebetstraditionen von damals. Als ein in jüdischem Gebetsleben verwurzelter Lehrer des Gebetes schrieb Jesus das Vaterunser seinen Jüngern als „Mustergebet" vor. Jede christliche Gebetshaltung muß somit in starkem Maß sich an der jüdisch-jesuanischen Gebetshaltung orientieren. Das Vaterunser ist das wichtigste und unverdächtigste Binde-Gebet zwischen Christentum und Judentum. Wenn die Christen es beten, bekennen sie sich in geistiger Hinsicht zusammen mit Jesus als jüdische Fromme.

↗ Gesetz; Gott; Jesus vom Nazaret; Liturgie; Qaddischgebet.

Literatur: *M. Brocke u.a.* Das Vaterunser. Gemeinsames Beten von Juden und Christen, Freiburg i.Br. 1974; *J. Carmignac*, Recherches sur le „Notre Père", Paris 1969; *G. Dalman*, Die Worte Jesu, Leipzig 1989; *M. Dorneich* (Hrsg.), Vaterunser-Bibliographie, Freiburg i.Br. 1982; *U. Luz*, Das Evangelium nach Matthäus (Mt 1–7), EKK I/1, Zürich 1985; *E. Munk*, Die Welt der Gebete, Basel 1962; *L. Prijs*, Du, unser Vater. Gebete aus dem Judentum, Freiburg i.Br. 1988; *D. de Sola Pool*, The Kaddish, New York [3]1964. T

Vatikan

Seit 1929 existiert der Vatikanstaat als souveräner Kleinstaat von 44 Hektaren mit absoluter Wahlmonarchie mit dem Papst als Oberhaupt und den Kongregationen und Sekretariaten als Leitungszentrale des Heiligen Stuhls. Weil der Heilige Stuhl in starkem Maße als politisch-diplomatische Größe auftritt, erhalten Außenstehende den Eindruck, die katholische Kirche sei eher eine religionsstrategische Macht als eine religiös-seelsorgerliche. Im Judentum hat dieser Eindruck Tradition. Im frühen

Mittelalter wurden der Papst und sein Kirchenstaat als Nachfolgeinstitution der römisch-heidnischen Weltmacht betrachtet. Der Papst galt als „König Edoms", d.h. als höchster Repräsentant der Israel gegenüberstehenden Weltvölker, dem auch für die messianische Zeit eine Bedeutung zuerkannt wurde. In ihrer antichristlichen Polemik hüteten sich die Juden im allgemeinen, den Papst direkt anzugreifen, weil sie ihn als Gegengewicht gegen die judenfeindlichen Kaiser und Landesfürsten betrachteten und weil Juden als Ärzte und Ökonomen wichtige Funktionen im päpstlichen Hof bekleideten.

In der modernen Zeit werden Möglichkeiten und Wirkungen der päpstlich-vatikanischen Diplomatie besonders im Zusammenhang mit Zionismus und Staat Israel jüdischerseits vermutlich zu hoch veranschlagt. Theodor Herzl (1860–1904) suchte Papst Pius X. im Jahre 1904 auf und suchte vergebens um Anerkennung der jüdischen Rückkehrbemühungen nach Palästina nach. Besser erging es Nahum Sokolov, dem Präsidenten der zionistischen Weltorganisation (1859–1936), bei Papst Benedikt XV. im Jahre 1917. Der Papst nannte den Zionismus providentiell und fügte hinzu: „Ich glaube, daß wir gute Nachbarn sein werden." Die päpstliche Diplomatie unterließ es am 29. November 1947, den sogenannten „Teilungsbeschluß" der UNO zu unterschreiben. Statt der Anerkennung des Staates Israel schlug Pius XII. am 24. Oktober 1948 in seiner Palästina-Enzyklika vor, „daß Jerusalem und seine Umgebung zu internationalisieren sei". Paul VI. vermied in einer Ansprache an US-Präsident Carter das Reizwort „Internationalisierung" und meinte, im Interesse des Friedens im Nahen Osten müsse eine „geeignete Autorität unter Aufsicht der Völkergemeinschaft in Jerusalem geschaffen werden." Unter Papst Johannes Paul II. endlich wurde am 30. Dezember 1993 in Jerusalem, nach der Unterzeichnung des Gaza-Jericho-Abkommens in Washington, ein Grundsatzübereinkommen für volle diplomatische Beziehungen zwischen Israel und dem Heiligen Stuhl unterzeichnet. Dieser Papst hat im jüdischen Volk hohe Autorität wegen seines seelsorgerlichen Engagements, den Holocaust als Warnzeichen bei den Katholiken lebendig zu erhalten und das Christentum von antisemitischen Schlacken zu reinigen. Eine Ambivalenz bleibt aber bestehen. Jüdischerseits wird vorgebracht, die katholische Kirche rede mit zwei Zungen, einer politischen und einer seelsorgerlichen. Anderseits entfaltet der Vatikan besonders seit dem Zweiten Vatikanischen Konzil eine rege Dialogtätigkeit mit israelischen Amtsstellen und mit jüdischen Organisationen überall in der Welt.

Am 22. Oktober 1974 wurde die Kommission für die religiösen Beziehungen zum Judentum, die dem Vatikanischen Einheitssekretariat angegliedert ist, gegründet. Im gleichen Einheitssekretariat entstand gleichzeitig die Kommission für die religiösen Beziehungen zum Islam, so daß um die Ecke herum ein Gesprächsforum zwischen Judentum und Islam existiert. Dieses Forum sollte nicht durch lautstarke Polemik gefährdet werden.

Der offizielle jüdische Gesprächspartner des Vatikans ist das International Jewish Committee for Interreligious Consultations (IJCIC), das von den Spitzen der wichtigsten jüdischen Organisationen (American Jewish Congress, World Jewish Congress, Anti-Defamation League, American Jewish Committee, Israel Liaison Committee) gebildet wird. Hinter diesem struktural ziemlich perfekten Dialoggeflecht verbergen sich auch Schwächen. Der Vatikan ließ sich zu exklusiv mit dem IJCIC ein, so daß ungebundene jüdische Kreise im Abseits sind. Die jüdischen Organisationen haben zuwenig Rückhalt in den jüdischen Gemeinden und sprechen oft einseitig politisch über eindeutig religiöse Fragen.

↗ Dialog; Jerusalem; Staat Israel; Zionismus.

Literatur: Assisi. Giornata Mondiale di Preghiera per la pace: 26. Oktober 1986, Rom 1987; Fifteen Years of Catholic-Jewish Dialogue; 1970–1985, hrsg. vom International Catholic-Jewish Committee, Rom 1988; *S. I. Minerbi*, Ha-Vatikan, 'Arez haq-qodesch we haz-ziyônût, Jerusalem 1985. T

Vergebung

↗ Sünde und Vergebung.

Versöhnungstag

Heutiger jüdischer Festkalender

Der Versöhnungstag ist der letzte der „zehn Bußtage" im jüdischen Festkalender, die mit dem Neujahrsfest anfangen, und ist der wichtigste und heiligste der jüdischen Fast- und Festtage. Er beginnt am Vorabend und hört mit dem Sonnenuntergang des Fasttags auf. Neben dem Gottesdienst am Vorabend finden ununterbrochen Gottesdienste während des ganzen Versöhnungstags statt. Am Versöhnungstag ist nicht nur das Essen und Trinken verboten, sondern auch das Waschen, das Einreiben mit Öl, das Schuhanziehen und der eheliche Verkehr (mYom 8,1). Im allgemeinen findet aber unter vielen modernen Juden das Wasch- und Schuhanziehverbot wenig Beachtung, obwohl in ganz orthodoxen Synagogen die Beter Turnschuhe oder Pantoffeln zu tragen pflegen, um den Gebrauch von Lederschuhen zu vermeiden. In der synagogalen Liturgie spielt die Erinnerung an den alten Tempelkult am Versöhnungstag eine große Rolle, und sowohl kurze als auch lange Sündenbekenntnisse, direkt an Gott gerichtet, werden häufig wiederholt.

Biblischer Ursprung, rabbinische Wandlung

Im Pentateuch wird der Versöhnungstag in Lev 16; 23,26–32 und Num 29,7–11 erwähnt, d.h. nur an Stellen, die gewöhnlich dem „Priesterkodex" zugeschrieben werden, und es ist zweifelhaft, ob er schon zur Zeit des ersten Tempels gefeiert wurde. Jes 58, ein Kapitel, das gewiß nachexilisch ist, scheint einen prophetischen Widerspruch gegen ein erst jüngst eingeführtes Feiern des Versöhnungstags darzustellen – jedenfalls einen Widerspruch gegen die Meinung, daß das Fasten und andere äußerliche Bezeugungen der Buße allein genügen, um Gottes Wohlgefallen wiederzuerlangen.

Interessant ist, daß das rabbinische Judentum, das Lev 16, ein rein kultisches Kapitel, als Pentateuchperikope für den Versöhnungstag bestimmt hat, Jes 58 als Prophetenlektion dazu liest, somit also die priesterlichen und prophetischen Elemente der biblischen Religion gleichberechtigt zu Worte kommen läßt. In seinem Ursprung scheint der Versöhnungstag hauptsächlich mit der Reinigung von *kultischer* „Unreinheit" zu tun gehabt zu haben. Im rabbinischen Judentum wurde dann, bei aller Erinnerung an den Tempelkult des Versöhnungstages, das Hauptgewicht auf die *moralischen* Vergehen des Menschen und deren Sühne gelegt. Der Philosoph Hermann Cohen (1842–1918) hat darauf aufmerksam gemacht, daß in den vielen und oft sehr ausführlichen Sündenbekenntnissen am Versöhnungstag nur von moralischen, nicht aber von zeremoniellen und rituellen Sünden die Rede ist.

Der Sinn des rabbinischen Versöhnungstages

Die Funktion, die der Versöhnungstag im rabbinischen und im neuzeitlichen Judentum übernimmt, basiert auf der Interpretation von Lev 16,30, einem Vers, der häufig in der Liturgie des Versöhnungstags zitiert wird. Die „Einheitsübersetzung" (1980) übersetzt diesen Vers: „Denn an diesem Tag entsühnt man euch, um euch zu reinigen ..." Das „man" dieser Übersetzung spiegelt die Zweideutigkeit des hebräischen Originals wider, das entweder auf den Hohenpriester, der das Versöhnungsritual in Lev 16 vollzieht, oder auf Gott selbst, der die Sühne gewährt, bezogen werden kann. Nach der Tempelzerstörung scheint man die zweite Interpretation bevorzugt zu haben. Ja man hat sogar teilweise den Vers so verstanden, als ob der Versöhnungstag als solcher die Versöhnung mit Gott bewirken kann. Ein derartiges Verständnis des .Versöhnungstags kann allerdings leicht in magische Vorstellungen entgleisen, und um dieser Entgleisung vorzubeugen, heißt es ausdrücklich in der rabbinischen Literatur: „Wenn jemand sagt: ‚Ich werde sündigen, und der Versöhnungstag wird mir Sühne bringen', dann bringt ihm der Versöhnungstag keine Sühne", und: „Der Versöhnungstag bringt Sühne nur für die Sünden, die man Gott gegenüber begangen hat. Wenn man aber gegen einen Mitmenschen gesündigt hat, bringt der Versöhnungstag erst dann die Sühne, wenn man zuerst die Verzeihung von dem Mitmenschen erlangt hat" (mYom 8,9).

Rabbi Ismael (2. Jh.) schätzt den Stellenwert des Versöhnungstags folgendermaßen ein: „Hat man ein Gebot nicht eingehalten und Buße getan, dann verzeiht Gott sofort ... Hat man ein Verbot übertreten und Buße getan, dann bewirkt die Buße einen Aufschub der Strafe, und der Versöhnungstag bringt die Sühne ... Hat man eine Sünde begangen, auf die Ausrottung oder eine vom Gerichtshof durchzuführende Todesstrafe steht, aber Buße getan, dann bewirkt die Buße zusammen mit dem Versöhnungstag den Aufschub der Strafe, und das Leiden bringt die völlige Reinigung von der Sünde ... Hat man sich aber der Entweihung des göttlichen Namens schuldig gemacht, dann hat die Buße keine Macht, den Aufschub der Strafe zu bewirken, der Versöhnungstag keine Macht, Sühne zu bringen, und das Leiden keine Macht, die völlige Reinigung von der Sünde zu bringen; sondern alle zusammen bringen nur den Aufschub der Strafe, und der Tod allein bringt die völlige Reinigung von der Sünde" (bYom 86a).

Nichtübernahme des Versöhnungstags im Christentum

Das Christentum sieht im Opfertod Jesu *die* Versöhnung, für die der Kult des Versöhnungstags nur ein schattenhafter Prototyp war (Hebr). Aufgrund dieser Theologie ist dann auch verständlich, daß, obwohl in Apg 27,9 der Versöhnungstag als Kalendertermin erwähnt wird und Jesus selbst, als gesetzestreuer Jude, den Versöhnungstag wahrscheinlich gefeiert hat, der Versöhnungstag als solcher im Festkalender der Kirche keine Aufnahme fand. Hier galt eben: „Wo aber die Sünden vergeben sind, da gibt es kein Sündopfer mehr" (Hebr 10,18). Immerhin ist der Gedanke an die Befreiung von Sünde und Schuld, dem der Versöhnungstag gewidmet ist, mit zum Gedankeninhalt des christlichen Osterfests geworden, wenn z.B. 1 Kor 5,7–8 als Kommunionvers in der Eucharistiefeier der Osternacht aufscheint.

↗ Abendmahl/Seder; Erlösung; Liturgie; Neujahrsfest; Pesach/Ostern; Sünde und Vergebung; Tempelkult/Tempelzerstörung.

Literatur: *H. Cohen*, Die Religion der Vernunft aus den Quellen des Judentums, Leipzig 1918, 254–277; *Ph. Goodman* (Hrsg.), The Yom Kippur Anthology, Philadelphia 1971; *J. J. Petuchowski*, Feiertage des Herrn, Freiburg [2]1987, 82–98. P

Volk Gottes

Kontext

„Jedes Volk ist nur so lange ein Volk, als es seinen besonderen Gott hat und alle übrigen Götter der Welt unerbittlich ausschließt, nur solange es glaubt, daß es mit seinem Gott alle übrigen Götter besiegen und aus der Welt vertreiben wird … Ein wirklich großes Volk kann sich niemals mit einer zweitrangigen Rolle in der Menschheit zufriedengeben, ja nicht einmal mit einer erstrangigen, es muß unbedingt und ausschließlich an allererster Stelle stehen. Wer diesen Glauben verliert, ist kein Volk mehr" (F. Dostojewski in: Die Dämonen; zit. und erläutert von Felix P. Ingold in Lauer 137). Diese Aussage Dostojewskis entsprang Beobachtungen am Panslawismus mit seinen messianischen Einschlägen und an den als Konkurrenz empfundenen jüdisch-zionistischen Vorstellungen. Sie stellt die jüdischen und die christlichen Volk-Gottes-Vorstellungen in den sie bedrängenden Kontext. Die christlichen Kirchen können sich nicht ohne Relation zur jüdischen Identität als Volk Gottes verstehen, aber auch nicht ohne Kontakt- und Distanznahme zu ideologischen Vorstellungen der politischen Mächte und Völker der Welt. Die von Dostojeswki skizzierte Ausschließlichkeit ist auf der Ebene Judentum-Christentum jedoch eine Perversion. Daß die jüdisch-christliche Volk-Gottes-Problematik ein wichtigeres Menschheits- und Friedensanliegen als das „Kirche-und-Staat"-Problem ist, wurde erst im 20. Jahrhundert zur deutlichen Erkenntnis, auf der christlichen Seite vor allem durch Karl Barth (1886–1968) und das Zweite Vatikanische Konzil (1962–1965), jüdischerseits durch Franz Rosenzweig (1886–1929). Der Religionskritiker Rosenzweig erkannte, daß nicht das von Jakob Wassermann (1873–1934) und anderen in den Mittelpunkt des Denkens gestellte Problem, wie man ein guter Jude und gleichzeitig ein guter Deutscher sein könne, den zentralen Nerv der menschlichen Gesellschaft berührt. Vielmehr geht es darum, daß die christliche Gemeinschaft von der jüdischen deutlich in den Blickpunkt genommen wird, da ja beide sich als exemplarisch und zukunftsweisend gegenüber der ganzen Menschheitsfamilie verstehen. Vor dem Aufkommen dieses neuen Denkens war das christlich-theologische Denken allzu stark von der Polarität „Kirche und Staat" geprägt und das jüdische von der Polarität „Fremdheit und Beheimatung". Diese geistesgeschichtliche Entwicklung hatte bereits im 2. Jahrhundert v. Chr. begonnen, als die jüdischen Gruppen sich (bes. ab 160 v. Chr.) mit den hasmonäischen Hohepriester-Königen konfrontiert sahen, die eine politisch-religiöse Doppelherrschaft errichteten und das Judentum zu einem nationalen Tempelstaat umwandeln wollten. Auf christlicher Seite gelang weder in der Spätantike, noch im Mittelalter, noch in der beginnenden Neuzeit ein Ausgleich zwischen religiöser Sendung und politischer Machtausübung. Versuche, eine päpstliche Weltmonarchie zu errichten (ca. 1050–

1300), erwiesen sich ebenso als Sackgasse wie das Staatskirchentum (ca. 1650–1790) und die von kirchenfeindlichen Mächten aufgezwungene Verdrängung der Kirche. Auf jüdischer Seite kommen diese Probleme der Aufgabenteilung in gedämpfter Form auf den Staat Israel zu. Aus diesen Gründen und Erfahrungen ist die Frage nach dem Volk Gottes in seiner jüdischen und in seiner christlichen Ausprägung vorrangig.

Hebräische Bibel und frühjüdisches Schrifttum

Volk (bes. *'am, goy*) ist die häufigste Selbstbezeichnung für die israelitischen Stämme, die die Sinaioffenbarung als Orientierung für ihr religiös-gesellschaftliches Leben in vorchristlicher Zeit akzeptierten. Der Begriff steht in unlösbarem Zusammenhang mit den Themen Bund, Erwählung, Reich Gottes, Heiligkeit, Jerusalem/Zion u.ä. Die entscheidendsten Aussagen finden sich in den sogenannten Bundesformeln: „Ich nehme euch mir zum Volk, und ich werde euer Gott sein« (Ex 6,7). „Ich gehe in eurer Mitte umher und will euer Gott sein, und ihr werdet mir zum Volk sein" (Lev 26,12). „Heute gebietet dir der Ewige, dein Gott, diese Satzungen und zu erfüllen ... Den Ewigen hast du heute erwählt, daß er für dich Gott sei und daß du auf seinen Wegen gehst, seine Satzungen, Gebote und Verpflichtungen beobachtest und auf seine Stimme hörst. Und der Ewige hat dich heue erwählt, daß du für ihn das Eigentumsvolk seist, wie er es dir sagte, und du alle seine Gebote beachtest und daß er dich größer macht als alle Völker, die er schuf, zum Lob, zur Ehre und zur Pracht, so daß du für den Ewigen, deinen Gott, ein heiliges Volk werdest, wie er gesagt hat" (Dtn 26,16–19). Besonders in den prophetischen Schriften der Zeit nach dem babylonischen Exil (586–539 v.Chr.) werden diese Bundesformeln mit einem zukünftigen und ausweitenden Sinn versehen. Das Gottesvolk Israel wird als beispielhafte und attraktive Gemeinschaft um Jerusalem herum und mittem im Völkermeer gesehen: „Juble, Zion, denn siehe, ich komme und wohne in deiner Mitte, Spruch des Ewigen. An jenen Tagen werden sich viele Völker dem Ewigen anschließen, und sie werden mir zum Volk sein, und ich werde in deiner Mitte wohnen" (Sach 2,14f; vgl. Jes 49,6). Sogar die sezessionistischen Qumran-Leute hielten trotz ihrer Meinung, das übrige Israel sei abgefallen, an der Zukunftsidee fest, daß Gott am Bund mit dem Gesamtvolk Israel, wenn dieses sich von seinen Freveln reinigen werde, festhalte (Tempelrolle 29,4–10). Für das nichtsektiererische Frühjudentum war es eine Selbstverständlichkeit, daß es nicht nur ein „Rest-Israel" sei, sondern die Verantwortungsgemeinschaft für „ganz Israel" und daß es jenem Tag entgegenharren müsse, da ganz Israel wieder als das eine Gottesvolk in der Geschichte aufscheinen werde (Ez 37,15–28; Esra 6,17). Im Zusammenhang mit der Hoffnung auf volle Restitution des Volkes Israel bezeichneten sich die frühen Juden problemlos als „das Volk Israel" (z.B. 1 Makk 13,42, zu dieser vom Neuen Testament geteilten Auffassung vgl. Röm 11,25f; Offb 7,1–8).

Neues Testament

Im neutestamentlichen Petrusbrief (1 Petr 2,9f) werden die Christen ohne Polemik gegen das jüdische Volk als „heiliger Stamm" bezeichnet, als „Volk, das Gottes besonderes Eigentum wurde". Eine Reihe alttestamentlicher Definitionen des Volkes Gottes werden auf die Christen übertragen, „damit ihr die großen Taten dessen verkündet, der euch aus der Finsternis in sein wunderbares Licht gerufen hat. Einst wart ihr nicht sein Volk, jetzt aber seid ihr Volk Gottes; einst gab es für euch kein Erbarmen, jetzt aber habt ihr Erbarmen gefunden." Ähnlich wird in der Kindheitsgeschichte des Lukas Christus als „Heil" Gottes bezeichnet bzw. als „Licht zur Erleuchtung der Völker" und als „Herrlichkeit seines Volkes Israel" (Lk 2,30–32; ähnlich Lk 7,16; 24,19). Damit proklamierte sich das Christentum von Jesus an nicht nur als Volk, bestehend aus physischen Nachkommen Jakobs/Israels, sondern auch als Gesinnungsgemeinschaft für alle Völker. „Volk Gottes" als Selbstbezeichnung der Christen erhielt damit im christlichen Kontext eine ausgeweitete und spirituelle Bedeutung: Die sich am Ende des 1. Jahrhunderts anbahnende Trennung des (Juden-)Christentums von der jüdischen Synagogen- und Volksgemeinschaft war daher nicht nur ein Ergebnis des Antijudaismus, des jüdischen Widerspruchs oder des christlichen Überheblichkeitsdenkens, sondern auch eine Notwendigkeit, die sowohl dem jüdischen Volk als auch den Gemeinden Christi eine größere Freiheit zurückgab. Mit Recht spricht Karl Barth von der „ontologischen Unmöglichkeit" im Verhältnis von Kirche und Synagoge (KD IV/1, 749). Dabei bleibt festzuhalten, daß im Neuen Testament der Ausdruck, wonach die Christengemeinden das *neue* Volk Gottes seien, noch nicht vorkommt. Diese Bezeichnung, das neue Volk Gottes – als Gegensatz zum alten –, kommt erst im Barnabasbrief (Barn 5,7; 7,5; 13,1) ca. 140 n. Chr. vor.

Jüdisch-christliches Volk-Gottes-Verständnis

Die reformatorischen Kirchen haben im allgemeinen weniger Mühe, sich als Volk Gottes im Zusammenhang mit den Juden zu definieren als die katholische Kirche. Besonders im Gefolge des Reformators Johannes Calvin (1509–1564) ging es ihnen darum, ihre Identität biblisch-laologisch (vom griech. *laos*: Volk) auszudrücken. Die Reformation richtete sich wesentlich gegen das in Auswüchsen erstarrte hierarchische Denken der katholischen Kirche, in der das Volk hauptsächlich als Betreuungsobjekt des Papstes, der Bischöfe und der Geistlichen galt. Der reformerische Durchbruch in der katholischen Kirche ereignete sich im wesentlichen erst im Zweiten Vatikanischen Konzil, besonders in der Dogmatischen Konstitution „Lumen gentium". Volk Gottes wird nun auch in der katholischen Kirche als übergeordneter Begriff verstanden; er meint alle Gläubigen (Amtsträger und Laien). Im neuen „Codex Iuris Canonici", Cann. 204–276, steht das Personenrecht dementsprechend (Laien und Amtspersonen betreffend) unter dem Titel „Volk Gottes" (CIC 204–706).

Mit diesen christlichen Neuorientierungen ist die Volk-Gottes-Thematik aber noch lange nicht zum Ziel gekommen. Das Volk Gottes der Juden muß noch im christlichen Volk-Gottes-Denken Einzug halten. Das Christentum ist das ausgeweitete Volk Gottes der Juden (F. Mußner). Es wäre aber falsch, wenn das Verhältnis zwischen Christentum und Judentum nur auf die Glaubensfrage reduziert wird (wie dies H. Conzelmann, in: Christen – Juden – Heiden, Tübingen 1981, 332 u. ö. tut). Es genügt auch nicht, wenn man nur die *gläubigen* Juden als Volk Gottes akzeptiert (wie F. Mußner). Vielmehr ist die unwiderlegbare Tatsache zur Kenntnis zu nehmen, daß sich das (rabbinische) Judentum als Gesamtheit (mit Gläubigen und Ungläubigen) als Volk Gottes betrachtet. Alle sind im Bund! Die Sünde ist angesichts der überragenden Barmherzigkeit Gottes (vgl. Röm 11,32) kein theologischer Grund, um Teilen des jüdischen Volkes die Zugehörigkeit zum Volk Gottes abzusprechen. Das Christentum ist auch gar nicht befugt, derlei Verdikte auszusprechen. Es ist also zu überlegen, ob man mit Paul van Buren das Christentum als eine Ko-Formation des Judentums und das Judentum als eine Ko-Formation des Christentums deuten kann. Johannes Paul II. redet in diesem Sinn vom Christentum und Judentum als „Geschwistern" oder „nahen Verwandten". Der jüdische Religionsphilosoph Hermann Levin Goldschmidt spricht (im Gefolge von Franz Rosenzweig) von einer heilsgeschichtlichen Arbeitsteilung, die Christen und Juden trotz aller Trennung und in Anerkennung des Dissenses obliegt. Jedenfalls darf die Kirche ihre universale Sendung an die Völker nicht zum Anlaß nehmen, um den von Gott nie gekündigten Bund mit dem Volk Gottes der Juden zu diskreditieren (vgl. Jes 49,6; Röm 11,25–32). Christus ist als jene Kontaktperson zwischen Juden und Nichtjuden zu verkündigen, dessen letzte Intention das volle Heil aller durch alle Brüche hindurch ist. Christologie bleibt „zum Heil von Juden und Völkern zu treiben" (Peter v. d. Osten-Sacken, zit. in Marquardt 9).

↗ Bund; Erwählung; Israel; Ketzersegen; Kirche/Kirchen; Reich Gottes.

Literatur: *E. L. Ehrlich / B. Klappert* (Hrsg.), Wie gut sind deine Zelte, Jaakow, FS für R. Meyer, Gerlingen 1986; Judentum und Kirche: Volk Gottes (Theologische Berichte 3), Zürich 1974; *W. Kickel*, Sammlung des Volkes Gottes in Jerusalem. Die Theologie der würtembergischen Templer im Vergleich zur heutigen Israeltheologie, Jud. 42 (1986) 171–187; *S. Lauer* (Hrsg.), Kritik und Gegenkritik in Christentum und Judentum (JudChr 3), Bern 1981; *F. W. Marquardt*, Die Gegenwart des Auferstandenen bei seinem Volk Israel. Ein dogmatisches Experiment, München 1973; *F. Mußner*, Die Kraft der Wurzel. Judentum – Jesus – Kirche, Freiburg i. Br. 1987; *J. T. Pawlikowski*, Judentum und Christentum, in: TRE 17, Berlin 1988, 386–403; *P. v. Buren*, Discerning the Way, New York 1980. T

Vorsehung

↗ Erwählung; Gott; Kirche/Kirchen.

W

Wochenfest/Pfingsten

Festcharakter

Das Wochenfest (hebr.: *Chag HaSchabhu'ot*) ist eines der drei Wallfahrtsfeste der Hebräischen Bibel und wird noch heute von Juden als Feiertag begangen, obwohl der Wallfahrtscharakter des Festes mit der Zerstörung des Tempels in Jerusalem hinfällig geworden ist (vgl. Ex 23,14.16; 34,23; Lev 23,15–21; Dtn 16,9–11). Im heutigen Judentum, wie auch schon im pharisäischen und rabbinischen Judentum, wird das Wochenfest am 50. Tag nach dem ersten Tag des Pesach-Festes gefeiert – von orthodoxen und vielen konservativen Juden außerhalb des

Heiligen Landes wird auch, wie bei allen anderen Festen, ein zweiter Tag des Wochenfestes gefeiert. Das Arbeiten ist an diesem Fest verboten, und besondere Gottesdienste finden statt, wie auch die häuslichen Mahlzeiten feierlich gestaltet werden.

Zeitbestimmung

Die Zeitbestimmung dieses Festes am 50. Tag nach dem ersten Pesachtag hat das heutige Judentum von dem pharisäischen und dem rabbinischen Judentum übernommen. Andere Formen des Judentums in der Spätantike (Samaritaner, Sadduzäer, das Buch der Jubiläen, Qumran) feierten das Wochenfest am 50. Tag nach dem Samstag der Pesachwoche, wie auch die christliche Kirche ihr Pfingstfest immer an einem Sonntag feiert. Das geht auf eine unterschiedliche Deutung des Wortes *schabbat* („Ruhetag") in Lev 23,15 zurück. Während Pharisäer und Rabbinen das Wort als „Feiertag" verstanden und damit den ersten Tag des Pesachfestes meinten, verstanden Samaritaner usw. das Wort als „Sabbat" (= Samstag), ob der erste Tag des Pesachfestes nun auf einen Samstag fiel oder nicht – so daß das Wochenfest immer auf einen Sonntag fallen mußte.

Offenbarungsfest

Ursprünglich ein Bauernfest, an dem man die Erstlingsfrüchte zum Heiligtum brachte (Num 28,26), ist das Wochenfest das einzige derartige Fest, das von der Bibel selbst noch nicht „historisiert" wurde. Was aber die Bibel im Falle des Wochenfestes unterlassen hatte, wurde vom späteren rabbinischen Judentum nachgeholt, das die Geschehnisse, von denen die Kapitel 19 und 20 des Buches Exodus berichten, als am 50. Tag nach dem Auszug aus Ägypten geschehen betrachtet. So wurde dann – und wird immer noch – das Wochenfest als Offenbarungsfest gefeiert. In der Liturgie wird es als „die Zeit der Gabe unserer Tora" bezeichnet.
Schon das Buch der Jubiläen (2. Jh. v. Chr.) kennt das Wochenfest als den Tag, an dem Gott seinen Bund mit Noach geschlossen hat (Jub 16,17), und bei der Qumran-Sekte gilt das Wochenfest als Fest des Bundesschlusses (1 QS 1,16ff). Auch im beginnenden Christentum galt das Wochenfest (= *Pfingsten*) als der Tag, an dem sich der Heilige Geist der christlichen Gemeinde offenbart hat (Apg 2,1–13). Besonders auffällig sind die Parallelen zwischen Apg 2,1–4 und den frührabbinischen Deutungen der sinaitischen Offenbarung in Ex 19, wo es u. a. auch heißt, daß Gott die Tora in allen „siebzig Sprachen " der Menschheit offenbart hat.

Heutige Feier

In vielen landwirtschaftlichen Siedlungen des Staates Israel wird die ursprüngliche landwirtschaftliche Bedeutung des Wochenfestes wieder hervorgekehrt, obwohl nicht unbedingt immer in einem religiösen Sinne. In liberalen und reformierten wie auch in einigen konservativen Synagogen wird am Wochenfest die Konfirmation von Knaben und Mädchen gefeiert, die, nach den Jahren des elementaren Religionsunterrichts, jetzt gewissermaßen in der Lage sind, die Tora auf sich zu nehmen wie einst das Volk Israel am Berge Sinai.

↗ Offenbarung; Pesach/Ostern.

Literatur: *Th. H. Gaster*, Festivals of the Jewsih Year, New York 1953, 59–79; *J. J. Petuchowski*, Feiertage des Herrn, Freiburg [2]1987, 39–52; *ders.*, „Qol Adonai, A Study in Rabbinic Theology", in: ZRGG 24 (1972) 13–21. P

Z

Zeloten

↗ Apokalyptik; Messias; Reich Gottes.

Zeremonialgesetz

1. Judentum

Zeremonialgesetz ist ein Begriff, der dem traditionellen Judentum an sich fremd ist, obwohl die Unterscheidung zwischen *mischpatim* (Zivilgesetz) und *ḥuqqim* (rituelle Gebote) in der rabbinischen Literatur vorkommt (vgl. z. B. Sifra Aḥharê Moth 13,10: 10, hrsg. von Weiß, S. 86a). Beide galten aber im traditionellen Judentum als göttliche Offenbarung und daher als gleichartig verbindlich. Die prophetische Polemik gegen den Kult wurde so verstanden, daß die Propheten nur dann den Kult verurteilten, wenn sich diejenigen, die an ihm teilnahmen, nicht gleichzeitig um ihre moralischen Pflichten kümmerten. Der ein negatives Werturteil beinhaltende Ausdruck „Zeremonialgesetz" kam erst in der christlichen Polemik gegen das Judentum auf, wobei, besonders im 19. Jahrhundert, einige protestantische Schriftsteller es in verblümter Weise nicht weniger auf den Katholizismus abgesehen hatten. Oft wird vom „Zeremonialgesetz" im Zusammenhang mit der paulinischen Auffassung vom „Gesetz" gesprochen, obwohl es in der neutestamentlichen Wissenschaft noch gar nicht ausgemacht ist, ob Paulus' Kritik des „Gesetzes" sich nicht ebenso auf die moralische wie auf die zeremonielle Gesetzgebung bezieht und ob Paulus nicht vom jüdischen Konvertiten zum Christentum weiterhin die Beobachtung des Zeremonialgesetzes forderte. Wahrscheinlich vom Protestantismus beeinflußt, nahm im 19. Jahrhundert das reformierte oder liberale Judentum den Begriff „Zeremonialgesetz" auf, indem es den rituellen Gebräuchen des Judentums einen niedrigeren Rang als der Glaubenslehre und den moralischen Pflichten zuwies und indem es sich erlaubte, das Zeremonialgesetz den Anforderungen der Zeit anzupassen – ohne allerdings auf „ansprechende" und „inhaltsreiche" Zeremonien je total zu verzichten. So wurde dann auch häufig in der innerjüdischen Polemik der Begriff „Zeremonialgesetz" von religiös-liberaler Seite, ganz im „protestantischen" Sinn, gegen die Orthodoxie ins Feld geführt. Die Rangordnung, die seinerzeit dem „Zeremonialgesetz" im reformierten und liberalen Judentum zugewiesen wurde, hat sich bis heute nicht geändert. Jedoch steht man dort in letzter Zeit aus historischem Bewußtsein und psychologischem Verständnis der Rolle des Zeremoniells viel positiver gegenüber; und der Kampfschrei „Zeremonialgesetz!" ist aus der heutigen innerjüdischen Polemik vielfach verschwunden. Wird das Wort „Zeremonialgesetz" von nichtjüdischen Beurteilern des Judentums gebraucht, dann reagiert der Jude, welcher religiösen Richtung er auch angehören mag, ziemlich empfindlich, da der polemische Unterton früherer Generationen noch nicht ganz vergessen ist. P

2. Christentum

Auch für die christliche Seite bleibt die Frage bestehen, ob die Unterscheidung zwischen dem abgeschafften Zeremonialgesetz und dem noch gültigen moralischen Gesetz einen fundamental-theologischen Sinn hat oder ob dadurch die Einheit des Alten Testaments negiert wird. Mt 5,17–48 würde eher die Untrennbarkeit beider biblischer Aspekte suggerieren. Dort wird das Gesetz verschärft, und zwar unter moralischen (5,21 f. 27–30. 38–42. 43–48), juridischen (5,31 f) und zeremonialen (5,23 f. 33–37) Rücksichten. Auch wird gesagt, Jesus sei nicht gekommen, das Gesetz aufzulösen, sondern es bis ins Detail zu erfüllen (5,17–19).

Zwar gibt es keinen Sinn, nichtjüdische Christen auf Tempelkult-Gesetze und auf Gebote der rituellen Reinheit zu verpflichten. Anderseits muß der Christ, will er sich nicht dem Vorwurf der Doppelzüngigkeit und der markionitischen Häresie aussetzen, an der Integrität des Alten Testaments als verbindlicher Offenbarungsschrift festhalten. Eine gewisse Hilfestellung angesichts der dilemmatischen Situation bieten jüdische Traditionen, wonach die Erzväter mit ihrer Intention *(kawwana)* die ganze Tora gehalten haben, obwohl diese noch gar nicht vorlag (Green 76–78). Auch Vorstellungen über eventuelle Änderungen der Tora in messianischer Zeit (Schäfer) könnten struktural dem Christentum angepaßt werden. Entscheidend aber ist, daß Christus, der als „das Ziel des Gesetzes" (Röm 10,4) bezeichnet wird, das ganze Gesetz gehalten und durchgetragen hat (Gal 4,4 f). Der Christ hält sich im Anschluß an die *kawwana* Christi an die Hebräische Bibel und sieht sich von Christus auch in jenen Geboten gedeckt, die er nicht einhalten kann oder nicht einzuhalten braucht.

↗ Bibel; Christus/Christologie; Gesetz; Karäer; Liberales Judentum/Reformjudentum; Offenbarung; Orthodoxes Judentum; Paulus; Polemik.

Literatur: *P. Schäfer*, Die Torah der messianischen Zeit, in: ders., Studien zur Geschichte und Theologie des rabbinischen Judentums, Leiden 1978, 198–213; *A. Green*, Tormented Master. A Life of Rabbi Nahman of Bratslaw, New York 1979. T

Zionismus

Begriff und Hintergrund

Der Zionismus ist eine im 19. Jahrhundert entstandene Auffassung des jüdischen Seins und der jüdischen Zukunft, die an sich aus verschiedenen, oft sich gegenseitig widersprechenden weltanschaulichen Positionen besteht, in letzter Zeit aber hauptsächlich mit Sympathie für den 1948 gegründeten Staat Israel und Unterstützung seiner politischen Bestrebungen identisch ist. Zion, ein zum Jerusalemer Stadtbild gehörender Hügel, wird schon in biblischer Zeit (vgl. z. B. Jes 1,27) als Synonym für Jerusalem und seine Bewohner benutzt und spielt auch in der nachbiblischen jüdischen Eschatologie eine erhebliche Rolle als Symbol des messianisch wiedererbauten Landes der Verheißung. Die Ankunft des Messias war in der Eschatologie des rabbinischen Judentums mit der „Einsammlung der Exulanten", ihrer Rückkehr in das Gelobte Land und dem Wiederaufbau des Jerusalemer Tempels verbunden – neben anderen Bestandteilen der messianischen Hoffnung, die sich auf die gesamte Menschheit bezogen. Die Erfüllung dieser Hoffnung wurde von einem von Gott gesandten Messias erwartet, wobei man sich darüber klar war, daß die „Rückkehr nach Zion" von Gott selbst verursacht wird und der Mensch nicht in Gottes Zeitplan eingreifen darf, und wobei sich die jüdische Glaubensgemeinschaft als „Volk" in dem Sinne verstand, daß man seine Zugehörigkeit zu diesem „Volk" nur aufgrund der Zugehörigkeit zur jüdischen Religion erlangt. „Wir sind ein Volk nur wegen unserer religiösen Lehren", heißt es bei Saadja Gaon, dem ersten jüdischen systematischen Theologen, im 10. Jahrhundert (Sepher Ha-Emunot weha-De'ot 3,7). Daß das biblische „Volk Israel" und die rabbinische *Knesset Jisrael*, d.h. „Versammlung Israels" (von Salomon Schechter dem eigentlichen Sinn entsprechend als „Catholic Israel" übersetzt), wenig mit den modernen Definitionen von „Volk", „Nation" und „Staat" zu tun hatten, sollte klar sein. Ein Jude, der in der Antike oder im Mittelalter zu einer anderen Religion übertrat, schied auch aus der jüdischen „Volksgemeinschaft" aus, während ein Konvertit zur jüdischen Religion gleichzeitig auch Mitglied des jüdischen „Volkes" wurde.

Entstehung im 19. Jahrhundert

Zwar eignete sich der im 19. Jahrhundert entstandene Zionismus einige Motive der biblisch-rabbinischen Eschatologie an und konnte somit eine scheinbare Kontinuität mit der jüdischen Vergangenheit beanspruchen, aber er blieb doch – bis zur Zeit der Hitlerverfolgungen – die Ideologie einer kleinen Minderheit unter den religiösen Juden der Welt. Denn in jüdisch-religiösen Kreisen wurde der Zionismus als ein Bruch mit der religiösen Tradition empfunden und als solcher bekämpft. Der Zionismus wählte nämlich eine Definition von „Volk", wie sie im 19. Jahrhundert aufgekommen war („Die Juden sind ein Volk wie die Franzosen, die Engländer usw."), und löste somit die Identität von jüdischer „Glaubensgemeinschaft" und jüdischer „Volksgemeinschaft" auf. Viele führende Persönlichkeiten im Zionismus waren entweder Atheisten oder Agnostiker und wollten für die Gesamtjudenheit einen religiös neutralen Zionismus. Dazu kam, daß der Zionismus die Juden aufforderte, nicht länger auf einen von Gott gesandten Messias zu warten, sondern ihre „Erlösung" selbst in die Hand zu nehmen.

Antriebe

Zwei Antriebe waren es, die im 19. Jahrhundert zum Aufkommen des Zionismus führten: der *Antisemitismus*, dessen Argumente oft von den Zionisten selbst verwendet wurden (z.B. die Juden als „Fremdvolk" in ihren „Gastländern"), und die *Säkularisierung* des modernen Lebens, von der viele Juden beeinflußt wurden, die dann statt der religiösen eine ethnische Basis ihres Judeseins anerkannten. Der erste „Zionistenkongreß" fand im Jahre 1897 in Basel statt und stellte programmgemäß fest: „Der Zionismus erstrebt für das jüdische Volk die Schaffung einer öffentlich-rechtlich gesicherten Heimstätte in Palästina." Einberufen wurde dieser Kongreß von dem Wiener Journalisten Theodor Herzl (1860–1904), der – als Augenzeuge der „Affäre Dreyfus" in Paris – an dem Erfolg der bürgerlichen Gleichberechtigung der Juden in der Diaspora verzweifelte und daher die Juden aufforderte, ihren eigenen Staat zu gründen. Ähnlich hatte schon vor Herzl der russische Jude Leo Pinsker (1821–1891) argumentiert, der eine „Pathologie" des Antisemitismus ausarbeitete, die in der „Heimatlosigkeit" der Juden die psychologischen Ursprünge des Judenhasses konstatierte.

Varianten

Andere Arten des Zionismus basierten auf anderen Gründen, die den „Wiederaufbau Zions" zur Notwendigkeit machten. So befürwortete der hebräische Schriftsteller Ascher Ginsberg (1856–1927), der unter dem Pseudonym „Achad Ha'Am" schrieb, die Schaffung eines „geistigen Zentrums" in Palästina, das er aber, der selbst Agnostiker war, nicht in einem religiösen, sondern in einem kulturellen Sinn verstand. Die Juden in Osteuropa hatten zu sehr unter Verfolgungen zu leiden, um eine jüdische Kultur zu schaffen, und die Juden im Westen waren schon zu sehr „assimiliert", um das tun zu können. Daher die Notwendigkeit eines geistigen, hebräisch sprechenden Zentrums im Land der Ahnen, das dann positive Auswirkungen auf die Diaspora (die *nicht* aufhören soll!) haben wird. Der politischen Arbeit Herzls stand Ginsberg kritisch gegenüber. Er war auch einer der ersten, die darauf hinwiesen, daß Palästina kein „leeres Land" war, sondern eine arabische Bevölkerung hatte. Aaron David Gordon (1856–1922), der, wie wenige andere seiner Generation, tatsächlich aus Rußland nach Palästina auswanderte, wollte die Juden wieder in ein landwirtschaftliches Leben in der Natur, was ihnen in Rußland nicht vergönnt war, zurückführen. Er gilt als Gründer der „Religion der Arbeit" in dem Palästina der landwirtschaftlichen Pioniere. Ber Borochov (1881–1917), überzeugter Marxist, meinte, daß die Juden nur dann ihren legitimen Anteil am „Klassenkampf" haben könnten, wenn dieser „Klassenkampf" unter ihnen selbst und in ihrem eigenen Land ausgetragen würde. All das sind nur wenige Beispiele der Varianten des Zionismus ohne religiöse Bindung, wie sie im 19. und frühen 20. Jahrhundert aufkamen. Den heutigen Staat Israel haben sie alle mitgeprägt, aber von der Mehrheit der religiösen Juden aller Richtungen sind sie vor der Nazizeit alle abgelehnt worden.

Religiöser Zionismus

Dennoch entwickelte sich ebenfalls eine religiöse Art des Zionismus, besonders in Osteuropa, wo, durch ständige Pogrome bedroht, die jüdische Existenz immer schwieriger wurde. Dieser religiöse Zionismus führte zur Gründung einer orthodoxen Sonderpartei, „Misrachi" genannt, innerhalb der zionistischen Weltorganisation. Er ergänzte das sogenannte Baseler Programm dahin, daß die in Palästina öffentlich-rechlich gesicherte Heimstätte der Juden „auf der Basis der Tora" zu gründen sei. Ohne, wie der nichtreligiöse Zionismus, das Eschatologische verneinen zu wollen, fand der religiöse Zionismus keinen Widerspruch zwischen dem Zionismus und der traditionellen Heilserwartung. Im Gegenteil, er bestand darauf, daß durch die Pionierarbeit in Palästina das jüdische Volk dem Messias den Weg bereitet. Aber bis zu den Hitlerverfolgungen fand auch der religiöse Zionismus kein großes Echo unter den religiösen Juden. Das liberale oder reformierte Judentum hatte schon vor dem Aufkommen des Zionismus die jüdische Heilserwartung „universalisiert" und erwartete keine Rückkehr der Juden nach Zion mehr. Das orthodoxe Judentum, zusätzlich zu den bereits angegebenen Gründen, fand die Zusammenarbeit mit nicht- oder antireligiösen Juden unmöglich.

Nach dem Nationalsozialismus

Das änderte sich alles mit dem Anfang der nationalsozialistischen Gewaltherrschaft in Deutschland und deren Konsequenzen, die bis zur Zerstörung des größten Teils der europäischen Judenheit führten. Zuerst ging es darum, Palästina als möglichen Zufluchtsort für Verfolgte zu sichern. Dann kamen die Schuldgefühle der Überlebenden des Holocaust, eine intensivere Parallele zu Motiven der Vereinten Nationen, deren Beschluß zur Gründung des

Staates Israel im Jahre 1948 führte. Heute sind es nur noch orthodoxe und reformierte Randgruppen, die sich weiterhin kritisch dem Zionismus gegenüber verhalten. Die Mehrheit der Juden aller religiösen Richtungen hat ihren Frieden mit dem Zionismus geschlossen – wobei es allerdings fraglich bleibt, wie weit es hier tatsächlich um eine wirklich *theologische* Annäherung oder hauptsächlich um *philantrophische* Hilfe geht, die den einst verfolgten Glaubensbrüdern zum Aufbau eines neuen Lebens geleistet wird. Umstritten ist, was Zionismus heutzutage bedeutet.

Der von den israelischen Regierungen stets wiederholten Aufforderung an alle Juden der Welt, in den Staat Israel einzuwandern, haben die meisten ihre Zusage bisher verweigert. Seit einiger Zeit sind viele Juden von Israel nach Europa und Amerika ausgewandert.

Christlich-jüdisches Gespräch

Im christlich-jüdischen Gespräch spielt der Zionismus eine große Rolle – nicht zuletzt deshalb, weil die meisten jüdischen Organisationen, die sich um dieses Gespräch kümmern, unter zionistischer Leitung stehen und daher die Interessen des israelischen Staates vertreten. Die entsprechenden christlichen Organisationen meinen, ihren jüdischen Partnern einen Gefallen zu tun, wenn sie Judentum mit Zionismus gleichsetzen – eine liebenswürdige Geste, die dem zionistischen Wunsch, nicht aber der historischen Wahrheit entgegenkommt.

Ein intensiver Pro-Zionismus beseelt dagegen viele Gruppen innerhalb der fundamentalistisch-evangelikalen Bewegung, besonders in den Vereinigten Staaten. Diese Gruppen sehen in der jüdischen „Rückkehr nach Zion“ die „Erfüllung“ von alttestamentlichen Prophezeiungen – besser gesagt: das erste Stadium der „Erfüllung“. Das zweite Stadium soll die Wiederkehr Christi und die Bekehrung der Juden zu ihm sein. Die jüdische Meinung über diesen Pro-Zionismus, selbst in zionistischen Kreisen, ist geteilt.

Solange die politischen Probleme im Nahen Osten nicht gelöst sind und der Staat Israel sich in Gefahr befindet, wird es schwierig sein und bleiben, mit den meisten Juden eine theologisch-wissenschaftliche und sachliche Diskussion über den Zionismus zu führen – wie ja auch innerjüdische Diskussionen dieser Art immer seltener geworden sind.

↗ Antijudaismus; Diaspora/Exil; Eschaton/Eschatologie; Heiliges Land/Heiliger Ort/Heilige Zeit; Holocaust; Israel; Jerusalem; Messias; Staat Israel.

Literatur: *Y. Eloni*, Zionismus in Deutschland. Von den Anfängen bis 1914, Gerlingen 1987; *A. Hertzberg* (Hrsg.), The Zionist Idea, New York 1960; *W. Laqueur*, A History of Zionism, New York 1972; *J. J. Petuchowski*, Muß ein Jude Zionist sein?, in: Herder Korrespondenz 38/2 (Februar 1984), 74–79; *T. Rahe*, Frühsozialismus. Zu Programmatik und historischem Kontext des frühen Zionismus bis 1897, Frankfurt 1988; *J. Reinharz*, Dokumente zur Geschichte des deutschen Zionismus, Tübingen 1984. P

Zwangstaufen

↗ Antijudaismus; Inquisition; Judenchristen.

WICHTIGE GESTALTEN DER JÜDISCH-CHRISTLICHEN GESCHICHTE

Die nachfolgenden Personen werden nicht umfassend charakterisiert, sondern nur bezüglich ihrer Relevanz für (oder gegen) die jüdisch-christliche Begegnung. Die Auswahl ist ein erster unvollständiger Versuch. Ein jüdisch-christliches *Namen*lexikon bleibt ein Desiderat.

Abraham Abulafia (1240–1291): Spanischer Kabbalist (prophetische Kabbala). Versuchte auch Christen für seine endzeitliche Botschaft zu gewinnen.

Ambrosius von Mailand (340–397): Kirchenvater, protestierte 389 n. Chr. gegen die von Kaiser Theodosius verordnete Bestrafung der Brandstifter der Synagoge in Kallinikum am Euphrat.

Aurelius Augustinus von Hippo (354–430): Einflußreichster Kirchenvater, auch bezüglich der mittelalterlichen theologisch-christlichen Sicht des Judentums. Tractatus adversus Iudaeos: Juden sind blinde Bücherträger, d. h. unverständige Zeugen für die Wahrheit des Christentums. Sie sind in gedemütigter Stellung innerhalb der christlichen Gesellschaft zu dulden.

Leo Baeck (1873–1956): Liberaler Rabbiner in Berlin. Präsident der Reichsvertretung der deutschen Juden. KZ in Theresienstadt. 1948–1956 Präsident der World Union for Progressive Judaism.

Karl Barth (1886–1968): Schweizer protestantischer Theologe, Gegner des Nationalsozialismus, teilweise Dialogpartner Martin Bubers, Inspirator der christlichen Israeltheologie.

Augustin Bea (1881–1968): Geboren und begraben in Riedböhringen, Jesuit, Rektor des päpstlichen Bibelinstituts, Kardinal, Präsident des vatikanischen Sekretariats für die Einheit der Christen. 1960 von Johannes XXIII. beauftragt, eine Erklärung über die Beziehung der Kirche zum jüdischen Volk vorzubereiten. Wurde zum „ökumenischen Gewissen“ des 2. Vat. Konzils (1962-65). Setzte die folgenreichste Erklärung des Konzils gegen große Widerstände durch: Nostra aetate Nr. 4: über die christliche Haltung dem jüdischen Volk gegenüber.

Benjamin bar Jona von Tudela (ca. 1115 – ca. 1173): Schrieb Bericht über seine Reisen durch die christliche, jüdische und islamische Welt (bes. Mittelmeerraum): Informationsquelle über damalige wirtschaftliche, kulturelle und religiöse Zustände.

Dietrich Bonhoeffer (1906–1945): Von den Nazis hingerichteter protestantischer Theologe des Widerstandes und des Verständnisses für die Bedeutung des Judentums für das Christentum.

Martin Buber (1878–1965): Neben Franz Rosenzweig bedeutendste Persönlichkeit zur geistigen Grundlegung des modernen jüdisch-christlichen Gesprächs. Philosoph des Dialogs. Erforscher und Bedenker des Zionismus, des Chasidismus, des Staates Israel, der arabischen Frage und der Relationen zum Christentum. Zusammen mit Franz Rosenzweig: Bibelübersetzer.

Philosophisches Hauptwerk: Ich und Du. Lebte in Wien, Frankfurt, Heppenheim und Jerusalem.

Marc Chagall (1887–1985): Jüdisch-russischer Maler. Geboren in Witebsk, Wahlheimat in Frankreich. Vollendeter künstlerischer Ausdruck der jüdisch-christlichen Entzweiung und inneren Einheit mit Hilfe jüdischer Esoterik: Darstellungen des gekreuzigten Christus (z.T. mit Gebetsmantel), brennender Synagogen und verfolgter Juden. Auch heilgeschichtliche Zusammenhänge zwischen Altem Testament und christlich-jüdischer Erlösungshoffnung (z.B. Fraumünster in Zürich, Kirche St. Stephan in Mainz).

Hermann Cohen (1842–1918): Neukantianer. Prophetische Gestalt der jüdischen Moderne. Hauptwerk; Religion der Vernunft aus den Quellen des Judentums; Beeinflussung Martin Bubers und Franz Rosenzweigs.

Max Dienemann (1875–1939): führender Rabbiner des deutschen Judentums, Auseinandersetzungen mit christlichen Forschern (Emil Schürer, Erich Przywara) und Theologien (z.B. Sakramentsbegriff).

Christian Wilhelm Dohm (1751–1820): Wurde durch seine Schrift: „Über die bürgerliche Verbesserung der Juden in Deutschland“ (1781) zum Vorkämpfer der Emanzipation.

Johann Andreas Eisenmenger (1654–1704): Professor für Orientalistik in Heidelberg. Hauptwerk: Entdecktes Judentum (1700), das zum Katechismus für Antisemiten wurde.

Eusebius von Cäsarea (ca. 264–340 n.Chr.): Verfasser einer „Kirchengeschichte“, in der auch viel Geschichtliches über Judentum vom 1.–4. Jahrhundert enthalten ist. Seine Feinde sind die Häretiker (Gnostiker), weniger die Juden.

Abraham Geiger (1810–1874): Mitbegründer der Wissenschaft des Judentums, geistiger Urheber der liberalen jüdischen Theologie.

Heinrich Heine (1797–1856): Bedeutender Dichter jüdischer Herkunft. Konversion zum Protestantismus (1825). Rückwendung zum Judentum (1848). Kritiker von Judentum und Christentum. Verfechter der freien Meinungsäußerung.

Theodor Herzl (1860–1904): Vater des modernen politischen Zionismus. Hauptwerk: „Der Judenstaat“ (1896).

Hieronymus (340–420): Verfasser der Vulgata (authentische lateinische Übersetzung der Bibel). Ging zu bibel- und traditionskundigen Juden (in Bethlehem) in die Lehre.

Hillel der Ältere (ca. 30/20 v.Chr.): Größte Autorität des Gesetzes vor der Tempelzerstörung, legte das Gesetz milde aus; ihm wird geistige Verwandtschaft mit dem Gesetzesverständnis Jesu nachgesagt.

Samson Raphael Hirsch (1808–1888): Gründer der Neo-Orthodoxie. Verband europäisch-humanistisches Denken mit innerjüdischer Radikalität.

Jules Isaac (1877–1963): Historiker und Inspektor im französischen Erziehungsministerium. Widmete sich nach dem 2. Weltkrieg der Erforschung des christlichen Antisemitismus: Mit seinem Stichwort „Teaching of Contempt" (Lehre der Verachtung) rüttelte er die Christen auf, ihre Religionsbücher und Theologien zu revidieren. Werke: Jesus und Israel (1948); Die Entstehung des Antisemitismus (1956); Die Erziehung zur Verachtung (1962).

Isaak ben Salomon Luria (1534–1572): Entwickelte das einflußreichste System der Kabbala (zimzum, tiqqun ha ʿolam) mit akuter messianischer Tendenz; verschiedene messianische Bewegungen motivierten sich daran. Auch christliche Kabbalisten schöpften daraus.

Jehuda Hallevi (ca. 1075–1141): Ein von religiöser Zionsliebe bewegter Dichter und Philosoph. Sein „Kusari" stellt die umfassendste mittelalterliche jüdische Apologetik dem Christentum und dem Islam gegenüber dar.

Joachim von Fiore (1130–1202): Berühmt durch seine Geschichtstheologie. Erhoffte das Zeitalter des Heiligen Geistes, in dem die Amtskirche von der Liebeskirche abgelöst werden wird. Einfluß auf Franziskaner etc., wohl auch auf spanische jüdische Kabbalisten.

Johannes Chrysostomus (ca. 350–407): Kirchenlehrer, Prediger und Seelsorger mit judenfeindlichen Tendenzen.

Johannes XXIII. (1881–1963): Charismatischer Papst, der das zweite Vatikanische Konzil einberief, die Judenerklärung in die Wege leitete und die perfidi Judaei aus der Karfreitagsliturgie strich.

Joseph Albo (15. Jh.): Führender jüdischer Teilnehmer an der Disputation von Tortosa (1413–1414). Verfasser des Sefer ha-ʿIqqarîm.

Josephus Flavius (ca. 37 – ca. 100 n. Chr.): Bedeutendster jüdischer Geschichtsschreiber der Spätantike. Seine Schriften sind für das Verständnis des Judentums der vorchristlichen und der urchristlichen Zeit unentbehrlich.

Rabban Jochanan ben Zakkai (gest. ca. 80 n. Chr.): Gründungsgestalt des rabbinischen Judentums. Gemeinschaft von Lehrern und Schülern zur Weiterführung der Tora betrachtete er als grundlegend zur Rettung des Judentums aus zelotischer Verstrickung.

Justin der Martyrer (gest. ca. 165 n. Chr.): Verfasser des Dialogs mit dem Juden Tryphon: erste Dialogschrift mit mittelplatonischem und christlichem Denkhintergrund.

Joseph Klausner (1874–1958): Jüdischer Jesusforscher. Jesus als nationale jüdische Persönlichkeit.

Abraham Isaak Kook (1866–1935): Erster Oberrabbiner der aschkenasischen Juden in Palästina. Betrachtete Rückkehr ins Land Israel als „Anfang der Erlösung", von der er sich Erneuerung des jüdischen Volkes in Israel erhoffte. Versuchte mit seinem chasidisch-religiösen Konzept die Weltzugewandtheit des Judentums neu zu fassen. Dadurch hoffte er, säkularisierten Juden einen neuen Zugang zum Judentum zu eröffnen.

Konstantin der Große, Kaiser (306–337): Promulgierte 313 das Toleranzedikt (Freiheit der Religionsausübung, besonders zugunsten der Christen). Konstantinische Wende: Liaison zwischen (christlicher) Religion mit politischen Machtträgern, wirkte sich gegen die Juden aus.

Johann Caspar Lavater (1741–1802): Schweizerischer evangelischer Theologe, Schriftsteller und Philosoph der Aufklärung. Versuchte Moses Mendelssohn zum Übertritt zum christlichen Glauben zu bewegen: Intensiver Briefwechsel und fruchtbare schriftstellerische Auseinandersetzung zwischen beiden („Lavater-Streit").

Bernhard Lichtenberg (1875–1943): Geboren in Schlesien, mutiger kath. Geistlicher zur Rettung der Juden und Nichtjuden. Als Dompropst der Berliner St. Hedwigs-Kathedrale betete und predigte er seit der „Kristallnacht" öffentlich für die bedrohten Juden: „Draußen brennt die Synagoge. Das ist auch ein Gotteshaus… Ich bete für die Priester in den Konzentrationslagern, für die Juden, für die Nichtarier." Organisierte soziale Hilfen für Verfolgte. 1941 Verhaftung. Viele Protestschreiben an Nazi-Funktionäre. Klare Widerstandssprache in den Verhören. An mehreren Orten inhaftiert; davon geschwächt starb er beim Transport ins KZ Dachau. 1996 Seligsprechung.

Gotthold Ephraim Lessing (1729–1781): Dichter und Aufklärungsphilosoph; stellte Juden als Menschen gleichen Rechts und gleicher Würde dar.

Gertrud Luckner (1900–1995): Half vielen verfolgten Jüdinnen und Juden im Auftrag des deutschen Caritasverbandes zur Zeit der Nazi-Diktatur. 1943-45 im Konzentrationslager Ravensbruck inhaftiert. 1948 Gründerin des Freiburger Rundbriefes zur Aufarbeitung der Nazi-Vergangenheit und zur Konstituierung der jüdisch-christlichen Verständigung. Starb in Freiburg i. Br.: hochgeachtet von Juden und Christen.

Martin Luther (1483–1546): Reformator des Christentums. Verschärfte die judenfeindliche Tendenz im Christentum: „scharfe Barmherzigkeit" sei den Juden gegenüber anzuwenden. Hoffte auf endzeitliche Bekehrung der Juden.

Moses Chayim Luzzatto (1707–1746): Kabbalist, Hauptwerk: „Weg des Ewigen." Genialer Deuter und Zusammenfasser der Kabbala.

Jacques Maritain (1882–1973): Französischer Philosoph aus protestantischem Haus, verheiratet mit einer jüdischen Frau. Auseinandersetzung mit Atheismus. Wollte den christlichen Humanismus erneuern. Konversion zum Katholizismus. Wurde mit seiner Frau Raïssa durch „Le mystère d'Israel" (1966) zum Vordenker christlicher Theologie des Judentums mysterialer Prägung.

Menasse Ben Israel (1604–1657): Amsterdamer jüdischer Gelehrter mit mystisch-messianischer Ausrichtung. Sein Kontakt zu Oliver Cromwell ermöglichte den Juden eine erneute Niederlassung in England, von wo sie um 1300 vertrieben worden waren.

Claude J. G. Montefiore (1858–1938): Mitbegründer eines radikalen Flügels des englischen Reformjudentums, Verfasser eines Kommentars zu den synoptischen Evangelien.

Mose Ben Maimon (1135–1204): Größter jüdischer Religionsphilosoph. Sah den Islam näher beim Judentum als das Christentum.

Mose Ben Nachman (1194–1270): Führender Kabbalist und Vertreter der rabbinischen Tradition, führender Teilnehmer der Disputation von Barcelona 1263.

Moses Mendelssohn (1729–1786): Aufklärungsphilosoph, Freund Lessings. Deutsche Bibelübersetzung. Auseinandersetzung mit Lavater über Judentum und Christentum.

Mose de León (1240–1305): Verfasser des kabbalistischen Hauptwerkes „Zohar", das bei Kabbalisten kanonische Geltung erhielt.

Johannes M. Oesterreicher (1904–1993): Jüdischer Herkunft (Mähren). 1927 zum kath. Priester ordiniert. Vor dem 2. Weltkrieg publizistische Tätigkeit in Österreich, um Judenverfolgungen durch Nazis anzuprangern. 1938 Flucht via Paris, Spanien nach New York. 1953 Gründung des Instituts für jüdisch-christliche Studien an der Seton Hall University, New Jersey. Als Peritus gestaltete er die Konzilserklärung „Nostra aetate Nr. 4" wesentlich mit. Im Gefolge dieser Erklärung sind die Beziehungen zwischen Christentum und Judentum hoffnungsvoller geworden.

Petrus Alphonsi (1062–1125): Konvertit aus dem Judentum, urspr. Moshe ha-Sefardi. Werke: Disciplina clericalis, sowie Adaptionen kabbalist. Ideen an die Dreifaltigkeitslehre.

Jakob J. Petuchowski (1925–1991): Bedeutender Erforscher der jüdischen Liturgie und Promotor des modernen jüdisch-christlichen Dialogs. Rabbiner und Professor für jüdisch-christliche Studien am Hebrew Union College Cincinatti/Ohio. Forderte für das gegenseitige Verstehen von Juden und Christen eine Rückkehr zur theologischen Dimension, wobei man sich der unheilvollen Wirkungsgeschichte bestimmter theologischer Traditionen bewußt sein muß.

Philo von Alexandrien (gest. ca. 41 n. Chr.): Religionsphilosoph, der im hellenistischen Bereich gegen Antisemitismus kämpfte und für Verständnis des Judentums im hellenistischen Umkreis warb. Beeinflußte christlich-theologisches Denken in starkem Maße.

Pico della Mirandola (1463–1494): Philosoph der Renaissance. Versuchte mit Hilfe der Kabbala die christliche Philosophie und Theologie neu zu fundieren.

Leonhard Ragaz (1868–1945): Evangelischer Theologe und Pfarrer (Basel und Zürich). Ab 1928 widmete er sich ganz dem Ziel einer neuen Weltordnung in der Nachfolge Christi. Hilfsbereit für verfolgte Juden. Bedenker einer Erneuerung Israels. Martin Buber: Ragaz ist der größte Freund Israels.

Raimundus Lullus (Ramon Lull: ca. 1234–1315): Christlicher Mystiker, Philosoph und Apologet aus Katalanien. Prediger für die Nichtgläubigen (Moslems und Juden). Kenner der arabischen Sprache und Philosophie und auch (etwas weniger) des Judentums. Visionäre Tendenzen zur Versöhnung von Islam, Judentum und Christentum.

Raimundus Martini (1220–1285): Verfasser des gegen Juden und Muslime gerichteten „Pugio Fidei". Bedeutende Kenntnisse des rabbinischen Judentums. Missionar und Apologet.

Johannes Reuchlin (1455–1522): Hebraist der Renaissance. Christlicher Kabbalist, Verteidiger des Talmuds.

Eugen Rosenstock-Huessy (1888–1973): Rechtshistoriker und Soziologe. Dialogpartner Franz Rosenzweigs.

Franz Rosenzweig (1886–1929): Religionsphilosoph, Übersetzer der Poesie von Jehuda Hallevi und der Bibel (zusammen mit Martin Buber). Bedeutendster jüdischer Deuter des Christentums im 20. Jahrhundert („Stern der Erlösung").

Joseph Roth (1894–1939): Jüdisch-österreichischer Schriftsteller. Kämpfte für neuen Humanismus und gegen den Militarismus Hitlers. In seinen Romanen (bes. „Hiob", „Leviathan", „Legende vom heiligen Trinker") schimmern jüdisch-christliche Versöhnungsvisionen durch. Seine Romangestalten suchen immer die großen, im üblichen sozio-religiösen Milieu nicht erreichbaren Wirklichkeiten.

Saadja ben Joseph Gaon (882–942): Führende Gestalt des babylon. Judentums. Als Religionsphilosoph kämpfte er mit scharfer, von der Einheit Gottes ausgehender Polemik gegen christliche Dreifaltigkeitslehre. Seine gegenchristlichen Argumente blieben im Mittelalter bei jüdischen Denkern bestimmend.

Salomon Ben Isaak (Raschi) (1040–1105): Bedeutendster mittelalterlicher Exeget des Judentums. Lebte in Troyes und Worms.

Rabbi Schimon bar Yochai (Mitte des 2. Jhs.): Wurde zu einer zentralen Symbolfigur der Kabbala.

Karl Ludwig Schmidt (1891–1956): Evangelischer Neutestamentler in Bonn und Basel. Führte 1933 in Stuttgart ein Religionsgespräch mit Martin Buber über Messianität Jesu, Erwählung und Verwerfung Israels, Situation der Juden in der Zerstreuung, Zionismus und Volkscharakter Israels. Das Gespräch, das Kritik an Judentum und Christentum übt, ist leider in der damaligen Verwirrungszeit nicht beachtet worden; nazistisch-antisemitischen Unterstellungen wird entgegengetreten.

Hans Joachim Schoeps (1909–1980): Jüd. Religionswissenschaftler (Erlangen), der sich bes. mit dem Judenchristentum befaßte und sich im jüd.-christl. Dialog engagierte.

Gerschom Scholem (1897–1985): Stammt aus einer assimilierten Berliner Familie. 1923 Übersiedlung nach Jerusalem. Führender jüd. Gelehrter auf dem Gebiet der jüdischen Mystik, bes. der Kabbala. Anreger eines neuen jüdischen Geschichtsverständnisses (rabbinische, religionsphilosophische und mystisch-esoterische Traditionsstränge), dadurch auch Impulsgeber für den wissenschaftlichen Dialog zwischen Christen und Juden.

Obadya Bar Jakob Sforno (ca. 1475–1500): Hebräischer Lehrer von Johannes Reuchlin.

Baruch Spinoza (1632–1677): Wegen ketzerischer Ansichten von der Amsterdamer jüd. Gemeinde 1656 gebannt. Pantheistischer Denker der Neuzeit und Moderne (inklusive historisch-kritisches Bibelverständnis).

Edith Stein (1891–1942): Philosophin. Geboren und aufgezogen in einer jüdisch-orthodoxen Familie in Breslau. Schülerin Husserls in Freiburg. 1922 Konversion zum Katholizismus. 1932 Karmelitin mit dem Namen Sr. Benedicta vom Kreuz. 1942 in Auschwitz ermordet aus Rache der Nazis für die Unnachgiebigkeit der holländischen Bischöfe in der Rassenfrage. 1987 seliggesprochen. Bei Juden geriet sie ins Zwielicht, weil sie ihre Ermordung zur Sühne für die Christus ablehnenden Juden auf sich nahm.

Thomas von Aquin (1225–1274): Bedeutendster Theologe der christlichen Scholastik. Von jüd. Vorgängern (Salomon ibn Gabirol und Mose Ben Maimon) beeinflußt. Bemerkenswerte Reflexionen über die taʿame mizwot (Begründungen der atl. Gebote).

Niklaus Ludwig Graf von Zinzendorf (ca. 1675–1760): Pietist, Herrnhuter Brüdergemeine, Philosemit und Verfechter der Judenmission aus religiösen und sozialen Gründen (Diakonie an armen Juden).

SACHREGISTER

NOMENKLATUR

Außer den hier aufgeführten Hauptstichwörtern enthält das Lexikon noch 68 Verweisstichwörter, bei denen angegeben wird, unter welchem Hauptstichwort näher nachzuschauen ist; z. B. die Verweisstichworte „Scho'a“ und „Auschwitz“ werden im Hauptstichwort „Holocaust“ behandelt; „Antisemitismus“ wird unter „Antijudaismus“ und „Exil“ unter „Diaspora/Exil“ erklärt (vgl. auch das Sachregister).